Claudia Brügge/Wildwasser Bielefeld e.V. (Hg.)
Frauen in ver-rückten Lebenswelten

W0171696

Claudia Brügge/Wildwasser Bielefeld e.V. (Hg.)

Frauen in ver-rückten Lebenswelten

Die Deutsche Bibliothek – CIP-Einheitsaufnahme

Frauen in ver-rückten Lebenswelten : ein Lesebuch zu Frauen und
Psychiatrie / Claudia Brügge/Wildwasser Bielefeld e.V. (Hg.). Mit
Beitr. von Alice Schwarzer ... - Bern : eFeF-Verl., 1999
ISBN 3-905561-29-8

1. Auflage 1999
© eFeF-Verlag, Bern
Alle Rechte vorbehalten
Lektorat: Liliane Studer, Bern
Umschlagbild: Jutta Jentges, Nürnberg
Umschlaggestaltung: Anne Sulzer, Bern
Herstellung: Tatiana Wagenbach-Stephan, Zürich
Druck & Bindung: Freiburger Graphische Betriebe, Freiburg i. Br.
Printed in Germany

Inhalt

Claudia Brügge

Einleitung

Als roter Faden durch dieses Buch zieht sich die doppelte Bedeutung seines Titels: ‹Frauen in verrückten Lebenswelten› meint erstens die subjektiven Aspekte des weiblichen Wahnsinns: Wie leben Frauen mit ihrer ver-rückten Innenwelt? Zweitens geht es aber auch um die verrückte und ver-rückt-machende Umwelt von Frauen: die strukturellen Aspekte des weiblichen Wahnsinns. Diesen Doppelsinn zum Thema eines Buches zu machen, scheint erforderlich. Denn theoretische Diskussionen verlaufen oft entlang einer künstlichen Trennlinie zwischen den Fürsprecherinnen der individuellen Dimension auf der einen Seite und denen der politischen Dimension des weiblichen Wahnsinns auf der anderen Seite. Meist münden solche Kontroversen in einer polarisierten Frontstellung. Die gegenüberliegende Seite wird dann entweder des fachlichen Dilettantismus bezichtigt, die politisiert, wo es um Individuelles geht; oder im Gegenzug wird der Vorwurf der unpolitischen Fachidiotie erhoben, die individualisiert, wo es um Politisches geht. Regelmäßig droht sich einer der beiden Aspekte aus der Analyse zu verflüchtigen. Dieser Sammelband bemüht sich dagegen um eine Annäherung der persönlichen und politischen Dimension von ‹Frauen in ver-rückten Lebenswelten›.

So will dieses Buch die Lebenswelt von denjenigen Frauen ins Zentrum rücken, die sich sonst eher am Rande der Gesellschaft bewegen – die Lebenswelt von Grenzgängerinnen. Gemeint sind Frauen, die sich vielleicht selbst als ‹ver-rückt›, ‹multipel›, ‹psychiatriebetroffen› bezeichnen. Frauen, die in Psychiatrie und Gesellschaft mit Diagnosen wie ‹psychotisch›, ‹manisch-depressiv›, ‹schizophren›, ‹hysterisch›, ‹dissoziativ identitätsgestört› versehen werden. Frauen, die häufig isoliert leben, ausgegrenzt und übersehen werden, auch, so müssen wir mittlerweile feststellen, innerhalb der Frauenbewegung.

Die Autorinnen in diesem Band nehmen Stellung dazu, und ihre Leitfragen sind:

- Wie können Umgangsweisen mit psychiatriebetroffenen Frauen aussehen?
- Welche Orte brauchen sie?
- Was hilft, was fehlt? Was läßt sich verändern?

- Inwiefern verstellen dabei Innen- und Außenansichten zum weiblichen Wahnsinn den Blick?
- Wo gibt es Möglichkeiten, wo Grenzen und Rückschläge in der Praxis?
- Wo läßt sich an einem Strang ziehen, und wo bleibt Trennendes?

«Und was geht mich das an?»
Menschen in dieser Kultur könnten der Auffassung sein, sie hätten mit Verrücktsein und Psychiatrie doch eigentlich nichts zu tun. Man möchte meinen, das Gros der Frauen könne auf ein Buch über ‹Frauen und Psychiatrie› getrost verzichten – weil die Thematik ja ohnehin nur die psychiatrieerfahrenen Frauen betrifft, höchstens noch ihre behandelnden Psychiaterinnen.

Diese Vorstellung liegt deshalb so nahe, weil sie genährt wird durch unsere gesundheitspolitische Ordnung. Unser Gesundheitssystem versorgt nicht nur, es grenzt auch aus und verbannt den Wahnsinn ante portas, jenseits der Normalität. So leben wir heute mit der Konstruktion einer kategorialen Zweiteilung: auf der einen Seite die ‹Psychose›-Betroffenen (die ‹Verrückten›, ‹psychisch Kranken›, ‹Irren› – oder wie auch immer sie bisher benannt worden sind), denen auf der anderen Seite die gesunden, normalen Menschen entgegengesetzt erscheinen. Es ist üblich, Psychose-Betroffene wahrzunehmen, als lebten sie in einer vollkommen anderen Welt: Sie gelten noch immer als die ganz Anderen, die als die bedrohlichen Fremden, als die Minderen, die gewöhnlich im Anderswo, im Dortdrüben der Psychiatrie verortet werden. Ohne in den Verdacht zu geraten, Phänomene des Verrücktseins leugnen zu wollen und Besonderheiten zu nivellieren, muß es gestattet sein, diese Art der Anordnung zu hinterfragen. Es muß möglich sein, die Selbstverständlichkeit in Frage zu stellen, mit der so getan wird, als seien Psychose-Betroffene die ganz Anderen und als eigene Spezies nicht wirklich von dieser Welt. Ins Blickfeld rückt sodann die Funktion dieser strengen Polarität. Eindeutige Zuordnungen und Distanzierungen von ‹psychisch Kranken› dienen dem verzweifelten Bemühen, sich der eigenen Normalität und des eigenen Verstandes zu versichern, so als gelte es, eine Sicherheitszone zwischen sich und den Wahnsinn zu schieben. Ausgrenzung und Ausschluß erfüllen die Funktion, sich frei zu sprechen, sich zu vergewissern: «So wie bei denen ist es ja bei mir nicht.» Und diese Selbststabilisierung über Ausgrenzung meint diese Kultur offenbar bitter nötig zu haben.[1]

Auch Feministinnen haben nun über Jahre hinweg viel dafür getan, die gezogenen Grenzen zwischen Politischem und Persönlichen, zwischen Wahnsinn und Normalität auf ihre Substanz hin abzuklopfen. Grenzen erschienen jetzt porös, lösten sich auf und wurden zu fließenden Übergängen. Nähern wir uns an, dann zeigt sich z.b. im direkten Kontakt miteinander: Psychiatrieerfahrene Frauen sind nicht vom anderen Stern, gehören keiner anderen Gattung Frau an. Auch die Autorinnen in diesem Band machen sich daran, die herablassende Distanz zwischen den vermeintlich Gesunden auf der einen Seite und den Verrückten auf der anderen zu verringern. Hierdurch wird das Buch nicht nur für einen kleinen psychiatrischen Fachzirkel interessant, sondern es wendet sich gleichermaßen an Frauen mit und ohne psychiatrische Diagnose, damit ausdrücklich auch an diejenigen, die niemals eine psychiatrische Klinik von innen gesehen haben.

Bei genauerem Hinsehen ist es immerhin keineswegs so, daß die Mehrheit der Frauen sich vom Psychiatrie-Thema nicht angesprochen fühlen würde. Im Gegenteil: Von ‹Psychiatrie› und ‹Ver-rücktsein› geht offenbar eine beträchtliche Faszination für viele Frauen aus. Das ist nicht nur so, weil wir alle gelernt haben, Psychose-Betroffene als völlig Andere zu betrachten, und uns nun über strikte Barrieren hinweg neugierig zuwenden mögen, sondern gerade weil jede Frau bei aller Grenzziehung immer noch spüren kann, daß sie durchaus Berührungspunkte hat. Frauen können das Thema nicht wirklich ausblenden, denn die Nöte und Lebenslagen psychiatrieerfahrener Frauen berühren in vielen Punkten die normalen Existenzbedingungen von Frauen. Eine Fülle von Identifikationsmöglichkeiten drängt sich geradezu auf:

Frauen kennen das Spannungsfeld zwischen äußeren verrücktmachenden Ansprüchen und innerem Erleben, den Vorwurf «Du spinnst doch!», der jedes weitere Wort erübrigt; sie kennen die Angst, verrückt zu werden, irgendwann in die Psychiatrie abgeschoben zu werden. Selbstzweifel «Bin ich vielleicht doch irgendwie verrückt?» und Unsicherheit «Wann wird es mich treffen?» hängen als gespenstische Fragen über dem weiblichen Alltag. Meistzitiertes Beispiel für den psychischen Spagat von Frauen ist der klassische Rollenkonflikt zwischen Beruf und Familie – eine Belastung, die unaushaltbar werden kann. Auch wenn sich bis heute manches verändert hat: Es gibt zahlreiche Frauen, die unzufrieden sind mit ihrem Leben, das voller Brüche und Widersprüche steckt. Gewalt und Grenzüberschreitungen sind vielen Frauen schmerzlich präsent. Kaum eine, die sich nicht manchmal fragt, ob sie eigentlich noch ‹alle Tassen im Schrank hat›; und unendlich lang ist die Liste pathologisierbarer Befindlichkeiten, die einem Großteil von Frauen nur allzu bekannt ist: Ängste, Gefühle von Sinnlosigkeit, Leere und Unzulänglichkeit, Desorientierung, Zerrissenheit, Gespaltensein, Verwirrung, sozialer Rückzug, Isolation, Überlastung, Handlungsunfähigkeit... und die Furcht wächst, ‹durchzudrehen›, ‹den Verstand zu verlieren› – und dabei entdeckt zu werden.

Manche Frauen befassen sich also mit Verrücktheit aus eigenem Erleben heraus, einige, weil sie im sozialen Umfeld Menschen kennen mit ‹Psychosen›. Viele Frauen kommen zum ersten Mal konkret mit Psychiatrie in Kontakt, wenn sich ein nahestehender Mensch in einer besorgniserregenden Krise befindet; und das Thema läßt manch eine deswegen nicht los, weil sie miterleben mußte, daß sich jemand das Leben genommen hat.

Je qualvoller und bizarrer diese Erfahrungen sind, um so schwieriger kann das eigene Sprechen darüber werden. Viele Frauen sind erleichtert, wenn ‹Psychiatrie› und ‹Verrücktsein› endlich zur Sprache gebracht werden. Für die Verständigung darüber sollten wir als bedeutenden Schritt schätzen lernen, die eigene Nähe und die eigene Angst vor dem Wahnsinn wahrzunehmen. Denn Leiden, Krisen und Überforderung sind normalverrückte Erfahrungen der weiblichen Existenz; Themen und Lebensumstände psychiatrieerfahrener Frauen berühren unmittelbar die eigenen Lebenserfahrungen.

Dieses Wiedererkennen, unsere Identifikationsbereitschaft, erklärt, warum die Debatte um ‹Frauen in ver-rückten Lebenswelten› uns derart tief bewegen kann. Doch es gibt einen weiteren Grund dafür, warum das Thema nicht nur für viele einzelne Frauen ein Reizthema ist, sondern auch für den Feminismus als politische Bewegung. Anhand der Thematik ‹Frauen und Psychiatrie› lassen sich klassische Frauenbewegungsinhalte gut verdeutlichen. Es geht um Unterdrückung, Fremdbestimmung und Kontrolle von Männern über Frauen. So erfreuen sich z.B. literarische Biographien ver-rückter Frauen derzeit einer großen Beliebtheit, in ihnen wird anschaulich: So kann es Frauen im Patriarchat ergehen, sowas richtet Männergewalt an, so sehen Bewältigungsversuche von Frauen aus, so straft der Mann die widerspenstige Frau. Entlang der Sache ‹weiblicher Wahnsinn› und ‹Männlichkeitswahn› läßt sich um *das* Frauenbewegungsthema überhaupt kämpfen: um Macht.

Die Argumentation verläuft folgendermaßen: Wir wissen, Verrücktsein ist sozial definiert. Und es geht immer darum, wer oder was (Objekt) darf von wem (Subjekt) als verrückt bezeichnet werden. Feministinnen wissen um die Definitionsmacht von Männern über Frauen. Im Machtgefüge der Geschlechter spielt eine entscheidende Rolle, wer die Regeln bestimmen darf, wer wen definiert. – So kommen Diskussionen immer wieder auf den Punkt zurück: Sind Frauen verrückt? Sind Männer die wirklich Verrückten? Jeweils alle miteinander oder nur wenige? Oder sind es die Verhältnisse, die verrückt machen? Wir sehen: Kaum ein feministisches Thema eignet sich so gut wie das Thema ‹Frauen und Ver-rücktsein›, Machtverhältnisse zu thematisieren und vor allem – gedanklich – umzudrehen. Im Ringen um die Definitionsmacht über das, was als weiblicher und männlicher Wahnsinn gelten könnte, ringt manche Feministin auch um ihre politische Vision von der Umkehrbarkeit, sprich Ver-rückbarkeit der Machtverhältnisse. Subjekt und Objekt lassen sich auf sprachlich-theoretischer Ebene leicht verschieben, umkehren, ver-rücken, und das birgt für Frauen eine Verheißung auf die Möglichkeit von Subjektwerdung. Die Beschäftigung mit der Ver-rücktheit von Frauen gibt unserem politischen Projekt, Gesellschaft zu verändern, auf den Kopf stellen zu wollen, Macht zu erobern, offenbar energetisierende Impulse.

Kurzum: Die Thematik ‹Frauen in ver-rückten Lebenswelten› trifft den Nerv sowohl einzelner Frauen als auch der Frauenbewegung insgesamt. Sie trifft gewissermaßen direkt in ihr Zentrum.

Warum macht gerade ‹Wildwasser› dieses Buch?
Im Beratungsalltag bei Wildwasser[2] laufen die persönliche und die politische Diskussion zusammen, treffen sich Wahnsinn und Normalität. In unserer Anlauf- und Beratungsstelle beobachten wir Projektfrauen täglich, was seit langem bekannt ist: Sexuelle Gewalt bedroht die psychische und physische Integrität von Mädchen und Frauen. Wir sehen, daß Gewalt Körper, Geist und Seele verrücken kann. Suizidale Krisen, psychotische Einbrüche, massive Dissoziationen können die Folge sein. Gleichzeitig erfahren wir, daß den Frauen die notwendigen sozialen, finanziellen und persönlichen Ressourcen fehlen. Es fehlen soziale Netze, die auffangen, und es mangelt an Orten, die mehr sind als Aufbewahrungsorte – wo Frauen sein können und wo ihnen mit Respekt, Schutz und Unterstützung begegnet wird. Viele Frauen suchen speziell einen Ort von Frauen für Frauen. Einige haben bereits eine Kette verschiedener sozialpsychiatrischer Einrichtungen durchlaufen. Manche suchen gezielt einen Ort außerhalb standardpsychiatrischer Versorgung. Frauen kommen mit dem Wunsch, nach allem, was sie überlebt haben, nicht auch noch als psychisch krank abgestempelt zu werden. Sie fragen sich, wie es möglich ist, daß eine Reaktion auf unerträgliche Erfahrungen, d.h. eine Überlebensstrategie, eine Notwehr, zur Krankheit erklärt wird.

Was uns empört: All dies geschieht in der oft irrsinnigen Normalität dieser Gesellschaft. Eine Gesellschaft, in der noch immer

- die Opfer sexueller Gewalt mit ihrer Geschichte und ihren Leidensformen ausgegrenzt werden,
- das Ausmaß sexueller Gewalttaten auch heute noch gern verschwiegen wird,
- parteilichen Einrichtungen wie Wildwasser «Mißbrauchshysterie» und «halluzinatorischer Verfolgungswahn» unterstellt wird,
- Gewalt zur familieninternen, privaten Angelegenheit oder zur vereinzelten Entgleisung perverser Sexualtriebtäter erklärt wird,
- Täter nach wie vor verschont bleiben.

In den vergangenen Jahren mußten wir mit Entsetzen feststellen, auf welche Weise Medien und Öffentlichkeit das Problem der sexuellen Gewalt aufgegriffen haben. Die Presse hat ‹sexuellen Mißbrauch› als ‹Sex & Crime›-Skandalthema Nummer Eins ausgeschlachtet mit dem Effekt, daß heute festgefahrene Klischees in den Köpfen der ‹aufgeklärten› Öffentlichkeit existieren. Starre Bilder, wie denn die sexuell mißbrauchten Frauen angeblich so sind, festgezurrter Common sense, wie ihr sogenanntes ‹Sexuelles Mißbrauchssyndrom› auszusehen hat.[3] Von jeder Talkshow bis zu jedem Kaffeeklatsch – allerorten weiß man inzwischen mitzuplaudern, wenn es um den sattsam bekannten ‹sexuellen Mißbrauch› geht. Wenig Platz bleibt da für diejenigen, um die es dabei eigentlich geht: die betroffenen Frauen selbst.

«Verkehrte Welt!», «Das ist doch alles verrückt!» sind naheliegende Reaktionen auf diesen Alltag. Ja, in der Tat: Patriarchaler, struktureller Wahnsinn umgibt und durchdringt unser Leben, verrückte Außenwelten produzieren verrückte Innenwelten.

Für uns Wildwasser-Mitarbeiterinnen stellen sich tagtäglich dieselben Fragen: Wie läßt sich persönlich und politisch darauf antworten? Individuelle Hilfestellungen anbieten, strukturelle Zusammenhänge reflektieren und in der politischen Diskussion präsent sein – wie kann das gehen? Auf was können wir dabei zurückgreifen, und an welcher Stelle der Diskussionsentwicklung haken wir ein? So wurde schließlich die Idee zu einem Frauenkongreß ‹Frauen in ver-rückten Lebenswelten› geboren. Ein Teil der Beiträge in diesem Buch entstand für diesen Kongreß, der 1997 stattgefunden hat.

Nach 20 Jahren Diskussion: Zeit für die Inventur!
Die Debatte der Frauenbewegung um ‹Frauen und Psychiatrie› ist nicht neu: Bereits vor über 20 Jahren geriet das Thema – spätestens mit dem Buch der amerikanischen Psychotherapeutin Phyllis Chesler ‹Frauen – das verrückte

Geschlecht?› (engl. 1972, deutsch 1974) – in die Diskussion der hiesigen Frauenbewegung. 1977 folgte das deutsche Äquivalent der Psychotherapeutin Roswitha Burgard ‹Wie Frauen verrückt gemacht werden›. Beide Autorinnen machten auf die verrücktmachenden Lebensbedingungen von Frauen aufmerksam, auf die Einengung und Fremdbestimmung durch die weibliche Geschlechtsrolle und wie Frauen zum Schweigen gebracht werden. Sie zeigten, wie das Erleben von sexueller Gewalt geradewegs in den Wahnsinn führen kann, und plädierten dafür, es mehr als strukturell-gesellschaftliches denn als individuelles Problem zu begreifen. Die Männerdomäne Psychiatrie entpuppte sich als mächtige und gewaltsame Institution der Kontrolle über Frauen, als Teil der Anpassungs- und Herrschaftsmaschinerie, um Frauen in alte Normen zurückzuzwingen. Beide Bücher blieben lange Zeit die einzige Literatur unter feministischer Flagge, die zu dem unliebsamen Thema ‹Psychiatrisierung von Frauen› erschienen. Und die Nachfrage war groß: Beide wurden in hoher Auflagenzahl verkauft. Sie machten Mut zur Wut. Provokant wurde damals von beherzten Feministinnen gefragt, wer denn angesichts dieser Verhältnisse nun wirklich verrückt sei.

Im Laufe der Jahre verfeinerten sich die Diskussionsstränge, die Palette der beteiligten Gruppen verbreiterte sich zusehends; Psychiatrie-Betroffene kamen selbst mehr und mehr zu Wort. Erst in den 90er Jahren gab es schließlich eine kleine Anzahl Fachkongresse[4], dazu Dokumentationen und Bücher einzelner Frauen, die die feministische Diskussion vorantrieben. Hierzu gehörte auch der 1. Bielefelder Wildwasser-Kongreß, der unter dem Schwerpunkt ‹Multiple Persönlichkeiten› die Debatte um Gewalt, Feminismus, psychische Gesundheit und Psychiatrie zu transportieren suchte.[5] Als Wildwasser Bielefeld 1997 schließlich einen zweiten bundesweiten Kongreß veranstaltete, griffen wir auf und führten weiter, was bereits lange in der Luft lag: das Bedürfnis nach ‹Vernetzung›, nach Zusammenführung verschiedener Strömungen. Und wir luden dazu Projektvertreterinnen und andere Referentinnen ein, die aus Veröffentlichungen bereits bekannt waren.

Das Buch ist demnach eine Bestandsaufnahme der breitgefächerten Debatte um feministische Psychiatriekritik geworden, die sich seit den Siebzigern deutlich weiterentwickelt hat. – Zusammengenommen spiegeln alle Beiträge den aktuellen Stand der Diskussion, der in erster Linie Stand eines Prozesses ist. Daran beteiligt sind Frauen, die sich mit dem Themenfeld ‹Verrücktsein›, ‹Psychiatrie› und ‹alternative Praxis› intensiv befaßt haben. Knapp zwanzig Autorinnen aus ganz unterschiedlichen Arbeits- und Lebenszusammenhängen entfalten hier ihre Standpunkte vor einer größeren Öffentlichkeit und nehmen dabei – nicht ohne Spannungen – auch Bezug aufeinander. Statt inhaltliche Ausgangspunkte und Zugangswege einzugrenzen, hielten wir diese weitgehend offen. Die Autorinnen sind junge und ältere Frauen; es sind Theoretikerinnen, ‹Psychiatrie-Betroffene›, Therapeutinnen, Feministinnen, Publizistinnen, Frauenforscherinnen, politisch Engagierte, antipsychiatrische Vertreterinnen, Freundinnen... Auffallend deutlich wird, daß auf manche Autorin gleich eine ganze Reihe der genannten Rollen und Identitäten zutrifft, manche bewegen sich in ganz unterschiedlichen Erfahrungsfeldern.

Es ist nicht leicht, diese Gleichzeitigkeit einer Annäherung von verschiedenen Seiten in das Hintereinander eines Buchformates zu pressen. Der nun gewählte Aufbau des Buches ist nicht mit dem Kongreßablauf identisch – einige Texte sind erst im Anschluß entstanden –, die Reihenfolge sucht allerdings den Diskussionsprozeß für das Lesepublikum nachvollziehbar zu machen.

Zu den Beiträgen im Einzelnen
Wollen wir wissen, wo wir heute stehen, lohnt ein Blick zurück, um zu sehen, was bisher geschah. Nach 20 Jahren mal enthusiastischer, mal schläfriger ‹Psychiatriedebatte aus Frauensicht› ist es Zeit, Zwischenbilanz zu ziehen. Es steht an, über Erfolge und Mißerfolge zu sprechen. Wir brauchen eine breitere Rückschau, in der Veränderungen und Meilensteine der Entwicklung kenntlich gemacht werden. So verkörpern die Texte im *ersten Abschnitt* in ihrer Gesamtheit, aber auch jeweils einzeln drei Facetten globalerer Art: Erstens werden hier vergangene Entwicklungen nachgezeichnet, zweitens allgemeine gesellschaftliche Trends erfaßt und drittens wird ihr Niederschlag in Gesundheitspolitik und Frauenbewegung untersucht.

Alice Schwarzer, Feministin der ‹ersten Stunde› und prominenteste Streiterin der deutschen Frauenbewegung, eröffnet die Diskussion. In ihrem Beitrag erinnert sie daran, daß Frauen in dieser Gesellschaft nach wie vor als das ‹ver-rückte Geschlecht› gelten. Sie warnt vor Abstumpfung gegenüber alltäglicher Gewalt an Frauen und verlangt, ‹Frauenhaß› ebenso als politische Kategorie ernstzunehmen wie ‹Fremdenhaß›, den ‹Schleier› als politisches Symbol ebenso wie das ‹Hakenkreuz›.

Der Ansatz der Psychotherapeutin *Polina Hilsenbeck* kann als geschichtlicher Markstein der feministischen Therapie mit ‹Psychotikerinnen› gelten. Schon zu Beginn der 90er Jahre berichtete sie über ihre innovative Arbeitsweise mit ‹Grenzgängerinnen› im Frauentherapiezentrum München. Sie veranschaulicht, wie es ihr gelingt, therapeutischen Zugang zum Erleben von betroffenen Frauen zu gewinnen, und wie sie verschiedene Dimensionen in ihre Arbeit zu integrieren versucht.

In Anlehnung an die Diskursanalyse Foucaults fragen die Autorinnen *Eva Bertoluzza, Martina Gitzl* und *Michaela Ralser,* was das Auftauchen ‹psychischer Krankheiten› von Frauen (wie z.b. Magersucht, MPS) über den allgemeinen Zeitgeist und den Wandel der Anforderungen an Frauen auszusagen hat. Sie zeichnen psychiatriepolitische und kulturelle Auflösungsprozesse bis in die heutige Zeit nach: Es haben sich sowohl die Formen weiblicher Verrücktheit verändert als auch die Disziplinierungspraktiken, mit denen ihnen entgegnet wird.

Der erste Abschnitt endet mit dem Beitrag von *Ruth Großmaß,* die eine Bestandsaufnahme des feministischen Umgangs mit Verrücktsein vornimmt. Aus ihrer Sicht als Therapeutin stellt sie fest, daß die gleichzeitige Orientierung an feministischen Idealen und an den Erfordernissen psychosozialer Arbeit zur Gratwanderung werden kann und mitunter an professionelle Grenzen führt. Sie analysiert, inwiefern die beiden Traditionen der Feministischen Beratung – Psychotherapie und Kulturkritik – vereinbar sind, und entwirft Lösungsvorschläge für die zukünftige Praxis.

Im *zweiten Abschnitt* verdichtet sich die Beschreibung von persönlichen Erfahrungen; biographisches und eigenes Erleben werden plastischer. Eine brauchbare Theorie über die Lebenswirklichkeit von ‹Frauen in ver-rückten Lebenswelten› bleibt skeptisch gegenüber Abstraktion und angelehnt an subjektive Erfahrung. Das Persönliche, das konkrete Erleben steht in diesem Teil im Mittelpunkt. Keineswegs werden jetzt einfach nur individuelle Einzelschicksale enthüllt und Fallgeschichten zusammengetragen – jeder der Erfahrungsberichte bleibt eng verknüpft mit einer politischen Aussage.

Die Sprachwissenschaftlerinnen *Luise F. Pusch* und *Swantje Koch-Kanz* führen in die Geschichte von ‹Wahnsinnsfrauen› ein und fördern Parallelen in den Psychiatriegeschichten der Feministinnen Elizabeth Packard (1816–1899) und Kate Millett zu Tage. Zwang und Gewalt sind damals wie heute die patriarchale Antwort auf Unbotmäßigkeit von Frauen; per Psychiatrisierung werden Frauen zum entrechteten Spielball männlicher Interessen.

Dorothea Buck, inzwischen über 80 Jahre alt, ist seit vielen Jahren aktiv im Bundesverband der Psychiatrie-Erfahrenen und fordert auf dem Hintergrund ihrer eigenen Lebensgeschichte die Wiedergutmachung für Opfer der NS-Psychiatrie; sie setzt sich für das Gehörtwerden von Psychiatrie-Betroffenen ein, für die Sinnhaftigkeit des Psychose-Erlebens, für den ‹Trialog› und für die Gründung von Psychose-Seminaren für Professionelle, Betroffene und Angehörige.

20 Jahre nach Veröffentlichung ihres Standardwerkes ‹Wie Frauen verrückt gemacht werden› zieht die Autorin *Roswitha Burgard* erneut Bilanz. Sie erzählt davon, wie sie unlängst ihrer Freundin Paula in einer Krisenzeit und bei der Flucht aus einer psychiatrischen Klinik zur Seite gestanden hat. Sie schildert die Hintergründe, die Schwierigkeiten, die in der Begleitung auftauchten, und wie sie sie bewältigte.

Aus ganz unterschiedlichen Erfahrungsfeldern berichtet die Psychologin und Psychiatrie-Erfahrene *Jasna Russo* in ihrem Beitrag. Sie kritisiert die subtile und brachiale Gewalt der Psychiatrie und das Unverständnis, mit dem ihr an verschiedenen Orten begegnet wurde. Sie wendet sich auch gegen die Ausgrenzung in Frauenprojekten und gibt Anregungen für eine ‹nicht-psychiatrische› Praxis.

Dagmar Schultz schaut zurück auf den Selbstmord ihrer Freundin May Ayim, bekannt als afro-deutsche Lyrikerin, Autorin und Kämpferin der Schwarzen Frauenbewegung. Sie zeichnet nach, wie sich aus ihrer Sicht die Krise von May zuspitzte, und sie nimmt Stellung dazu, welchen Anteil daran die – weiße, deutsche – Psychiatrie hatte.

Der *dritte Abschnitt* widmet sich der Arbeit von Alternativprojekten, die Neuland in kritischer Distanz zur klassischen Psychiatrie beschritten haben. Die Autorinnen geben Einblick in den konkreten Projektalltag und zeigen Möglichkeiten und Grenzen alternativer Praxis auf.

Ulrike Klöppel berichtet als Mitarbeiterin des Berliner Weglaufhauses. Im Weglaufhaus wird bewußt auf medizinische Diagnosen verzichtet. BewohnerInnen bekommen Unterstützung beim Absetzen von Psychopharmaka und im MitarbeiterInnen-Team sind ganz selbstverständlich Psychiatrie-Erfahrene vertreten.

Die Journalistin *Cornelia Filter* hat sich einen Eindruck von einer Reihe weiterer Projekte verschafft. Es sind unterschiedliche Einrichtungen vom Betreuten Wohnen über Treffpunkte bis hin zu Therapiezentren – manche davon mit klangvollen Namen wie ‹Frauenzimmer›, ‹Soteria›, ‹Ihriss› und ‹Helse Hex›, alle mit unterschiedlicher Nähe zur Sozialpsychiatrie und Frauenbewegung.

Im *letzten Abschnitt* stoßen wir auf spezifische Themenfelder, die in steter Wiederkehr zu heiklen Problemzonen der feministischen Diskussion werden. In diesem Teil erläutern einzelne Autorinnen ihren Standpunkt zu Schlüsselbegriffen wie ‹weibliche Identität›, ‹psychiatrische Diagnosen›, ‹Gewalt in der Psychiatrie› und ‹Weiße Dominanzkultur›.

‹Weibliche Identität›, so *Ruth Großmaß,* ist in den 90er Jahren irgendwie out. Frausein und feministische Analysen haben sich mächtig gewandelt und ausdifferenziert, was mit einem Orientierungsverlust von Frauen einhergegangen ist. Wie der Begriff ‹weibliche Identität› heute noch mit Inhalt gefüllt werden kann, wird u.a. am Beispiel der Romanliteratur von Margaret Atwood beantwortet.

Iris Hölling zitiert typische Aussprüche, mit denen psychiatriebetroffene Menschen konfrontiert werden. Diagnosen vermitteln Bilder, die den Zugang zur Person verstellen, so ihre These. Der Blick durch die ‹Diagnosebrille› ist Grundlage für verhängnisvolle Psychiatrie-Karrieren und legitimiert Gewalt.

Die Publizistin *Irene Stratenwerth* befaßt sich mit dieser Gewalt innerhalb der Psychiatrie und fragt, was sie speziell für Frauen bedeutet. Sie macht Vorschläge, was hilfreich sein könnte, um Gewalt zu reduzieren.

Am ‹Grenzgängerinnen›- und ‹Gewalt›-Begriff der feministischen Psychoszene macht *Monika Baldus* ihre Kritik am fehlenden Einbezug von Migrantinnen fest. Sie beklagt eine Fokussierung von Theorie und Praxis auf die «deutsche, weiße, christlich sozialisierte, nichtbehinderte Dominanzkultur» und bezieht sich dabei exemplarisch auf den Eingangsvortrag von Alice Schwarzer.

I. Kapitel

Entwicklungen: gesellschaftlich & frauenbewegt

Alice Schwarzer

Die Anderen
Über den Wahnsinn Frauenhaß

Der nachfolgende Text ist die – leicht gekürzte und überarbeitete – Eröffnungsrede zum Kongress ‹Frauen in ver-rückten Lebenswelten› (18.–20. 4. 1997 in Bielefeld) von Alice Schwarzer, der kein Manuskript zugrunde lag, sondern die in freier Rede gehalten wurde.

Die Wildwasser-Frauen haben diesen Kongreß ‹Frauen in ver-rückten Lebenswelten› genannt. Ver-rückt bedeutet ja auch, daß man von seinem angestammten Platz genommen und irgendwo hingeschoben worden ist. Aber ich werde niemanden überraschen, wenn ich feststelle, daß gerade wir Frauen natürlich nicht ver-rückt worden sind. Denn wir waren noch nie drin, wir sind immer draußen gewesen. Wir Frauen kommen vom Rand der Welt, und jede von uns – egal wie alt, wie bewußt oder unbewußt, wie stark oder schwach, wie stolz oder feige –, jede von uns kennt die Summe der subtilen bis brachialen Mechanismen, mit denen man diejenigen, die vom Rand aufgebrochen sind Richtung Zentrum, wie man die draußen hält.

Es gibt einen Mann, der einen, wie ich meine, sehr genauen Beitrag zu unserem aktuellen Thema geliefert hat, auch wenn er schon länger tot ist: Jean Améry, einigen vielleicht ein Begriff durch sein Buch ‹Schuld und Sühne›; ein österreichischer Jude, im Widerstand versteckt, dann doch gefunden. Das KZ ist ihm erspart geblieben, aber die SS nicht. Dieser Jean Améry hat in einem seiner Texte seine eigenen Foltererfahrungen geschildert.

Améry vergleicht seine Erfahrungen in diesem Anfang der 60er Jahre geschriebenen Text mit der Erfahrung der Vergewaltigung und beschreibt, wie der Mensch ihm gegenüber, dieser deutsche SS-Mann, ihn, den österreichischen Intellektuellen, angegriffen, erniedrigt, gequält, gefoltert hat. Er beschreibt seine Fassungslosigkeit, daß das möglich war zwischen zwei Menschen; denn er lebte ja in einer zivilisierten Zeit, in einem zivilisierten Land. In einem Land, in dem er doch bis dahin glaubte: Menschen machen sowas nicht mit einem anderen Menschen. Doch Améry mußte bei dieser Folterung erfahren, daß es möglich ist; daß Menschen das mit Menschen machen. In diesem Moment hat er sein ‹Urvertrauen› verloren, sein Vertrauen in die Welt. Alles war ab jetzt möglich. Alles.

Dem Verlust des Urvertrauens eines Jean Améry ging ein langer Prozeß voraus. Der Folterung und den KZs hat eine Propaganda vorausgehen müssen, die aus Jean Améry und seinen Leidensgenossen ‹die Anderen› machte. Die Minderen, die Wertlosen, die Untermenschen – kurzum diejenigen, mit denen man es machen kann.

Wir Frauen wissen alle, wovon Jean Améry da redet. Auch wir sind die Anderen. ‹Die Anderen› – worauf sich neuerdings auch so manche Feministin kokett beruft – sind immer die Minderen; denn es sind die Einen, die das Gesetz machen und die bestimmen, wer der/die Andere ist. Auch wir Frauen sind die Anderen, auch wir sind die Minderen, auch wir sind die Untermenschen, mit denen man es machen kann. Uns aber ist Amérys Schock im Erwachsenenleben erspart geblieben. Wir sind von Geburt an die Anderen. Die meisten von uns haben gar nicht erst die Chance, ihr Urvertrauen zu verlieren – sie haben es nie gehabt.

Diese permanente Negation unseres Menschseins, die permanente Verachtung, der Haß, die Erniedrigung – all das führt zu dem uns nur allzu vertrauten Selbsthaß, zu der Selbstverachtung und damit auch zu der Verachtung, nicht nur von uns selbst, sondern auch von unseresgleichen: den anderen Frauen. Wir sind fremd, wir sind uns selbst fremd, wir sind gespalten, zwischen uns und in uns. Darum ist der allererste Schritt, den wir tun müssen (und das wissen wir seit einigen Jahrzehnten wieder): Uns selbst ernst nehmen – und damit auch die anderen Frauen ernst nehmen. Genau das geschieht heute hier, und ohne daß irgend etwas klein oder drumherum geredet wird. Und dazu gratuliere ich den Veranstalterinnen und uns allen herzlich.

Die Rolle der Gewalt

Als ich selbst zum ersten Mal bewußt mit dem Problem Wahnsinn und Psychiatrie konfrontiert wurde, war ich Anfang 30 und schrieb das Vorwort zu dem Klassiker von Phyllis Chesler über ‹Frauen, das verrückte Geschlecht?›. Natürlich war mir der Wahnsinn schon lange vertraut. Natürlich komme auch ich aus einer Familie, wo die Drohung ‹Irrenhaus› wie ein Damoklesschwert über der unangepaßten Frau hing und wo die Mitteilung, daß die Nachbarin in die Klapse gekommen war, nackte Angst einjagte. Natürlich habe auch ich als Kind schon mal gedroht: «Weißt du was? Du gehörst in die

Klapse!». Denn wir alle wissen um die Angst der Frauen vor dem Wahnsinn. Und wir alle spielen das aus. Und diese Angst wird eher mehr denn weniger. Einst wurden die ‹verrückten› Frauen verbrannt oder eingesperrt. Die repressive Funktion von Kirche und Staat hat heute die Psychologie übernommen. Und die Psychologie besorgt heutzutage soft dasselbe wie einst die Kirche und bis vor kurzem noch der Staat hart; aber auf eine noch weniger faßbare, unheimlichere Art und Weise. Sie legt uns nicht in äußere Ketten, sondern in innere. Doch diese Software Psychologie hat einen ganz harten Kern: die Gewalt. Der Kern aller Machtverhältnisse ist die Gewalt. Es gibt kein Machtverhältnis, nicht zwischen Völkern, nicht zwischen Rassen, nicht zwischen Klassen, in dem diese Gewalt nicht ausgeübt wird oder zumindest angedroht. Und es ist zwischen den Geschlechtern so wie zwischen den Klassen, Rassen oder Völkern: Die friedlichsten Verhältnisse herrschen da, wo sich nichts bewegt. Da, wo man entweder ganz gleich oder ganz und gar ungleich ist. In dem Moment, wo die Verhältnisse in Bewegung geraten, bricht die Gewalt aus, die Gewalt der Herrschenden.

Das ist das, was wir in den letzten 20 Jahren mit zunehmendem Grauen aufdecken. Wir reden ja nicht nur über die Gewalt, die schon war; wir reden auch über die neue Gewalt und ihre immer enthemmtere Propagierung. Diese Gewalt kann uns einschüchtern, diese Gewalt kann uns verstummen lassen, diese Gewalt kann uns in den Wahnsinn treiben. Dieser innere Wahnsinn ist vielleicht manchmal sogar ein Schutzraum vor dem äußeren Wahnsinn – nur ist er so ein ganz und gar zum Verlieren verdammter Einzelkampf.

Die Vorbereitung zur Gewalt gegen Frauen ist die Propagierung des Sexismus, des Frauenhasses. So wie die Vorbereitung der Gewalt gegen Juden die Propagierung des Antisemitismus, des Judenhasses ist; und die der Gewalt gegen andere ethnische und politische Gruppen der Rassismus. Denn wie gesagt: Mit Menschen macht man sowas nicht – man macht so etwas nur mit den Anderen, den Minderen, den Untermenschen. Das, was alltäglich mit Mädchen und Frauen passiert, wäre nicht möglich, wenn der weibliche Mensch in den Augen des männlichen Menschen ein wirkliches Gegenüber, ein Mensch wäre. Der weibliche Mensch ist aber kein Mensch, er ist nur eine Frau.

Der Frauenhaß hat sehr unterschiedliche Formen, und er ist so tief und so subtil, daß auch wir zunehmend bewußter werdenden Frauen uns oft selbst schwer tun, ihn zu erkennen. Es ist ja auch schwer, sich einzugestehen: Ich bin selbst nur eine Frau. Es ist niederdrückend, zu Ende zu denken, daß ich so eine bin, die, wenn sie durch den Park geht, vergewaltigt, erwürgt, zerstückelt werden kann – und daß das meinem Bruder nicht passieren würde. Es ist soviel einfacher, das alles zu verdrängen.

Der unsichtbare Frauenhaß

Wir haben in den letzten Jahren in Deutschland erlebt, wie der Fremdenhaß wieder hochschnellte. Und wir, die gerechten Frauen, die wir nicht nur Gerechtigkeit für uns selbst wollen, sondern für alle Menschen, haben mit Befriedigung festgestellt – und oft auch dazu selbst beigetragen –, wie dieser Fremdenhaß ins öffentliche Bewußtsein drang, wie er eine politische Kategorie wurde, wie man gegen ihn kämpft, wie man sich von ihm distanziert, wie man dagegen auf die Straße geht.

Diesem Fremdenhaß sind z.b. im Jahre 1994 laut Auskunft der Polizei in Deutschland acht Menschen zum Opfer gefallen. Die Medien konnten das melden, weil wir es innerhalb kürzester Zeit in Deutschland geschafft hatten, Fremdenhaß als eine politische Kategorie zu begreifen, ihn als Begriff für Statistiker, für Polizei und Justiz einzuführen, um die Dinge erkennen und benennen zu können. In einem Jahr in Deutschland acht Opfer des Fremdenhasses, acht Opfer zuviel.

In demselben Jahr hat EMMA sich die Mühe gemacht zu versuchen, die Opfer des Frauenhasses zu zählen. Wir konnten auf keine Statistik zurückgreifen. Für die meisten Menschen ist der Begriff ‹Frauenhaß› schon überraschend. EMMA hatte ihre Leserinnen gebeten, alle Informationen, Zeitungsausschnitte usw. über Morde an Frauen aus Frauenhaß zu schicken. Wir sind dabei für das Jahr 1994 auf die geschätzte Zahl von 800 gekommen. 800 Frauen, die vom fremden Sexualmörder oder eigenen Ehemann, vom Nachbarjungen oder Vater ermordet wurden – weil sie Frauen sind.

So wie 1996 in Krefeld. Die Aufregung war groß in den ersten Tagen, als man noch glaubte, die drei Frauen in Krefeld seien Opfer des Fremdenhasses gewesen. Die Erleichterung war nicht minder groß, als man erfuhr: Es war ‹nur› Frauenhaß; eine ‹Familientragödie›. Der eigene Mann und Vater hatte seine Frau und seine Töchter verbrannt.

800 Fälle von Frauenhaßmorden gegen acht Fälle von Fremdenhaß. Ich halte diese Zahl für keinen Zufall, sie zeigt die Relation. Umso befremdlicher, daß auch viele Feministinnen zwar selbstverständlich auf Demos gegen Fremdenhaß zu finden sind; vor Gerichten aber, wo Gattenmörder, die aus ‹gekränkter Ehre› und im besoffen Kopf mal eben ihre Frau totgeschlagen haben und dann meist schnell auf freiem Fuß sind, nicht zu sehen sind. Sie stellen auch kein Mahnmal auf an den Stellen, wo die erwürgten und geschände-

ten Frauen im Gebüsch lagen. Das heißt, auch wir Feministinnen selbst müssen noch lernen, uns als Opfer wirklich ernst zu nehmen und die politische Dimension des Frauenhasses in all seinen Ausprägungen zu begreifen.

Vor 20 Jahren entdeckten wir neuen Feministinnen erstaunt, daß es vor uns schon eine Frauenbewegung gab. Da kannten wir noch nicht einmal die Namen, die uns heute geläufig sind. Hedwig Dohm, wer ist denn das? Anita Augspurg, nie gehört. Minna Cauer, aha. Heute wissen wir das. Und wir gehen immer weiter zurück in die Geschichte und sehen, daß in allen Jahrhunderten und Jahrtausenden Frauen sich nie haben abfinden können mit dem Kriechgang, daß sie immer wieder den aufrechten Gang versucht haben. Wir wissen heute, daß die Hexenverbrennungen auch eine direkte politische Reaktion auf die damalige Frauenemanzipation war. Nun rütteln wir wieder an den Machtverhältnissen – und die Reaktionen lassen nicht lange auf sich warten.

Das gefolterte Geschlecht
Die Spitze des Backlash, des Rückschlags, ist die Pornographie. Die Pornographie, in der es nicht um Erotik, sondern um Erniedrigung geht. Die Folgen dieser Pornographisierung mit allen Mitteln, auch den visuellen, die ja besonders eindringlich sind, haben wir bereits auf dem Tisch. Eine junge, durch und durch brutalisierte Generation, die der Pornographisierung übrigens kaum ausweichen kann. Ein Junge, der sich heute keine Hardpornos mit anschaut in der Klasse, wird verlacht als Schlappschwanz. Da sind auch die Jungen Opfer, allerdings Opfer, die zu Tätern werden können. Wir ahnen, wie die Pornographie die sexuelle Begierde und den Blick auf alle Frauen prägt. Irgendwann wird diese unselige Verknüpfung von Lust an der Lust und Lust an der Erniedrigung und Zerstörung nicht mehr zu lösen sein.

Pornographie propagiert Sexualgewalt. Die hat es auch vor der Herausforderung durch die Neue Frauenbewegung schon gegeben. Aber es sieht so aus, als würde sie steigen, was auch politisch logisch wäre. Die Sexualgewalt beginnt mit dem Inzest, dem frühen Mißbrauch, diesem Gebrochenwerden in sehr frühen Jahren, dieser Verquickung von Liebe und Haß. Diesem Gebrochenwerden nicht vom Feind, nicht von Fremden, sondern vom Freund, vom netten Mann von nebenan, vom eigenen Vater. Wenn wir Frauen zu Ende denken und zu Ende fühlen – so wir es überhaupt aushalten, zu Ende zu fühlen –, darf es uns nicht wundern, in welcher Verfassung viele Frauen sind. Und die, denen es nicht passiert ist, die haben Glück gehabt – und sie wissen es.

Frauen sind das gefolterte Geschlecht. Alle Analysen, die wir heute auf dem Tisch haben in bezug auf Folgen politischer Folter, könnten glatt auf die sexistische Folter, auf die Frauen übertragen werden. Manche Amerikanerinnen praktizieren das ja schon, so wie Judith Herman in ihrem exzellenten Buch ‹Narben der Gewalt›.

Aber da gibt es noch eine dritte Antwort auf das Aufbegehren der Frauen. Das ist der weltweit grassierende religiöse Fundamentalismus. Zur Zeit steht der islamische Fundamentalismus an erster Stelle, der christliche folgt ihm auf dem Fuß. Und in Israel hat man auch schon länger Freude an den jüdischen Fundamentalisten.

Der blutige Schleier

EMMA hat eine Kollegin zu Gast, die knapp entkommen ist aus Algerien. Sie bekommt manchmal Besuch von ihrer Familie, ihrer Schwester, die Hausfrau ist, ihren Nichten, die junge Studentinnen sind, ihrem Schwager, der ein gläubiger Moslem ist und Händler. Wenn die da sind, wird geredet ohne Atem zu holen. Wer lebt noch? Wer ist geschächtet worden? Wer ist ins Ausland gegangen? Nacht für Nacht steht der Vater auf und durchkreist das Haus, um zu sehen, ob seine halbwüchsigen Töchter noch da sind – oder ob sie von den ‹Revolutionären Garden› als ‹Bräute der Revolution› entführt wurden. Man weiß, daß diese ‹Bräute der Revolution› dann ein paar Monate lang in Küche und Bett zu dienen haben und, wenn sie schwanger sind, geschächtet werden.

Es gibt also Länder, in denen geht es den Frauen heute nicht so relativ gut wie uns, die wir immerhin reden können, ohne verjagt oder geprügelt oder ermordet zu werden, auch wenn es Mut braucht. Es gibt Länder, die sind bereits in der Hand dieser Fanatiker, deren zentrales Anliegen in allen Schriften, Worten und Taten die Entrechtung der Frauen ist. Die aufgeklärten Männer werden dann in einer zweiten Phase folgen. Aber das begreifen die meisten erst, wenn es zu spät ist. Wie in Algerien. Oder im Iran.

Gerade in Deutschland wird gerne ganz tolerant über den Schleier diskutiert. Ich weiß nicht, ob der Schleier jemals unschuldig war. Wenn ich ihn mir selber umbinde, schon nur das Kopftuch, sehe ich, wie klein die Welt wird. Aber sollte der Schleier jemals eine Unschuld gehabt haben, hat er sie spätestens 1979 verloren: Nämlich als man anfing, im Iran den Frauen, denen der Schleier auf dem Kopf verrutschte, mit Nägeln in den Kopf zu schlagen. Über die Entwicklung in Algerien oder Afghanistan brauche ich im Jahre 1997 nichts zu sagen. Weite Teile der Welt sind im Begriff zu folgen.

Kurzum: Der Schleier ist kein Stück Stoff und keine Frage des Glaubens oder der Sitten, er ist ein politisches Symbol. Ein politisches Symbol des Grauens. Der Schleier ist das Symbol einer neuen Spielart von Faschismus, der, ganz wie der deutsche Nationalsozialismus, die Frauen nicht zufällig als erste ins Fadenkreuz nimmt. Der Schleier ist in seiner symbolischen Bedeutung heute politisch gleichzusetzen mit dem Hakenkreuz.

Natürlich hat es auch im Dritten Reich Frauen gegeben, die stolz waren, das Hakenkreuz zu tragen und in den ‹Bund deutscher Mädchen› zu gehen. Die meisten von uns haben Mütter, die davon zu erzählen wissen, wenn sie ehrlich sind. Natürlich hat es auch im Nationalsozialismus Frauen gegeben, die daran geglaubt haben. Und dennoch sind diese Frauen Gegnerinnen, die entweder begreifen müssen – oder aber von uns aufgeklärten Frauen bekämpft werden müssen. Denn der religiöse Fundamentalismus hat natürlich nichts mit Glauben zu tun, sondern ist ein Vorwand zur Machtergreifung der Dunkelmänner.

Ich war 1979, zwei Wochen nach der Machtergreifung Khomeinis, im Iran. Ich habe sie gesehen, diese stolzen revolutionären Garden. Ich habe mit vielen Frauen gesprochen, beeindruckenden Frauen, die jahrzehntelang mit dem Maschinengewehr unter dem Schleier gegen den Schah gekämpft hatten; Intellektuelle, die im Exil promoviert hatten über den Existenzialismus; tolle Gesichter, wie in Stein gemeißelt, kämpferisch, aber auch fanatisch. Und als ich fragte: Wie soll es weitergehen? Wollt ihr wirklich die Scharia? Soll wirklich auf angeblichen Ehebruch oder Homosexualität der Tod durch Steinigung stehen, haben die lächelnd gesagt: Selbstverständlich! Tod durch Steinigung? Aber selbstverständlich. Diese Frauen, mit denen ich damals gesprochen habe, die Frauen aus dem Widerstand, die geglaubt hatten, selber teilhaben zu können an dem neuen Staat, die leben heute alle nicht mehr. Sie sind alle kurz danach liquidiert worden.

Ich meine, daß wir in einem Land leben, das sich weniger als alle andere die Ignoranz und die Unterschätzung gegenüber dieser neuen Spielart des Faschismus erlauben kann. Doch ich stelle mit Erstaunen fest, daß in keinem europäischen Land der religiöse Fundamentalismus so verharmlost wird wie in Deutschland. Und das gilt auch und gerade für die Linken. Und es gilt – tragischerweise – auch für so manche Feministin.

Wahnsinn und Dunkelmänner

Es ist außerhalb Deutschlands seit langem eine Selbstverständlichkeit, die strukturellen Macht- und Gewaltverhältnisse von Rassismus, Antisemitismus und Sexismus parallel zu analysieren. Es ist nicht überraschend, daß dieser Vergleich in Deutschland bei unserer Vergangenheit zunächst einmal tabu ist. Trotzdem muß er, ohne die Unterstellung der Verharmlosung des Rassismus oder Antisemitismus, endlich auch hier möglich sein. Es muß Feministinnen erlaubt sein, auf die Parallelen der verschiedenen Systeme von Menschenverachtung, Unterdrückung und Vernichtung hinzuweisen, ohne sich mit einem ‹Hauptwiderspruch›, der bedeutender ist als unsere Sache, mundtot machen zu lassen.

Schweife ich hier ab? Sollte nicht von ‹ver-rückten Frauen› die Rede sein, statt vom religiösen Fundamentalismus Teheraner und Römischer Prägung? Nein, ich schweife nicht ab, denn das eine bedingt das andere. Der religiöse Fundamentalismus, diese neue Spielart des Faschismus, ist der Männlichkeitswahn in seiner höchsten Potenz. Er ist auch – und vielleicht vor allem – eine direkte Reaktion auf die Emanzipation der Frauen. So wie der Nationalsozialismus. Der Kampf für die Emanzipation ist der Kampf gegen den Wahnsinn. Und der Kampf gegen den Wahnsinn ist der Kampf für die Vernunft: für Aufklärung, Gerechtigkeit und Gewaltfreiheit. Der Kampf gegen den Wahnsinn ist also der Kampf gegen die Dunkelmänner.

Polina Hilsenbeck

Irrsinn – Eigensinn – Ihr Sinn
Therapie im Kontext von Gewalterfahrungen und Psychosen,
Reinszenierung und transpersonaler Erfahrung

In einem Frauentherapiezentrum zu arbeiten bedeutet, mit verschiedenen Dimensionen von Wirklichkeit konfrontiert zu sein. Ich arbeite mit einem feministischen, psychodynamischen und spirituellen Hintergrund, bin gleichzeitig im Zuge der öffentlichen Finanzierung unseres Projektes gesundheitspolitisch tätig und bewege mich damit in mehreren völlig verschiedenen sozialen Räumen und Kulturen, auf den unterschiedlichsten und widersprüchlichsten Ebenen, zwischen oft unvereinbar scheinenden Zielen und Grundannahmen, mit verschiedenen Sprachen, Begriffen und Energiemustern. Dieser ständige Grenzgang zwischen verschiedenen Dimensionen macht kreativ, hält jung und fördert ein Bewußtsein für Ganzheitlichkeit. Gleichzeitig ist er ebenso oft erschöpfend und überfordernd, also nicht gerade ganzheitsförderlich. Auch im Folgenden werde ich verschiedene Sprachen und Sprachmuster benutzen. Wissenschaftliche Sprache und Inhalte werden manchmal als Zumutung und Abwertung erlebt. Wir könnten der Auffassung sein: Wenn Frauen nicht (nur) in eindeutiger Opposition zum System eine separatistische Alternative aufbauen, sondern auch institutionelle Verankerung wünschen, müßten wir konsequent jeweils eine andere Sprache verwenden. Doch eine solche Spaltung – positiv formuliert die Fähigkeit, Welten zu wechseln – ist oft nicht einfach. Wenn wir z.B. mit dem Gesundheitssystem kooperieren, brauchen wir eine bestimmte Sprache, eine diagnostische und verwaltungsorientierte Begrifflichkeit, mit Klientinnen dagegen eine erfahrungsorientierte und direkte. Wie eine Gestaltwandlerin aus mehreren Perspektiven zu arbeiten, macht aber immer die grundlegende Qualität unserer Arbeit aus.

Beim Verständnis und bei der Therapie von Psychosen sind fünf Dimensionen zu berücksichtigen: *die psychodynamische, die sozialpsychologische, die politisch-ökonomische, die transpersonale und die biologische*[1]. Diese Art von ganzheitlichem Verstehen und Handeln erfordert neben kritischer Reflexion eine Beweglichkeit zwischen unterschiedlichen Ebenen, aber auch zwischen verschiedendsten, ja oft konträren Grundannahmen und strukturellen Voraussetzungen der jeweiligen Disziplin und Handlungsfelder.

Die psychodynamische Dimension wird in der Psychologie, Psychotherapie und in zunehmendem Maße auch in der Populärpsychologie reduktionistisch[2] benutzt. Und zwar als Determinismus: «Weil sie eine schlimme Kindheit hatte, ist sie psychotisch geworden.» Analoge Sätze gibt es z.B. auch für die Erklärung von Kriminalität: «Weil er eine schlimme Kindheit hatte, ist er straffällig geworden.» Bemerkenswert an diesen Erklärungen ist die geschlechtsspezifische Kausalität! Selten wird der Versuch gemacht, genauer zu klären, wie die Entwicklung und/oder Entscheidung dahin verläuft, wenn, dann eher aus philosophischer oder soziologischer Sicht. Hoffnungsvoll stimmen dagegen Ansätze der ‹Resilience›-Forschung, die untersuchen, welche psychischen, spirituellen und sozialen Faktoren gesundheitsfördernd wirken trotz traumatisierender Umstände.[3] – Die psychodynamische Sichtweise wird auch zur einseitigen Erklärung und damit zur Verharmlosung von politischen oder spirituellen Haltungen benutzt.

Durch Psychologisierung wird die Frage umgangen, wie z.B. Sexualtäter oder Kriegstreiber durch ökonomische oder andere Machtkonstellationen gefördert und unterstützt werden, durch gesellschaftliche Rollenvorschriften oder Profite, die andere aus ihrer Entscheidung ziehen. Eine nur psychodynamische Sichtweise erklärt ebenso wenig, wieso Frauen mit sicherlich mehr Gewalterfahrungen als Männer nicht im gleichen Maße zu Täterinnen werden. Die geschlechtstypische Sozialisierung reicht als alleinige Erklärung ebensowenig aus. Gesellschaftliche Phänomene wie Psychiatrisierung, Gewalt gegen Frauen, Militarismus oder Rassismus werden durch diesen reduktionistischen Ansatz individualisiert, und es wird die Hoffnung geweckt, mit Therapie oder Familienförderung allein könnten die Verhältnisse geändert werden.

Zum Verständinis von Psychosen ist es wichtig, die wechselseitige Interaktion zwischen den verschiedenen Dimensionen zu kennen, wobei es die jeweils anderen beeinflußt, wenn wir in einer bestimmten aktiv werden: Öffentlich-politisches Handeln beeinflußt die eigene Psyche und die beteiligten sozialen Netzwerke, spirituelle Praxis beeinflußt die soziale Dimension. So haben die *Sozialpsychologie* und die feministische Therapie einen starken sozialpolitischen Hintergrund, indem sie soziale Interaktionen und die gesellschaftspolitische Dimension berücksichtigen. Auch die Antipsychiatrie und die Sozialpsychiatrie, die auf Integration statt Ausgrenzung setzen und eine Analyse der Ausschlußmechanismen und Unterdrückungsstrukturen vorlegen, sind Denkmodelle und Theorien, von denen wir viel profitieren und auf die wir uns berufen können.

Wenn wir die Ebene *der Politik und der Ökonomie* betrachten, sind als erstes die Interessen der Pharmaindustrie zu nennen, denn diese sind bei dem Thema ‹Frauen und Psychiatrie› ebenso wirksam wie gesellschaftliche Ausgrenzung von ‹Verrückten› und Verschleierung von Gewalt. Gewalt, Ausgrenzung und medikamentöse Behandlung korrespondieren miteinander. Da die Pharmaindustrie den größten Teil der Forschung finanziert, gewinnen im Kampf um das Behandlungsmonopol die biologischen Erklärungen und damit chemische Methoden. Doch liegen Forschungsergebnisse vor, die die sozialen Unterdrückungsstrukturen ins Zentrum rücken und damit trotz des deprimierenden Inhalts ermutigend sind. Die Resultate einer solchen Forschung werden dann nicht im Interesse einer biologistischen Behandlung und Profitmaximierung interpretiert, sondern für eine aufklärende und befreiende feministische Therapie.

Wenn von der *transpersonalen* Dimension die Rede ist, ist damit nicht immer gleich der heilige, erhabene, religiös-spirituelle Bereich gemeint, sondern einfach das, was über das Ich oder die Persönlichkeit hinausgeht. Dies kann sein: Sinnsuche und -erfahrung, die Annahme der Seele als ein größeres und den Körper überdauerndes Wesen, nichtstoffliche Energien und energetische Muster und die anderen vielfältigen Schichten des Transpersonalen bis ins Mystische und Religiöse hinein.

Wenn wir die *Biologie* (Neuroendokrinologie und Neurophysiologie) zunehmend miteinbeziehen, dann weniger für das Gebiet der Psychopharmakabehandlung, sondern weil es äußerst relevant ist zu erfahren, wie die verschiedenen emotionalen und Bewußtseinszustände mit den Neurotransmitter- und Hormonausschüttungen korrespondieren. Auch für alle subtilen Zusammenhänge zwischen Körper und Geist, Körper und Bewußtsein und deren wechselseitige Beeinflussung ist dies interessant: Wie verändern traumatische Erfahrungen die Biochemie, und was bedeutet dies sowohl für deren Bewältigung einerseits als auch für die Publicity von Bewegungen wie der um das sog. ‹False Memory Syndrome› andererseits?

Auch feministische Therapeutinnen müssen sich über die Logik von *Psychiatriekarrieren* informieren, denn selbst zunächst gutwillige und offene Beraterinnen müssen aus Unwissenheit über die prägende Bedeutung von Psychiatriekarrieren scheitern, wenn sie von ihrem Wissen über die Therapie von ‹Normalneurotikerinnen› ausgehen. In der Arbeit mit Grenzgängerinnen[4] sind die therapeutischen Konzepte nur ein Teil der wesentlichen Determinanten. Ebenso zu berücksichtigen ist, daß die meisten eine lange Institutionskarriere hinter sich haben, die in den meisten Fällen immer noch Zwangsbehandlung und Fremdbestimmung, Diagnostiziertwerden, Ausgrenzung und Stigmatisierung bedeutet. Klientinnen in Einrichtungen von Psychiatrie und Sozialpsychiatrie, auch die in Frauentherapiezentren, sind oft Frauen, die, selbst wenn sie in eine feministische Einrichtung kommen, als erstes fragen: «Wo ist hier das Kontaktcafé für psychisch Kranke?» Sie haben eine Krankheitsidentität angenommen, wobei Selbststigmatisierung nur eine Fortsetzung der in der Kindheit erlittenen Entwürdigung und Gewalt ist. Sie sind zutiefst resigniert oder pendeln zwischen ‹eigensinnigen› Ausbrüchen, Zusammenbrüchen und vorübergehender Anpassung. Strategien des Empowerment müssen hier ebenso einen Platz finden wie psychotherapeutische Konzepte.

Gewalterfahrungen und psychiatrische Symptomatik verstehen lernen
Im Folgenden stütze ich mich u.a. auf eigene Erfahrungen und Theorien über den Zusammenhang zwischen Traumatisierung und psychiatrisch relevanter Symptomatik. Wir können einerseits mit Erleichterung beobachten, daß Gewalterfahrungen allmählich in der Psychiatrie thematisiert werden[5], wenn dies auch andererseits nahezu noch keine Konsequenzen für die Behandlung und für strukturelle Entscheidungen hat[6]. Arbeiten auf einer Station Feministinnen oder kompetente Menschen, die sich trauen, den Mund aufzumachen, realisieren die meisten Kollegen und Kolleginnen, daß die Hälfte aller dort Untergebrachten sexuelle Gewalterfahrungen hat. Das bedeutet, daß bei ausreichend sensibilisiertem Blick betroffene Menschen sich erinnern und berichten können. Nach meiner Erfahrung können wir 75% aller psychiatrisch relevanten Symptomatik angesichts des Wissens darum, was dissoziiert, verdrängt und in der Psychose symbolisiert wird, als Folge und Verarbeitung von Gewalterfahrungen einordnen.

Forschungsergebnisse haben in der Argumentation mit der konservativen psychiatrischen Fachöffentlichkeit einen hohen Stellenwert. Zusammenhänge zu vermitteln sehe ich als eine der zentralen Aufgaben im Kontakt mit der etablierten Psychiatrie. Wenn frau auf solche Zusammenhänge ohne Zahlenmaterial hinweist, bekommt sie bestenfalls die Antwort der institutionellen Selektion: Frauenprojekte würden natürlich selektiv von Psychoseerfahrenen mit sexuellen Gewalterfahrungen aufgesucht. Damit wird deutlich, wie stark Gewalt in der Biografie durch die Psychiatrie tabuisiert wird.

Dissoziation als Bewältigungsstrategie

Gewalterfahrungen können verarbeitet werden durch vollständige oder teilweise Dissoziation, durch Symbolisierung in der Psychose oder durch Autoaggression und Selbstverletzung.

Zunächst soll der Begriff der Dissoziation erläutert werden. Mit ‹Dissoziation› sind nicht psychoanalytische Konstrukte wie ‹Verdrängung› oder ‹Spaltung› gemeint, sondern ein Wechsel des Bewußtseinszustandes, die Abspaltung von Erlebnisinhalten. Dissoziation ist in der Psychiatrie seit den 30er Jahren kein Thema mehr gewesen, zunächst wegen der triebdynamischen Ausrichtung der Psychoanalyse (Psyche als Dynamik von Sexual- und Aggressionstrieb), später durch die zunehmend biologistische Orientierung erst der Nazi-Psychiatrie, dann des Psychopharmaka-Zeitalters. Dissoziation ist derzeit durch die verstärkte Öffentlichkeit von MPS (Multipler Persönlichkeitsstruktur bzw. -störung oder, auf psychiatriedeutsch, ‹Dissoziativer Identitätsstörung›) langsam zu einem kontroversen Thema geworden.

Dissoziation ist ursprünglich kein pathologischer Mechanismus, sondern eine allgemeinmenschliche Fähigkeit; man kann vom ‹dissoziativen Kontinuum› sprechen. Es fängt an bei der ganz normalen Alltagsdissoziation: Wenn man träumerisch den Blick ins Weite richtet oder nach innen, ist das bereits ein dissoziativer Vorgang zwischen der sinnlichen Außenwahrnehmung und der Phantasie. Diese Erkenntnis ist wichtig, um zu verstehen, was in Psychosen passiert. Alle Menschen kennen den Zustand, in dem man zwei völlig unverbundene Handlungen oder Emotionen gleichzeitig ausführen und erleben kann. Ein weiteres Beispiel für einen dissoziativen Zustand ist die Einschränkung oder Veränderung der Wahrnehmung mit begleitenden subeuphorischen Zuständen unter größerem Streß, etwa bei einem mehrere Nächte dauernden Nachtdienst, der ununterbrochenen Betreuung unruhiger Säuglinge oder bei einem Marathonlauf. An dieser Stelle verläuft die unscharfe Grenze zur traumatischen Dissoziation: Amnesien oder Schmerzunempfindlichkeit bei Schock oder Autounfällen sind bekannt. Wir sehen: Depersonalisation – sich nicht mehr identisch mit der eigenen Person fühlen – und Derealisation – das Gefühl, entfernt von der Realität zu sein – stellen eine Form von Dissoziation dar.[7] ‹Dissoziation› bedeutet hier ‹sich entfernen›, ‹das Bewußtsein von einer Sinneswahrnehmung entfernen›. Des weiteren gibt es in diesem ‹dissoziativen Kontinuum› kulturell unterschiedlich bewertete Trance-Phänomene wie religiöse Trancen, mediale Trancen oder Heilungstrancen und außerdem die schöpferische Trance der KünstlerInnen.

Zusammenfassend heißt das: Dissoziation ist erstens eine allgemein menschliche Fähigkeit, über die gewöhnlich nicht viel geredet wird und die, zweitens, als Bewältigungsstrategie bei Traumatisierungen genutzt wird.

In der Umgangssprache gibt es dafür Begriffe, die mittlerweile sehr abwertend verwendet werden, die jedoch sehr gut beschreiben, um was es geht, nämlich: ‹neben sich stehen›, ‹weggetreten sein›, ‹einen Schatten haben›, ‹einen Sprung in der Schüssel haben› und so weiter. Zur Bewältigung von Gewalterfahrungen entstehen parallele Bewußtseinssysteme, die meist absolut unzugänglich für das Gedächtnis sind, aber bei entsprechenden Auslösern unvermutet ins Alltagsleben einbrechen. Dies kann als visueller oder emotionaler Flashback (Erinnerungsblitz) geschehen oder als plötzliches Panikgefühl, wobei der/die Betreffende meist keine Ahnung hat, wovor sie Angst hat. Oder als plötzliches Entfremdungsgefühl, als Gefühl, ‹wie auf Eiern zu gehen›, halb weggetreten zu sein und nicht zu wissen, warum.

Nach meinem Verständnis bezeichnet Dissoziation auch ein Heraustreten der Seele aus dem fühlenden Körper. Eine eher esoterische Sichtweise hält ein nützliches Konzept bereit, das ich hier verkürzt darstelle: Lebewesen bestehen aus einem materiellen Körper und aus einem energetischen oder Seelenkörper.[8] Wir können uns das wie zwei Größen vorstellen, eine materielle und eine Schwingungsdimension unseres Daseins, so wie Atommoleküle auch aus Materie und Schwingung bestehen bzw. je nach Perspektive in dem einen oder anderen Zustand erscheinen. Der Seelenkörper kann sich aufteilen (z.B. von traumatisierten Körperteilen weggehen oder in sich vervielfachen), also dissoziieren. Er ist auch in der Lage, sich vom materiellen Körper zu entfernen, dies kann so weit gehen, daß z.B. Gewaltopfer die Vergewaltigung und den eigenen Körper ohne jedes Gefühl von einem anderen Ort aus wahrnehmen.

Dissoziation und psychiatrische Symptomatik

Mit entsprechenden Untersuchungsinstrumenten kann man inzwischen feststellen, was Feministinnen schon lange wissen: Dissoziative Phänomene treten häufig auch bei anderen psychiatrischen Diagnosen auf (wenn man einmal psychiatrische Diagnosen als beschreibende Kategorien verwendet). Dazu haben Schneider und Dulz aus Hamburg geforscht, Margaret Linehan aus Seattle (alle zu Borderlinestörungen), und in Holland die Forschergruppe um Romme, Bernardine Ensinck und außerdem Boon und Draajer. Vor allem die HolländerInnen haben festgestellt, daß es eine hohe statistische Korrelation zwischen Art und Schweregrad von Traumatisierung und Zeitpunkt der psychischen Entwicklung einerseits und dissoziativen Phänomenen anderererseits gibt: eine Entsprechung bis zu 80%. Es existieren derart starke Überschneidungen zwischen den Leitsymptomen der klassischen Schizophrenie und dissoziativen Phänomenen, daß die Diagnose ‹Schizophrenie› in Frage zu stellen ist (Boon/Draajer). Beispiele dafür sind Stimmenhören, Gedankenentzug und Gedankenübertragung, das Gefühl, ferngesteuert oder fremdbesetzt zu sein, Stimmen, die Anweisungen geben, auch zu Selbstverstümmelung, Stimmen, die Befehle geben, andere zu verletzen. Es ist festzustellen, daß der Zusammenhang mit Gewalterfahrung bei anderen psychiatrischen Diagnosen als den ‹Dissoziativen Störungen› immer noch bis zu 40% beträgt. Das ist sehr hoch. Vor allem Bernardine Ensinck hat sehr ausführliche Untersuchungen durchgeführt und herausgefunden, daß 35 bis 45% von den Frauen mit schweren Gewalterfahrungen diese, psychiatrisch formuliert, halluzinatorisch verarbeiten, also z.b. Stimmen hören oder Visionen haben. Es ist wichtig, KollegInnen in der Psychiatrie über diese Zusammenhänge zu informieren, denn dort gibt es nach wie vor die Kategorien ‹neurotisch›, also verstehbar, oder ‹psychotisch›, also von ‹Normalen› nicht nachvollziehbar.

Bernardine Ensinck hat über den Zusammenhang folgende Hypothesen postuliert: Werden Kindern von Tätern und (Mit-)Täterinnen die eigenen Erfahrungen abgesprochen oder unter Androhung von Schmerz oder Verlassenwerden umgedeutet, entkoppelt sich der Zusammenhang zwischen ihrer eigenen Erfahrung und der Reaktion der Umwelt, und zwar um so gravierender, wenn es sich um Gewalterfahrungen oder massive traumatische Verlassenheitserfahrungen handelt. Sowohl die Dissoziation als auch die Verleugnung der Gewalt durch die Umwelt wie im Fall von sexueller Ausbeutung können meiner Erfahrung nach zum Ergebnis haben, daß die eigenen Wahrnehmungen und Gefühle als Orientierungsversuch eines extrem desorientierten und überforderten Kindes äußeren Quellen zugeschrieben werden. Dies wird in der Psychiatrie ‹Paranoia› oder ‹Halluzination› genannt. Ein Erinnerungsblitz, ein Flashback, der nicht als solcher erkannt wird, weil eine Amnesie vorhanden ist, wird für eine Halluzination gehalten. Klaustrophobie, Panikattacken oder Bauchschmerzen, verschiedene Körpersymptome sind weitere Beispiele. Gedanken, Bilder oder Träume können nicht mehr unterschieden werden von äußeren Stimuli. Wenn die Wirklichkeit der Erinnerung zu gefährlich ist, wird sie umgedeutet oder imaginiert.

Psychose als Symbolisierung

Unter Fachleuten, die mit Gewaltopfern arbeiten, ist die Auffassung weit verbreitet, Gewalterfahrungen würden in genau derselben Form, in einer Eins-zu-Eins-Entsprechung wieder an die Oberfläche kommen. Doch Gewalt wird oft nicht genauso wiedererlebt, wie sie war, sondern taucht auch symbolisiert auf, etwa als Teufel oder als Tier. So gibt es ‹verkleidete›, symbolisierte Flashbacks. Auch ‹Coenästhesien›, ebenfalls ein Teilsymptom von Schizophrenie (wie z.b. das Gefühl, es laufen Tiere über die Haut, Messer schneiden in den Körper oder es kriechen Würmer durch den Bauch), können symbolisierte physische Gewalterinnerungen sein, die von einem Kind nicht als solche erkannt werden dürfen. Denn dies sind Gewalterfahrungen, die nicht bewußt werden dürfen in einem Beziehungskontext von Abhängigkeit und Angewiesensein, widersprüchlichen Wahrnehmungen und Botschaften sowie extremer Angst.

Wenn Störungen in den frühesten Entwicklungsphasen zugefügt wurden, nämlich vor der Fähigkeit zur Ich-Du-Differenzierung, können eigene Gedankenbilder, Träume, Erfahrungen nicht von der übrigen Realität und von äußeren Stimuli unterschieden werden. Dieses Verwechseln von Innen und Außen und das Verwechseln von verschiedenen Wirklichkeiten ist Grundlage von dem, was ‹Psychose› genannt wird oder was ich die Ver(w)irrung der Realitäten nenne. Kinder, die frühe und existentielle Verluste erleiden, mißbraucht, gehaßt und abgelehnt werden, noch dazu, ohne daß dies zugegeben wird, brauchen ja trotzdem als lebenserhaltende Funktion ihre Anhänglichkeit; sie brauchen Zuwendung und Verbindung. Viele verarbeiten diesen unlösbaren Konflikt und ihre Überforderung so, indem Ablehnung, Haß und Gewalt als Wahrnehmungsinhalte dissoziiert, projiziert und symbolisiert werden und erst später in der sogenannten Psychose wiederkehren.

Es werden nicht nur unerträglicher Schmerz und Angst, sondern auch Beziehungsbedürfnisse und Aggressionen, die das Kind empfindet, abgespalten und/oder nach außen projiziert. Sie kehren z.B. wieder in Gestalt von Teufeln, als Schuldwahn oder auch kompensiert in Form von reinen Lichtgestalten, wie z.B. der Jungfrau Maria. In unserer Kultur dominiert die christliche Religion, die die Dichotomie zwischen Gut und Böse betont, zwischen Gott und Teufel, Geist und Körper, Maria und Hure. Diese kulturellen Prägungen von archetypischen Bildern bestimmen − so meine Ansicht − auch die Form von Psychosen, die häufig in stark polarisierter Form auftreten. Die Ethnopsychiatrie weist im Übrigen nach, daß in anderen Kulturen, z.B. in buddhistischen, die sogenannten Psychosen andere Formen und Inhalte annehmen.

Autoaggressionen verstehen

Dissoziation, ebenso wie Symbolisierungen und Projektionen – Grundlagen einer psychotischen Symptomatik, wie die Psychiatrie sagen würde – sind Überlebensstrategien. Die Betonung dieser Haltung durch Betreuerinnen und Therapeutinnen ist eine zentrale Grundlage, um die Betreffenden aus ihrem Stigma zu befreien, daß sie krank und seltsam und den Psychose-Erfahrungen nur ausgeliefert seien. Es kann jahrelang dauern, bis eine erkennt, daß sie irgendwann einmal aktiv hergestellt hat, worunter sie jetzt so leidet, doch es bleibt wesentliches Therapieziel, immer wieder Bewußtheit darüber zu erarbeiten.

Am Beispiel der Autoaggression läßt sich diese therapeutische Haltung veranschaulichen, trägt es doch wenig zur Autonomie der betreffenden Frau bei, ja es zieht häufig eine Symptomverschiebung nach sich, wenn lediglich daran gearbeitet wird, selbstverletzendes Verhalten und Denken zu unterdrücken. Am wichtigsten ist als erster Schritt, dessen Funktion in der intrapsychischen und interpersonellen[9] Dynamik herauszuarbeiten. Unter vier Aspekten werden Beispiele für solche Funktionen aufgezeigt: erstens Aspekte der Handlungsfähigkeit, zweitens Aspekte von Macht und Kontrolle, drittens Aspekte der Identitätssicherung und viertens Beziehungsaspekte.

Mit *Handlungsaspekten* ist gemeint, daß sowohl faktisch als auch symbolisch die Selbstverletzung wesentlich für die Frau ist, um in einer unausweichlichen und überfordernden Situation überhaupt handeln zu können. Als Akt der Autonomie bietet sich unter Umständen nur die Schädigung des eigenen Körpers an.

Selbstverletzung ist fast immer auch eine Reinszenierung unaufgelöster traumatischer und peinigender Situationen, ein Wieder-Holen im Sinne von Wiederherholen einer Erfahrung und eine Suche nach Lösung. Selbstverletzung wird ausgeübt als Sicherung und als Training im Aushalten, ist damit Prävention für spätere Gewaltfälle, soll den Täter und/oder den Schmerz überwinden. Mit Selbstverletzung können innere Ambivalenzen sowohl beendet als auch inszeniert werden. Der Zwang zur Selbstbestrafung aufgrund tiefer, zermürbender Schuldgefühle kann autoaggressives Handeln in jeder Form motivieren.

Aspekte von Halt und Kontrolle beziehen sich auf eigene Gefühle, Situationen und Personen. Wenn Äußerungen von Widerstand, Schmerz oder Wut von TäterInnen durch Androhung von Gewalt oder Mord, wenn Bedrohung von wichtigen Bezugspersonen unter Kontrolle gehalten wurden, ist neben vollständiger Dissoziierung der Gefühle eine selbstverletzende und damit präventive Handlung nur logisch. Menschen, die als Kinder von ihren Bezugspersonen in körperlicher und seelischer Hinsicht nicht den adäquaten Halt bekommen konnten und/oder Gewalt und Übergriffe überleben mußten, erleben damit aber nicht nur andere Menschen oder Situationen im Kontakt als übermächtig und nicht eingrenzbar, sondern auch die eigenen Gefühle. Auf diese Weise geraten sie sehr schnell in die vernichtende Angst, von den eigenen Gefühlen überschwemmt und aufgelöst zu werden. Selbstverletzung kann Struktur geben, nicht anders abzuleitende Energie binden, Halt bei unaushaltbaren (negativen *und* positiven) Gefühlen und drohendem Ich-Verlust bieten. Sie dient der Wiedergewinnung des Ichs bei extremer Angst oder psychotischem Erleben. Bei innerer Leere oder starkem körperlichen Dissoziieren kann Schneiden zur Rückkehr in den Körper und dessen Konturen führen und damit Orientierungs- und Ichverlust vorbeugen. Selbstverletzung dient der Flashback-Kontrolle.

Autoaggression ist bei Menschen, die in aggressiven, verletzenden, traumatisierenden und verlassenden Bezügen aufwuchsen, *identitätssichernd.* Denn ein Kind, das nur gequält oder immer wieder verlassen wird, muß sich selbst die Schuld geben, um psychisch überleben zu können, um das Bild von guten Eltern aufrechterhalten zu können und Orientierung zu haben. Selbstschädigung ist eine Bestätigung des negativen Selbstbildes, stellt die bekannte ‹Ordnung› wieder her, ein vertrautes Muster, Sicherheit. Dabei ist es grundlegend wichtig, den oft spürbaren heimlichen Stolz auch zu bestätigen und das anzuerkennen, was eine *tatsächlich* ausgehalten hat!

Hinsichtlich des *Beziehungsaspektes* wird Selbstverletzung meist nur als manipulierendes und erpresserisches Erzwingen von Zuwendung gedeutet und behandelt. Die primäre Funktion ist allerdings eine andere: Selbstverletzung als Selbstopferritual, um Schlimmeres zu verhindern, gleichsam als magisches Opfer an einen Dämon, strafenden Gott, an sadistische und vernichtende verinnerlichte ‹Eltern› mit dem Zweck, der völligen Vernichtung zu entgehen. Der Appell an Fürsorge und Nachsicht, der Genuß von Pflege und Zuwendung, die Möglichkeit, Verantwortung abzugeben und über Krankheiten zur Ruhe zu kommen, sind sicher manchmal vorhanden. Viel häufiger aber begegnen wir großen Ambivalenzen gegenüber Fürsorge und Scham. Selbstverletzung wird aus hilflosem Trotz, aus Aggression und aus Rache eingesetzt, wobei der eigene Körper als Objekt fungiert und die Grenzen zwischen Selbst und Haßobjekt verschwimmen. Die aufgezwungene Konfusion wird damit wiederholt.

Selbstverletzung dient dem Schutz und der Abwehr von Nähe und Kontakt, könnte aber gleichzeitig auf einer anderen Ebene Kontakt zu sich und anderen herstellen. Damit ist Selbstverletzung eine Lösung des Dilemmas zwischen Wunsch nach Nähe und Angst vor Fusion, Gewalt und Übergriffen. Die in der Kindheitserfahrung gelernte Kopplung von Schmerz und Zuneigung resultiert in der Wiederholung schmerzhafter Beziehungen. Gerade destruktive Zuwendung dient dann dem Aufrechterhalten und der Wiederherstellung von Beziehungen (v. a. auch phantasierten, verinnerlichten und übertragenen Beziehungen).

Hierfür ein Beispiel[10]: Eine meiner Klientinnen tritt immer dann in einen ‹psychotischen› Zustand über, wenn ihr innerer Konflikt aufbricht zwischen ihrem starken Wunsch zu existieren und ihrer tiefen Überzeugung, daß sie des Lebens nicht wert, daß sie lebensunwertes Leben sei. Das geschieht häufig, wenn sie starke Überforderung, Aggressionen oder Ängste erlebt, sich aber vernünftig durchsetzen müßte. Wenn dieser Konflikt nicht mehr auszuhalten ist, dann ‹tritt sie weg› in die andere Dimension. Ihr existentieller Konflikt wird verstärkt durch die Haltung von Leuten in ihrer Umwelt, die in ihrer Gegenwart häufig in entmenschlichender Sprache («Du Dreckschleuder! Du Parasit!») oder aber verschleiernd und verleugnend über sie sprechen. Der Konflikt hängt zusammen mit absolut tabuisierten Aspekten der Familiengeschichte, die sich in ihrer ‹Psychose› spiegelt: Der Großvater, ein überzeugter Nazi, hatte seine Tochter an die Gestapo verraten, die dann im Vernichtungslager ermordet wurde. Die Enkelin lebt nun mit einem extremen Double-Bind[11] in sich: Auf der einen Seite übernimmt sie die Schuld des Großvaters, wie so viele aus unserer Generation. Sie übernimmt die ganze Täterschuld, wie das auch mißbrauchte Kinder tun. Auf der anderen Seite übernimmt sie das Leiden und die Widerstandskraft ihrer Tante. Wenn sie diesen inneren Konflikt in ihrer Identität nicht mehr aushält, dann «tickt sie sich aus» (unser beider Sprachgebrauch). In ihrer Ursprungsfamilie wurde nicht zugegeben, daß man sie ablehnte. Sie wurde geschlagen, mehrmals von ihrer Mutter fast umgebracht. Wir erkennen hier die Verleugnung von Schuld auf allen Ebenen, sowohl der politischen Familiengeschichte als auch der direkten Schuld dem Kind gegenüber. Diese Erfahrung hat die Klientin später während ihrer psychotischen Schübe in Bildern ausgedrückt: Totenköpfe in Blumenvasen, Babies in Stacheldraht, Gehenkte.

Die Klientin sagt, daß sich eine Psychose für sie zuerst ganz gut anfühlt, aber dann zu einer Hölle von Schuldgefühlen wird; sie fühlt sich wie der Satan persönlich, und sie muß sich selbst bestrafen. Dann fügt sie sich schreckliche Schnittwunden zu oder baut gefährliche Verkehrsunfälle. Einmal sagte sie: «In der Wunde, da sitzt ein kleines Ich, das freut sich, so wie ein neugeborenes Ich.» Ich bin sehr froh, daß sie inzwischen soweit ist, ihre Aggressionen in Stofftieren zu symbolisieren, damit zu spielen und zu sprechen, was zuvor überhaupt nicht möglich war. Dieser Umstand bedeutet für mich, daß sie einen ganz entscheidenden Schritt der Verkörperung gemacht hat – sie ist auf der Erde, in dieser Existenz gelandet.

Vergessen wir nicht den Doppelcharakter von solchen Versuchen und Fähigkeiten, wie z.B. sich selber zu schneiden oder zu dissoziieren oder in andere Wirklichkeiten überzutreten, um Eigenmächtigkeit zurückzugewinnen: Auf der einen Seite steht eine immense Verletzbarkeit, und die Verletzung wird wiederholt. Auf der anderen Seite macht diese Wiederholung Sinn, indem sie die Verletzung wieder ins Bewußtsein holt und damit einer Verarbeitung zugänglich macht.

Konsequenzen für Beratung und Therapie: Grenzen und Orientierung
Für die therapeutische Beziehung haben solche Einsichten wesentliche Konsequenzen. Grenzen und Orientierung sind wichtige Ziele in der Therapie. Dies beginnt mit einem Lernprozeß, Signale für die eigenen Grenzen wieder wahrzunehmen und ein Maß zu bekommen für die irdische Existenz und für emotionale Zustände. Wir können bei Grenzgängerinnen eben nicht davon ausgehen, daß sie ihre Grenzen, Impulse und Bedürfnisse wahrnehmen und steuern können, im Gegenteil.

Diese Selbstwahrnehmung kann die Therapeutin durch Fragen zum Prozeß selbst fördern, indem sie eine Klientin fragt, ob sie da oder dort sitzen möchte, ob ihr etwas zuviel oder zuwenig ist, ob sie eine Übung machen möchte oder nicht. Doch bereits solche Fragen können zu spät kommen oder aber beängstigend wirken. Was tun, wenn die Klientin sagt: «Ja, ja, ist schon okay, ist egal, was du machst, ist auch egal, was ich mache, ist egal, ob ich da bin oder nicht, und Dasein und Beziehung ist sowieso Illusion.» Was tun, wenn sie in der Betreuerin die sexuell nötigende Mutter erlebt, der Täter im Raum steht?

Kreative Medien erscheinen immer wieder als das einzig mögliche Ausdrucksmittel. Mit kreativen Medien können übermenschliche Erfahrungen und überschwemmende Emotionen, die von Gewalt herrühren oder auch aus der transpersonalen Dimension stammen, symbolisiert werden. Auf der Gesprächsebene sind solche Erfahrungen nicht zu erreichen. Mit kreativen Medien ist es für die Klientinnen leichter, weil sie das Erlebte aus sich herausprojizieren können auf ein Bild, ein Stofftier oder auf ein Arrangement von ganz verschiedenen Gegenständen. Sie können es sich mit Klängen und Schwingungen von Instrumenten aneignen und ordnen und aus dieser Distanz eine solche Erfahrung angstfreier bearbeiten.

Eine Klientin läuft seit Monaten mit einem großen Koffer voller Bilder herum, die sie in den letzten zehn Jahren gemalt hat. Sie sagt: «Nur mit diesen Bildern habe ich überlebt!» und nur so habe sie einen Heilungsprozeß erreicht. Es ist für sie fast lebenswichtig, diese Bilder für eine Ausstellung oder ein Buch zu ordnen, weil sie hofft, damit in einer Bildfolge nicht nur ihre inneren Prozesse, sondern ihr ganzes Leben und ihre Entwicklung ordnen zu können. Malen und Ordnen bewirken nicht nur bei dieser Frau mindestens genauso viel an Selbsttherapie, Verarbeitung und Strukturierung von Chaos wie die Psychotherapie einmal pro Woche – auch wenn dadurch natürlich sehr viel ausgelöst wird, manchmal zu viel; dann werden eingrenzende Techniken benötigt.

Farben und Formen, Musikinstrumente, Lieder und Gegenstände werden zu eigenständigen Helferinnen im therapeutischen Prozeß; sie werden die ‹Dritten im Bunde›. Vielen Frauen helfen dabei Musikinstrumente, mit denen sie ihre Grenzen ausdrücken können, mit denen sie ihre Existenz hören, wie sie lauter oder leiser wird, die ihnen helfen, Emotionen zu dosieren. Sie finden Wege, auf einer vorsprachlichen Ebene zu erkennen, was ein Mehr oder Weniger ist, was Grenzen sind.

Zentrales Thema: Nicht existieren dürfen

Das Thema Existenzrecht ist bei den meisten Grenzgängerinnen zentral. Es ist anzunehmen, daß in allen therapeutischen Schulen nur schwer begriffen wird, wie absolut und total dieses Gefühl in seiner Tiefe, Dimension und Grenzenlosigkeit ist: Wie es ist, nicht existieren zu dürfen oder nicht existieren zu können, und welches zerreißende Dilemma sich daraus ergibt. Einige meiner Klientinnen haben sich einmal zusammengetan und sich als ‹Die Außerirdischen› bezeichnet. Ich sah es als großen Fortschritt, daß sie mit diesem Schritt sowohl Beziehung untereinander aufgenommen als auch eine Selbstdefinition angenommen hatten. Im Nicht-Existieren-Wollen, im Nicht-in-der-Welt-Sein-Wollen liegt aber auch eine große Verweigerung, oft erkennbar in einem Doppelaspekt: Zwar glaubt die Klientin, kein Existenz-recht auf dieser Welt zu besitzen, und kämpft vielleicht bitter darum. Wenn es dann aber zugestanden wird von der Therapeutin, glaubt sie sich verwei-gern zu müssen. Denn zum ersten Mal im Leben Existenzberechtigung und Akzeptanz zu erfahren, kann einem Verlust der Identität gleichkommen oder eine ganze Welle an Verzweiflung und Trauer auslösen. Eine Überflutung kann mit der Selbstdefinition «Ich bin außerirdisch» in Schach gehalten wer-den, und bedrohliche Bedürfnisse nach Beziehung und Halt können immer wieder gnadenlos vernichtet oder abgespalten werden.

Als Therapeutinnen müssen wir uns darauf einstellen, daß nicht immer *noch* mehr therapeutische Liebe notwendig ist und nicht immer *noch* mehr Erlaubnis zur Existenz, sondern daß wir mit dem ‹Nein› und mit dem Weg-sein der Klientin arbeiten müssen – viel mehr und viel länger als mit dem Geben. Es ist wichtig, das zu wissen, weil an diesen Punkten Therapien oft von Therapeutinnen abgebrochen werden oder in gegenseitiger Frustration enden. Der Grund dafür ist, daß die Tiefe des Nicht-Existieren-Könnens-und-Wollens und die Bedrohlichkeit des Positiven nicht begriffen werden.

An dieser Stelle muß noch einmal auf die ‹Wiederkehr des Verdrängten› hingewiesen werden: die familiäre wie kulturelle Tradierung von Vernich-tung, im Nationalsozialismus ebenso wie in der Hexenverfolgung, die den Opfern das Lebensrecht, ihr Menschsein als solches und ihre Würde abge-sprochen hat.

Trauma-Sucht oder Reinszenierung

Entnervte und verzweifelte Therapeutinnen und Beraterinnen stellen oft die Frage, warum Frauen immer wieder in Situationen kommen, in denen sie zum Opfer werden oder in denen ihnen Gewalt angetan wird. Warum schnei-den sich Frauen immer wieder, verletzen sich selbst, entwerten sich? Warum treten sie weg, obwohl sie doch scheinbar längst Alternativen erarbeitet haben? Haben wir als Therapeutinnen versagt? Sind sie wirklich hoffnungs-lose Fälle, siegt doch immer zuletzt der Täter, oder zwingen sie uns ihre eige-nen Erfahrungen von Hoffnungslosigkeit und Brutalisierung auf, um sich verständlich zu machen? Letzteres ist sicherlich der Fall, aber erklärt durch-aus nicht alles. Es gibt in der Fachwelt den Begriff ‹Traumasucht›, gegen den ich mich als pathologisierenden Begriff, der alle Fragen nach Sinn und Zweck abwürgt, erst einmal aufgelehnt habe. Später begriff ich meine Klientinnen, die mir folgendes deutlich machten: Wenn man an einem bestimmten Punkt in der eigenen Entwicklung aus dem Leben herauskatapultiert worden ist, muß man immer wieder zu diesem Punkt zurückgehen, genau bis zu diesem Punkt, manchmal jahrelang, um sich noch handelnd lebendig zu fühlen und Hoffnung zu bekommen. Alle Menschen und Tiere nutzen altbekannte Bewältigungsformen, wenn die anderen Möglichkeiten, die vielleicht schon entwickelt worden sind, nicht zu tragen scheinen. Besonders häufig geschieht dies in Übergangssituationen wie Prüfungen, Geburt eines Kindes, Trennung etc.

Informationen aus der Endokrinologie und Neurophysiologie sind für das Verständnis von Reinszenierungen wichtig und hilfreich. Gedächtnis, Lernen und Verhalten sind von inneren und äußeren Zuständen abhängig; als Vermittler zwischen Gehirn und Körperzellen dienen elektrochemische Impulse und Moleküle. Traumatisierungen und das Übergehen in einen anderen Bewußtseinszustand (ob als Überlebensstrategie, dissoziativ oder psychotisch, oder in der Meditation) lösen ganz bestimmte Muster an Ausschüttungen von Hormonen und Botenstoffen aus: Adrenaline, Endorphine, Dopamine – aufputschende oder beruhigende Stoffe, körpereigene Opiate. Davon werden Menschen und Säugetiere abhängig, denn es tritt eine physische Gewöhnung ein, eine habituelle Erhöhung des Normalmaßstabs. Daß dies so abläuft, muß man wissen, sowohl als Betroffene wie auch als Therapeutin. Dieser Umstand erfordert einen regelrechten Entzug, ein suchttherapeutisches Vorgehen und Alternativen, um entsprechende körpereigene Stoffe zu produzieren, wie z.B. Bungee-Springen, Marathonlaufen oder bestimmte Arten von Meditation. Viele meiner Klientinnen sind nicht bereit, auf Selbstverletzung oder psychotische Bewußtseinszustände zu verzichten, solange sie keine Alternativen haben.

Transpersonale Erfahrung: Spirituelle Krise oder Psychose?
An der Schnittstelle zwischen Biochemie, Psyche und Bewußtseinszuständen existiert das Phänomen der transpersonalen Erfahrungen. Es gibt den von Stanislav Grof[12], einem tschechisch-amerikanischen Psychiater, so definierten Begriff der ‹spirituellen Krise›, im Unterschied zur ‹psychotischen Krise›. Die Bezeichnung ‹spirituelle Krise› wird inzwischen auch von Scharfetter[13] benutzt, einem Psychiater aus Zürich, der sich im Rahmen der Ethnopsychiatrie mit veränderten Bewußtseinszuständen und den Gefahren von spirituellen Wegen befaßt hat. Weiter wird sie von mehreren Schulrichtungen und Verbänden der transpersonalen Psychotherapie verwendet. Bei aller Freude über die wachsende Differenzierung und Entpathologisierung spiritueller Erfahrung kann ich diese scharfe Trennung zwischen spirituellen Ent-

wicklungskrisen und psychotischen Krisen – als den ‹wirklichen› Krankheiten – aus meiner Praxis nicht bestätigen. Ich halte die Zusammenhänge für komplexer: Die transpersonale Dimension wird aufgesucht als Überlebensstrategie, so wie viele mißbrauchte und gequälte Kinder berichten, daß sie mit Engelwesen in Berührung kommen oder daß die tote Großmutter auftaucht – häufiger begegnen den Betroffenen allerdings Horrorwesen und Teufel. Auch Menschen, die bei ihrer Geburt nicht willkommen waren oder viele Brüche und Trennungen von Bezugspersonen erlitten haben, sind oft nicht in ihrem Körper angekommen. Sie befinden sich noch in der transpersonalen, seelischen Dimension und haben deshalb noch kein Gefühl für Raum und Zeit entwickeln können. Diese Bedingungen können eine Mischung aus spirituellen und psychotischen Krisen zur Folge haben, die aussieht wie eine Manie oder halluzinatorische Erfahrungen.

Es kann leicht passieren, daß man sich in den transpersonalen Realitätsebenen verwirrt und verirrt und daß sie negativ besetzt sind, gerade wenn der erste Zugang durch Gewalterfahrungen erfolgt ist. Verwirrung geschieht aber auch deswegen, weil es in unserer Kultur keine Begriffe, keine Schulung und keine Namen dafür gibt. Transpersonale Erfahrungen werden tabuisiert.

Wie ist dieses ‹Ver(w)irren› zu verstehen? Ein Vergleich soll es veranschaulichen: Bei einem Autounfall können sich für die Betroffenen die Dimensionen vorne und hinten, links und rechts verschieben; die Zeit vergeht anders, wie in Zeitlupe. Ähnlich ist es, wenn man sich zwischen der transpersonalen und der materiellen Dimension verirrt und die Ebenen verwechselt. Hier stimmt der Begriff ‹Irresein›, auch ‹Ver-rücktsein›, wieder. So ist neben der Klärung der Inhalte ein weiteres therapeutisches Ziel, die Verirrten wieder zu orientieren. Eine künstliche Abgrenzung der transpersonalen von der psychotischen Dimension nützt hierbei wenig. Es geht eher darum, die Gesetze und Wege der verschiedenen Ebenen kennenzulernen. Beispiel: In der transpersonalen Dimension tritt etwas sofort in Erscheinung, wenn man daran denkt und es sich vorstellt, nicht aber hier, in der materiellen Dimension. Wenn man laut schreit, hört man die eigene Stimme in der diesseitigen Dimension, aber nicht unbedingt in der anderen. Dort können stattdessen Gestalten, Tropfen oder andere Symbole erscheinen.

Statt einer reduktionistischen psychologisierenden Betrachtung wäre es viel wichtiger herauszufinden, wie Biographien und erworbene Persönlichkeitsstrukturen einerseits und Arten und Muster, das Transpersonale aufzusuchen, andererseits miteinander korrespondieren. Mit Hinwendung und Forscherinnengeist kann man von der Art der psychotischen Erfahrung auf die persönlichen und biographischen Erfahrungsmuster schließen und daraus die Notwendigkeiten und Themen ableiten, die sich für den therapeutischen Prozeß und für die therapeutische Beziehung ergeben. Menschen beispielsweise, die sehr starke Einsamkeit kennen und noch nie Geborgenheit erlebt haben, erfahren im transpersonalen Bereich kompensatorisch wunderbare Licht-, Wasser- und ozeanische Phänomene oder Gefühle von göttlichem Getragenwerden. Sie können aber ganz unvermittelt danach in das Gefühl abstürzen, im unendlichen, kalten, schwarzen Raum oder in der Wüste verloren und vertrocknet zu sein. Hier kann es also um das Thema Ur-Geborgenheit gehen.

Eine Klientin mußte fast unvorstellbar schlimme Gewalterfahrungen machen und war auch noch der Sündenbock ihrer Familie. Sie hat immer wieder Zeiten, in denen sie sich besetzt fühlt von Leuten, die beim Einkaufen hinter ihr stehen. Sie sagt, sie fühle einen Schock, als würde sie angesprungen und ihr Sein durch Fremdes ersetzt, als würde es ihr vorne den Bauch aufreißen und sie zerspringe. Sie wisse dann nicht mehr, wo ihre Konturen seien, könne nur noch flüchten. Traditionelle Psychiater halten sie für schizophren. Es handelt sich jedoch vor allem um ein energetisches Phänomen. Man könnte sagen, sie ist energetisch ‹nicht dicht› durch die Gewalterfahrungen, die sie überleben mußte. Zudem ist sie sehr stark sensitiv: Sie nimmt die emotionalen und seelischen Energien von Menschen um sich herum auf, kann aber nichts damit anfangen, kann sie nicht ableiten aufgrund ihrer Nichtverwurzelung, ihrer Kontaktisolation und Angst. Diese Ladung ist dann zuviel für ihr System, und sie hat das Gefühl zu bersten.

Eine andere Klientin kam, weil sie Angst hatte, daß ihr Mann und ihre Schwiegermutter die Gegenstände im Haus vergiften. Sie konnte deswegen nicht mehr arbeiten. Die Schwiegermutter und der Mann nahmen die Frau als krank und erschöpft wahr und waren immer nur lieb und freundlich zu ihr. Gleichzeitig spalteten sie die Aggressionen darüber ab, daß sie nichts mehr tat, daß sie sich versorgen ließ wie ein kleines Kind, und verleugneten diese Gefühle. Die Klientin hat ein sehr feines Sensorium für Agressionen und Stimmungen, durfte diese jedoch in ihrer Abhängigkeit nicht spüren, übertrug sie stattdessen auf die Gegenstände, die der Anlaß der Aggression waren. Daraufhin vereinbarte ich mit der Familie als erstes ein Programm für eine stufenweise Übernahme von Verantwortung, wobei alle Familienmitglieder offener mit ihren Bedürfnissen, Aggressionen und Grenzen umgehen sollten.

Gerade aus dem spirituellen und New-Age-Bereich kommen mehr und mehr Frauen, die Meditation als Schülerinnen von Gurus gelernt haben. Sie erzählen häufig, daß sie von ihren Gurus mißbraucht oder geliebt werden, daß sie aber für sie Sorge tragen müssen, weil diese Gurus ohne sie sterben –

die Psychiatrie nennt das Übertragungspsychose oder Beziehungswahn. Hier vermischen sich ein ganz persönlicher Wunsch nach Beziehung, die Erinnerung an Mißbrauch und Gewalterfahrungen, tatsächlicher aktueller Mißbrauch und die transpersonale Dimension, die über diese Gurus und MeisterInnenpersönlichkeiten vermittelt wird. Gurus sehen sich – und werden gesucht – als FührerInnen, als Türen oder Schwellen in diese Dimension; dies bringt eine enorme psychische, soziale und spirituelle Macht für die Gurus mit sich, die dazu verleiten kann, sie zu mißbrauchen.

Die drei letzten Beispiele haben gezeigt, daß man beim Ineinandergreifen von transpersonalem Bereich, Persönlichkeitsstrukturen oder Entfremdungs- und Gewalterfahrungen auf ganz verschiedenen Ebenen arbeiten muß. Auf der psychotherapeutischen Ebene heißt dies, daß wir uns auf einen langen Prozeß von Beziehungsarbeit und Vertrauensaufbau einlassen müssen. Es sind massiver Widerstand und Angst zu erwarten; und es wird unvermeidlich geschehen, daß an irgendeinem Punkt die Beziehungserfahrungen auch auf die Betreuenden übertragen werden, und zwar in ihrer ganzen existenziellen Tiefe, Dichte und Vehemenz. Als Therapeutinnen/Sozialarbeiterinnen können wir dies nur aushalten, wenn wir einerseits die eigenen extremen Gefühle kennen und aushalten können und wenn wir uns andererseits immer wieder unserer sozialen und spirituellen Ressourcen versichern. Was uns unsere Klientinnen entgegenbringen, können wir als einzelne Person gar nicht tragen, weil es größer als eine Person ist.

Dies bedeutet, daß die transpersonale Arbeit auf zwei Ebenen stattfindet. Auf der einen Ebene suchen wir mit der Klientin deren spirituelle Ressourcen und geben ihr Begleitung und Anleitung, möglichst ohne sie in das eigene spirituelle System einzubeziehen. Die spirituelle oder religiöse Anbindung kann Erfahrungen von Geborgenheit und Lebenssinn vermitteln, die wir als Therapeutinnen niemals nachholend geben können.

Die andere Ebene ist die Legitimation. Wir erklären den Klientinnen, daß verschiedene Dimensionen existieren und daß diese Erfahrungen nicht als solche krankhaft sind, daß es vielmehr darum geht, die Ebenen auseinander zu halten, und daß es legitim ist, sie aufzusuchen, solange die Notwendigkeit besteht. Dies ist ein weiterer Bereich, in dem wir parteilich arbeiten können: eine Parteilichkeit für die Entscheidungen und Kompromisse, die eine Klientin macht, um mit ihrer Situation zurechtzukommen. Eine Parteilichkeit für die Existenz der verschiedenen Daseinsebenen und auch eine Parteilichkeit für die menschliche Existenz auf all diesen Ebenen.

Zum Phänomen der Gegenübertragung: ‹Resonanzen›

‹Gegenübertragung› und ‹projektive Identifikation› sind psychoanalytische Begriffe für mehr oder weniger heftige Gefühlsreaktionen bei Therapeutinnen. Dies ist etwa der Fall, wenn man sich plötzlich von etwas besetzt fühlt, was eigentlich in der Klientin vorgeht, z.B. Todesangst oder Wut; wenn man alles an die Wände knallen oder die Klientin verprügeln könnte. Dann denkt man vielleicht: «Oh Gott, so bin ich überhaupt nicht, wie komme ich nur darauf. So etwas habe ich noch nie gefühlt...». Der Begriff ‹Gegenübertragung› ist mir allerdings zu technisch und transportiert ein ‹gegen (die Klientin)›, weshalb ich seit einiger Zeit den Begriff ‹Resonanz› verwende.

Psychoanalytische Begriffe beschreiben sehr gut, erklären aber nicht die Natur dieser Phänomene. Ich erkläre sie durchaus auch als energetische Phänomene: Vieles, was Gegenübertragung genannt wird, ist meiner Ansicht nach auf einem energetischen Weg eine Übernahme dessen, was der Klientin zuviel ist, was sie nicht aushält oder was sie mangels anderer Kommunikationswege erst einmal atmosphärisch ‹ausschwitzen› muß. Nicht nur Klientinnen, sondern auch sehr viele von uns Therapeutinnen sind überaus sensitiv; viele benennen ihre Wahrnehmungen nur deshalb nicht bewußt, weil es nicht in die engen Grenzen der Psychologie paßt, die sie gelernt haben. Viele dieser psychoanalytischen Begriffe sind gut geeignet, um sie in der energetischen Dimension weiter zu benutzen. Am Beispiel ‹Übertragung› möchte ich dies verdeutlichen: Es fließt etwas herüber, ich übernehme etwas, erledige es oder gebe es dosiert und verkraftbar der Klientin zurück. Wenn wir mit Grenzgängerinnen arbeiten, müssen wir auf sehr extreme, sehr vehemente energetische, emotionale und auch bildmäßige Übernahmen gefaßt sein, bis dahin, daß der Körper geschüttelt wird, schwitzt, Schmerzen bekommt oder daß wir das Gefühl haben, psychotisch zu werden. Diese Übernahmen sind nicht nur sympathetisch wichtig, um uns einfühlen und dann spiegeln zu können. Ich sehe nicht nur: «Aha, so fühlt sich die Klientin.» Es ist auch ein energetischer Auftrag, etwas damit zu machen. Wir sollten es aushalten und die Dosierungen finden, die die Klientin selbst noch nicht finden kann, die Auflösungen, Energiefelder oder auch die spirituellen Kräfte, die diese Energien tragen können. Für aggressive Energien braucht es dann häufig nicht nur ‹gute›, sondern auch sehr aggressive transpersonale Gestalten, wie z.B. die Göttin Kali oder eben einen ‹Satan›, die solche aggressiven und destruktiven Energien tragen, aushalten und konfrontieren können. Es kann zu gemeinsamen Visualisierungen zwischen Therapeutin und Klientin kommen, die natürlich sehr gut gesteuert sein müssen. Wir können und müssen auch in die Sprache und in die Tiefendimension der Psychose einsteigen können, denn sonst können wir nicht wirklich Psychosentherapie machen.

Methoden – und wie lernt frau so etwas?

Ich selbst habe viel gelernt aus der analytischen Psychosentherapie (Schwartz-Salant, Benedetti, Mentzos), aus der Gestaltarbeit und aus der Musiktherapie[14]. Mindestens ebenso wichtig war eine mediale Schulung im Verlauf eines Geistheilungstrainings über dreizehn Jahre, wo ich lernte, mit Energien und Bildern umzugehen. Ich lernte auseinanderzuhalten: Was sind meine eigenen? Was die von anderen? Von welchen Menschen, aus welchen Dimensionen kommen sie überhaupt? Wie fühlen sie sich an? Auch die buddhistische Kultur, in der mit Bewußtseinsschulungen gearbeitet wird, zeigte mir vieles: Wie können Visionen und Gestalten in der Vorstellung produziert, gerufen und wieder aufgelöst werden. Vieles erfuhr ich auf einer Reise im Himalaya, wo ich eine Schamanin arbeiten sah (die dort Lhamo genannt wird). Hier wurde mir noch einmal der Unterschied klar, der mir zwar immer bewußt war, dem ich aber selbst manchmal auch nicht genügend Beachtung schenkte: Ein/e SchamanIn hat einen ganz klaren Rahmen und ruft zuerst ihre Schutzgottheiten an. Man begibt sich nicht einfach blindlings in die transpersonale Dimension, ohne sich der Schutzwesen auf allen Ebenen zu vergewissern! SchamanInnen haben Leute dabei, die auf sie aufpassen und den Prozeß strukturieren. HeilerInnen und OrakelpriesterInnen sprechen bestimmte Gebete; sie machen eine bestimmte Musik und sie haben einen Rhythmus, der sie in andere Welten trägt und gleichzeitig in Verbindung hält mit ihrem hiesigen Selbst und mit der Erde. Der ganze Prozeß, die ganze Reise und Heilungsarbeit haben eine definierte, gleichbleibende Struktur.

Es ist eine wesentliche Aufgabe in der Psychosentherapie, Struktur und Schutzwesen innerhalb der transpersonalen Erfahrungen zu finden. Demgegenüber kann es im Falle eines Ungleichgewichts schon mal angezeigt sein, daß eine Frau mit diesen Dimensionen nichts mehr zu tun haben und einfach nur mit ihren fünf Sinnen leben will.

Frauenprojektarbeit und Vernetzung

Therapeutische Arbeit geschieht nicht auf einer Insel. Die therapeutische und die konzeptionelle Arbeit, Projektaufbau und institutionelle Verankerung, öffentliche Finanzierung und feministische gesundheitspolitische Aktivität bedeuten ständige Grenzgänge: in völlig verschiedenen Konzeptionen und Zielen, mit verschiedenen Sprachen, Begriffen und Energie-mustern. Dabei macht diese Fähigkeit, Welten und Gestalten zu wechseln und aus verschiedenen Perspektiven zu arbeiten, eine Qualität unserer Arbeit aus. Ein essentieller Teil dieser Arbeit ist die Vernetzung mit Frauen, die innerhalb des psychiatrischen Systems arbeiten. Ich lehne die Dichotomie inzwischen ab, in der wir früher gedacht haben und die mir wie eine spiegel-verkehrte, patriarchale Spaltung erscheint: «Dort die Bösen in der Psychia-trie – hier die guten Feministinnen in den Projekten». Diese Haltung ist unrealistisch und entzieht uns viel Kraft und BundesgenossInnen. Es arbei-ten viele großartige Frauen und auch mancher Mann in den Systemen, die sich bemühen, den Menschen, die sie betreuen, zu helfen, und auch versu-chen, soweit sie können, mit anderen Konzepten zu arbeiten.

Auf dem Weg durch die Institutionen und mit Hilfe von Kooperation Veränderungen erreichen zu wollen, heißt, von einer bestimmten Art von Wunsch nach ‹feminist political correctness› Abschied zu nehmen. Dieses Konzept war in den Anfangszeiten sehr wichtig, um unsere Identität und überhaupt eigene Räume zu erkämpfen; als einfacher Gegenentwurf bleibt es jedoch immer noch eine Spiegelung von einem patriarchalen Entweder-Oder. Wir können nicht Einfluß nehmen, wenn wir uns nicht auch die Hände schmutzig machen. Gleichzeitig müssen wir immer wieder reflek-tieren, wo wir uns zu weit angepaßt und strategische Mißerfolge einge-steckt haben oder wo wir Gewalt ausgeübt und unterstützt haben, ohne es zu wollen. Viele Kolleginnen auf Akutstationen leiden darunter, daß ihnen ab und zu nichts anderes bleibt als eine Fixierung, weil im Kontext der strukturellen Gewalt und des Teams nichts anderes möglich ist. In man-chen Situationen ist es nicht realisierbar, eine ‹reine› Feministin zu bleiben.

Im Zuge der Enthospitalisierung sehe ich im Moment große Chancen, gerade in der Psychiatrie- und Gesundheitspolitik. Beim Aufbau von Koope-rationsstrukturen ist es wichtig, um unsere unterschiedlichen Handlungs-spielräume zu wissen. Eine Frau in einem Frauenprojekt kann anders han-deln, weil sie in autonomer Trägerschaft arbeitet, als eine, die einen Chef hat, der eine biologistische Psychiatrie vertritt. Frauen können sich gegenseitig unterstützen, daß jede in ihrem Handlungsspielraum das Bestmögliche des-sen ausschöpft, was sie erreichen kann, und wir können gemeinsam Strate-gien dafür ausarbeiten.[15]

Sowohl innerhalb größerer Einrichtungen als auch regional[16] haben sich in den letzten Jahren Arbeitskreise zum Thema ‹Frauen und Psychiatrie› gebil-det und mit unterschiedlichen Schwerpunkten ihre Arbeit aufgenommen.

In München hat der Arbeitskreis ‹Frauen und Psychiatrie› Grundsatz-
papiere verfaßt zu frauenspezifischen Aspekten der Krisenintervention und
Zwangseinweisung sowie zu frauenspezifischen Qualitätskriterien im Zuge
der anlaufenden Qualitätssicherungsdebatte in der Psychiatrie, und er hat
diese in die entsprechenden Ausschüsse eingebracht. Im Fachausschuß
‹Frauen und Gesundheit›, der direkt als beratendes Gremium auf das Plenum
des Gesundheitsreferats der Stadt einwirkt, sind die Themen Gewalt, psychische Gesundheit und Psychiatrie ebenfalls vertreten.[17]

Viele Frauen haben inzwischen gelernt, ihr ‹Inneres Kind› zu versorgen.
Ebenso will die ‹Innere Politikerin›[18] Förderung und Ermutigung erhalten –
von ihren verstorbenen Ahninnen wie auch ganz gegenwärtig von Freundinnen und in Frauennetzwerken. Hören wir ihren Ruf!

Eva Bertoluzza, Martina Gitzl, Michaela Ralser

Neue Welten – Neue Verrücktheiten

‹Frauenkrankheit› als Spiegelbild von Geschichte und Gegenwart

Mit dem Begriff ‹Neue Welten – Neue Verrücktheiten› beziehen wir uns auf jene Verhältnisse, die im Umbruch begriffen sind und von denen wir annehmen, daß sie auch maßgeblichen Einfluß haben auf verrückte Phänomene und Ausdrucksweisen: das Geschlechterverhältnis, das Verhältnis zwischen Körper und Kultur sowie das Verhältnis zwischen institutioneller Verortung und gesellschaftlicher Verallgemeinerung. Im Rahmen dieser Gegenwartsanalyse haben sich die neuen Welten vielfach als multipel und transitorisch erwiesen und spiegeln sich in den neuen Verrücktheiten auf besondere Weise wider. An der Multiplen Persönlichkeitsspaltung erarbeiten wir exemplarisch Aktualität und Geschichte eines Symptoms.

Prekär bleibt, daß eine verallgemeinernde und notwendig abstrakt gehaltene Kulturhistorie des Wahnsinns und seiner geschlechtsspezifischen Ausdrucksweisen konkrete ver-rückte Lebensgeschichten und ihre je besondere Weltkonstruktion und individuelle Ausdrucksweise weder ungebrochen noch angemessen repräsentieren kann.

1. Die Auflösung der Psychiatrie als Verwahrungsraum des Anderen

Für die Diskussion um die Auflösung des ‹Weiblichen› und des ‹Wahnsinns› ist der Zerfall von Oppositionen (wie ‹Normal versus Pathologisch›, ‹Männlich versus Weiblich›) unverzichtbarer Bestandteil. Dieser Zerfall kann an der Umstrukturierung der Institutionen der Moderne präzisiert werden. So verlängert sich die Institution der Psychiatrie immer mehr in die Gesellschaft hinein.[1] Robert Castel hat diesen Mechanismus «Die Psychiatrisierung der Gesellschaft und des Alltags» genannt.[2] Die doppelte Vergesellschaftung der Psychiatrie manifestiert sich einmal in der Entwicklung der Anstaltspsychiatrie hin zur Sozialpsychiatrie, d.h. hin zur flächendeckenden, gemeindenahen Versorgung, die sich z.B. in einer Vielzahl ambulanter Einrichtungen niederschlägt. Und sie manifestiert sich zum Zweiten in den sog. ‹weichen› Techniken der Kontrolle. Letzteres hat uns zur Frage veranlaßt, ob die alltägliche Anwendung der psychiatrischen und auch psychologischen Techniken in irgendeiner Weise mit einem stattfindenden Veränderungsprozeß des weiblichen Wahnsinns einhergeht. Ein Indiz dafür wäre die Tatsache, daß sich in den letzten Jahrzehnten, gerade in Abgrenzung zu den traditionellen psychiatrischen Interventionsformen, die sogenannten weichen, subtilen Kontrolltechniken politisch und gesellschaftlich durchsetzen (wie etwa Beratungen, Ratgeberliteratur und Therapie). Diese weichen Kontrolltechniken sprechen wiederum in großem Ausmaß Frauen an. Die Statistiken dazu sind bekannt: Die ambulante Betreuung wird zu 80% von Frauen in Anspruch genommen, und es läßt sich auch klar sagen, daß vor allem Frauen dadurch reguliert und diszipliniert werden. Diese Zahlen tragen selbstverständlich auch der nachmodernen Entwicklung einer Normalität Rechnung, die kaum mehr definiert werden kann. Gerade deshalb aber verpflichtet sie die Frauen umso effizienter, nicht nur nach der großen Frauenkrankheit in sich zu fahnden, sondern kleine Abweichungen überall zu vermuten und zu orten.

Es ist nicht anzunehmen, daß parallel zum Durchbruch der weichen Kontrolltechniken auch der weibliche Wahnsinn einfach weicher und milder geworden ist. Wir haben die Vervielfachung und Unübersichtlichkeit weiblicher Wahnsinnsformen auf kulturhistorischem Hintergrund zu erklären versucht und nicht entlang einer veränderten Psychopathologie. Dabei haben wir die Denkmöglichkeit offengelassen, daß das, was früher als ausreichend für ein normales Frauen-Dasein und als durchschnittlich galt, heute schon als unzureichend und abweichend betrachtet wird.

Das bedeutet nichts anderes, als daß der weibliche Wahnsinn von einer historischen Entwicklung eingeholt wurde, in der sich Grenzen und Mauern als tendenziell überfällig erweisen. Der weibliche Wahnsinn ist zum frei flottierenden Phänomen geworden, als das ganz ‹Andere› hat er sich verflüchtigt. Er gleicht sich immer mehr einer Normalität an, die alles in sich aufsaugt, unsichtbar macht und der allgemeinen Gleichgültigkeit überläßt.

Das gefestigte, kompakte Strukturbild dieser Gesellschaft wird brüchig und ist nicht mehr von klaren Oppositionen – wie Normalität versus Pathologie – und klaren Differenzen – wie Männlich versus Weiblich – gezeichnet. Diese Freisetzung des Weiblichen und des Wahnsinns ist die Basis, von der aus grenzenlose Ansprüche an das Weibliche gestellt werden können; und es ist die Voraussetzung für normalisierende Anpassungen; Anpassungen, die das Weibliche und der Wahnsinn zu leisten haben. Denn wenn beide sich als das ‹Andere› dieser Kultur verflüchtigen, heißt das gleichzeitig auch, daß sie es sind (eben der Wahnsinn und das Weibliche), die sich an der Normalität zu messen haben,[3] damit sie von ihr einverleibt werden können und sich in die Normalität integrieren lassen können.

Der Zerfall des Weiblichen als das Andere der Geschlechterordnung

Bezogen auf das Weibliche bzw. die Frau bedeutet das, daß sie aus Ein- und Ausgrenzungen freigesetzt ist, aber gleichzeitig immer mehr als das Andere verschwindet. Derzeit geht sie – zwar noch idealtypischerweise, aber dennoch – im männlich codierten Lebensrhythmus auf. So muß die Frau von heute etwa ebenso auf dem Arbeitsmarkt bestehen wie der Mann. Ihre Biographie wird immer mehr zur Bildungs- und Arbeitsbiographie, wobei aber der sogenannte traditionelle Lebenslauf mit Familien-, Haushalt- und Beziehungsarbeit deshalb noch lange nicht verschwindet. Beide Biographien befinden sich in einem konkurrierenden Verhältnis zueinander und müssen von der Einzelnen in Einklang gebracht und zu einer einzigen verzahnt werden.[4]

Die Bedingungen einer weiblichen Existenz heute lassen sich mit dem Paradox charakterisieren: «Es ist fast alles so, wie's immer war», und «Es ist fast nichts mehr so, wie's vorher war.»[5]

Kam in der Moderne noch eine ‹Weiblichkeit› zum Tragen, die dem Frausein klare Grenzen und Bezugspunkte setzte, im Frauenkörper das ‹Wesen der Frau›, ihr Leben und ihre Perspektiven begründete und damit auch begrub, so präsentiert sich der gegenwärtigen ‹Weiblichkeit› ein uferloses Szenario. Weder wird ein Sinn vorgegeben, noch werden Grenzen gezogen, an die sich Frauen halten müssen oder können, noch werden ihnen Möglichkeiten geboten, da sich ihnen vermeintlich alles wie von selbst auftut.[6] So gibt es auf dem Arbeitsmarkt kaum mehr Orte und Bereiche, aus denen Frauen aufgrund ihres Geschlechts explizit ausgeschlossen sind. Der Zerfall der Geschlechtergrenzen schlägt sich hier in der Ausbreitung scheinbar geschlechtsneutraler Räume nieder, die für faktische Benachteiligungen von Frauen keinen Erklärungszusammenhang mehr bieten und diesen in das individuelle Scheitern der einzelnen legen.

Christina von Braun sieht in diesem Verschwinden des ‹Weiblichen› als das Andere eine zentrale Erklärung dafür, daß in einem Zeitalter, in dem die Frauen immer mehr Bereiche erobern, Filmemacherinnen, Autorinnen, Künstlerinnen sind und zum ersten Mal seit Jahrtausenden die Möglichkeit haben, eine vormundschaftsfreie Existenz zu führen, daß also in diesem Zeitalter die depressiven Erkrankungen bei Frauen stark zunehmen.[7]

Die immer größer werdende Kluft zwischen der angekündigten neuen Frau von morgen und der internalisierten Frau von gestern vergrößert noch die Last der individuellen Selbstverantwortlichkeit. Dabei wird verschwie-

gen, daß unsere Kultur, sobald sie die Grenzen eines Gegensatzes – wie es
‹Männlich und Weiblich› sind – auflöst, keinen anderen Umgang weiß mit
dem, was als das ‹Andere› dieses Gegensatzes codiert ist, als dieses ‹Andere›
zu nivellieren und auszulöschen.[8]

Das Verschwinden des Körpers als das Andere der Kultur
Wie sich diese Auslöschung des Weiblichen auf Krankheitsproduktionen
niederschlägt, läßt sich am Beispiel der Magersucht nachzeichnen. Hier
spielt der Körper eine herausragende Rolle, nicht nur, weil er in der jüngsten
Vergangenheit alles, was als weiblich galt, in sich einschloß, sondern auch
deshalb, weil alles Körperliche in erster Linie als grenzsetzend wahrgenommen wird und damit dem gesellschaftlichen Auflösungsimperativ vorerst
widerspricht.

«Eine der Stereotypen des magersüchtigen Diskurses lautet: ‹Ich bin nicht
mein Körper›. (...) Im anorektischen Denken ist es der Körper, der die Identität der Frau, indem er die Weiblichkeit begründet, verhindert.»[9] Mit der
Abschaffung des Körpers ist auch der Kampfplatz um die Identität abge-
steckt. «Die herkömmliche Identität der Frau wird über den Körper abgelehnt und ausgehungert. Die Abschaffung der Hülle, des Körpers ist im
Krankheitsbild der Magersucht richtungsweisend. Indem ihm die Nahrung
entzogen wird, wird seine Maschine außer Kraft gesetzt: Sowohl die Verdau-
ung, als auch die Menstruation und in den meisten Fällen auch die Sexualität
hören im Verlauf der Magersucht auf.»[10] Der Körper ist für die Anorektikerin das Objekt einer umfassenden Beherrschungsstrategie und Identitätssu-
che, die vor dem Tod nicht zurückschreckt. «Magersucht ist eine Bewegung
gegen die Weiblichkeit, deren Identität es ist, Nicht-Mann zu sein. Magersucht versucht, eine Weiblichkeit in eigenem Recht zu begründen, indem sie
das weibliche Fleisch weghungert, um patriarchalen Übergriffen in Form von
Fremdgestaltung und Fremddefinition die Grundlage zu entziehen.»[11]

Die Identifikation der Anorektikerin mit ihrer körperlosen Erscheinung
zeigt Parallelen zu den oben dargestellten Auflösungserscheinungen, die
ebenso alles Grenzsetzende ablehnen.

Nun ist die Magersucht aber in den letzten Jahren mit ihrem Umgang
und mit ihrer Auslöschung des realen Körpers nicht mehr allein. Seit es die
Virtual Reality[12] gibt, wird technisch eine Kontrolle über den Körper vorex-
erziert, die den traditionellen und also biologischen Körper zum Handicap
und zum Relikt erklärt und ihn wie die Anorexia bis aufs Äußerste reduziert.

«Zur Zeit sind die Welten, die mit VR-Graphiken erzeugt werden, noch relativ einfach. Man hat das Gefühl, in einen Bildschirm hineinzugehen und in einem Zeichentrickfilm mitzuspielen. Mit steigender Perfektion allerdings werden sich die Erfahrungen aus der VR mit denen des wirklichen Lebens überschneiden. Man kann davon ausgehen, daß VR in 15 bis 20 Jahren zu einem Konsumgut für alle geworden ist. Es wird nicht mehr möglich, aber auch nicht mehr notwendig sein zu reisen, sondern wir werden uns, was zwischen Geschäftspartnern aus den USA und Japan schon praktiziert wird, virtuelle Räume mieten, in denen Geschäftsbesprechungen oder sonstige Begegnungen stattfinden. Wir werden an ihnen teilnehmen, in virtueller Geschäftskleidung oder in virtueller Abendgarderobe, mit den anderen sprechen und sie vor allem auch berühren und diese Berührung auch empfinden können, während wir zu Hause oder an einem beliebigen anderen Ort mit der Datenkette um den Hals im Morgenmantel auf dem Sofa lümmeln. Der virtuelle Körper, mit dem wir uns im virtuellen Raum präsentieren, ist frei wählbar. Zur Disposition steht alles: Geschlecht, Größe, Figur, Haarfarbe, Gesicht, Alter usw.»[13]

Beide, der anorektische und der virtuelle Körper, lassen die Gesetze der Schwerkraft hinter sich und setzen jede Dimension der Zeit und des Raumes außer Kraft. Ein solcher Umgang mit dem Körper und bei der Magersucht mit dem Weiblichen im Körper kann nicht ausreichend erhellt und erklärt werden, wenn nicht der Umgang dieser Gesellschaft mit dem ‹Anderen›, also mit dem Wahnsinn, dem ‹Weiblichen› und dem Körper, in die Analyse miteinbezogen wird. Denn dieser Umgang mit dem Anderen zeichnet sich durch einen Aspekt aus: Das Andere wird immer abgeschafft. Neue Technologien wie elektronische Medien und die Biotechnologien spielen dabei nicht nur eine beispielhafte, sondern eine herausragende Rolle. Denn zurückkehrend zum Wahnsinn, der genauso wie der Körper und das Weibliche das ‹Andere› unserer Kultur ist, kann beobachtet werden, daß eifrig daran gearbeitet wird, ihn bereits im Vorfeld seiner Manifestation zu neutralisieren. Diese Perspektive nimmt mit der Gentechnologie reale Ausmaße an mit fatalen Konsequenzen. Sie behauptet genetische Ursachen des Wahnsinns und reduziert seine Formen auf ein genetisches Substrat. So löst ihr Diskurs den psychologischen ab, weist ihn heute schon als historisches Relikt aus und öffnet einer ‹Therapie› den Weg, die den Wahnsinn als erlebbares, soziales Phänomen völlig verschwinden läßt. An seine Stelle und an die Stelle der Psyche treten Gene; so gilt z.B. das schizophrenogene Gen als bereits entdeckt.[14]

2. Multiple Welten und ihr Syndrom

Wenn wir bisher von der Einrichtung des psychologischen Diskurses und schließlich von seiner Ersetzung durch den genetischen gesprochen haben, so muten Geschichte und Aktualität der Multiplen Persönlichkeit dagegen wie eine erste und letzte Verheißung auf die Existenz der Psyche an.

Entstanden war die Multiple Persönlichkeit im Kontext der frühen Wissenschaftsunternehmungen einer Säkularisierung der Seele als Gegenstand der Psychopathologie[15] im 18. und 19. Jahrhundert. Wiederaufgenommen, erlebt und favorisiert wird sie heute als eine Überlebensstrategie früher Opfer von Gewalt, die – zwar in das Licht der Öffentlichkeit einer neuen Krankheit gezerrt – sich doch beständig dem bio-medizinischen Zugriff entzieht. Ihr wird nun die Aufgabe zuteil, die traumatische Verursachung psychischen Leidens zu repräsentieren und zu garantieren.[16]

Von einem kulturkritischen Standpunkt aus sind sowohl die Diagnose MPS wie das Phänomen der Multiplen Persönlichkeit ebenso gesellschaftlich und kulturell wie die Verhältnisse, denen sie entspringen. Gleichzeitig existieren sie als Gegenstände des psychologischen Diskurses nicht unabhängig von diesem. Zweifelsfrei aber existieren sie, werden gelebt und gefühlt, gehandelt, befördert und verworfen.

So ist es gut, zuerst etwas über die Geschichte des Phänomens bzw. seiner Beachtung und derzeitigen medialen Beförderung zu erzählen, dann fortzufahren mit einem Zeitbefund der heute von uns allen geforderten multiplen Identität, die im Ereignis der Multiplen Persönlichkeit tragisch vorweggenommen und idealtypisch repräsentiert scheint, und abzuschließen mit einer Kritik an der heute beförderten Gleichsetzung des Phänomens Multiple Persönlichkeit und der Diagnose MPS.

Uns interessiert also nicht in erster Linie das Pathologische, nicht die Störung MPS, sondern ihre Normalität, vielmehr das, was die Multiple Persönlichkeit in ihrer je historischen Ausformung über die Zeit zu erzählen hat, in der sie auftritt bzw. auf- und wahrgenommen wird: Was erzählen also frühe multiple Frauen über die Herausbildung des weiblichen Sozialcharakters im 18. und 19. Jahrhundert, was erzählt ihr heutiges Auftreten über die multiplen, zerrissenen und vielgestaltigen Anforderungen an das Weibliche am Ende des 20. Jahrhunderts?[17] Das heutige Normkonzept der multiplen Persönlichkeit, zu der die Multiple Persönlichkeits*störung* wie ein Vergrößerungsglas anmutet, ist leidvoll autark. Vergleichbar mit dem Identitätskonzept der Postmoderne gebiert auch die Multiple Kopfgeburten in Parthenogenese und erschafft ein nach außen hin abgeschottetes Feld, das im Inneren bevölkert ist von Hilfspersonen, kleinen und großen, jungen und alten, starken und schwachen, männlichen und weiblichen. Und die ‹Störung› repräsentiert so idealtypisch das heute geforderte, sich selbst genügsame, nur noch zum Warenmarkt hin offene, über Medientechnologien vernetzte Ich-System.[18]

Vom doppelten Bewußtsein zur Multiplen Persönlichkeit –
ein Exkurs in die Geschichte

Die Rede über multiple Persönlichkeiten ist keineswegs so neu, wie es die heutige Diskussion darüber vermuten ließe. Vielmehr ist sie so alt wie die Seelenmodelle der frühen dynamischen Psychiatrie[19], wenngleich die Spaltung anfänglich auf zwei Personen gleichen Geschlechts und gleichen Alters beschränkt blieb. Vorbewußtes, Unterbewußtes, doppeltes Bewußtsein und doppelte Persönlichkeit waren schon lange vor Sigmund Freud Begrifflichkeiten jener Forschungsreisenden des ausgehenden 18. und 19. Jahrhunderts, die angetreten waren, den sogenannten inneren Kontinent – wie sie ihn hießen – zu erkunden.

Neu sind sie nicht, die Beschreibungen Multipler Persönlichkeiten, Frauen sind sie fast immer, Hysterikerinnen meist. Gegen Ende des 18. und das ganze 19. Jahrhundert hindurch wurden immer wieder Fälle von gespaltener Persönlichkeit bekannt. Zunächst, so Ellenberger[20], als sehr seltene, wenn nicht gar legendäre Ereignisse. Zwischen 1840 und 1880 war die Multiple Persönlichkeit – wenn auch nicht in der heute gewohnten systematisierten Form – zum von Psychiatern und Philosophen bevorzugt diskutierten Thema geworden. Am Ende des 19. Jahrhunderts sind die psychopathologischen Arbeiten, so Laplanches Vokabular der Psychoanalyse[21], besonders jene über die Hysterie und die Behandlungsmethode der Hypnose, ausgefüllt von Begriffen wie ‹Verdoppelung der Persönlichkeit›, ‹doppeltes Bewußtsein› und ‹Dissoziation der psychologischen Phänomene›. Das Motiv der Doppelpersönlichkeit, des Doppelgängers, des Spiegelbilds oder des Introjekts abgespaltener Persönlichkeitsanteile wurde vielfach literarisch verarbeitet. Nach 1880 gab es eine Vielzahl vom Stoff der Multiplen Persönlichkeit inspirierte Romane, der bekannteste unter ihnen ‹The Strange Case of Dr. Jeckyl und Mr. Hide›. In den USA der 20er Jahre wurde die Diagnose MPS häufiger gestellt als jene der Schizophrenie.[22]

Die ‹erste› zugängliche Beschreibung einer vertauschten Persönlichkeit findet sich 1791 beim deutschen Anthropologen Eberhard Gmelin, die bekannteste beim französischen Arzt Eugène Azam Ende des 18. Jahrhunderts in seinen detaillierten Krankengeschichten von Felida X., und eine der letzten aus der frühen Phase der Multiplenforschung ist jene des Mailänder Psychiaters Morselli aus dem Jahre 1930. Alle hier angeführten Beispiele sind letztlich vermutlich ebenso aussagekräftig wie ihre möglichen Alternativen anderer Ärzte und Anthropologen.

Das Ende des 19. Jahrhunderts jedenfalls wird zum Höhepunkt der Multiplenforschung durch Pierre Janet, der jenseits der Vorführungen der Frauen als Hysterikerinnen ebenfalls in der Salpêtrière, jener legendären Pariser Psychiatrie, an der auch Freud und Breuer unterrichtet wurden, dissoziierte, hypnotische und vor allem multiple Phänomene an seinen vier Versuchspersonen, den Frauen Lucie, Leonie, Rose und Marie, untersuchte. Er entwickelte in seiner Arbeit vom «Psychologischen Automatismus»[23] schon 1889 das Modell von abgespaltenen Persönlichkeitsanteilen, welche eine eigenständige, dem Bewußtsein entzogene Entwicklung nehmen können. Pierre Janet verband sie zwar mit einer labilen Integrationsfähigkeit der Frau, setzte sie aber doch wie später Breuer und Freud in einen Zusammenhang mit traumatischen Erfahrungen in der Kindheit. Selten zuvor hatten Psychiater und Neurologen den Frauen zugehört und «zwar länger als sie es jemals beabsichtigt hatten, und sie erfuhren sehr kurze Zeit sehr viel mehr über ihr Leben, als sie jemals hatten wissen wollen»[24]. So beschreibt Sigmund Freud – er nimmt es später zurück – in der «Ätiologie über die Hysterie»[25] den Skandal des sexuellen Mißbrauchs, und Breuer behauptet, die Mehrzahl der weiblichen Neurosen entstamme dem Ehebett, da die Brautnacht nicht erotische Erfüllung, sondern schlichte Notzucht zum Inhalt habe[26].

Der Höhepunkt der wissenschaftlichen Erforschung der Multiplen Persönlichkeit fällt zusammen mit «seinem wirkungsgeschichtlichen Ende»[27]. Kraepelin und Bleuler systematisieren das psychiatrische – nun ausschließlich wieder biologisch orientierte – Klassifikationssystem und favorisieren für dissoziierte Phänomene eindeutig die Diagnose Schizophrenie; die Hysterieforscher werden mit dem Argument, sie hätten, was sie beobachteten, selbst hervorgebracht, nicht mehr rezipiert und die Psychoanalyse Freuds widerrief das Modell der Traumatisierung durch sexuelle Gewalt und der daraus resultierenden Verletzung, verbannte die reale Erfahrung in weibliche Phantasie und entwickelte die sogenannte Ödipus-Theorie.

Ein halbes Jahrhundert trat das Phänomen der Multiplen Persönlichkeit nicht auf oder wurde nicht erkannt bzw. verkannt. Ab den 70er Jahren beginnt in den USA wieder eine rege Auseinandersetzung, und es erscheinen zahlreiche Publikationen zum Thema. 1980 wurde MPS im Rahmen der sogenannten dissoziativen Störungen in das Handbuch der Klassifikationen psychischer Krankheiten, dem DSM III, aufgenommen und somit endgültig als systematisierte Diagnose festgeschrieben. In den USA gibt es eigene psychiatrische Kliniken, die sich auf Multiple Persönlichkeitsstörungen spezialisiert haben; «eine Entwicklung» so Peter Schneider, «von der die Psychiatrie in Deutschland noch nicht einmal weiß, daß sie sie zur Kenntnis zu nehmen hat»[28], was nicht heißt, daß es den Frauen, die sich selbst als multipel bezeichnen, bekommen würde, wenn sie es täte. Im nordamerikanischen und im deutschsprachigen Raum sind es derzeit vor allem Gruppen von Therapeutinnen, darunter viele Feministinnen, welche sich eine Auseinandersetzung mit dem Phänomen ‹des in sich Viele Seins› wünschen, welche für Achtung vor der Überlebensstrategie Multipler Frauen eintreten, oft auch um den Preis einer neuen Typisierung von Lebenserfahrung im Kontext einer erneuten Psychopathologie des Weiblichen.[29]

Die Frau muß heute VIELE sagen

MPS wird also heute nach der Hysterie, der Anorexie, der Bulimie zur neuen bzw. wieder neuen Frauenseelenkrankheit erklärt. Und tatsächlich hat sie einiges mit der Not und Faszination der Hysterie gemein. So wie die Hysterikerin und die frühe Doppelpersönlichkeit zur Erfindung der Traumatheorie beigetragen haben, hat die Multiple heute als Überlebende früher Gewalterfahrungen die traumatische Verursachung psychischen Leidens und damit die Konzeption der modernen Psyche und ihrer Erinnerungsfähigkeit[30] selbst zu repräsentieren. Und so wie erstere in das Licht der fotografischen Blitze in der Salpêtrière gezerrt einen Auftrag zu erfüllen hatte, ist auch die Multiple Persönlichkeit als Garantin für die Existenz extremer Gewalt, die es auch ohne sie zweifelsfrei gibt, in ein mediales Gewitter gehüllt: «weder richtig Krankheit, noch richtig Kunst, immer halb wahr, (...) anfällig für Kritik und Spott und immer wieder für Faszination. Dabei ist schwer zu sagen, was die Wirklichkeit der Hysterie ist», ebenso wie die der Multiplen Persönlichkeit. «Was sich aber sagen ließe, wäre immerhin die Wirklichkeit der Hysterikerin», ebenso wie die der Multiplen, «und diese bietet wenig Grund für Faszination und Feier.»[31]

Wie die Hysterie auch als Vergrößerungsglas der modernen Weiblichkeits-konstruktion[32] gedeutet wurde, ließe sich die Multiple Persönlichkeit als Vergrößerungsglas der postmodernen analysieren. Ist die dort beschriebene Verrücktheit eines in verschiedene Personen und Persönlichkeiten unter-schiedlichen Alters und Geschlechts dissoziierten weiblichen Ichs nicht gleichzeitig Erfüllung und ‹Perversion› der multiplen Anforderungen an die Frau, die gemäß dem postmodernen Imperativ, zwischen Normal- und Wahl-biographie aufgestört, bindungslos für den Arbeitsmarkt und bindungsfähig für die familialen Beziehungen funktioniert? Zweifelsfrei führt sie radikal das an den Rändern seines Verschwindens immer noch festgehaltene Modell einer integren, mit sich identischen, ganzen Identität durch die Spiegelung einer möglichen Vielfachidentität ad absurdum und mutet mit ihrer Präsenz auf verschiedenen Bühnen wie eine Vorwegnahme jener feministischen Ent-würfe an, die in der Performance eine praktikable Politik der Überschreitung geschlechtlicher Normierung sehen.[33]

«Der Gesellschaftswandel der letzten Jahrzehnte wird auch als ‹Enttraditio-nalisierung› und ‹Individualisierung› bestimmt. Der daraus hervortretende Sozialisationstypus wird als das ‹alleinstehende, nicht beziehungsbehinderte Marktsubjekt› identifiziert, sein neuer Sozialcharakter durch Mobilität, Fle-xibilität, Verfügbarkeit, Freizügigkeit und relative Bindungslosigkeit cha-rakterisiert.»[34] Dieser Individualisierungsprozeß trifft in den letzten Jahr-zehnten vor allem Frauen. Die Durchmodernisierung der weiblichen Position durch Freisetzung und Befreiung aus traditioneller Familien- und symboli-scher Geschlechterordnung «führt zu einer allgemeinen Mobilmachung»[35], so auch der Frau. Die Frau, der über Jahrhunderte nicht erlaubt wurde, *ich* zu sagen, muß heute *viele* sagen.

Wenn es sich auch um gänzlich andere Enstehungsbedingungen und leid-volle Notwendigkeiten oder Unausweichlichkeiten handelt, so ist den Beschreibungen sogenannter pathologischer multipler Phänomene und den Anforderungen oder Entwürfen unserer Zeit doch einiges gemeinsam. Mög-licherweise bewegen wir uns wieder in jenem bekannten Feld von Ästheti-sierung und Verleugnung weiblicher Verrücktheit, das schon die Hysterie kennzeichnete und sie ins Schauspiel zwang[36], und veranlaßte, fast alles, was sie war oder sein konnte, zu zeigen, damit die anderen sich ein Bild von ihr machen konnten. So widerfährt auch der Multiplen Persönlichkeit eine eben-solche Ästhetisierung, weil sie wie die Hysterikerin furios vorwegnimmt, was idealtypischerweise von ihr – der Frau – verlangt wird, weil sie das, was technisch realisierbar geworden ist, aus sich selbst schöpft: Personen in vitro erzeugt und in virtuellen Räumen navigiert, und es trifft sie eine unbeschreibliche Verleugnung, insofern als durch ihre Zeitgeistigkeit und Abbildhaftigkeit die Not in ihr verkannt wird.

Von der zweifelhaften Beförderung einer Diagnose
Aber gerade jene, TheoretikerInnen wie TherapeutInnen, die angetreten sind, die traumatische Verursachung Multipler Persönlichkeiten, ihre Leiden und Hilferufe ins Zentrum zu rücken, erliegen erneut der Pathologisierung weiblicher Seins- und Überlebensformen,[37] die in der Hysteriegeschichte noch eindeutig von den Repräsentanten des Einen Geschlechts vorgenommen wurde und heute von den eigenen Reihe aus betrieben wird.

Wir plädieren deshalb – zugegebenermaßen hilflos – dafür, weder das Phänomen noch das Ereignis, multipel zu sein, gleich zu halten mit MPS, schon gar nicht die Frau, die in sich viele hat. MPS ist vorerst nichts weiter als eine Diagnose, sie bleibt es auch, wenn sie nun von einer Vielzahl von Frauen befördert und benutzt oder von Gegenrednern bagatellisiert, hysterisiert und abgewertet wird.[38] Wie sich am Beispiel von MPS besonders bezeichnend erweist, läßt sich der diagnostische Blick längst nicht mehr auf die Psychiatrie allein beschränken, er ist zum verallgemeinerten erkennungsdienstlichen Repertoire der Helfer und nun zunehmend auch der Helferinnen geworden. Eine Diagnose, auch die bemühteste, ist vorerst nichts weiter als ein Bild, das vorgibt zu verstehen, in Wirklichkeit aber schlicht eine Distanzierungshilfe darstellt. Und sie schafft – auch wenn sie die Enstehungszusammenhänge, z.B. die extreme seelische, körperliche und sexuelle Gewalt korrekt mitreferiert – nichts anderes als ein Krankheitsbild, dem auch die Abgrenzung «Ich bin viele und trotzdem nicht verrückt»[39], was ohne Zweifel richtig ist, in den Armen der kassentauglichen Therapie oder der gewaltandrohenden Psychiatrie wenig beistehen wird. Diagnostizieren heißt immer zwei Dinge gleichzeitig tun: das Unbekannte des Wahnsinns und das Verhältnis zum/r Wahnsinnigen buchstäblich trocken zu legen, d.h. alles, was an Fließendem, an Übergangbereitem, an Transitorischem und damit Kommunizierbarem zwischen der Vernunft und dem Wahnsinn liegt, zu ignorieren und so auf Distanz zu gehen.

Die diagnostische Einkreisung eines Menschen – in diesem Fall einer Frau – ist immer ein Akt der Herrschaft, auch dann, wenn man meint, die Frau durch die Diagnose MPS vor der Diagnose Schizophrenie retten zu müssen.[40] Das Stellen von Diagnosen hat in der Regel wesentlich mehr mit der momentanen Etabliertheit von Diagnose und Diagnoseverfahren und mit den Zeiterfahrungen der DiagnostikerInnen selbst zu tun als mit den auftretenden Phänomenen und nimmt diesen letztlich ihre eigene Sprache und Wirkkraft.

Wir sollten uns davor hüten, Lebensgeschichten zu einem klinischen Fall zu nivellieren, ihnen den Auftrag zuzumuten, gesellschaftliche Verhältnisse auf einzigartige Weise zu repräsentieren, ebenso wie wir gut daran täten, ihrer zeitgeistigen Faszination und kulturtheoretischen Aussage nur soweit zu folgen, als es noch möglich bleibt, die tägliche Materialität der Multiplen vor der Idee der Multiplen Persönlichkeit in Schutz zu nehmen.[41]

Ruth Großmaß

Sexistischer Irrsinn – individuelle Psychose
Überlegungen zum feministischen Umgang mit Ver-rückt-Sein

Wirft man von heute aus einen Blick zurück auf die Anfänge parteilicher Beratungsarbeit von Frauen für Frauen, dann läßt sich zunächst einmal konstatieren, wieviel sich verändert hat und wieviel in diesem Zeitraum von etwa 20 Jahren erreicht worden ist: Es gibt heute ein funktionstüchtiges Netz von Frauenberatungsstellen. Es gibt ein viel differenzierteres Wissen über die psychischen Belastungen, denen Frauen in einer männerdominierten Kultur ausgesetzt sind. Das Ausmaß und die Destruktivität sexueller Gewalt sind durch die Arbeit der Frauenprojekte – Frauenhaus, Notruf, Wildwasser – sichtbar und öffentlich verhandelbar geworden. Im Miteinander der verschiedenen Initiativen und Gruppen hat sich einiges geändert. Heute kooperieren Feministinnen auch über die Grenze zwischen Institutionen und Projekten hinweg. Und an die Stelle des kraftvollen, aber naiven Glaubens an die Gemeinsamkeit von Frauen ist das Wissen um Differenzen getreten, verknüpft mit der Bereitschaft, auch damit produktiv umzugehen.

Auf der anderen Seite der Bilanz steht: Sexuelle Gewalt und Sexismus haben nichts von ihrer Brisanz verloren. Immer noch ist das Leben von Familienfrauen durch krankmachende Arbeitsbedingungen bestimmt – insbesondere wenn Armut hinzukommt. Und zugleich sind Lebensformen, die von dieser Norm abweichen, anstrengend, teuer und eine permanente Diskriminierungsmöglichkeit. Nach wie vor sind die brüchigen Formen, in denen Frauen (solche und andere) verrückte Anforderungen verarbeiten, in erster Linie für sie selbst belastend. Und dies gilt für *alle* Frauen – nicht in dem Sinne, daß alle Frauen krank, psychisch instabil oder verrückt wären, wohl aber in dem Sinne, daß jede Abweichung von der Norm in einem solchen Maße unter Erfolgsdruck steht, daß Erschöpfung normal und Zusammenbrüche naheliegend sind.

Feministische Beratungsarbeit und Therapie sind – so könnte man zuspitzend formulieren – aus einer politischen Bewegung entstanden (wie Frauenbildung und Frauenselbstverteidigung), und sie sind in ihrer Etablierung und Entwicklung durchaus erfolgreich. Die Veränderungen jedoch, auf die

die politische Frauenbewegung aus war, haben sich offenkundig nicht in der Form realisieren lassen, wie es erwünscht und erhofft worden war. Und – so läßt sich ergänzen – der Prozeß der Etablierung von Frauenberatung und -therapie hat deren Charakter verändert. Heute sind Beratung und Therapie auch für Feministinnen in erster Linie professionelles Handeln. Feministische Arbeit hebt sich durch ihre Parteilichkeit für Frauen und Mädchen von anderen psychosozialen Angeboten ab; und in der Öffentlichkeit fällt sie durch die offensive Auseinandersetzung mit sexueller Diskriminierung und Gewalt auf. Die Arbeitsmethoden sind heute nicht mehr Abgrenzungs- und Auseinandersetzungspunkte; die Anwendung psychotherapeutischer Verfahren ist nicht mehr umstritten. Im Gegenteil: Die Tatsache, daß mit den unterschiedlichen Verfahren aus dem Repertoire der Psychotherapie gearbeitet wird, ist so selbstverständlich geworden, daß auch Frauen-Projekte zukünftige Mitarbeiterinnen nach ihren Zusatzausbildungen fragen. Die politische Tradition der Frauenbewegung und die Ergebnisse der jahrzehntelangen Auseinandersetzung um ‹frauenidentifizierte Beratung› sind deshalb nicht unbedeutend geworden – sie stellen für das Konzipieren von Frauenräumen und für Antworten darauf, was ‹Parteilichkeit› jeweils konkret bedeutet, nach wie vor den wichtigsten Orientierungsrahmen dar.

Durch diese Entwicklung stehen feministische Beratung und Therapie heute unter zwei Orientierungen: Sowohl die politische Tradition der Frauenbewegung als auch die Konzepte der jeweiligen therapeutischen Richtung sind Bezugsrahmen der Arbeit – zwei Orientierungen, die durchaus nicht in allen Konflikten und Kontroversen in dieselbe Richtung weisen. So verlangt die feministische Konzeption von psychosozialer Arbeit eine möglichst egalitäre und transparente Beziehung, die therapeutische Professionalität dagegen operiert mit Diagnosen und arbeitet mit Fallkonferenzen, zwei Strukturen, die in sich hierarchisch sind. So hält die feministische Gesellschaftstheorie die Unterdrückung und Ausbeutung von Frauen für wesentliche Krankheitsfaktoren, psychotherapeutische Analysen dagegen arbeiten mit individuenzentrierten Ätiologien. – Brüche und Widersprüchlichkeiten sind vorprogrammiert.

Welche Aufgabe und welchen politischen Ort hat eine parteiliche Beratungsarbeit mit Frauen unter diesen Bedingungen – so möchte ich fragen – und wie lassen sich die Konzepte für Beratung gestalten, ohne den in der eigenen Geschichte angelegten Zwiespalt zu reproduzieren?

In drei Schritten lade ich ein, das Dilemma, in dem sich Beratung oft befindet, nachzuvollziehen und nach Lösungen Ausschau zu halten: Zunächst werde ich verdeutlichen, wie der Zwiespalt zwischen politisch-feministischer Orientierung und den Anforderungen des Einzelfalls in der Beratungsarbeit spürbar wird. In einem zweiten Schritt werde ich die frauenpolitischen Diskurse zu dieser Frage nachzeichnen – um dann, ausgehend von Erfahrungen an kulturellen Orten wie dem Wildwasser-Kongreß, die Perspektiven zu beschreiben, die sich eröffnen, wenn man Beratung als eigenständigen sozialen und kulturellen Raum konzipiert. In allen drei Schritten geht es mir in erster Linie darum, die Seite der Beraterin in diesem Prozeß transparent zu machen – nicht weil ich sie für bedeutender halte als die Seite der Unterstützung suchenden Frau, sondern weil sie meiner alltäglichen Berufsrolle entspricht und ich von dieser Seite des Prozesses Authentischeres zu berichten habe.

1. Beratungsarbeit als Erfahrung von Grenzen

Als Feministin psychosoziale Arbeit zu leisten bedeutet, sich besonderen Anforderungen zu stellen, sowohl was die Standards der Arbeit und das Ausmaß der persönlichen Selbstverpflichtung angeht, als auch hinsichtlich der notwendigen politischen Reflexion des eigenen Tuns.

Dies gilt über alle Differenzen im Einzelnen hinweg. Denn wenn heute von ‹parteilicher Beratungsarbeit› die Rede ist oder von ‹feministischer Therapie› oder von ‹feministischer Arbeit innerhalb von Beratungsinstitutionen›, dann werden in diesen verschiedenen Begriffen zwar inhaltliche und organisatorische Unterschiede ausgedrückt, es wird jedoch gleichzeitig immer auf eine bestimmte – gemeinsame – Tradition Bezug genommen, die sich seit 1979 an den Frauentherapiekongressen festmacht und die zu der inzwischen breiten Auseinandersetzung um psychosoziale Arbeit für Frauen wesentlich beigetragen hat. Von der Organisationsform her wird diese Tradition durch die autonomen Frauenprojekte – Frauen- und Mädchenberatung, Frauentherapiezentren, Notruf und Wildwasser – repräsentiert.

Mit dieser Tradition verbunden sind – jenseits aller Kontroversen – einige Standards und Grundprinzipien dafür, was es heißt, als Feministin im psychosozialen Bereich für Frauen tätig zu sein. Aus meiner Sicht sind es vor allem die folgenden Annahmen, die sich als gemeinsames Credo beschreiben lassen:

- Sexismus und sexuelle Gewalt stellen die wesentlichen Ursachen der seelischen und psychosomatischen Belastungen bei Frauen und Mädchen dar.
- Bei der praktischen Arbeit steht das Interesse der einzelnen Frau im Vor-

dergrund, persönlich zu wachsen und zu gesunden. Sich aus krankmachenden patriarchalen Zwängen zu befreien, seien sie äußerer Art oder innerer Natur, ist ein wichtiges Ziel.

- Und obwohl die Vielfalt der psychotherapeutischen Ansätze, nach denen gearbeitet wird, unter Feministinnen nicht kleiner ist als anderswo, herrscht auch hier in den Grundannahmen Einigkeit: Zwangsmaßnahmen und Chemie gelten nicht als legitime Behandlungsformen. Statt dessen wird auf die Klärung von Konflikten gesetzt, auf das Nacherleben bzw. Verarbeiten von erfahrenen Verletzungen, auf Unterstützung und Begleitung bei der Optimierung der individuellen Lebensmöglichkeiten.

Diese Standards sind, wenn ich richtig sehe, von allen Feministinnen im psychosozialen Terrain akzeptiert, ob sie nun in Kliniken, Praxen, Beratungsstellen oder autonomen Projekten arbeiten. Konsequenz dieser Standards ist, daß die Beziehungsseite der Arbeit einen besonders hohen Stellenwert hat. Die in Frauentherapiezentren und Beratungsstellen stattfindende psychosoziale Arbeit enthält zusätzliche Verbindlichkeiten, die noch darüber hinausgehen. Sie versteht sich auf dem Hintergrund der genannten Standards und in Auseinandersetzung mit dem männlich dominierten Gesundheitssystem als ein offenes Angebot an Frauen, die einzeln oder mit anderen zusammen ihre Konflikte angehen wollen und sich als Voraussetzung dafür weder selbst zu Kranken erklären, noch von anderen in entsprechende Kategorien eingeteilt werden wollen. Dieses Angebot kann sich an Frauen in spezifischen Lebenssituationen richten (Studium, Familie, lesbische Lebensform) oder an Frauen mit speziellen Schwierigkeiten (Eßstörungen, Erziehungsprobleme, sexuelle Gewalterfahrung) oder an Frauen in einer bestimmten Region (Stadtteil, Stadt, Kreis).

Die Grundüberzeugungen, die mit einem solchen Angebot verknüpft sind und die in den genannten feministischen Standards nur insofern zum Ausdruck kommen, als sie kognitiver Natur sind, gehen meinem Eindruck nach über das hinaus, was in den Diskussionen über feministische Therapie formuliert worden ist.[1] Hinter allen psychosozialen Hilfsangeboten, die aus der Frauenbewegung erwachsen sind, steckt, so meine Einschätzung, auch ein Teil der Wünsche und Hoffnungen, die mit dieser politischen Bewegung verknüpft sind. Ich will versuchen, das zu verdeutlichen, indem ich schlagwortartig einige Haltungen umreiße, die im politischen Kontext der Frauenbewegung wie in der psychosozialen Arbeit von Frauen Bedeutung haben. Die Grundhaltungen, die für beide Kontexte wichtig sind, gehören in das

Selbstermächtigungsrepertoire diskriminierter Gruppen. Ich umschreibe sie im Folgenden mit Schlagworten, denen eine Erläuterung folgt:

Klären hilft: Wenn frau sich Klarheit verschafft über ihre Lage (über ihre gesellschaftliche Situation bzw. über ihre psychischen Blockierungen oder das Gefangensein in ihrer Geschichte), dann setzt diese vielleicht anstrengende und schmerzhafte Arbeit Energien und neue Handlungspotentiale frei, die in ihre Alltagsbewältigung bzw. in ihre kulturelle und politische Präsenz investiert werden können.

Kontextwissen hilft: Wenn die eigene Erfahrung und die eigene Geschichte eingeordnet werden können in die gesellschaftliche Situation von Frauen und in die Diskriminierungsgeschichte unseres Geschlechts; wenn greifbar wird, auf welche Weise die individuell erlebte Gewalt, obschon persönliches Schicksal, doch nicht individuelles Versagen ist, sondern Teil struktureller Gewalt, dann ergeben sich neue Möglichkeiten der Identifikation, neue Möglichkeiten gemeinsamen Handelns mit anderen (möglicherweise in einer politischen Organisation, möglicherweise in einer Selbsthilfegruppe).

Pragmatische Unterstützung hilft: Wenn eine Frau in ihrer Lebenssituation einfach überfordert ist, wenn andere nachvollziehen können, worin diese Überforderung besteht (sei es Überforderung durch die äußere Lebenssituation wie Ausbildung, Kinder und Beziehungskrise oder Überforderung durch die innere Not einer psychischen Krise), dann ist es naheliegend zuzufassen und für zumindest situative Entlastung zu sorgen: durch Organisierung von äußeren Hilfsmitteln (Auto, Kinderbetreuung, Übernachtungsangebot) oder durch Gesprächsbereitschaft bzw. Krisendienste.

Begleitung hilft: Wenn nicht wirklich geholfen werden kann (weil die Mittel dafür nicht da sind oder weil an dem Unglück oder der Verletzung nichts zu ändern ist), dann geht es darum, die Betroffene damit wenigstens nicht auch noch allein zu lassen. Dabeibleiben; den schwierigen oder schmerzhaften Prozeß begleiten; die Gefühle ausdrücken, die frau wahrnimmt; auf die Begrenztheit des Prozesses verweisen – in solchen Unterstützungsformen liegen Veränderungspotentiale.

Sich als politisches Subjekt erfahren hilft: Auch wenn erfahrenes Unrecht, erlebte Verletzung nicht mehr zu revidieren sind, kann frau die Ohnmachtsposition verlassen und in Gemeinsamkeit mit anderen den öffentlichen Raum nutzen, sich als handelndes Subjekt erfahren und stärken. Und diese Erfahrung stärkt die Person insgesamt.

Es sind solche Grundüberzeugungen und der damit verbundene Optimismus, grundsätzlich Befreiung, Veränderung, Heilsein erreichen zu können, die Frauen veranlassen, in ungesicherten Projekten zu arbeiten und die Sisyphusarbeit der finanziellen Absicherung immer wieder zu erbringen. Es sind diese Haltungen, die Frauen dazu bringen, in den Institutionen für solche Frauenräume einzustehen, die Verarbeitungs- und Wachstumsprozesse möglich machen. Und es sind dieselben Haltungen, die das Engagement für feministische Beratung und Therapie freisetzen und tragen. Und – so läßt sich nach fast zwanzig Jahren feministischer Arbeit im psychosozialen Bereich konstatieren – in vielen Arbeitsfeldern und in vielen Einzelprozessen therapeutischer Begleitung haben sich diese Annahmen bestätigt und diese Haltungen bewährt.

Die hierbei stattfindende Verbindung von Hoffnungen, Wünschen und Potentialen, die aus den Erfahrungen der politischen Frauenbewegung und der mit ihr verknüpften Alltagskultur stammen, mit den Anforderungen psychosozialer Berufsarbeit von Frauen hat jedoch auch eine andere Seite, auf die ich aufmerksam machen möchte: Sie reduziert – stärker als andere soziale Loyalitäten – die Bereitschaft, die Grenzen psychosozialer Arbeit zu akzeptieren, und zwar vor allem deshalb, weil feministische Beratung und Therapie der Beziehungsseite einen so hohen Stellenwert einräumt. Sie vermehrt aus demselben Grund die (bei Frauen im sozialen Bereich ohnehin vorhandene) Bereitschaft zur Selbstausbeutung in der Arbeit; und sie führt – als Konsequenz dieser Effekte – situativ oft zum Bruch mit dem eigenen politischen bzw. professionellen Credo.

Zur Verdeutlichung führe ich einige Grenzerfahrungen aus meiner eigenen Arbeit an, von denen ich annehme, daß sie auch im Beratungsalltag von Kolleginnen eine Rolle spielen.

1.1 Privatisierung und Therapeutisierung – problematische Verarbeitungen der Konfrontation mit massiven Störungen

Je länger eine Frau in einem psychosozialen Arbeitsfeld tätig ist, je klarer das eigene Arbeitsfeld auf Gewalterfahrungen Bezug nimmt, desto gravierender sind die psychischen Problemstrukturen, mit denen sie in ihrer Arbeit konfrontiert wird. Chronische somatische Beeinträchtigungen, Sucht und Selbstdestruktion, Selbsttötungsimpulse und psychotische Erlebnisse – der Umgang mit solchen Ausdrucksformen emotionalen Verstörtseins verlangt ein großes Maß psychotherapeutischer Kompetenz, das Sich-Einlassen auf intensive Beziehungsprozesse und die persönliche Bereitschaft der Therapeutin, die erfahrenen Verletzungen, die möglicherweise erlebte Gewalt und die persönlichen Verrücktheiten der betroffenen Frau mit-auszuhalten. Das alles ist ziemlich viel. Und auch wenn die Voraussetzungen optimal sind, gelingen solche Prozesse therapeutischer Begleitung nicht immer, denn: Nicht alle Verletzungen sind heilbar, die persönliche Belastungsgrenze ist nur begrenzt dehnbar, der institutionelle Kontext trägt nicht weit genug, oder das persönliche Umfeld der Klientin arbeitet gegen die Gesundung – der Gründe können verschiedene sein.

Diese Grenzen zu akzeptieren, fällt schwer – insbesondere wenn es um Grenzen geht, die auch die eigenen Visionen begrenzen, oder wenn die Beziehung zur Klientin von hoher Identifikation geprägt ist. Zwei falsche ‹Lösungen› bieten sich geradezu an: die Privatisierung der therapeutischen Beziehung. Oder, auf der anderen Seite der Skala, die Therapeutisierung des Lebens der Klientin. Ich erläutere, was damit gemeint ist: Mit ‹Privatisierung› meine ich *alle* Formen der Umwandlung einer therapeutischen Beziehung in eine private: Einbindung der Klientin in das eigene Alltagsleben, Einsetzen persönlich-privater Unterstützungsformen, Umdefinieren der Beziehung in eine Freundschaft, Erotisierung oder Sexualisierung der Beziehung. Und diese ‹Lösungen› sind auch dann keine Lösungen, wenn nicht Eigennutz das Motiv ist, sondern der verzweifelte Wunsch, Wachstum und Heilung zu ermöglichen. Mit ‹Therapeutisierung› ist der Versuch gemeint, bei jeder in der Arbeit erlebten Grenze nach anderen, neuen, spektakulären Methoden Ausschau zu halten und sich auf den Weg des Weiterexperimentierens und der unendlichen psychotherapeutischen Weiterbildung zu begeben – mit der Konsequenz, daß auch die Frau, der diese Anstrengungen jeweils gelten, auf den Weg der weiteren Therapeutisierung geschickt wird, ohne daß sie eine Chance hätte, diese Entwicklung zu überprüfen, in Frage zu stellen – kurz: selbst darüber zu entscheiden. Und in beiden Fällen wäre es wichtiger gewesen, die Erfahrung von Grenzen zu thematisieren, Unterstützung zu leisten beim Akzeptieren von Begrenztheit und bei der Erarbeitung von Perspektiven auf dem erreichten Stand, offen lassend, ob es später, unter anderen Bedingungen, bei einer anderen Person weitergehen kann.

Die Tendenz zur Therapeutisierung war (anders als die zur Privatisierung) in den Anfängen feministischer Therapie und Beratung für die Seite der Beraterin oft produktiv, führte sie doch zur fortschreitenden Professionalisierung der Arbeit. Das ändert jedoch nichts daran, daß auch ein solches ‹Agieren› grenzverletzend ist – heute, da auch die Frauenprojekte als Teil der psychosozialen Versorgung wahrgenommen werden, deutlicher als in den Anfangsjahren.

1.2 Ausgrenzung – eine unangemessene Antwort auf Beziehungsgrenzen

Da Hilfsangebote in psychosozialen Krisen knapp sind, leiden alle Angebote parteilicher Hilfe unter Überlastung. Immer wieder muß daher die Arbeit quantitativ eingegrenzt werden. Dies ist schwierig, insbesondere für Feministinnen, – gilt das politisch motivierte Handeln doch dem Geschlecht als Klasse, was sich im psychosozialen Bereich schnell in ein ‹für *alle* Frauen› übersetzt. Auf der anderen Seite gilt: Beraterin oder Therapeutin zu sein, bedeutet nicht, keine persönlichen Vorlieben und Aversionen, keine individuellen Stärken und Schwächen mehr zu haben, die auch in der Arbeit wirksam werden. Beraterin oder Therapeutin zu sein, schließt vielmehr ein, mit manchen Problemsorten und manchen Frauen leicht und produktiv arbeiten zu können und es mit anderen ausgesprochen schwer zu haben. Nun wissen wir alle, daß gerade für diese Art Schwierigkeiten die psychotherapeutischen Zusatzausbildungen mit ihren Selbsterfahrungsanteilen hilfreich sind. Und die eigenen Arbeitserfahrungen beinhalten immer auch eindrucksvolle Beispiele dafür, daß gerade die therapeutischen Beziehungen, die voller Schwierigkeiten begannen, sich als besonders produktiv erweisen können.

Dennoch bleiben individuelle Differenzen der Belastbarkeit, Unterschiede in der Ausdauer bei schwierigen Prozessen, persönliche Sympathien und Antipathien, die sich im Einzelfall als Beziehungsgrenzen in der Arbeit erweisen können, an denen es nicht weitergeht. Da die auch unter Feministinnen schwierige Schwesternkonkurrenz und die im therapeutischen Setting angelegte Tendenz zu Omnipotenzvisionen es schwer machen, Situationen dieser Art offen zu verhandeln, unterlaufen frau Ausgrenzungsformen indirekter Art: Diagnosen werden verpaßt, unklare Überweisungen ausgesprochen, die Klientin wird in Kämpfe darum verwickelt, was ihre Entwicklung fördert. Kurz, die Grenze, die nicht sein darf, landet bei der Klientin.

Solche Ausgrenzungen müssen nicht immer dramatische Formen annehmen. Manchmal reicht die Art und Weise, in der eine Arbeitsvereinbarung nicht zustandekommt, um bei der Frau, die Hilfe sucht, das Gefühl der Zurückweisung und des persönlichen Abgelehntseins zu hinterlassen (wenn z.B. ihr Anliegen bewertet oder eine Ablehnung mit dem Verhalten der Klientin begründet wird). Manchmal wird aber auch mit Zuschreibungen operiert, die Angst machen. Wenn etwa aus Hilflosigkeit heraus (weil die Notwendigkeit zur Unterstützung gesehen wird, in der Situation aber keine Unterstützung angeboten werden kann) stationäre Therapie vorgeschlagen wird, was für einzelne Frauen die Botschaft einschließt, daß es ganz schlimm um sie steht.

1.3 Diagnostik als Distanzmittel

In jeder Beratungseinrichtung, in jedem Therapiezentrum gibt es Erfahrungen professioneller Hilflosigkeit. Ich nenne einige Beispiele, die zum Glück nicht alltäglich sind, aber weithin Auswirkungen haben: Eine Frau, die viel von Selbsttötung gesprochen hat, bringt sich um. Eine andere, die lange Zeit die immer wieder auftretenden Phasen wahnhaften Erlebens gut hat eingrenzen können, wird in die Psychiatrie eingeliefert. Eine Drogenabhängige wird rückfällig, bricht die Arbeit ab und verschwindet in der Szene. Meist hatte auch die Therapeutin in solchen Fällen ein Gespür für die Brüchigkeit der erarbeiteten Lösungen, manchmal aber weiß sie nicht einmal, warum so etwas geschieht oder wie es gerade jetzt dazu gekommen ist. Solche Erfahrungen machen Angst – auch Therapeutinnen. Angst führt zu Distanzierungswünschen – die erlebte Hilflosigkeit soll nicht mehr so nah sein –, und dann ist es gar nicht mehr so abwegig, auf psychiatrische Diagnosen und Zuschreibungen zurückzugreifen wie: «Was Menschen in einem schizophrenen Schub tun, *ist* nicht zu verstehen» – «Drogenabhängige müssen erst ganz unten sein» – «Medikamente lassen Paranoide erst einmal zur Ruhe kommen.» Die Katastrophe, die mißglückte Begleitung und die problematische Notlösung verwandeln sich so in etwas auf merkwürdige Art Angemessenes; die betroffene Person dagegen rückt in eine unspezifische Ferne, verwandelt sich in die *Andere*.

In den hier beschriebenen Engführungen psychosozialer Arbeit spiegelt sich nicht vorwiegend individuelles Versagen und auch nicht in erster Linie die Berufsdeformation von Helferinnen. Was hier zum Ausdruck kommt, ist ein spezifisches Dilemma parteilicher Beratungsarbeit bzw. feministischer Therapie: Das Wissen um die gesellschaftliche Produktion psychischer Störungen bei Frauen, die wahrnehmbare Präsenz sexistischen Irrsinns in unserer Alltagskultur machen zu recht skeptisch gegen die durch das Gesundheitswesen und die psychotherapeutischen Fachrichtungen tradierten Beschreibungen individuellen Verrücktseins – auch da, wo diese bereits Spuren feministischer Kritik tragen. Mit dieser Skepsis verbunden ist häufig eine Unsicherheit darüber, was in einer therapeutischen Beziehung zu leisten ist, wann es produktiv ist, weiter dabeizubleiben, und wann die Grenze erreicht oder überschritten ist, wann andere Arbeits- oder Lebensformen anstehen. Diese Unsicherheit kann defensiv machen und damit entmutigen. Sie kann aber auch in Selbstüberschätzung umschlagen. Denn das Wissen um die Entwicklungschancen, die durch solidarischen Austausch entstehen, und die sozialen Erfahrungen der Frauenbewegung motivieren, alles daranzusetzen, um die individuelle wie die kollektive weibliche Existenz von den Spuren sexistischer Mißhandlung zu befreien, Heilsein und individuelle Entfaltung zu ermöglichen. Und in diesem Elan, der sich mit der Definitionsmacht der Therapeutin verknüpft, werden dann eigene Grenzen und Grenzen der Klientin überschritten.

Auf der anderen Seite konfrontiert die alltägliche Arbeit in der Beratungsstelle, dem Therapiezentrum oder der Frauenpraxis mit Mißhandlungsfolgen, mit Beschädigungen und mit Formen des Psychotischen, die häufig nur begrenzbar, nicht aber heilbar sind. Für die Beschreibung dieser Erfahrungen und für den Umgang damit liefern feministische Analysen und Visionen jedoch wenig Anhaltspunkte; hier sieht sich frau auf die medizinischen und psychotherapeutischen Diskurse[2] verwiesen. Und bewegt sich eine Beraterin/Therapeutin in diese Richtung, gerät sie schnell mit den beschriebenen Standards feministischer Arbeit in Konflikt und zugleich in Gefahr, Antrieb und Motiv ihrer Arbeit zu verlieren.

Diese Konflikte bedürfen der Diskussion und der kritischen Reflexion. Sie spielen sich jedoch häufig ausschließlich in einer Person, manchmal innerhalb eines Teams ab. Sie sind selten öffentlich präsent, und sie werden kaum als ‹normale› Begleiter des Arbeitsprozesses wahrgenommen. Dies hat zum einen mit der Nähe feministischen Argumentierens zu Ethik und Moral zu tun. Zum anderen aber damit, daß feministische Arbeit in einem feindlichen Umfeld stattfindet, daß immer wieder Rechtfertigungsargumentationen erforderlich sind, die nur zu gern als «erregte Aufklärung»[3] denunziert werden.

Doch diese Bedingungen und Einschränkungen, unter denen die praktisch-therapeutische Arbeit stattfindet, sind nicht die einzigen Ursachen dafür, daß der Umgang mit Grenzen in der feministischen Praxis so schwierig ist. Es gibt auch politische Gründe, die mit dem aktuellen Stand der Frauenbewegung zu tun haben und die genauer zu betrachten sich lohnt, um Ansatzpunkte für die erforderlichen Innovationen zu finden. Zur Verdeutlichung folgt ein Blick in die feministischen Diskurse[4] über die Themen, die mit dem angesprochenen Dilemma verbunden sind: ‹Wahnsinn› einerseits und ‹Beratung/Therapie› auf der anderen Seite.

2. Weiblicher Wahnsinn als Thema der Frauenbewegung

Die gesellschaftliche Produktion des weiblichen Wahnsinns und die Behandlung psychisch kranker Frauen waren seit Beginn der 70er Jahre Auseinandersetzungspunkte in der deutschen Frauenbewegung, die auch damit ihrem

amerikanischen Vorbild folgte. 1974 erschien Phyllis Cheslers Buch ‹Frauen
– das verrückte Geschlecht?› erstmals auf deutsch. 1977 folgte Roswitha
Burgards Untersuchung zum selben Thema. Parallel zu solchen Untersuchungen der konkreten Psychiatrie-Erfahrung von Frauen wurden in den
Diskussionsgruppen Anfang der 70er Jahre die Psychoanalyse-Kritik Simone
de Beauvoirs rezipiert[5] und Shulamith Firestones Verriß jeglicher Psychotherapie (auch dies erfolgte am Beispiel der Psychoanalyse)[6] heftig diskutiert.

Als Ergebnis dieser ersten Debatten läßt sich festhalten: Es sind die patriarchalen Lebensbedingungen, die verrückten Zumutungen, mit denen weibliche Menschen zu Frauen, Müttern und Sexualobjekten gemacht werden, die
Frauen verrückt machen. Und Psychotherapie ist nicht etwa Heilung von
diesen Beschädigungen, sondern die Behandlungsmethoden (Verordnung
von Seditativa, Psychiatrisierung und psychotherapeutische Anpassung) wiederholen und verstärken diese Zurichtung. Sogar das Herrschaftsinstrument
sexueller Übergriff und Gewalt reicht, wie wir heute wissen, in die Institutionen hinein, die den Auftrag haben zu heilen.

Aus diesem Wissen sind sowohl weitere Auseinandersetzungen mit der
Psychotherapie als auch mit der gesellschaftlichen Produktion des Wahns
hervorgegangen.

2.1 Der psychotherapeutische Diskurs

Schon in der Rezeptionsgeschichte des Buches von Roswitha Burgard deutete
sich an, daß es Bedarf nicht nur an der Debatte über die Behandlung von
Frauen in den Institutionen des Gesundheitswesens gab, sondern auch Bedarf
an konkreter psychotherapeutischer Hilfe. Das Buch erlebte bis 1980 drei
Auflagen und führte zu zahlreichen Anfragen an die Autorin, ‹gute› Therapie und gute Therapeutinnen zu vermitteln. Aus der Kritik der bestehenden
Einrichtungen psychosozialer Versorgung entstand so im nächsten Schritt die
Diskussion um geeignete Konzepte, nach denen Frauen in psychischen Krisen geholfen werden kann – eine Diskussion, die dadurch an Brisanz gewann,
daß die Arbeit der ersten Frauenhäuser in der BRD (Köln, Bielefeld, Berlin)
ein erschreckendes Ausmaß an sexueller Gewalt in den Familien sichtbar
machte. Selbsthilfe versus Therapie wurde diskutiert. Die Verfahren der
Humanistischen Psychologie eröffneten ein breiteres, auf klinischer Psychologie basierendes Spektrum an Arbeitsmöglichkeiten, und in verschiedenen
Universitätsstädten gründeten sich Initiativen für Frauenberatungsstellen
bzw. Frauentherapiezentren. In diesen zeitlichen wie inhaltlichen Zusammenhang gehört auch das Aufgreifen von Selbsterfahrungstechniken – weit
über die im engeren Sinne psychologisch orientierten Gruppen hinaus.[7] Und

in diesen Kontext gehören weitere Auseinandersetzungen mit der Psycho-analyse – immer noch kritisch, aber doch in der Absicht, die Errungenschaf-ten dieser therapeutischen Richtung auch den Feministinnen zu erhalten (vgl. Juliet Mitchell 1976, Carol Hagemann-White 1979 oder Harriet G. Lerner 1991, die die erforderlichen Revisionen zusammenfaßt). Die ganze Breite der Diskussionen, die in dieser Phase der Be-Gründung eigener Ansätze geführt wurden, spiegelt sich – nun eingebunden in Überlegungen zur Praxis – im Heft 17 der ‹beiträge› wider, das 1986 unter dem Titel ‹Neue Heimat Therapie› erschien. Man könnte sagen, mit der Veröffentlichung die-ser Plattform hat sich innerhalb der Frauenbewegung so etwas wie ein psy-chotherapeutischer Diskurs etabliert. Konzepte und Kontroversen, die bis heute um Begriffe wie ‹feministische Therapie› und ‹parteiliche Beratung› entstanden sind, beziehen sich auf diese Tradition – die von mir im ersten Punkt benannten Standards eingeschlossen.

Seit Beginn der 90er Jahre werden dann auch vorsichtig psychotische Erfahrungen von Frauen, Wahn und Verwirrtsein im Kontext feministischer Therapie diskutiert. Den ‹verrückten Frauen› innerhalb des feministisch-therapeutischen Diskurses Gehör verschafft zu haben, ist im Wesentlichen Polina Hilsenbecks Verdienst.[8] Sie hat das feministische Wissen um die gesellschaftlichen Ursachen von Verrücktsein in eine Sprache der Annähe-rung an das Fremde, Andere des Wahns übersetzt: «Sehr hilfreich scheint es mir…, alle sogenannten Symptome, auch die scheinbar verrücktesten, als Bewältigungs- und Überlebensstrategien zu analysieren. Alle drücken ent-weder das Leiden in symbolisierter Form aus, projizieren Tat und Täter auf die aktuelle Außenwelt, teilen Nichtzubewältigendes in lebbare Portionen oder/und stellen direkte Bewältigungsstrategien dar.»[9] Das Fremde des Ver-rücktseins wird damit nicht aufgehoben, aber es ist so formuliert, daß in die Richtung der (Wieder-)Aneignung gewiesen wird.

Seit 1993/94 etwa hat genaueres Wissen über den Zusammenhang von Dissoziation und Gewalt dem feministisch-therapeutischen Diskurs eine neue Wendung gegeben. In der Konfrontation mit multiplen Formen des verstörten weiblichen Bewußtseins wird ‹Verrücktsein› nun zum zentralen Thema der Auseinandersetzungen – in einer Form, die das Fremde des Ver-rückten nicht aufheben kann, aber sich damit identifiziert.[10]

2.2 Der kulturkritische Diskurs

Neben dem feministisch-therapeutischen Diskurs und dieselben kritischen Positionen zum Ausgangspunkt nehmend, wurde durch die Ergebnisse der historischen Frauenforschung und der feministischen Kulturkritik ein weiterer Diskurs eröffnet, der sich um die Verknüpfung von Weiblichkeit und Wahnsinn bewegt.

Die Untersuchung der Weiblichkeitsimaginationen unserer Kultur[11] haben Bilder von Weiblichkeit zutage gefördert, die von den parallel entworfenen Konstrukten der Hysterie und des Wahns nicht weit entfernt sind[12]. Und die historische Verortung beider Bildentwürfe, der Bilder von Weiblichkeit und der Bilder von Irresein und Wahnsinn, zeigt: Beide sind in demselben historischen Prozeß entstanden, und beide bilden eine aufeinander bezogene Konstruktion. Das Weibliche als das aus dem männlichen Subjekt ausgegrenzte ‹Andere› und der Wahnsinn als das aus der Kultur ausgegrenzte ‹Andere› unterliegen denselben Konstruktionsprinzipien. Um so leichter fällt es auf dieser Basis, unbotmäßige Frauen mit den Merkmalen der ‹Wahnsinns› bzw. der ‹psychischen Störung› zu belegen.

Auf dem Hintergrund dieses Befundes hat inzwischen eine sorgfältige Sichtung historischer Frauenfiguren und -biographien stattgefunden, die durch die patriarchale Geschichtsschreibung mit Zeichen des Wahnsinns verbunden worden sind.[13] Von Johanna der Wahnsinnigen (1479–1555) über Bertha Pappenheim (1859–1936) und Camille Claudel (1864–1943) bis zu Irmgard Keun (1905–1982) und Sylvia Plath (1932–1963) reicht die Reihe der berühmten Frauen, deren Biographie zugleich von Geisteskrankheit und Wahnsinn geprägt ist. Und der genaue Blick auf die Lebensbedingungen und Erfahrungen dieser Frauen zeigt, daß ihr ‹Irresein› viel zu tun hat mit erlebter Grenzverletzung und versuchter (und in einigen Bereichen auch gelungener) Grenzüberschreitung. Und so wird die wahnsinnige Frau in diesem Diskurs zur Chiffre für weiblichen Widerstand:

«Weiblicher Wahnsinn bedeutet Protest gegenüber der Rolle, die Frauen zu spielen haben. Im Wahnsinn zeigt sich die Kreativität ihrer Ohnmacht. Der Prototyp der kreativen Wahnsinnigen war die Hysterikerin. Keine zeigt wie sie mit Hilfe ihres Körpers als Grenzlinie zwischen realer Außenwelt und ihrer sprachlosen Innenwelt die Unmöglichkeit einer menschlichen weiblichen Existenz. Sie verstummt, weil sie nicht aussprechen kann, worunter sie leidet. Muttersprache ist Vatersprache, in der ihr Selbst nur besteht, indem sie es aufgibt. Sie ist gelähmt, weil sie nicht in die Welt, die eine männliche ist, hinausgehen kann. Sie erblindet, weil sie sich in dem, was sie erblickt, nicht sehen kann. Sie ist taub, weil sie die Ermahnung, ihre Fassung zu bewahren, nicht mehr hören will. Die Hysterikerin agiert auf ihre theatralische Weise mit ihrem Körper, der für sie die einzige Bühne ist, auf der sie noch öffentlich agieren kann.»[14]

Ich habe diese Passage aus Sibylle Dudas Vorwort zu dem Buch ‹Wahnsinns-Frauen› so ausführlich zitiert, weil hier ein Effekt des kulturkritischen Sprechens über weiblichen Wahnsinn unmittelbar nachvollziehbar ist: Aus der historischen Distanz (beschrieben werden abgeschlossene Frauenleben) und eingeordnet in den Kontext der jeweils umgebenden Kultur werden die Ausdrucksformen der ‹Störung› zu plausiblen Reaktionen auf die Zumutungen eben dieser Kultur. Die Symptome der Hysterie verwandeln sich in verstehbare Mitteilungen – der Wahnsinn löst sich auf. Die im ersten Teil meiner Überlegungen konstatierte feministische Grundüberzeugung ‹Kontextwissen hilft› trifft für diese Kontextuierung im vollen Umfang zu.

2.3 Und wie umgehen mit diesen Diskursen?

Vergleicht man die beiden Diskurse miteinander, die sich im Umfeld der Frauenbewegung (aus denselben Ansatzpunkten) entwickelt haben, dann fällt auf: Inhaltlich ergänzen sie sich gut, was das Wissen um die gesellschaftliche Produktion der psychischen Krankheiten von Frauen angeht. Auch in ihrer Kritik der Lebensbedingungen und der Behandlungsformen, denen die betroffenen Frauen unterliegen, stimmen diese beiden Diskurse überein. In Bezug darauf jedoch, wie Wahnsinn erlebt wird, wie er uns berührt, sind die beiden Diskurse diametral entgegengesetzt. Während die Kulturkritik den Wahn (als das Fremde, durch Verstehen nicht Einholbare) auflöst, hat der Wahn, das Psychotische, im psychotherapeutischen Diskurs die Bedeutung der bedrohlichen Grenzerfahrung, die sich zwar auch *erklären*, nicht aber wirklich *verstehen* läßt. Und Therapie hebt diesen Einbruch nicht auf, sondern eröffnet die Möglichkeit der individuellen Wiederaneignung.

Wie kommt diese Diskrepanz zustande? Aus meiner Sicht ergibt sich diese ganz unterschiedliche Auffassung des Wahns vor allem aus zwei Differenzen:

Zum einen wird die betroffene Frau jeweils aus einer ganz unterschiedlichen Distanz erlebt. Die Kulturkritik hat es mit Gestalten zu tun, die in der Idealisierung möglicherweise sehr nah sind, als Personen jedoch, die mit den Banalitäten des Alltags kämpfen, sehr fern. Beratung und Therapie dagegen stellen eine nahe Beziehung zu einer einzelnen Frau her und erfahren deren Belastungen und Verrücktheiten als Leiden und als Störung ihrer Entfaltungsmöglichkeiten im Alltagsleben.

Zum anderen wird das ‹Verrückte› oder der Wahn mit jeweils ganz unterschiedlichen Aspekten der Personen verknüpft. Da wo die kulturkritische Sicht Wahnerleben und kulturell anerkannte schöpferische Ausdrucksfähigkeit aufeinander bezieht (wodurch zurücktritt, was es die einzelne kostet, das alles auszuhalten), stellt der therapeutische Blick eine Verbindung zwischen Wahn und Alltagsbewältigung, zwischen Verstörtsein und Lebensbeeinträchtigung her. Die Seite des individuellen Leidens und die Angst vor dem eigenen Agieren werden dadurch für die Therapeutin so weit nachvollziehbar, daß sie Unterstützungsmöglichkeiten finden kann. Ob bzw. inwieweit in den kreativen Äußerungen der betroffenen Frau jedoch überindividuell gültige Formulierungen kultureller Erfahrungen stecken, kann der therapeutische Blick nicht sehen.

Und welche dieser Sichtweisen stimmt? Beide Zugangsweisen erfassen den weiblichen Wahnsinn – oder anders gesagt, das unglückliche weibliche Bewußtsein – jeweils partiell. Jeder Zugang erfaßt *eine* Wahrheit des psychischen Gestörtseins von Frauen. Wir können, wollen wir verstehen, um was es geht, auf keine der beiden Sichtweisen verzichten. Und zugleich ist es so, daß diese beiden Perspektiven nicht gleichzeitig eingenommen werden können, sondern sich wechselseitig ausschließen. Denn der kulturkritische Blick ist auf Musik, bildende Kunst, Literatur und Wissenschaft als Selbstausdruck sozialer Gruppen und Gesellschaften gerichtet, er ist weit, und das impliziert Distanz zum persönlichen Erleben einzelner Menschen. Der therapeutische Blick wiederum kann die künstlerische oder wissenschaftliche Kreativität einer Person zwar in Bezug auf ihr Erleben und ihre persönliche Symbolik würdigen, nicht aber in Relation zur Gesamtkultur einer Zeit, einer Gesellschaft oder eines gesellschaftlichen Sektors.

Da, wo von einer der beiden Sichten aus versucht wird, die ‹Wahrheit› der jeweils anderen auch zu vermitteln, verliert die Beschreibung an Überzeugungskraft. Ich erinnere an die Leseerfahrungen bei manch einer Biographie, in der versucht wird, das Leiden der Hauptfigur immer wieder hervorzuheben. Die Beschreibung verliert an Intensität und bekommt einen moralisierenden Klang. Umgekehrtes geschieht bei den romanhaften Erzählungen über die Heilungsprozesse von multiplen Frauen[15], wenn deren Kreativität und Begabung immer wieder unterstrichen wird. Damit werden Idealisierungen produziert, nicht aber das individuelle Erleben und persönliche Gestalten von – leidvoller – Erfahrung anschaulich gemacht.

Die Konsequenz heißt: Wir können diese beiden Perspektiven nicht gleichzeitig, wohl aber (soweit wir über die entsprechenden Kenntnisse und Kompetenzen verfügen) nacheinander einnehmen. Und in jedem Fall können wir wissen, daß es unterschiedliche Zugangswege gibt, den Sinn, der sich im Wahn ausdrückt, zu entschlüsseln – Zugangsweisen, die nebeneinander bestehen, ohne sich aufzuheben. So ist es z.B. durchaus möglich, daß in

kulturelle Sicht ist überindividuell

einem Gemälde, in dem sich für uns Therapeutinnen die innere Zerrissenheit einer Klientin Ausdruck verschafft, kulturell – und damit überindividuell – bedeutsame Symbolik gestaltet ist. Doch in der Regel können wir (auch hier eine Grenze!) dieses nicht beurteilen. Aus der inneren Zerrissenheit einer Person, aus der Art ihres Verstörtseins folgt weder, daß sie Künstlerin, noch daß sie keine ist.

Zurück zur Ausgangsfrage: Wie können feministische Therapeutinnen und Beraterinnen mit den Grenzen umgehen, die sie in ihrer Arbeit erleben? Wie können sie professionelle Hilflosigkeit verkraften, ohne die Motivation und die Standards zu untergraben, auf denen ihre Arbeit beruht? Der Ausflug in die feministische Diskurslandschaft hat hoffentlich deutlich gemacht, daß das beschriebene Dilemma zwischen dem politischen Anspruch auf Ganzheitlichkeit und Radikalität und der Begrenztheit der eigenen Handlungsmöglichkeiten nicht nur eines der Praxis ist, das sich durch eine bessere Methodik oder eine sorgfältigere politische Reflexion gänzlich aufheben ließe. Und dieses Dilemma reduziert sich auch nicht auf das Paradox jeder helfenden Tätigkeit, die am Individuum ansetzt und doch wissen kann, daß die Probleme, die sie bearbeitet, nicht individueller Herkunft sind. Es hat sich vielmehr gezeigt, daß die Analysen und Theorien, auf die sich Feministinnen in ihrer Arbeit beziehen, in gewisser Hinsicht dieselben Schwierigkeiten mit Grenzen haben wie die feministische Praxis. Auch die hier untersuchten Diskurse sind begrenzt in dem, was sie jeweils zugänglich machen; und sie haben zugleich die Tendenz, diese Grenzen zu überschreiten, die ganze Wahrheit sein zu wollen. Was folgt aus diesem Befund? Ist eine feministische Theorieproduktion nur kritisch möglich, nicht aber als eigenständiger Entwurf? Lassen sich Politik und therapeutische Praxis nicht miteinander verknüpfen? Oder reduziert sich die Verbindung von Gesellschaftskritik/Politik mit den Erfordernissen der therapeutischen Praxis letztendlich doch nur darauf, daß männerfreie Räume hergestellt und die gesellschaftlichen Bedingungen weiblicher Existenz gewußt werden? Um diese Fragen beantworten zu können, muß noch einmal die Perspektive gewechselt werden.

3. Beratung als eigenständiger kultureller Raum

Wenn man den Blick erweitern will, ist es nützlich, das genauer anzuschauen, was ihn bisher eingeschränkt hat. Blicke ich auf die hier vorgestellten feministischen Arbeitsbereiche zurück, dann ist allen dreien (der therapeutischen Praxis, dem feministisch-therapeutischen Diskurs und dem kulturkritischen Diskurs) gemeinsam, daß sie die Organisationsform ihrer Arbeit als gewußt bzw. selbstverständlich voraussetzen. Die Seite der Theorie setzt auf ‹Diskurspolitik›[16] und akzeptiert damit die gegebene Aufteilung in legitime Diskurse; die Praxis setzt auf (feministische) Psychotherapie und teilt damit in gewisser Hinsicht das dadurch vorgegebene Beziehungsmodell. Kündige ich diese Voraussetzungen auf, dann fällt mir in beiden Bereichen eine Begrenztheit auf.

Die Überlegungen zu *Therapie und Beratung* beschränken sich dadurch selbst, daß sie sich vom Bild der helfenden/stützenden/therapeutischen Beziehung leiten lassen, nicht nur in der praktischen Arbeit, sondern auch in ihren Konzepten und Entwürfen. Und damit meine ich nicht, daß die therapeutische Beziehung immerzu Gegenstand der Reflexion ist – das wäre so schlecht nicht –, sondern daß das Bild, an dem entlang diskutiert und nachgedacht wird, immer dasselbe ist, nämlich die Situation der Einzelberatung oder -therapie, in der eine Person einer anderen Unterstützung bietet. Diese Ausrichtung an der therapeutischen Dyade findet paradoxerweise auch dann statt, wenn von Gruppen und Teams die Rede ist. Diese werden jeweils als Subjekte konzipiert, die einander so gegenüberstehen, daß die Dyade der helfenden Beziehung wieder hergestellt ist. Metaphern wie ‹Begleitung›, ‹Entwicklungsorientierung› und ‹Stützen› verstärken eine solche Festlegung, rufen sie doch Vorstellungen aus einer ganz bestimmten Bilderwelt hervor – Vorstellungen von einer, die auf dem Weg ist, und einer anderen, die ihr dabei zur Seite steht. Die Arbeit von verschiedenen Personen, die eine unterschiedliche Herkunft haben und möglicherweise auch in unterschiedliche Richtungen aufbrechen, kann in solchen Bildern nicht beschrieben werden. Die Bildlichkeit des (gemeinsamen, in einer Richtung) Unterwegsseins stammt aus der ‹Aufbruchsstimmung› und den ‹neuen Wegen› der Frauenbewegung, aus einer Zeit, als die Richtung des gemeinsamen Weges noch so klar schien, daß dies schlicht vorausgesetzt wurde. Sie trifft, wenn frau sie in die psychosoziale Arbeit hineinträgt, dort wiederum auf Vorstellungen dyadischer Beziehungen, diesmal auf solche, die das patriarchale Muster psychosozialer Versorgung prägen: das Bild vom besonderen Vertrauensverhältnis zwischen Arzt und Patient oder das durch Freuds Couch geprägte Bild von therapeutischer Intimität. So unterschiedlich patriarchale und feministische Bilder hinsichtlich der darin enthaltenen Geschlechterbilder auch sind, hinsichtlich der Vorstellung von Therapie als Zweierbeziehung harmonieren sie so gut, daß sie sich wechselseitig verstärken.

Nun mag für viele Einzelprobleme das Zweiergespräch die richtige Lösungsform sein, und für viele therapeutische Prozesse ist sicher die intensive Beziehungsarbeit der Einzeltherapie das richtige Medium – als Vorstellungsrahmen für das Nachdenken über Beratung und Therapie überhaupt ist dieser Rahmen allerdings zu eng. Therapie, wie sie manche psychiatrieerfahrene Frauen brauchen – als ein geschützter Raum, in dem frau allein oder mit anderen sich ordnen und Ruhe finden kann, um danach wieder ihrer eigenen Wege zu ziehen (mit denen die feministische Therapeutin überhaupt nicht einverstanden sein muß) –, eine solche Vorstellung von Therapie läßt sich damit nicht fassen, sie fällt aus diesem Rahmen heraus.

Und auch in die *kulturkritische Auseinandersetzung* der Frauenbewegung (die in meinen Überlegungen als Kritik des ‹weiblichen Wahns› vorkam) hat sich in den letzten Jahren eine Selbstbeschränkung eingeschlichen. Diese Beschränkung liegt darin, daß die politische Auseinandersetzung sich immer mehr auf Eingriffe in bzw. Umgestaltungen von Diskurse/n reduziert. Die Frauenbewegung ist nicht verschwunden, sie hat sich in Projekten und Theorierichtungen differenziert, mit dem nützlichen Effekt, daß in verschiedenen gesellschaftlichen Feldern (Bildung, Wissenschaft, Gesundheit) *feministische* Diskussionen eröffnet und Diskussionstraditionen etabliert werden. Gerade der Erfolg solcher Diskussionen sowie der (vorübergehende?) Erfolg feministischer Kulturkritik in den Medien haben dazu geführt, daß feministische Politik immer mehr als Diskurspolitik verstanden wird. Dem steht gegenüber, daß die ökonomischen und politischen Machtverhältnisse mit solchen Erfolgen nicht grundsätzlich zu verschieben sind. Armut und sexuelle Gewalt bleiben ‹weibliche› Probleme – die Veränderung der sozialen und ökonomischen Realität ergibt sich nicht automatisch durch eine Umgestaltung des Redens darüber. Bezogen auf unser Thema hier: Der Wahn als psychisches Erleben, die individuelle Erfahrung von Gewalt und Ver-rückt-Werden verschwinden nicht, wenn wir deutlich gemacht haben, daß der ‹weibliche Wahnsinn› eine Produktion patriarchaler Kultur ist.

Die Konsequenz solcher Einsichten sehe ich darin, daß es nicht reicht, die praktische Arbeit an den Diskursen zu orientieren, die unsere Gesellschaft für jeden Lebensbereich produziert hat, denn diese sind einschränkend, auch wenn sie einer feministischen Kritik unterzogen worden sind. Statt dessen ist es für die Ebene der Theorie erforderlich, die eigene Diskurspolitik politisch zu reflektieren, und für die Praxis steht an, in den einzelnen Arbeitsbereichen Arbeits- und Organisationsformen zu erfinden, durch die diese Einschränkungen, wenn nicht aufgehoben, so doch in Bewegung gebracht werden. Die beiden sozialen Erfindungen der Frauenbewegung, Gesprächsgruppe und autonomes Projekt, sollen damit nicht entwertet werden. Sie sind jedoch schon recht ehrwürdig und sichern nicht gegen jede patriarchale Falle ab.

Lassen sich für den hier zur Diskussion stehenden Arbeitsbereich Beratung/Therapie Leitvorstellungen entwerfen, mit denen frau weiterkommen kann? Was die Möglichkeiten einer offenen Auseinandersetzung über die eigene Arbeit angeht, möchte ich den Blick auf eine, wie mir scheint, wiederentdeckte Form der Frauenbewegung lenken: Kongresse, wie die von Wildwasser Bielefeld veranstalteten oder die Tagung, die 1993 in Innsbruck stattfand, sind irgendwie *anders* als das, was ich bisher beschrieben habe. Es geht nicht ‹nur› um die Weiterarbeit innerhalb eines theoretischen, fachlichen oder politischen Diskurses, sondern es findet Komplizierteres und Vielfältigeres statt: Frauen, die ihr Zentrum in einem der den verschiedenen Diskursen zugehörigen Felder haben, äußern sich innerhalb *desselben* kulturellen Raumes. Dies bedeutet keine Vereinheitlichung, und es führt auch nicht per se zu der immer wieder geforderten Vernetzung. Denn zu allem, was gesagt wird bzw. nicht gesagt wird, gibt es – den verschiedenen Kontexten entsprechend – mehrere Anschlußmöglichkeiten, und was daraus entsteht, läßt sich weder prognostizieren noch von einem Diskurs – dem politischen etwa – kontrollieren. Den Büchern, die aus den Tagungen von 1993 und 1994 hervorgegangen sind[17], ist allerdings zu entnehmen, daß jedesmal etwas passierte und daß neben Konflikten und Abgrenzungen Perspektivverschiebungen und Sichterweiterungen in *allen* Diskursen ausgelöst wurden. Die Produktivität solcher Veranstaltungen scheint darin zu liegen, daß ein kultureller Raum hergestellt wird, in dem unterschiedliche Formen von Erfahrung nicht berichtet werden, sondern qua Person bzw. Gruppe präsent sind und für sich selbst sprechen: Betroffene, Selbsthilfeorganisationen, Professionelle und Diskursarbeiterinnen.

Läßt sich etwas davon auf die praktische Arbeit übertragen? – Ich glaube schon: Wenn Beratung und Therapie sich weniger am Leitbild der Beziehung orientieren und Räume nicht nur als Orte verstanden werden, an denen therapeutische Beziehungen (im klassischen Sinn) hergestellt werden und stattfinden, wenn der Raum einer Beratungsstelle oder eines Therapiezentrums auch als kultureller Raum gestaltet wird, in dem Verschiedenes präsent sein darf und soll – therapeutische Begleitung, Schutz, Selbsterfahrung, Krisenintervention *und* soziale Struktur für ein irritiertes und dennoch selbständiges Leben –, wird es auch den dort Arbeitenden eher möglich sein, sich selbst und ihre Arbeit in verschiedenen (Hin-)Sichten zu erfahren: als produktiv und begrenzt, machtvoll und hilflos, wissend und ahnungslos. Die Geschichte psychosozialer Beratung enthält von den Sexualberatungsstellen in der Weimarer Republik über die Anfänge der Studentenberatung bis zu den Schwangerschaftsberatungen der Zweiten Frauenbewegung zahlreiche Beispiele für den Versuch, Orte zu gestalten, an denen Orientierung und Selbstfindung möglich ist, bzw. einen therapeutischen Raum entstehen zu lassen, in dem auch für Krisenerfahrungen und Einbrüche des Wahns Platz ist. Frauenberatung und -therapie kann an diese Traditionen wieder stärker anschließen, als es in den letzten Jahren der Fall war.

Sich an dieser Tradition zu orientieren, bedeutet allerdings auch, von einer Illusion Abschied zu nehmen, die in letzter Zeit vielfach genährt worden ist – wohl um die Kürzung öffentlicher Gelder und die Bedrohung durch Arbeitslosigkeit besser aushalten zu können. Bei einem Konzept von Beratungsarbeit und Therapie, das im skizzierten Sinne am therapeutischen Raum orientiert ist, ist es *nicht* mehr unbedeutend, ob in einer Praxis, einer Klinik, einer Beratungsstelle oder einem autonomen Projekt gearbeitet wird, denn der kulturelle Raum ist nur dann produktiv, wenn er als offenes Angebot konzipiert werden kann und wenn auch durch die Personen, die dort arbeiten, *Verschiedenes* angeboten und repräsentiert wird. Für ein solches Projekt haben die öffentlich finanzierten Einrichtungen und die autonomen Projekte bessere Chancen als Arbeitsformen, die via Krankenversicherung oder Pflegeversicherung personenbezogen finanziert werden.

Unter diesen Gesichtspunkten ist es deutlicher als bisher erforderlich, die entsprechenden Organisationsformen für die psychosoziale Arbeit mit Frauen auch in den allgemeinpolitischen Debatten zu favorisieren.

=> kulturelle Räume

II. Kapitel

Erfahrungen: persönlich & politisch

Swantje Koch-Kanz, Luise F. Pusch

Elizabeth Packard, Kate Millett und die mutwillige Einweisung von Frauen in Irrenanstalten

Im vorigen Jahrhundert war es in vielen Staaten der USA einem Ehemann rechtlich gestattet, seine Frau ohne viel Umstände in eine Irrenanstalt zu verfrachten. Das einzige, was der Ehemann brauchte, war die Zustimmung des Leiters einer solchen Anstalt. Ein Gerichtsverfahren, eine medizinische Untersuchung durch ein unabhängiges Gremium von Sachverständigen hielt mann nicht für erforderlich.

Der Pfarrer Theophilus Packard ließ im Jahre 1860 seine Frau Elizabeth Packard in die Irrenanstalt von Jacksonville, Illinois, einweisen, wo sie drei Jahre blieb. Als Elizabeth Packard freigekommen war und auch noch eine private Einkerkerung durch ihren Mann und einen Prozeß siegreich bestanden hatte, begann sie zielstrebig mit ihrem Kampf für die Rechte der Frau bei der Einlieferung in eine Anstalt. Ihre Kampagne führte sie durch 31 Staaten der USA; in 15 davon gelang es ihr, die Rechtsprechung zugunsten der Frauen zu beeinflussen. Aber trotz dieser unglaublichen Lebensleistung war sie nach ihrem Tode 1897 bald vergessen. Wir verdanken es ihrer ersten Biographin Barbara Sapinsley, daß dieses bewundernswerte Leben für die Frauengeschichte zurückgewonnen, «der Vergessenheit entrissen» wurde.[1]

Kindheit, Jugend, erste Ehejahre der Elizabeth Packard

Elizabeth Packard wurde 1816 als erstes überlebendes Kind einer Pfarrfamilie in Ware, Massachusetts, geboren. Sie war aufgeweckt und wissensdurstig und immer die beste Schülerin. Mit 16 begann sie, selbst zu unterrichten. Drei Jahre später erkrankte Elizabeth schwer an einer ‹Gehirnentzündung›. Als es ihr nach fünf Wochen nicht besser ging, brachten ihre Eltern sie nach Worcester in die neu gegründete staatliche Irrenanstalt – nicht, weil sie sie für wahnsinnig hielten, sondern weil deren Leiter ein berühmter Arzt war.

Biographisch wäre diese Krankheit höchstens als frühes Leid erwähnenswert. Sie wurde aber zu einem wichtigen Punkt in Elizabeths späterer Leidensgeschichte, denn ihr Gatte berief sich bei der Einlieferung seiner Frau in die Irrenanstalt auf diese «zurückliegende Schädigung».

Mit 22 Jahren heiratete Elizabeth den 15 Jahre älteren Geistlichen Theophilus Packard.

Theophilus hinterließ ein Tagebuch und andere autobiographische Schriften, die uns seine Sicht der Welt plastisch vermitteln. Im strengen, engen Glauben des 18. Jahrhunderts erzogen und verhaftet, paßte er nicht recht in das 19. Jahrhundert – und auch nicht zu seiner tatendurstigen, quirligen und geistig neugierigen, energischen jungen Frau. Theophilus war eher grüblerisch und sauertöpfisch, ein ängstlicher Pedant und Zauderer und ein Tyrann aus Schwäche, der stets fest mit seinem baldigen Ende rechnete. Obwohl fast ständig bei schlechter Gesundheit, geplagt von Verdauungsstörungen und heimgesucht von Unglücksfällen, wurde er, wie viele Hypochonder, auf seine leidvolle Art doch ziemlich alt (wie übrigens auch Elizabeth) und starb erst mit 83 Jahren.

Die ersten Ehejahre verliefen ohne ersichtliche Störungen. Theophilus versah gewissenhaft seinen geistlichen Dienst, und Elizabeth war eine pflichtbewusste Ehe- und geachtete Pfarrfrau, die sich bemühte, alle Erwartungen zu erfüllen. Zwischen 1842 und 1853 gebar sie vier Söhne und eine Tochter. Die Eltern liebten ihre Kinder und erzogen sie sorgfältig. Für Elizabeths Geschmack redete Theophilus mit den Kleinen vielleicht etwas zu früh und zu viel von Sündhaftigkeit, Verdammnis und jüngstem Gericht. Sie selbst nämlich öffnete sich immer mehr einer ‹weiblichen› Theologie der Liebe und Vergebung, die damals in fortschrittlichen Kreisen diskutiert und angenommen wurde. Auch Theophilus' Gemeinde in Shelburne fand immer weniger Freude und Erbauung an seinen düsteren Straf- und Bußpredigten. Theophilus merkte, irgendetwas lief schief in seiner Ehe, in seinem Beruf, in seinem Leben. Elizabeths intensives Nachdenken über theologische Fragen hatte inzwischen dahin geführt, daß sie sich fortan nur noch von ihrem Gewissen leiten lassen wollte, das sie für ‹Gottes Vizeherrscher in der Seele› hielt. Ihr neues Denken griff nicht nur Theophilus' religiöse Überzeugung und damit seine einzige Hoffnung auf Rettung vor der ewigen Verdammnis an, sondern auch seinen Status als Oberhaupt der Familie. Da sein Gott nicht unrecht haben konnte, war Elizabeth im Unrecht. Und bei einer, die schon mal in der Irrenanstalt war, deutet dies ‹Im-Unrecht-Sein› auf einen Rückfall in den Wahnsinn hin.

Ende 1858 gebar die fast 42jährige Elizabeth ihr sechstes und letztes Kind, Arthur. Theophilus mußte erleben, daß seine Frau sich nun auch noch für Spiritualismus zu interessieren begann und sogar die Kinder daran teilhaben ließ. Wenn man seinem Tagebuch glauben soll, ging er in diesem Jahr ihrer letzten Schwangerschaft durch die Hölle. Es war genug. Nun mußte er handeln!

Die Situation spitzt sich zu

Zunächst wollte Theophilus seine Frau zu ihrem Bruder Samuel abschieben. Elizabeth stimmte zu, aber sie bat um zehn Dollar aus ihrem väterlichen Erbe für ihren Unterhalt. Die Bitte wurde ihr abgeschlagen, und Theophilus stellte sie vor die Wahl: entweder ohne Geld zu Samuel oder ab ins Irrenhaus nach Jacksonville.

Elizabeth konnte zuerst nicht glauben, daß ihr Gatte wirklich meinte, was er sagte, und nicht nur versuchte, sie mit leeren Drohungen zur Räson zu bringen. Kalt belehrte Theophilus seine Frau, daß sie vor dem Gesetz keine Bürgerin, ja nicht einmal eine Person war: (Ausgerechnet) er als ihr Gatte war ihr Rechtsvertreter und einziger rechtlicher Schutz. Zu ihrer Einweisung bedurfte es im Staate Illinois nicht einmal ein Gerichtsverfahren.

Theophilus zögerte nicht, seinen Plan in die Tat umzusetzen. In der Frühe des 17. Juni 1860, Elizabeth war noch im Nachthemd, drang er in Begleitung des Sheriffs sowie zweier Ärzte in ihr Schlafzimmer ein. Beide Ärzte fühlten Elizabeth den jagenden Puls und erklärten einstimmig: «Wahnsinnig!» Damit war dem Gesetz mehr als Genüge getan. Nun mußte sie nur noch per Zug nach Jacksonville verfrachtet werden. Das wurde schwierig. Denn mit dem Wissen, daß ein heftiges Aufbegehren nur als ein weiteres Zeichen ihres Irreseins interpretiert werden würde, erprobte Elizabeth hier, wie später noch oft und ebenso konsequent, eindrucksvoll passiven Widerstand; von zwei Männern mußte sie in den Zug getragen werden.

Der Leiter der Anstalt in Jacksonville war Dr. Andrew McFarland, aber als Theophilus mit Elizabeth ankam, war nur sein Vertreter da. Der war bereit, sie aufzunehmen, und damit war dem Gesetz von Illinois entsprochen.

Als die Kinder erfuhren, was mit ihrer Mutter geschehen war, waren sie verzweifelt. Sogar Theophil fand das Leben ohne seine Frau weit weniger angenehm, als er gedacht hatte. Es wurde einsam, auch weil weniger Gäste kamen, und unkomfortabel. Und die Kinder hielten ‹verstockt› zu ihrer Mutter.

In der Irrenanstalt in Jacksonville

Am Tag nach der Einlieferung hatte Elizabeth ein Gespräch mit McFarland. Er behandelte sie respektvoll, und so paßte Elizabeth sich den neuen Umständen an, so gut es ging. Diese Umstände glichen zunächst fast einem Erholungsurlaub.

Sie hatte ein eigenes Zimmer, ihre eigenen Toilettengegenstände und Bücher; sogar ihre Briefe wurden nicht zensiert. Und sie bekam keine Medikamente. Von den düsteren Gebäuden der Anstalt und den Schwerkranken bekam sie wenig zu sehen. Sie konnte sich auf dem Grundstück frei bewegen und ihre Zeit frei einteilen.

Offiziell war Elizabeth der Station 7 zugeordnet: fast alles Ehefrauen, die ihr keineswegs verrückt erschienen. Allmählich kam sie zu der Erkenntnis, daß es sich bei der ‹Gesundung›, an der die Ehemänner und die Anstaltsleitung interessiert waren, in Wirklichkeit um Unterwerfung handelte: Unterwarf sich die Frau endlich dem männlichen Verdikt, konnte sie als geheilt entlassen werden.

Bei ihren Streifzügen durch das Anstaltsgelände entdeckte Elizabeth allerlei Mißstände, lernte auch die Stationen der weniger begünstigten PatientInnen kennen und beschloß, ihren Einfluß bei McFarland zu deren Gunsten einzusetzen. Sie stellte eine Liste der Mängel zusammen, die es ihrer Ansicht nach zu beheben galt, und ließ sie Dr. McFarland zukommen.

Dr. McFarland fackelte nicht lange und verlegte Elizabeth in die geschlossene Abteilung zu denen, deren Rechte einzufordern sie sich angemaßt hatte. Mit einem Schlage war sie aller Privilegien beraubt, fand aber bald ihre alte Tatkraft und Entschlossenheit wieder und schickte sich an, der Menschenwürde nun eben auf eigene Faust zu ihrem Recht zu verhelfen. Sie überredete die verdreckten und verwahrlosten Frauen, sich von ihr baden zu lassen, sie schrubbte eigenhändig die Fußböden, erneuerte die teils völlig verrotteten Matratzen oder besserte sie aus und reinigte sie und lüftete die Betten. Bei all dem wurde sie unterstützt von den beiden Wärterinnen und der Aufseherin, die wohl auch der Meinung waren, daß Elizabeth nicht in eine Anstalt gehörte. Als sie alle Patientinnen und die Räume gesäubert hatte, waren drei Wochen vergangen. Und es war Zeit, wieder von vorn anzufangen.

Auf diese Weise verging ein Jahr; Station 8 galt nun als schmuckste der ganzen Anstalt. Auch für sich selbst hatte Elizabeth ein Tagespensum aus Andachten, anspruchsvoller und leichter Lektüre, Schreiben, Körperpflege und Gymnastik entwickelt, das sie strikt einhielt.

Wann immer Elizabeth eine schlechte Behandlung ihrer Mitpatientinnen zu Ohren kam, reichte sie Beschwerde ein und stand bald im Ruf einer unerträglichen Querulantin. McFarland beklagte sich bei Theophilus, seine Frau stachele die Patientinnen auf und verursache ihm endlosen Ärger.

Elizabeth hatte auch begonnen, ein größeres Werk zu verfassen: eine Attacke gegen den Calvinismus. McFarland ließ sie gern gewähren, weil er froh war, daß ihre Kritikfreude sich auf ein anderes ‹Opfer› als ihn und die Anstalt konzentrierte.

Im März 1863 wurde der älteste Sohn, Toffy, volljährig und hatte damit das Recht, die Verantwortung für seine Mutter zu übernehmen. Sofort bat er seinen Vater um die Erlaubnis, sie aus der Anstalt zu holen. Elizabeth jedoch protestierte vorerst. Sie traute Theophilus nicht und fürchtete, er würde sie trotz gegenteiliger Beteuerungen anderwärts internieren.

Tatsächlich hätte Theophilus sie am liebsten gleich wieder einweisen lassen. Monate später fand Elizabeth einen Brief von McFarland an Theophilus: seinem Antrag auf Wiederaufnahme seiner Gattin habe der Vorstand leider nicht zugestimmt...

Entlassen, wieder eingesperrt und endlich: frei

Nach ihrer Entlassung verbrachte Elizabeth zunächst einige Monate bei der Familie ihrer Cousine Angelina und arbeitete stetig an ihrem Buch, aber dann zog es sie doch so sehr zu ihren Kindern, daß sie die Angst vor Theophilus' Machenschaften hintanstellte und sich auf die Reise machte. Im Spätherbst erreichte sie Manteno.

Theophilus, das Haus und die Kinder waren in einem desolaten Zustand. Theophilus war arbeitslos – der Gemeinde waren schließlich seine finsteren Bußpredigten auch zu viel geworden. Theophilus kochte zwar recht und schlecht für die drei noch nicht berufstätigen Kinder und kümmerte sich um ihre geistliche Erziehung, ansonsten aber ließ er sie und das Heim verschlampen.

Elizabeth machte sich sofort an die Arbeit und putzte drei Wochen lang, bis das Haus wieder einigermaßen bewohnbar war. Die schwere Arbeit wurde noch weiter erschwert durch Theophilus' Obstruktion. Er hatte sich angewöhnt, alle Besitztümer wegzuschließen.

Und schließlich wurde auch Elizabeth für sechs lange Wochen – über Weihnachten und Neujahr – eingeschlossen, ins Kinderzimmer. Die Fenster nagelte Theophilus zu; das Essen brachten ihr die Kinder. Seine Version lautete, Elizabeth habe sich freiwillig von der Familie zurückgezogen.

Es gelang Elizabeth, eine Nachricht aus dem Haus zu schmuggeln. Theophilus erhielt eine Vorladung: Am nächsten Tag um 13 Uhr habe er seine von ihm gefangengehaltene Frau dem Gericht vorzuführen. Es folgte ein mehrtägiger ‹Sensationsprozeß›, den Theophilus wie versteinert angesichts des Unrechts, das er erdulden mußte, über sich ergehen ließ.

Elizabeth wurde von allen Anschuldigungen ihres Gatten freigesprochen: Die Geschworenen entschieden, daß sie nicht wahnsinnig sei.

Elizabeth war nun wirklich frei – von allem: kein Mann, keine Kinder, kein Haus und kein Geld. Freunde rieten ihr, sich von Theophilus scheiden zu lassen, aber sie fürchtete, dadurch die Kinder zu verlieren. Deshalb mußte sie anders vorgehen. Zuerst mußte sie als Voraussetzung für das Sorgerecht ihre finanzielle Selbständigkeit erringen. Danach oder besser gleichzeitig wollte sie dafür kämpfen, daß die schädlichen Gesetze geändert würden, mit deren Hilfe ihr Gatte das Unrecht gegen sie hatte durchsetzen können. Solange die Gesetze nicht geändert wurden, konnte sie niemals sicher sein. Und mit ihr alle andern Frauen. Viele von ihnen hatte sie selbst erlebt in Station 7 der Anstalt in Jacksonville, einer ‹Station der in Ungnade gefallenen Ehefrauen›, wie man sie nennen könnte.

Elizabeth entwickelte sich, einmal auf sich selbst gestellt, erstaunlich schnell zu einer überaus erfolgreichen Autorin, Geschäftsfrau und Aktivistin für den Schutz der Frauen vor männlicher Einweisungswillkür. Sie hatte eben einfach ‹Mumm› und machte immer das denkbar Beste auch aus den widrigsten Lebensumständen, in die sie geworfen wurde. Oft konnte sie anderen armen Mitmenschen in ihrer Umgebung gleich mit helfen. Verglichen mit ihr war Theophilus ein trauriger Versager. Wäre er nur etwas weniger starrsinnig und hochmütig gewesen und hätte seine begabte, lebenstüchtige Frau gewähren lassen – er hätte ein höchst angenehmes, beschauliches Leben im Kreise einer glücklichen Familie führen können. Da ihm aber eine Haltung des Laisser-faire nicht gegeben war, erlebte er in tiefer Verbitterung seinen unaufhaltsamen Abstieg.

Der Kreuzzug gegen männliche Willkür

Um sicherzustellen, daß ihr Gatte sie nicht wieder zwangseinweisen konnte, schickte sich Elizabeth nun an, einflußreiche Fürsprecher für ihr Anliegen einer Gesetzesänderung anzuwerben. Sie sammelte 117 Unterschriften von Bostoner Honoratioren. Ihre Petition wurde sodann dem Parlament vorgelegt und an Ausschüsse weitergeleitet, zu denen Elizabeth und andere weibliche Opfer eheherrlicher Einlieferungswillkür zwecks Anhörung eingeladen wurden. Eine Mrs. Denny war von ihrem Gatten eingewiesen worden, weil sie sich scheiden lassen wollte. Eine Mrs. Phelps, Gattin eines Senators, hatte von dessen Untreue erfahren und sie ihm vorgeworfen. Prompt ließ er sie in einer Irrenanstalt verschwinden.

Elizabeths Vorschläge wurden nicht befolgt, aber das Einweisungs-Gesetz wurde dahingehend ergänzt, daß jede eingelieferte Person zehn Familienangehörige und zwei andere Personen ihrer Wahl benachrichtigen dürfe. Damit sei dem Mißbrauch hinreichend vorgebeugt.

Elizabeth war hochzufrieden. Endlich konnte sie vor Theophilus sicher sein – jedenfalls in Massachusetts. Beschwingt von ihrem Erfolg, nahm sie sich nun den Nachbarstaat Connecticut vor – hier verfolgte sie allerdings weiter gesteckte Ziele. Sie wollte erreichen, daß das Parlament der Ehefrau gegenüber ihrem Mann zugestand, daß «sie seine Partnerin sei, besonders in Familienangelegenheiten und bei der Verantwortung für die Kinder. Sie sollte Mitspracherecht bei der Haushaltsführung und das Recht zu Entscheidungen über den eigenen Körper haben.»

Das Parlament bildete einen Ausschuß, vor dem Elizabeth ihr Anliegen vortragen durfte. Es war ihre erste öffentliche Rede, und sie erntete viel Applaus. Aber die Petition wurde abgelehnt; Elizabeth war ihrer Zeit zu weit vorausgeeilt.

Elizabeths wichtigstes Ziel war und blieb das Sorgerecht für ihre unmündigen Kinder. Eine Voraussetzung war, daß sie eine Bleibe vorweisen konnte, und so kaufte sie sich ein kleines Haus in Chicago. Das Problem war nur: Rechtlich gesehen gehörte auch dieser Besitz ihrem Ehemann. Also mußte sie zunächst einmal wieder für die Änderung der Gesetze kämpfen, und wieder hatte sie Erfolg.

Schließlich gab sogar Theophilus kampflos nach und überließ ihr das Sorgerecht. Er hatte mit dem einen Prozeß gegen seine Frau genug gehabt und entwickelte sogar eine gewisse Altersmilde, so daß das Ehepaar schließlich, auch um der Kinder willen, höflichen und netten Umgang miteinander pflegte. Am 3. Juli 1869 feierte Elizabeth mit ihren sechs Kindern die Wiedervereinigung. Es war überhaupt das erste Mal, daß die Mutter und alle Kinder zusammen waren.

Nach drei Jahren war allerdings die Familien- und Mutterarbeit für Elizabeth vorbei. Sie vermietete ihr Haus und machte sich wieder an die Reformarbeit. Sie war Mitte fünfzig, und fast ein Drittel ihres Lebens lag noch vor ihr.

In Iowa, wo die Söhne Toffy und Isaac lebten, gab es kein Willkür-Gesetz, das es zu bekämpfen galt, also bemühte sie sich hier um die allgemeine Besserung der Lage der AnstaltsinsassInnen. Ein einfaches wie wirksames Mittel hierzu war eine Reform des Umgangs mit der Post: Den InsassInnen sollte es erlaubt sein, unzensierte Briefe zu schreiben und zu bekommen. Im April 1872 unterzeichnete der Governeur von Iowa das neue Gesetz.

In den nächsten Jahren führte Elizabeth ähnlich motivierte Kampagnen zur Verbesserung der Kommunikation zwischen AnstaltsinsassInnen und der Außenwelt in vielen Staaten erfolgreich durch. 1874 hatte sie sich direkt an den Präsidenten der Vereinigten Staaten, Ulysses Grant, gewandt. Er unterstützte ihr Anliegen, aber die Sache wurde verschleppt und versandete schließlich, und so kam es nicht zu einem für alle Staaten verbindlichen Bundesgesetz. Elizabeth mußte weiter Staat um Staat einzeln bearbeiten – insgesamt waren es 31.

Erfolg hatte sie in 15 Staaten. Elizabeth trug zur Veränderung von 21 Gesetzen bei (nach anderen Quellen waren es 34). Sie verdiente mit ihren Werken 50.000 Dollar; die Hälfte davon gab sie für ‹Wahnsinnige› aus.

1897 starb Elizabeth Packard. Bald nach ihrem Tod waren sie und ihr Lebenswerk vergessen; nur in Abhandlungen zur Geschichte der Psychiatrie in den Vereinigten Staaten fand sie hin und wieder meist abschätzige Erwähnung.

Einst und jetzt: Elizabeth Packard und Kate Millett im Vergleich

Im Jahre 1990 veröffentlichte Kate Millett ihren Erfahrungsbericht ‹The Loony Bin Trip› über die Psychiatrie. Kate Milletts Geschichte erinnert in beunruhigender Weise an die Elizabeth Packards: Eine geistig gesunde Frau, vielleicht durch plötzliche Berühmtheit samt endlosem Medienrummel ein bißchen ‹überdreht› und ‹mit den Nerven unten›, wird von wohlmeinenden Verwandten, die ‹sich Sorgen machen› und denen sie vertraut, die aber keine Ahnung von den Gesetzen der Psychiatrie-Maschinerie haben, gegen ihren Willen in die Anstalt eingewiesen. Dort bekommt sie Psychopharmaka, u.a. Megaphen (ein starkes Sedativum), die sie erst richtig krank machen.

Kate Millett wird entlassen, soll aber als ‹Manisch-Depressive› ihr Leben lang Lithium nehmen, sonst – sagen die Ärzte – wird sie wieder durchdrehen. Das Lithium allerdings macht geistig träge und verursacht heftige Beschwerden wie Durchfall und Händezittern, also setzt sie es ab. Dummerweise erzählt sie ihrer Geliebten Sophie davon, und nun beginnt auch diese wieder, ‹sich Sorgen zu machen›. Einige Dinge laufen schief auf der Farm, die die beiden bewirtschaften, und jedesmal glaubt Sophie, es liege daran, daß Kate verrückt wird, weil sie kein Lithium nimmt. Und es gelingt ihr, Kates Mutter und Schwester von der ‹drohenden Gefahr› zu überzeugen. Sophie,

Kates Schwester Mallory und eine junge Ärztin dringen nun in Kates Wohnung ein mit dem Ziel, sie wieder einzuweisen. Eine gespenstische Szene, die Kate Millett so intensiv schildert, daß es einer Angst und Bange wird, nicht nur um sie: So etwas kann offenbar jeder von uns jederzeit passieren. Kate kann sich für diesmal trickreich, mit Hilfe eines Verkehrspolizisten, der geballten medizinischen Gewalt in Form mehrerer Krankenwagen samt Krankenwärtern entziehen, die sie alle, auf Geheiß der Ärztin und der nächsten Angehörigen, einfangen und in die Klapsmühle bringen wollen.

Einige Zeit später wird Kate Millett auf dem Flughafen Shannon in Irland von einem Polizisten aufgegriffen und in eine Anstalt verbracht. Sie war ihm aufgefallen, weil sie mit reichlich viel Gepäck im Flughafen kampierte und auch übernachtete; wofür es genügend logische Erklärungen gab. Die nahm der Polizist ihr aber nicht ab, zumal seine Nachforschungen über diese seltsame Person ergeben hatten, daß sie schon mal in der Klapsmühle war, nur dank Lithium auf freien Fuß gesetzt wurde, dieses Medikament nun aber auf eigene Faust abgesetzt hatte.

Kate Millett erlebt in der irischen Anstalt den ultimativen Horror. Abgeschnitten von der Welt, von ihren FreundInnen in Irland, und zur Einnahme von Lithium und Megaphen gezwungen, muß sie fürchten, in dieser Hölle bis an ihr Lebensende zu verdämmern, ohne daß irgendjemand von ihrem Verbleib oder ihrem Befinden erfährt. Unmöglich, eine Nachricht nach draußen zu schmuggeln, geschweige denn sie ‹legal› an ihre Lieben daheim zu versenden, wie schon Elizabeth Packards Gesetze es vorsahen.

Kates FreundInnen draußen finden sie erst nach langer, aufwendiger, abenteuerlicher, schier unglaublicher ‹Spionagetätigkeit› im bürgerkriegsgeschüttelten Irland. Unter Einsatz ihrer eigenen Freiheit befreien sie sie.

Kate Millett kehrt in die USA zurück. Die Farm droht in Konkurs zu gehen; ihr Apartment in New York muß sie aufgeben; ihre Geliebte hat sie verlassen. Sie fällt in eine tiefe Depression, kann nicht mehr arbeiten, liest nur noch Schundromane. Sie hält die seelische Not und tiefe Trauer jetzt selbst für die depressive Phase ihres ‹manisch-depressiven Irreseins› und holt sich Hilfe bei einem Arzt der Armenfürsorge. Sie nimmt Lithium, fängt wieder an zu arbeiten (als Hilfsarbeiterin auf einem Bau, das kann sie gerade noch, und es tut ihr gut), und allmählich kommt sie wieder hoch. 1982 beginnt sie, ihre Erlebnisse aufzuschreiben; sie arbeitet an ihrem Buch ‹Der Klapsmühlentrip› bis 1985.

Wie schon nach ihrer ersten Zwangseinlieferung nimmt sie Kontakt zur Antipsychiatriebewegung auf, schimpft mit ihren neuen FreundInnen auf Psychopharmaka – und nimmt doch selbst weiter Lithium, aus Angst, wieder verrückt zu werden. Am 14. September 1988, ihrem 54. Geburtstag, setzt Kate Millett die Dosis von 900 auf 600 mg pro Tag herab, sagt aber diesmal niemandem etwas davon. Am 1. Januar 1989 senkt sie die Dosis auf 300 mg, und am 15. März setzt sie das Lithium ganz ab. Es geschieht – nichts!

Wäre sie wirklich manisch-depressiv gewesen, so hätte die Krankheit unweigerlich bald wieder zuschlagen müssen. So hatten es die Ärzte prophezeit. Da nun aber nichts dergleichen geschah, stand für Kate Millett fest, daß sie nicht krank war und es auch nie gewesen war. 16 Jahre Elend, Verfolgung, Beargwöhnung, Internierung, ‹irrsinnige› Angst vor dem Wahnsinn – und alles wegen nichts. Oder besser wegen ‹besorgter Verwandter›: Für die erste Einweisung im Jahre 1975, die den ‹Klapsmühlentrip› in Gang setzte, waren ihr Ehemann Fumio und ihre ältere Schwester Sally verantwortlich.

War denn die ganze Arbeit ihrer Vorkämpferin Elizabeth Packard umsonst gewesen? Noch immer sind anscheinend die Gesetze, die die Einlieferung in eine Anstalt regeln, von Bundesstaat zu Bundesstaat verschieden.[2] Kate Milletts erste Einlieferung erfolgte in Kalifornien, sie beging damals den Fehler, ihrer Schwester und ihrem Mann zu sehr zu vertrauen. Diese hatten aber selbst kaum eine Ahnung, welche Lawine sie da losgetreten hatten. Als Kate einmal in einer Anstalt war, nahm deren Eigengesetzlichkeit ihren Lauf.

Wer entscheidet, ob ein Mensch psychisch krank ist und was zu tun ist?
Für Elizabeth Packard stand die Antwort auf diese Frage fest: Sie ergab sich aus ihren niederschmetternden Erfahrungen mit eheherrlicher und ärztlicher Willkür. Diese galt es einzudämmen und gesellschaftlicher Kontrolle zu unterwerfen. Deshalb bestand sie auf unzensiertem Informationsaustausch zwischen der des Wahnsinns ‹verdächtigten› bzw. ‹beschuldigten› Person und ihren möglichen FürsprecherInnen. Außerdem forderte Packard gleiche Rechte für alle, die ihrer Freiheit beraubt werden sollen. Da die psychisch Kranken wie VerbrecherInnen eingesperrt und oft noch weit schlimmer behandelt wurden als diese, stünde ihnen, wie jedeR VerbrecherIn, auch das Recht auf ein Gerichtsverfahren zu, fand sie. Es könne dann, wie in Strafprozessen auch, noch immer zu Fehlurteilen kommen, aber wenigstens sei perspektivische Vielfalt garantiert als Vorsichtsmaßnahme gegen das ‹Gesetz des Stärkeren›. Unausgesprochene Voraussetzung ihrer Reformidee ist der Glaube an die Entscheidbarkeit der Frage ‹wahnsinnig› oder ‹nicht wahnsinnig› (ana-

log zu ‹schuldig› oder ‹nicht schuldig›). Elizabeth Packard stellt sich damit auf die Seite der ‹geistig Normalen›, die in der Lage sind, über den Geisteszustand ‹der anderen› kompetent zu urteilen. Sie selbst jedenfalls, daran läßt Packard keinen Zweifel, hat mit den InsassInnen des Irrenhauses, in das sie gesperrt wurde, nichts gemein. Sie kann ihnen helfen und für ihre Rechte und für bessere Behandlung kämpfen, aber sie ist per definitionem nicht eine von ihnen. Sie sucht die Rettung gerade darin, sich von ‹den Irren› deutlich abzugrenzen und die Umwelt durch damenhaftes, betont beherrschtes und besonnenes Betragen davon zu überzeugen, daß sie nicht ‹eine ist wie diese da›.

Hundert Jahre später hat sich das Bild erheblich verkompliziert. Es ist jetzt auch nicht mehr so naheliegend, misogynen und patriarchalischen Männern alle Schuld am Elend der zwangsverwahrten Frauen zuzuweisen. Kate Millett wurde nicht nur von ihrem Ehemann, sondern auch von ihren ‹besorgten› Schwestern, ihrer Mutter und ihrer Geliebten für geisteskrank erklärt. Sie sollte mit Hilfe einer Ärztin eingewiesen werden, und lange Zeit hielt sie sich selbst für manisch-depressiv.

Kate Milletts Lösungsvorschlag für die angesprochene Problematik ist dem Packards diametral entgegengesetzt. Millett will die Grenzen zwischen ‹den Normalen› und ‹den Irren› nicht festschreiben, sondern auflösen: «Ich meine die gute alte ‹Geisteskrankheit›. Und ich sage, es gibt sie nicht. Wahnsinn? Vielleicht. Eine gewisse Raserei des Denkens, gewisse wunderbare Ideenflüge. Gewisse Zustände veränderter Wahrnehmung. Warum keine Stimme hören? Na und? (...) Soll der Geist doch frei sein. (...) Reißt die Irrenhäuser ein und baut aus den Ziegeln Theater und Spielplätze. (...) Wenn sich niemand einmischt, kommen wir irgendwie durch, ohne Einschaltung von Verwandten und staatlicher Psychiatrie. Der conditio humana geht es am besten, wenn sie respektiert wird. Laßt uns unsere Angst ablegen. Vor unseren eigenen Gedanken, vor unserem Geist. Vor dem Wahnsinn, unserem eigenen und dem anderer.»[3]

Wir, die Autorinnen dieser Wahnsinnsgeschichte, finden uns irgendwo zwischen diesen beiden Positionen. Wahrscheinlich haben wir noch zu viel Angst «vor dem Wahnsinn, unserem eigenen und dem anderer». Besonders vor dem Wahnsinn anderer, zugegebenermaßen. Ganz besonders vor dem weiter um sich greifenden Wahn gewalttätiger Männer, die Frauen in einen ‹sekundären› Wahnsinn zu treiben.

Wir stimmen aber Elizabeth Packard uneingeschränkt zu in ihrer Forderung, die Einweisung in eine Anstalt nicht allein von Familienangehörigen und ‹ExpertInnen› entscheiden zu lassen. Zu welchen Verbrechen psychiatrische ‹ExpertInnen› fähig sind, haben sie u.a. während der Nazidiktatur gezeigt.

Der Aufwand an Gerichtsverfahren und Gutachten, den die Gesellschaft sich bei den Verurteilungen von VerbrecherInnen leistet, bevor sie weggesperrt werden, sollte doch selbstverständlich sein für diejenigen unter uns, die als ‹geisteskrank› verdächtigt oder verleumdet werden. Für diese Forderung sollten wir uns einsetzen.

Dorothea-Sophie Buck-Zerchin

Euthanasie damals, Trialog heute
Psychose-Erfahrene erkämpfen sich das Wort

Die Psychiatrie versteht sich bis heute als medizinische Wissenschaft mit medizinischer Ausbildung. Wie die Körpermedizin beobachtet sie Symptome, das heißt Krankheitszeichen. Ihr Maßstab ist die aus der Organmedizin übernommene Norm. Was für ein von der Norm abweichendes Körperorgan gilt, kann aber nicht auf das seelische Erleben eines Menschen übertragen werden. Es war Emil Kraepelin (1856–1926), der das Konzept der erblich und körperlich verursachten und daher unheilbaren endogenen Psychosen vertrat und die Gespräche seiner Vorgänger (wie Wilhelm Ideler, 1795–1860) mit den PatientInnen durch die Beobachtung ihrer Symptome ersetzte. Kraepelin forderte ein «rücksichtsloses Eingreifen» gegen die erbliche Minderwertigkeit, das «Unschädlichmachen» der psychopathisch Entarteten (einschließlich Sterilisierung). Auf Kraepelin als Begründer der Krankheitsbilder-Psychiatrie und auf seine diagnostisch-nosologischen Grundbegriffe bezieht sich auch heute noch die Internationale Klassifizierung der Diagnosen (ICD-Schlüssel) der Weltgesundheitsorganisation (WHO).

Die auf ihre Symptome und auf ihr von der Norm abweichendes Verhalten hin beobachteten PatientInnen wurden während meiner fünf Psychiatrie-Aufenthalte von 1936 bis 1959 keines oder nur eines oberflächlichen ärztlichen Gesprächs für wert oder fähig gehalten. Von diesen oberflächlichen ärztlichen Gesprächen zur Diagnosefindung statt zum Verständnis berichten auch heutige Psychiatrie-PatientInnen. Ohne ein Gespräch kannten unsere Psychiater weder unser Psychose-Erleben noch die ihm vorausgegangenen seelischen Konflikte oder Lebenskrisen und ihre Sinnzusammenhänge. Ohne ein Gespräch lernten sie ihre PatientInnen bei ihren kurzen Visiten nicht als Menschen kennen. Darum konnten sie ab 1934 die Zwangssterilisation gegen uns beantragen und ab 1939 psychiatrische PatientInnen in Transporten von gleich Hunderten den Gaskammern der sechs Tötungsanstalten überlassen und sie nach dem Vergasungs-Stopp 1941 auch selbst vergiften oder zu Tode hungern.

Empirische Wissenschaft von der Seele

Seither fordern wir eine auf den Erfahrungen der Betroffenen gründende empirische Wissenschaft von der Seele statt einer biologistischen Wissenschaft des Gehirns. Wir fordern ein gemeinsam erarbeitetes Psychoseverständnis statt einer rigiden medikamentösen Bekämpfung des Erlebens gegen den Willen der Betroffenen unter Zwang und Fesseln.

Nach der Gründung unserer ersten Hamburger Selbsthilfe-Gruppe 1970, dem ‹Club 70›, schrieben wir in einem Aufruf: «Vor 30 Jahren rauchten in unserem Land noch die Schlote der ‹Euthanasie›-Anstalten, in denen unsere vergasten Gefährten verbrannt wurden. In anderen Anstalten wurden sie abgespritzt oder zu Tode gehungert. Wir haben seither vergeblich auf eine Wandlung zur Menschlichkeit gehofft. Nun wollen wir versuchen, sie selbst herbeizuführen. Dazu brauchen wir Ihre Hilfe.» Erst 1972 befaßte sich die Psychiatrie-Enquete mit den menschenunwürdigen Zuständen in bundesdeutschen Anstalten. 1975 lag ihr Bericht vor.

1988 reichte ich einen ausführlich begründeten Antrag für einen ‹Arbeitskreis für mehr Mitbestimmung Betroffener in der Psychiatrie› beim Bundesgesundheitsministerium ein. Dieses Gremium sollte aus etwa 30 TeilnehmerInnen – Betroffene der Selbsthilfegruppen, Angehörige und Fachleute der Psychiatrie – bestehen. Es sollte monatlich im Ministerium tagen und die Bildung weiterer Arbeitskreise in der Bundesrepublik initiieren. Ein von uns Psychose-Erfahrenen vermitteltes besseres Psychose-Verständnis würde auch die äußeren Lebensumstände Betroffener verbessern, da man nur denen, die man nicht versteht und darum für weniger wert hält, zumutet, was man selbst niemals ertragen würde.

Trialog: Beginn 1989 im Hamburger Psychose-Seminar

Das Bundesgesundheitsministerium antwortete mit dem Vorschlag, den beantragten Arbeitskreis ‹vor Ort› einzurichten. Im Sommersemester 1989 war ich Gast in einem regulären Psychose-Seminar, das der Psychologe Dr. Thomas Bock für StudentInnen und Berufstätige in der Hamburger Uni-Psychiatrie anbot. Ich fühlte vor, wie groß ihre Bereitschaft zum Dialog mit uns Psychose-Erfahrenen sein würde. Bei dieser Gelegenheit wurden gerade Interviews an die StudentInnen mit VertreterInnen verschiedener therapeutischer Schulen zu ihrem Psychose-Verständnis vergeben. Als ehemals Schizophrene mit fünf Schüben bis 1959 und seit nun bald 40 Jahren durch ein neu gewonnenes Psychose-Verständnis gesund, schlug ich vor, mich ebenfalls zu befragen. So wurde aus dem Sprechen *über* Psychosen und *über* psychotische Menschen das Gespräch *mit*einander. Schon im nächsten Wintersemester 1989/90 wurde das Psychose-Seminar für Erfahrene und Angehörige geöffnet. Der Dialog entwickelte sich zum Trialog. Zuerst als Diskussion nach Profi-Referaten. Erst im Sommersemster 1990 wurde eines der Treffen für das ‹Erleben der Psychose und individuelle Versuche der Bewältigung› durch die Darstellung von vier Psychose-Erfahrenen angesetzt. Unser Vierergespräch über das Psychose-Erleben stieß auf großes Interesse. Wir schlugen Dr. Bock vor, künftig ohne Referenten Psychosen aus unserem Erleben heraus gemeinsam zu besprechen. Denn wir alle – auch die Profis – kennen nur das wirklich, was wir selbst erfahren haben.

Da in unseren Psychiatrien geäußerte Psychose-Erfahrungen in der Regel mit noch mehr Medikamenten beantwortet werden, konnten wohl alle Betroffenen hier zum ersten Mal in ihrem Leben über tief beeindruckendes Psychose-Erleben sprechen, ohne eine Medikamentenerhöhung befürchten zu müssen. Der Erfahrungsaustausch mit den Angehörigen ließ uns ihre Ängste und Schwierigkeiten mit ihren betroffenen Kindern, PartnerInnen, Elternteilen oder Geschwistern nachvollziehen und besser verstehen. Umgekehrt ermutigten unsere Erfahrungen die Angehörigen, mit ihren betroffenen Familienmitgliedern über ihr Psychose-Erleben ins Gespräch zu kommen.

Inzwischen werden mehr als 100 Psychose-Seminare in der Bundesrepublik und im benachbarten Ausland an Universitäten, Volkshochschulen, Sozialpsychiatrischen Diensten u.a. angeboten. Sie können die in der Psychiatrie fehlende Hilfe zum Psychose-Verständnis nicht ersetzen. Wir hoffen aber darauf, daß auch die psychiatrischen Kliniken diesen Erfahrungsaustausch bald anbieten werden. Denn Psychose-Seminare sind eine wichtige Ergänzung zu den Inhalten der traditionellen Ausbildung. Da Psychiater in ihren Lehrbüchern nur Symptome beschreiben, ohne sich näher auf die Entstehung dieser Symptome einzulassen, ergänzen wir das Zustandekommen dieser Symptome aus unseren Erfahrungen.

Beispielsweise gilt als ‹zentrales schizophrenes Symptom› das Erlebnis der Eingebung von Gedanken, Vorstellungen, inneren oder gehörten Stimmen. Doch die bloße Feststellung dieses Symptoms bewirkt kein Verständnis. Für die Betroffenen ist es aber geradezu lebensnotwendig, daß sie wissen, daß es Inhalte ihres eigenen Unbewußten sind, die in ihr Bewußtsein einbrechen.

Denn der Schrecken und die Glaubwürdigkeit schizophrenen Erlebens resultieren vor allem aus unserer Bewertung dieser so ungewöhnlichen Erfahrungen als von Gott oder anderen Mächten oder Menschen ‹eingegebenen› Vorstellungen, Gedanken, weil sie sich von unserem ‹normalen› Denken so völlig unterscheiden. Wieviele Betroffene sind dem als von außen ‹eingegeben erlebten› Befehl, sich umzubringen, schon gefolgt?

Weiß man dagegen, daß das normalerweise Unbewußte in der Schizophrenie ins Bewußtsein einbricht, wie Freud und Jung es schon zu Anfang des Jahrhunderts erkannten, und gehörte Stimmen eine alte Form des Denkens sind, kann man leichter erkennen, daß das als von außen ‹eingegeben› Erlebte und Bewertete aus sich selbst kommt. Solange das nicht klar ist, wagt man nicht einmal, es kritisch zu hinterfragen.

Als typisch schizophrene Symptome gelten auch die ‹Beziehungs- und Bedeutungsideen› und die ‹Unfähigkeit, Wesentliches und Unwesentliches zu unterscheiden›. Was die Psychiatrie hier als Defizit bestimmt, ist eine Folge des von vielen psychotischen Menschen erlebten veränderten Weltgefühls sonst nicht gespürter Sinnzusammenhänge. Es könnte dem magischen Weltgefühl unserer frühen Vorfahren ähnlich sein. Wie auch der Aufbruch von Symbolen, Symbolhandlungen in der Schizophrenie den alten Schichten unserer Seele entstammt.

Schon die Möglichkeit, über das Psychose-Erleben als etwas nicht so Abwegiges zu sprechen, sich austauschen zu können, befreit aus der inneren Isolation. Manche Betroffene besuchen ein Psychose-Seminar, um über das schwer in Worten faßbare Psychose-Erleben sprechen zu lernen, um es besser verarbeiten zu können. Einen therapeutischen Anspruch erheben die Psychose-Seminare nicht. Ohne es zu beabsichtigen, haben sie allerdings eine therapeutische Wirkung, schon allein deswegen, weil das als ‹krank› und in der Folge medikamentös bekämpfte Psychose-Erleben ernst genommen und angehört wird. Es braucht nicht mehr als ‹unwert› von sich selbst abgespalten zu werden. Man kann sich zu ihm und damit zu sich selbst bekennen. Das in der Psychiatrie oft zerstörte Selbstvertrauen kann sich wieder festigen. Daß man die eigene Lebensgeschichte nicht mehr verleugnen muß, ermutigt dazu, auch außerhalb der Psychose-Seminare zu sich und der eigenen Geschichte zu stehen. In unserem 1992 gegründeten ‹Bundesverband Psychiatrie-Erfahrener e.V.› finden sich immer mehr Mitglieder bereit, bei Tagungen und in Arbeitsgruppen über ihre Erfahrungen zu sprechen. Auf dem von unserem Bundesverband und dem Bundesverband der Angehörigen mit vorbereiteten 14. Weltkongreß für Soziale Psychiatrie unter dem Titel ‹Abschied von Babylon – Verständigung über Grenzen in der Psychiatrie› im Juni 1994 in Hamburg setzten wir den in unseren Psychose-Seminaren begonnenen Trialog im größeren Rahmen fort.

Hilfen zum Psychose- und Selbstverständnis

Was geschieht in der Psychose? Ich habe die Erfahrung gemacht, daß ein ihr vorausgegangener seelischer Konflikt oder eine Lebenskrise sich in der Psychose in konkrete Vorstellungen verwandeln. Das können beängstigende, aber auch befreiende Vorstellungen sein. Das Entscheidende ist aber wohl, daß das zuvor Ungestaltete, Ausweglose einer Lebenskrise, die wir nicht lösen konnten, in unserem Psychose-Erleben Gestalt annimmt.

Statt nun aber die in der Psychose Gestalt gewordene Lebenskrise als Chance zu verstehen und sich mit ihr auseinanderzusetzen, hat unsere Psychiatrie in der Regel nichts Dringenderes zu tun, als sie medikamentös zu bekämpfen und sie ins Unbewußte, aus dem sie aufbrach, zurückzudrängen, ohne zu fragen oder/und mit den Betroffenen zu überlegen, was die Psychose-Inhalte mitteilen können. Daß das Verdrängte immer wieder aufbricht, ist eine alte Erfahrung.

Ich hatte das Glück, in meinem vierten schizophrenen Schub 1946 durch eine Mitpatientin zu erkennen, daß in der Psychose Inhalte unseres eigenen Unbewußten ins Bewußtsein einbrechen. Aus einem nächtlichen Traum heraus geriet sie in eine schwere Psychose. Sie sprach dabei eine fremde, wie französisch klingende Sprache. Sie hatte nie französisch gelernt, ich wußte aber von ihr, daß sie aus einer Hugenottenfamilie stammte. Offensichtlich war mit ihrer Psychose der Sprachrhythmus ihrer Vorfahren, der sie die zweite statt die erste Silbe im Deutschen betonen ließ, aufgebrochen.

Aber erst nach meinem fünften und letzten Schub 1959 fiel mir auf, daß seit dem Aufbruch meiner psychotischen Vorstellungen die Nachtträume ausgesetzt hatten. Ich konnte mir das nur so erklären, daß die psychotischen Vorstellungen an die Stelle meiner Nachtträume getreten waren. Sie mußten also aus der gleichen Quelle kommen: aus meinem eigenen Unbewußten. Ich sagte mir: Ebensowenig wie der Traum ‹geisteskrank› ist, kann es die psychotische Vorstellung sein. Unsere Krankheit muß darin liegen, daß wir unsere psychotischen Vorstellungen für wirklich halten, was wir im Traum nur tun, solange wir ihn träumen. Verstand ich die Vorstellungen meiner abgeklungenen Psychose auf der Traumebene, konnten sie ihren Sinn für mich behalten, ihre Wirklichkeit nicht. Dieses Verstehen der Psychose als Aufbruch des eigenen Unbewußten befreite mich von der uns wohl alle schwer belastenden psychiatrischen Bestimmung der Schizophrenie als einer körperlich und erblich verursachten ‹unheilbaren Geisteskrankheit›. Durch mein zunehmendes Psychose- und Selbstverständnis bin ich seit 1959 gesund.

Traum und Psychose
Seither sehe ich deutliche Parallelen zum Sinn unserer Nachtträume: Emotionen, Probleme und uns nicht bewußte Inhalte unserer Seele werden wie im Traum bildhaft in konkrete Vorstellungen, in real erlebte Situationen verwandelt, die sie uns zugänglicher machen, in denen wir unsere Phantasien ausleben. Aus unseren Nachtträumen wissen wir, daß sie das normale Realitätsgefühl ebenso außer Kraft setzen, wie das in der Psychose geschehen kann.

Zum Beispiel das bildhafte Erleben in Symbolen. Im schizophrenen Erleben ist das Symbol der neuen Geburt, des Neuanfangs verbreitet. Oder die Geburt wird eingefordert. So heißt es im Bericht eines Pflegers aus der ‹Endstation› des Krefelder Alexianer Krankenhauses: «Anzumerken wäre noch, daß bei schizophrenen Reaktionen oft gesagt wird: Wenn der mir nicht sofort meine Geburt wiedergibt, schlag ich ihn tot.»[1]

Das Verlangen schizophrener Langzeitpatienten, ihnen ihre «Geburt wiederzugeben», sie in die Gemeinschaft wieder aufzunehmen, aus der sie in das Ghetto trostloser geschlossener Anstaltshäuser abgeschoben wurden, meint sicher nicht nur den einmaligen Beginn des Menschen, sondern seine ganze zu ihm gehörende Lebensgeschichte, die hier eingefordert wird. Vor allem dann, wenn nach dem Bericht des Pflegers auf der ‹Endstation›, «die Patienten nur noch aufbewahrt werden, bis sie eines Tages sterben. Sie sind mit Psychopharmaka so vollgepumpt, daß sie zwar weniger nervös und aggressiv sind oder Wahnideen haben, aber es wird auch jegliche Kreativität kaputt gemacht. Man könnte das auch als ‹Moderne Euthanasie› bezeichnen.»[2]

Wie stark das Verlangen des Menschen nach einem neuen Anfang seit jeher ist, zeigt die Initiation gerade auch bei den Naturvölkern, um als ‹neuer, anderer Mensch› – oftmals nach der symbolischen Verschlingung durch den Schlund eines Masken-Ungeheuers – in die Gemeinschaft hineingeboren zu werden.

Eine andere Entsprechung zwischen Traum und Psychose sind die aus den Irrenwitzen bekannten Identifikationen mit anderen Personen oder auch mit Symbolen, besonders biblischen Symbolen wie Christus, Braut Christi und anderen. In unseren Nachtträumen erleben wir etwas Ähnliches. Denn die im Traum auftretenden und handelnden Personen meinen häufig uns selbst. Sie sind ein Teil von uns, obwohl sie unter einer anderen Identität auftreten. Als Betroffene muß man wissen, daß die Identifikationen, von denen wir ergriffen werden können, ein Mittel des Unbewußten, das in der Psychose aufbricht, und auch des Traumes ist.

Daß die erlebten Symbole und Identifikationen so glaubwürdig für uns sein können, wie sie es im normalen Zustand nicht wären, liegt wohl vor allem daran, daß sich in der Psychose das Weltgefühl verändert. Man spürt überall Sinnzusammenhänge, ohne sie erkennen zu können. Das ist ein sehr anstrengendes Erleben und läßt uns auch Unmögliches miteinander in Beziehung setzen. Die Psychiatrie nennt das ‹Beziehungs- und Bedeutungswahn›, ich nannte es ‹Zentralerleben›, weil alle Bereiche des Lebens wie bei einem Fächer von einer gemeinsamen Mitte auszugehen und miteinander verbunden zu sein scheinen im Unterschied zur normalen Welterfahrung. Das verführt sehr leicht dazu, sich nicht auf das Ganze, sondern das Ganze auf sich bezogen zu erleben. Mit dem Gefühl der Angst kann das als persönliche Bedrohung erfahren werden und zu Verfolgungsideen führen. Im Vertrauen auf eine sinnvolle Führung überwiegt das Gefühl des engen Verwobenseins mit dem Ganzen. Diese im normalen Zustand nicht gespürten Sinnzusammenhänge führen nach meiner Erfahrung auch dazu, Wesentliches und Unwesentliches nicht mehr zu unterscheiden, weil alles einen geheimen Sinn zu haben scheint oder Gleichnis für etwas ist.

Daß das Weltgefühl auch im Traum verändert ist, ohne es uns bewußt zu machen, läßt ein Zitat von Sigmund Freud über den Traum in ‹Abriß der Psychoanalyse› vermuten: «Da ist vor allem eine auffällige Tendenz zur Verdichtung, eine Neigung, neue Einheiten zu bilden aus Elementen, die wir im Wachdenken gewiß auseinandergehalten hätten.»

Die Parallelen von Traum und Psychose können den Zugang zum Psychose-Erleben erleichtern und befreien uns vom abwertenden Stigma der von vielen PsychiaterInnen immer noch vertretenen ‹sinnlosen und unheilbaren› Erkrankung. Wird dieses zutiefst beeindruckende Erleben nur medikamentös bekämpft und verdrängt, ohne eine Hilfe zum Verständnis, bleiben die Betroffenen in tiefer Verunsicherung zurück, ohne daß sie sich das abgeklungene Erleben erklären können.

Roswitha Burgard

Psychiatrie live!
Meine Erfahrungen mit Paula

Ich habe mich von den Wildwasser-Mitarbeiterinnen sehr lange bitten lassen, an ihrem Kongreß teilzunehmen und diesen Beitrag für die Publikation zu verfassen. Nach meinem über 20-jährigen Engagement zu ‹Gewalt gegen Frauen› hat sich mein Schwerpunkt inzwischen zum ganzheitlichen Heilen hin verändert. Bestand die Arbeit im Frauenhaus in erster Linie darin, Aufbauarbeit mit physisch und psychisch gequälten Frauen zu leisten, so arbeite ich heute als feministische Psychotherapeutin immer mehr mit Klientinnen, die sowohl an ihrem psychisch-geistigen als auch an ihrem spirituellen Wachstum interessiert sind. Für diese ganzheitliche Heilarbeit ist die Verbindung von Gesprächs- und Körpertherapie sehr hilfreich.

Vor zwei Jahren hat sich für mich wieder ein sehr enger Kontakt zur Psychiatrie ergeben, weil meine Freundin Paula zwangseingewiesen wurde. Die Erfahrungen, die ich mit den behandelnden ÄrztInnen damals machte, haben mich zutiefst erschüttert und empört. Mein spontaner Eindruck war: In der Psychiatrie hat sich nichts verändert seit Erscheinen meines Buches ‹Wie Frauen verrückt gemacht werden› im Jahre 1977. Durch die Aufarbeitung der Geschichte meiner Freundin Paula und die Teilnahme am Wildwasser-Kongreß 1997 konnte ich meine Einschätzung etwas relativieren, worauf ich zum Schluß des Textes eingehen werde.

Wie Frauen verrückt gemacht werden

Ich ging damals wie heute davon aus: Es besteht ein ursächlicher Zusammenhang zwischen der Lebensrealität von Frauen, die sehr oft gekennzeichnet ist von frühen emotionalen Defiziten über körperliche und seelische Ausbeutung bis hin zu sexuellem Mißbrauch und Vergewaltigung, und der Entwicklung bestimmter psychischer und psychosomatischer Leiden (Bulimie, Mager- und Fettsucht, MPS etc.). Unser heutiges Wissen darüber, warum die eine Frau auf unerträglich scheinende Lebensbedingungen mit einer ‹Psychose› reagiert und die andere mit einem Magendurchbruch oder Eßstörungen, ist noch eher unzureichend. Der amerikanische Psychiater Fredrick Redlich geht davon aus, daß unser derzeitiges Wissen eher ein Glücksspiel darstellt.[1]

Obwohl ich der Meinung bin, daß psychiatrische Diagnosen häufig dazu dienen, die Realität von weiblichen Menschen zu verleugnen, möchte ich jetzt weiter den Begriff ‹Psychose› bzw. ‹Schizophrenie› benutzen, damit wir uns auf einen Begriff einigen können, der in der Psychiatrie in der Regel mit der Gabe von Psychopharmaka verbunden ist. Wenn PatientInnen Psychopharmaka verweigern, kann eine Zwangsmedikation erfolgen. In dem Falle, in dem eine Selbst- oder Fremdgefährdung diagnostiziert wird, kann eine Zwangseinweisung hinzukommen. Diese Diagnosen und Behandlungsverfahren rufen bei vielen betroffenen Frauen entweder Panik, Verständnislosigkeit oder Abgrenzung hervor. Meine Freundin Paula setzte ihre ganze Energie dafür ein, ihre Diagnose zu verbergen. Sie lebte in ständiger Angst, ihre Psychiatrie-Aufenthalte könnten bekannt werden. Damit gab sie sich die Schuld für ihr Leiden. So machen sich viele Frauen buchstäblich ‹verrückt› mit der Angst, für ‹verrückt› gehalten zu werden. Es ist einerseits wichtig, die Spaltung in ‹verrückte› und ‹normale› Frauen aufzuheben, damit sie uns nicht mehr schrecken kann. Andererseits stoßen wir damals wie heute auf ‹verrücktmachende› Lebensbedingungen für Frauen. So haben viele Frauen Grund genug, in dieser frauenverachtenden Gesellschaft mit ‹Paranoia›, ‹Panikattacken› oder ‹Schizophrenie› zu reagieren. Es kommt darauf an, ob wir auf die Be- oder Verurteilung unseres Zustandes mit Schuld- und Schamgefühlen reagieren oder ob wir uns informieren und andere, auf unsere Realität bezogene Denkmuster anwenden.

Jede Frau kann in eine psychische Extremsituation oder – anders bezeichnet – ‹spirituelle Krise› geraten. Wie wir wissen, sind Frauen in unserer Gesellschaft stärker gefährdet als Männer, psychisch auffällig zu werden. In diesen Krisensituationen geht es in der Regel um eine Überflutung von Gefühlen und um extreme Angstzustände, die die Betroffene allein oft nicht mehr auffangen kann. In solch einer Situation ist entscheidend, an wen eine Frau auf der Suche nach Hilfe gerät.

Bilanz: Was hat sich verändert?
Seit der Zwangseinweisung meiner Freundin Paula habe ich mir vermehrt die Frage gestellt, was sich seit dem Erscheinen meines Buches ‹Wie Frauen verrückt gemacht werden› für Frauen in und außerhalb der Psychiatrie verändert hat.

Meine heutigen Einschätzungen beruhen auf meinen Erfahrungen, die ich vier Jahre lang in der Frauenhausarbeit mit mißhandelten Frauen und Kindern machen konnte, und auf meiner langjährigen Tätigkeit als feministische Psychotherapeutin. Ich behandle immer wieder Klientinnen, die entweder in der Psychiatrie ihren Arbeitsplatz haben oder die die Psychiatrie als Patientin erlebten. Bei letzteren habe ich als behandelnde Therapeutin Kontakt mit den zuständigen PsychiaterInnen. Den direktesten Einblick in die Psychiatrie bekam ich während der dreimonatigen regelmäßigen Besuche meiner Freundin Paula. Meine Eindrücke sind höchst subjektiv, wobei ich allerdings vor scheinbar objektiven Einschätzungen warnen möchte. Selbst die ‹objektivste› Darstellung ist noch immer subjektiv gefärbt, allein durch die Auswahl der zugrunde gelegten Kriterien.

Auch heute, über 20 Jahren seit Erscheinen von Phyllis Cheslers Buch ‹Frauen – das verrückte Geschlecht?› stimme ich zum größten Teil wieder mit meiner amerikanischen Kollegin überein, die die Veränderungen beschreibt als «zu wenig – und doch sehr viel»[2].

Verglichen mit amerikanischen Verhältnissen kommt in Deutschland noch verschärfend der negative Einfluß der gern verschwiegenen Vergangenheit des Dritten Reiches hinzu, die das Bewußtsein und die Verhaltensweisen eines ganzen Fachbereichs prägte: Viele Psychiater, die in den KZs Versuche an Menschen vornehmen durften, haben nach dem Krieg als Chefärzte in Kliniken oft weiterhin einflußreiche Positionen bekleidet.[3] Selbst wenn diese Psychiater inzwischen gestorben sind, hatten sie doch Gelegenheit, ihr faschistisch geprägtes Menschenbild an PatientInnen, StudentInnen und KollegInnen weiterzugeben.

In der Regel herrschen in der Psychiatrie weiterhin männliche Normen, die bis zu offener Frauenfeindlichkeit gehen, wie folgendes Zitat aus dem Munde eines Psychiaters zeigt: «Eine Frau, die so aussieht wie Sie, hat ja nichts anderes zu erwarten.»

Mißstände sind darauf zurückzuführen, daß sich konservative ExpertInnen in gesellschaftlich relevanten Bereichen wie Psychiatrie, Psychologie, Psychoanalyse, Justiz immer noch weigern, sich mit Hilfe von feministischer Fachliteratur und Fortbildungen auf den aktuellen Stand zu bringen. Indem Analysen aus 20 Jahren Frauenforschung nicht zur Kenntnis genommen werden, versucht man, Feministinnen als unwissenschaftlich abzuqualifizieren. Auf diese Weise können ‹Fachleute› die Lebensrealität von weiblichen Menschen weiter verleugnen und Frauen mit Diagnosen stigmatisieren. Letztendlich ist es eine Frage der Macht und der Machterhaltung: Diagnosen dienen zur Belastung der Opfer und zur Entlastung der Täter. Auch heute bleibt es ein fundamentaler Unterschied, ob Angstzustände und Suizidwünsche auf jahrelang erlebte sexuelle Gewalterfahrungen in der Kindheit und spätere

Mißhandlungen zurückgeführt werden oder ob das Leiden als genetisch bedingt diagnostiziert und mit Psychopharmaka gemildert wird, wie dies Paula erlebte.

Feminismus in die Psychiatrie transportiert

Männliche Vorherrschaft wird von Konservativen zäh gegen feministisches ‹Gleichheitsdenken› verteidigt. Doch inzwischen gibt es einige engagierte Psychiaterinnen, die in Kliniken oder freier Praxis arbeiten, die ich hin und wieder auf feministischen Kongressen treffe. Dabei handelt es sich natürlich um nicht mehr als den bekannten Tropfen auf den heißen Stein. Wenn allerdings eine Patientin die Möglichkeit hat, sich von einer feministisch orientierten Psychiaterin oder von einer ultrakonservativen Expertin behandeln zu lassen, kann diese Wahl oft entscheidend werden für ihr weiteres Leben.

Immerhin gibt es inzwischen auch vereinzelte männliche Experten, die sowohl von Feministinnen als auch von ihren zahlreichen Patientinnen gelernt haben bzw. durch Freundin, Ehefrau oder Töchter zum Umdenken angeregt wurden. Diese männlichen Experten, die ebenso wie feministisch orientierte Psychiaterinnen in einer erschreckenden Minderheit sind, sind für viele antifeministische KollegInnen so etwas wie Multiplikatoren. Bei Konservativen haben Anregungen von feministisch eingestellten männlichen Experten grundsätzlich mehr Gewicht als solche von feministischen Expertinnen. Viele Frauen schenken Männern auch heute noch eher Glauben als ihrem eigenen Geschlecht. Das hängt mit der verinnerlichten Selbstablehnung und Selbstabwertung zusammen, die gesellschaftlich wie privat ein sicherer Stützpfeiler männlicher Dominanz ist.

Für männliche Experten, die feministische Denkmuster übernommen haben, ist selbstverständlich, daß sie eine Klientin mit sexuellen Gewalterfahrungen eher zu einer feministischen Kollegin überweisen, als sie selbst zu therapieren. Für diese männlichen Experten ist es ebenfalls selbstverständlich, in den Kliniken keine weiblichen Angestellten-Gruppen zu supervidieren, sondern eine entsprechend qualifizierte feministische Kollegin zu empfehlen. Wir wissen alle, daß gerade auf psychiatrischen Abteilungen der größte Prozentsatz der Patientinnen unverarbeitete Gewalterfahrungen gemacht hat. Hier ist es wichtig, nicht nur auf dem aktuellsten Stand der Information zu sein, sondern immer wieder auch bei den merkwürdigsten ‹verrücktesten› Verhaltensweisen vieler Patientinnen die Möglichkeit von erlittener sexueller Gewalt zu bedenken.

Darüber hinaus weiß ich von meinen Klientinnen, daß das weibliche Personal in den Kliniken nicht selten ähnliche Gewalterfahrungen gemacht hat, die viele erst durch das Aussprechen ihrer Patientinnen erinnern. Deshalb ist auf psychiatrischen Stationen aufdeckende, unterstützende Supervision dringend notwendig, um sowohl den Patientinnen als auch dem weiblichen Personal gerecht zu werden. Damit kann auch verhindert werden, daß eine Krankenschwester, die ihre eigene sexuelle Gewalterfahrung abgespalten hat, mit Abwehr und Ignoranz auf eine Patientin reagiert, anstatt sich mit ihr zu solidarisieren und in ihrem Heilungsprozeß eine Unterstützung zu sein.

In meinen Therapien geht es immer wieder um die Angst mancher Klientin, nicht ‹normal› zu sein. Dahinter steht die Angst, bei ‹nicht-normalem› Verhalten als anormal, als ‹verrückt› bezeichnet und gesellschaftlich wie privat gemieden, d.h. bestraft zu werden. Dazu gibt es in meinem Buch viele Beispiele. Ich sehe heute eine fundamentale Veränderung darin, daß Frauen prinzipiell mehr Möglichkeiten haben, sich im Vorfeld von Psychiatrisierung zu informieren, sich unterstützen zu lassen und sich zu wehren. Das heißt nicht, daß sich an den männlich orientierten Normen inzwischen Grundsätzliches verändert hat. Normal ist eine Frau auch heute noch in den Augen vieler Männer und männeridentifizierten Frauen, wenn sie einen Freund oder Ehemann vorweisen kann; wenn sie Kinderwünsche zumindest äußert bzw. darunter leidet, daß sie keine Kinder bekommen hat; wenn sie nicht allzu erfolgreich im Beruf ist, sondern sich in erster Linie mit dem Beruf des Mannes und mit der Familie identifiziert.

Damals wie heute vergleicht Chesler zu recht die Institution der Psychiatrie mit der Institution der Ehe. Beide verstärken bzw. spiegeln die Unterordnung von Frauen, die bis zur Unterwerfung gehen kann. Insofern könnte sich die Angst vor der Psychiatrie bei vielen Frauen auch als nicht eingestandene Angst vor einer Ehe äußern. Viele Frauen haben sozusagen ein ‹inneres Wissen› darüber, daß sie in einer Ehe ihre Grenzen nicht finden und sich nicht entfalten könnten. Diese Frauen kommen aus Familien, die nach außen einen ‹normalen›, harmonischen Eindruck machen, nach innen jedoch von Gleichgültigkeit, Abwertung bis hin zu Psychoterror geprägt sind. Allerdings gibt es auch hier Ausnahmen, die bewußt etwas anderes in einer Ehe versuchen und denen das auch gelingt. Bezüglich der Attraktivität der Ehe hat sich in den letzten Jahren einiges verändert. Insbesondere in den Großstädten existieren akzeptierte alternative Lebensformen, die besonders Frauen bevorzugen. Ich sehe hier eine große Chance, daß Frauen sich von den oft starren Vorstellungen ihrer Eltern lösen und beginnen, eigene Lebensentwürfe zu wagen, anstatt ihr Leben dem männlichen Normalitätsbegriff zu opfern. Unterstützung auf diesem Weg bieten heute wie vor 20 Jahren Frauengruppen jeder Art und Thematik. Ich mache sehr gute Erfahrungen mit meinen Therapiegruppen. Frauen, die Angst haben, keine ‹wirkliche› Frau zu sein, weil sie noch nicht verheiratet sind und keine Kinder vorweisen können, erfahren hier z.b. von lesbischen Teilnehmerinnen andere Lebensentwürfe. Sie können begreifen, daß es in ihrer Selbstverantwortung liegt, wie und mit wem sie ihr Leben gestalten oder ob sie weiterhin ein Leben aus ‹zweiter Hand› führen wollen.

Bezüglich Veränderungen habe ich mir noch einmal das Schlußplädoyer meines damaligen Buches angesehen und komme zu dem Eindruck, daß wir manches einlösen konnten, wenn es auch bei weitem nicht genug ist. Hierbei könnte ich mich natürlich auch auf das konzentrieren, was noch nicht erreicht wurde (wie z.b. keine gleiche Entlohnung, zunehmende Arbeitslosigkeit, Zunahme der Pornographie, unzureichende Abtreibungspraxis etc.). Ich ziehe es jedoch vor, mich an dem bereits Erreichten zu freuen, um Kraft und Mut für den weiteren Weg daraus zu schöpfen.

Damals blickten wir noch sehnsüchtig auf die zahlreichen feministischen Projekte in den USA, heute haben wir selbst welche aufgebaut. Dank der Frauenbewegung hat sich in den letzten 20 Jahren eine große feministische Subkultur entwickelt, die für viele Frauen sowohl beruflich wie privat so etwas wie eine neue Heimat, ein neuer Standort in dieser Gesellschaft bedeutet. Es ist ein Standort, der nicht nur Alternativen zu frauenfeindlichen Bedingungen und Institutionen bietet, wie dies feministische Therapie und Beratungsmöglichkeiten, Anwältinnen, Ärztinnen etc. leisten, sondern der der Lebensfreude und Kreativität dient. Es geht auch um Tanzvergnügen über Bodywork bis zu künstlerischem Gestalten.

Als Errungenschaften halte ich fest:
• Wir können heute ein Kind auch ohne Ehe allein oder mit einem Partner oder einer Partnerin aufziehen.
• Heute können wir uns bewußt gegen die gesellschaftlich gewünschte Heterosexualität entscheiden und entweder in größeren Städten offensiv dazu stehen oder uns privat in der Lesbensubkultur bewegen in dem Gefühl, das Leben den eigenen Wünschen entsprechend zu gestalten und dabei akzeptiert zu werden.
• Frauen haben sich verstärkt gegen typisch weibliche Tätigkeiten gewehrt und sind – auch mit großen Schwierigkeiten – in männliche Domä-

nen eingedrungen (Tischlerinnen, Zimmerinnen, Installateurinnen, Pilotinnen etc.)

• Wir haben heute die Möglichkeit, uns für eine traditionelle Psychoanalyse oder für eine feministische Therapie zu entscheiden.

• Wir können uns heute dank der Existenz von Frauenhäusern schneller aus destruktiven Beziehungen lösen. Es gibt alternative akzeptierte Lebensentwürfe und Unterstützungsmöglichkeiten.

• Frauen haben gelernt, ihren Körperkräften mehr zu trauen und sie mehr zu ihrem eigenen Schutz einzusetzen. Es gibt inzwischen eine große Anzahl von Frauensport-Einrichtungen, bei denen es sowohl um das lustvolle Aneignen von Körperkräften als auch um inhaltliche Diskussionen geht und wo Frauen die Möglichkeit haben, das eigene Selbstbild von einer passiven, hilflosen Frau in eine mutige selbstbewußte Frau zu verändern.

• Gewaltdelikte sind durch die Frauenbewegung verstärkt in die Öffentlichkeit gebracht worden. Sie werden aus der Anonymität gezerrt, und es gibt Notrufgruppen wie feministische Beratung und Rechtsanwältinnen, die vergewaltigte und sexuell mißbrauchte Frauen emotional wie professionell unterstützen und sie zur Gegenwehr ermutigen.

• Sexuelle Belästigung am Arbeitsplatz wie in der Psychotherapie waren vor 20 Jahren noch nicht einmal Thema, was nicht bedeutet, daß diese Übergriffe nicht existierten. Inzwischen gibt es auch hier Möglichkeiten, sich dagegen zu wehren.

• Inzwischen gibt es eine ‹Irrenoffensive›. In Berlin haben sich ehemals psychiatrisierte Frauen und Männer zusammengeschlossen und mit anderen Betroffenen ein ‹Weglaufhaus› initiiert, das mit öffentlichen Mitteln unterstützt wird. Dies stellt eine winzige Alternative zur Psychiatrie dar, von der wir vor 20 Jahren noch nicht einmal geträumt hätten.

Für mich persönlich stelle ich fest, daß sich Grundsätzliches in meiner Haltung verändert hat: Wenn ich mich als feministische Psychotherapeutin bei Einladungen zu Vorträgen oder in Medien vorstelle, erlebe ich häufig zwei Reaktionsmuster: Die AntifeministInnen reagieren wohlwollend herablassend bis mißachtend und versuchen, mich als zu emotional, zu parteilich, zu unwissenschaftlich abzuqualifizieren. Die anderen atmen erleichtert auf, weil sie wissen, mit wem sie es zu tun haben. In der Regel sind dies Frauen. Von ihnen erfahre ich so etwas wie Aufwertung und zugleich Solidarität bezüglich meiner Aussagen, weil sie sich selbst durch mich beachtet, verstanden und aufgewertet fühlen. In solchen Situationen wende ich mich lieber denjenigen zu, die offen und interessiert sind, anstatt mich durch das Mißtrauen der Andersdenkenden blockieren zu lassen. Heute muß ich mich als feministische Expertin nicht mehr verbergen oder taktieren wie vor 20 Jahren. Ich muß nicht die überzeugen oder bekämpfen, die mich nicht hören wollen, sondern kann meine Energie, mein Wissen und meine Heiltätigkeit denjenigen zur Verfügung stellen, die sich dadurch verstanden, unterstützt und bereichert fühlen.

Psychiatrie live! Der Weg meiner Freundin Paula

All die vielseitigen Veränderungen, die in den letzten 20 Jahren durch die Frauenbewegung in Gang gesetzt wurden, täuschen nicht darüber hinweg: Wenn eine Frau tatsächlich einmal in eine psychiatrische Klinik zwangseingewiesen wird, so hat sie auch heute in der Regel keine Chance, sich gegen zuspitzende Diagnosen sowie aufgezwungene Psychopharmaka und entwürdigende Behandlungsmethoden zu wehren. Ihre Chance beginnt erst dann wieder, wenn sie die Psychiatrie verlassen hat bzw. wie in Paulas Fall entfliehen konnte.

Allerdings haben die Chancen von Frauen zugenommen, sich im Vorfeld zu informieren und unterstützen zu lassen, um erst gar nicht in die Situation einer Psychiatrie-Einweisung zu kommen. Paula mußte dreimal die Erfahrung mit einer Psychiatrie-Einweisung machen, bevor sie die existierenden Möglichkeiten wahrnehmen konnte, sich in Zukunft besser zu schützen.

Paula: ein erster Blick zurück

Paula, 38 Jahre, viel jünger wirkend, Tierarzt-Assistentin, lebt zur Zeit von Sozialhilfe. Die letzte Arbeitsstelle, die ihr viel Freude machte, kündigte sie, weil ihr Chef sie sexuell belästigte. Sie ist lesbisch und lebt allein in einem winzigen Apartment. Wenn sie eine Liebesbeziehung eingeht, ist diese in der Regel symbiotisch und die Freundin zieht zu ihr. Sie hat wenig Freundschaften, da sie Schwierigkeiten hat, von sich aus Kontakte einzugehen und zu halten. Sie wurde in der ehemaligen DDR geboren und von ihrer Mutter (Vater unbekannt) mit sechs Wochen in ein Heim gegeben, da der neue Freund der Mutter diese nur ohne Kind heiraten wollte. Mit drei Jahren wurde sie von einem Ehepaar adoptiert, das keine eigenen Kinder bekommen konnte.

Sie war eine schlechte Schülerin, aber in Sport und sozialem Verhalten war sie eine der Besten. Nach ihrer Ausbildung zur tierärztlichen Assistentin engagierte sie sich politisch im Widerstand gegen das DDR-Regime. Deswegen war sie häufiger kurze Zeit im Knast. Mit 25 schob man sie in die BRD ab, was sie immer wollte. Kurz bevor sie die DDR verlassen konnte, machte sie den Namen ihrer leiblichen Mutter ausfindig und besuchte sie, ohne den Adoptiveltern davon zu erzählen. Sie stellte eine große Ähnlichkeit fest und empfand ansonsten keine Emotionen. Mit dem nur ein Jahr jüngeren Halbbruder traf sie sich noch einmal. Als sie die DDR verließ, lebte sie seit drei Jahren mit einer Geliebten zusammen, der sie versprach, sie so schnell wie möglich in den Westen nachzuholen.

Im Westen reiste sie erst einmal alleine um die halbe Welt, was sie sich immer gewünscht hatte, und nahm Kontakt zur Lesbenszene und kurzfristig zur Drogenszene auf. Sie ging eine erneute Liebesbeziehung ein, die fast drei Jahre hielt. 1989 nach der Grenzöffnung der DDR besuchte sie wieder regelmäßig ihre Adoptiveltern (wöchentlich und zu allen Festtagen). Bei solch einem Besuch versuchte sie sich eines Nachts mit Gas in der Küche umzubringen. Auslöser schien die Trennung von ihrer Freundin zu sein, die sie durch eine Affäre selbst herbeigeführt hatte.

Es folgte ihr erster Psychiatrie-Aufenthalt mit der Diagnose ‹Schizophrenie›. Sie wurde mit Neuroleptika vollgestopft, schwieg und hatte große Mühe, infolge der Psychopharmaka nicht immer wieder erneute Suizidversuche zu unternehmen. Paula bekam nach dem Psychiatrie-Aufenthalt die Auflage, sich regelmäßig bei einem Psychiater zu melden, der ihre medikamentöse Einstellung verantworten sollte. Sie setzte mit dem Tag der Entlassung alle Psychopharmaka ab, ging jedoch regelmäßig zu dem Psychiater, um ihre Krankschreibung für den Erhalt der Sozialhilfe zu bekommen. Die Rezepte warf sie regelmäßig weg, es fanden kaum Gespräche statt.

Sie stabilisierte sich ganz allmählich mit Hilfe einer guten Freundin und im Kontakt zu Tieren. Die zweite Psychiatrie-Einweisung erfolgte in einer Situation, in der Probleme nicht angesprochen wurden und sie voller Angst war, daß die neue Geliebte sich von ihr trennen könnte, wenn sie ihre Diagnose erfahren würde.

«Die schon wieder!» – Paulas dritte Psychiatrieeinweisung
Paula sollte wegen der Entfernung eines Myoms an der Gebärmutter für eine Woche in die Klinik. Zu dieser Zeit lebte sie wieder sehr symbiotisch mit einer Frau zusammen. Paula hatte Angst, ihr von den Psychiatrieaufenthalten zu erzählen. Einige Monate vor dem gynäkologischen Eingriff vertraute sie mir an: Wenn sie mit ihrer Freundin im Bett liegt, hat sie immer öfter die Vision aufzustehen, den Hammer aus dem Schrank zu nehmen und ihrer Freundin damit auf den Kopf zu hauen. Ich riet ihr, mit ihrer Freundin zu reden und die Beziehung zu lockern. Während eines Kurzurlaubs mit mir trat die Vision nicht auf, solange wir direkt im Kontakt waren.

Vor dem gynäkologischen Eingriff riet ich ihr, sich von einer Natur-heilärztin leichte Beruhigungsmittel verschreiben zu lassen. Sie lehnte ab und beteuerte, es sei alles o.k. und sie habe nichts zu befürchten. Zu diesem Zeitpunkt nahm sie ausschließlich Rescue-Tropfen (Bachblüten), die ich ihr empfohlen hatte. In dieser Situation fand eine deutliche Realitätsleugnung statt, auf die Paula später mit heftigen Selbstvorwürfen reagierte.

Die Entfernung des Myoms verlief ohne Komplikationen. Am dritten Tag im Krankenhaus wurde sie unruhig und beklagte sich bei mir, sie fühle sich unfair, weil sie ihrer Freundin nicht die Wahrheit erzählt habe. Sie befürch-tete, wieder verlassen zu werden, wenn die Freundin von ihrer ‹Schizophre-nie› erfahren würde. Von ihrer behandelnden Ärztin besorgte ich ihr Kava-Kava, ein Naturpräparat gegen Ängste, das jedoch nicht so schnell wirkte. (Dies wollte ihr ihre Ärztin vor der Operation verschreiben, was Paula aller-dings nicht für nötig hielt.) Paula wurde zunehmend von Ängsten überflutet und weigerte sich, diese den Ärzten mitzuteilen. Ich fühlte mich hilflos, redete viel mit ihr und gab ihr Reiki-Behandlungen, während sie im Bett lag und schwitzte.

Am nächsten Tag war sie starr vor Angst, kataton, total verändert und nicht mehr fähig zu reden. Der Kontakt war nur noch über Berührung mög-lich. Sie klammerte sich an mich und war verzweifelt. Ich hatte sie noch nie zuvor in einem solchen Zustand gesehen. Sie konnte nicht mehr auf der gynä-kologischen Abteilung bleiben, obwohl sich die Heilung der Wunde verzö-gerte. Paula war ein ‹zu schwerer Fall› für die psychosomatische Abteilung des Krankenhauses und wurde in diesem Zustand in die Psychiatrie weit draußen vor der Stadt gefahren. Ich erfuhr von ihr, daß sie schon einmal auf dieser geschlossenen Abteilung gewesen war und sich geschworen hatte, nie mehr dorthin zu gehen.

«Zu ihrem eigenen Schutze» wurde sie zwangseingewiesen. In dieser geschlossenen Psychiatrie trat ich als die Therapeutin von Paula auf. Das gab mir die Möglichkeit, ausführlich mit Oberarzt und behandelnder Ärztin zu reden und, wann immer ich wollte, mit ihr zu telefonieren oder sie zu besu-chen. Am Anfang waren alle auf der Abteilung zuvorkommend zu mir. Aller-dings nicht zu Paula, denn PatientInnen, die häufiger in die Psychiatrie ein-gewiesen werden, gelten dort oft als hoffnungsloser Fall und werden dem-entsprechend mit weniger Respekt behandelt. Später fühlte sich das Personal auch von mir kontolliert und kritisiert. Ich problematisierte die Gabe von Glyanimon. Es hieß, ich würde gegen die ÄrztInnen arbeiten und damit Paula keinen Gefallen tun.

Paula wurde mit Neuroleptika bombardiert, weil man davon ausging, daß sie über zwei Jahre die hohe Dosierung ihres Psychiaters genommen hatte. Das Personal wußte nicht, daß sie die Rezepte weggeworfen hatte. Deshalb nahmen sie das stärkste Neuroleptikum für ganz schwere Fälle: Glyanimon. Die Nebenwirkungen waren erschütternd. Sie sabberte, konnte nicht mehr alleine essen, näßte ein und lag oft stundenlang in ihrem nassen Bett, weil sie sich schämte. Zusätzlich bekam sie Tavor gegen Ängste und Taxilan zur Beruhigung. Ich hatte keinen Erfolg mit meinen Interventionen. Ihre Befindlichkeit verschlechterte sich zusehends, während die ÄrztInnen mich weiterhin zu beruhigen versuchten. Das sei ein ganz normaler Verlauf einer ‹schizo-affektiven Psychose›. Paulas Zustand wurde so lebensbedrohlich, daß sie auf die Intensivstation verlegt wurde. Hier wurde Paula klar und ansprechbar, weil alle Psychopharmaka abgesetzt wurden. Sie spürte verstärkt ihre Angst vor dem Zugriff der Psychiatrie, da sie noch zwangseingewiesen war. Sie mußte wieder auf die geschlossene Abteilung und ihr wurden die Psychopharmaka in den Mund gezwungen. Ihr Zustand verschlechterte sich wieder in Richtung Katatonie.

Durch Zufall bemerkte ich, daß sie eine Tablette heimlich ausspuckte. Die Ärzte gingen davon aus, daß dies in Absprache mit mir geschehen sei. Von diesem Zeitpunkt an bekam sie Infusionen. Die Katatonie ließ nach, Paula wurde benommen ansprechbar, hatte einen schlurfenden Gang, einen abwesenden Blick und war zu einer hilflosen Person geworden, mit der nichts weiter geschah außer Arztvisiten und Bemerkungen von Schwestern: «Ach, die kennen wir schon, die ist nicht zum ersten Mal hier.» Als Paula einmal vor Wut zaghaft gegen die Heizung trat, bemerkte die behandelnde Ärztin: «Die schon wieder. Jetzt geht alles wieder von vorne los. Machen sie wieder das gleiche Theater?» Ein anderes Mal, als sie hilflose und verzweifelte Wut spürte, kam eine junge Schwester, legte ihr eine Hand auf den Bauch und sagte: «Tief in den Bauch atmen.» Paula war sofort beruhigt, hatte jedoch Angst, die Schwester noch einmal zu bemühen.

Zu den Wochenenden holten ich und ihre Geliebte sie abwechselnd nach Hause. Sie war zwar ein Pflegefall, aber jedesmal ging es ihr außerhalb der Klinik etwas besser, bis wir sie wieder zurückbrachten. In dieser Zeit achtete sie sehr auf ihre Medikamenteneinnahme. Nachdem sie auf eine offene Station verlegt worden war, wollte ich sie mit in den Winterurlaub nehmen. Dies wurde nicht erlaubt, ihre zaghafte Besserung brach zusammen. Als ich sie aus dem Urlaub anrief, äußerte sie zum ersten Mal extreme Suizidwünsche, sie fühlte sich verlassen. In genauer Absprache mit einer befreundeten Heilpraktikerin riet ich ihr zu hohen Dosen Vitamin C, allerdings nur nach dem Essen. Dies führte dazu, daß sie klarer wurde, ihre Realität besser einschätzen konnte, aber auch ihren Trennungsschmerz deutlicher wahrnahm, ihre Freundin hatte sich – wie befürchtet – inzwischen von ihr getrennt. Die Freundin war selbst unterstützungsbedürftig geworden. Sie hatte sich zu sehr mit Paulas Leid identifiziert und war damit über ihre eigenen Grenzen gegangen.

Als Paula ihren Zustand nicht mehr aushalten konnte, floh sie aus der Klinik und versuchte zu sterben, indem sie sich leicht bekleidet im Winter in den Wald setzte, um zu erfrieren. Sie wurde gefunden und zurück in die Klinik gebracht.

Wir suchten nach Alternativen zur Psychiatrie und kamen auf das Weglaufhaus, das von ehemaligen Psychiatrie-Patientinnen initiiert und geführt wird. Unter Drohungen, daß ich beim nächsten Suizidversuch die Verantwortung zu übernehmen habe und Paula keinen Versicherungsschutz mehr habe, verließen wir fluchtartig die Klinik. Paula fühlte sich einerseits euphorisch, andererseits ängstlich wegen der Drohungen. Im Weglaufhaus fühlte sie sich einsam, überfordert und zu weit weg von der Stadt. Sie war in die Hilflosigkeit gezwungen worden und hier wurde an ihre Selbständigkeit appelliert. Nur zu einer Mitarbeiterin nahm sie Kontakt auf. Als ihr eine andere Mitarbeiterin nach einigen Tagen mitteilte, die Kosten würden vom Sozialamt nicht übernommen, besorgte sie sich Tabletten, fuhr in ihre Wohnung und versuchte, sich umzubringen. Sie wurde in letzter Minute gerettet und hatte erstaunlicherweise keine Schäden davongetragen. Sie bedauerte, daß es nicht geklappt hatte, und kam wieder auf die geschlossene Abteilung. Alles begann von vorn.

In dieser Zeit kam ich fast um vor Trauer, Ängsten, Schuldgefühlen, Paula nicht wirklich helfen zu können. Sie wurde fast täglich besucht von mir oder einer Freundin. Wir berieten uns jeden Abend und übernahmen ein Stück Verzweiflung und Hoffnungslosigkeit von Paula. Ich versuchte, einen Platz für Paula in einer sehr guten Klinik zu finden. Dort sagte mir der Oberarzt, schizo-affektive Psychosen würden am besten ambulant geheilt. Diese Aussage stand in krassem Gegensatz zu den Aussagen der ÄrztInnen der Psychiatrie.

Da Paula zu diesem Zeitpunkt nicht zwangseingewiesen war, beschlossen wir, den hoffnungslosen Zustand zu beenden und sie abwechselnd zu Hause zu betreuen. Als sie dies hörte, ließen ihre Suizidwünsche nach und ein Hauch von Lebensmut kehrte zurück.

Als der diensthabende Arzt von unseren Plänen erfuhr und Paulas gepackte Taschen sah, rief er sofort den Oberarzt. Dieser drohte, am nächsten Tag den Amtsarzt zu konsultieren, der aufgrund der Aktenlage entscheiden sollte. Es war klar, daß Paula eine erneute Zwangseinweisung zu erwarten hatte. Nach endlosen Diskussionen gaben wir auf. Ich machte mir Vorwürfe, nicht den ‹richtigen Weg› eingeschlagen zu haben. Nachdem wir den Kampf aufgegeben hatten, gab sich der Oberarzt generös und erlaubte Paula mit uns einen Spaziergang in der Sonne. Die Tür wurde aufgeschlossen. Für Paula stand fest, sie ging nicht mehr zurück. Ich war etwas ambivalent, da ich für ihre Therapeutin gehalten wurde und Hausverbot befürchtete. Ich wußte nicht, was auf mich zukommen würde. Erst die Psychiaterin, die mir von der Antipsychiatriebewegung genannt wurde, bestärkte Paula am Telefon, nicht mehr zurück in die Psychiatrie, sondern ambulant zu ihr zu kommen. Dies bedeutete für Paula den Schritt in die Freiheit und für uns ein uneinschätzbares Abenteuer einer Allround-Betreuung.

Versuch einer Anamnese: Ein zweiter Blick zurück
Ich spreche vom Versuch einer Anamnese, weil ich diesen medizinisch-therapeutischen Ausdruck ungern auf eine Freundin anwenden möchte. Zum anderen halte ich es fast für unmöglich, eine Freundin relativ objektiv zu beschreiben.

Paula wird sehr früh – wahrscheinlich schon pränatal – das Gefühl des Nichterwünschtseins mitbekommen haben. In den ersten sechs Lebenswochen, die sie bei ihrer Mutter war, wird sie deren Ambivalenzen, sich für oder gegen dieses Kind zu entscheiden, deutlich gespürt haben. Im Säuglingsheim erlebte Paula von Anfang an extreme emotionale psychosoziale Defizite, außerdem dürfte der abrupte Wechsel wie ein Schock auf den Säugling gewirkt haben. Mit drei Jahren konnte sie kaum sprechen, hatte eine chronische Ohrenentzündung und destruktive Verhaltensweisen, die sie damals noch nach außen richtete: Sie zerstörte jedes Spielzeug. Die Trennung von der Mutter und der darauf folgende Heimaufenthalt müssen so dramatisch gewesen sein, daß Paula heute keinerlei Erinnerungen an diese Zeit hat. Ihre Erinnerung beginnt erst mit der Adoption und ist von da an verklärt. Sie erzählte mir am Anfang immer, sie habe eine so wunderschöne Kindheit erlebt, ihre Eltern hätten ihr jeden Wunsch erfüllt. Aus Dankbarkeit, dem Heim entronnen zu sein, war für Paula jegliche Kritik an den Adoptiveltern tabu. Dies führte fast zur totalen Aggressionshemmung, besonders vertrauten Menschen gegenüber. Sie erzählte mir immer freudestrahlend, daß sie sich mit ihrer Geliebten noch nie gestritten habe. Diese jahrelang unterdrückten Aggressionen drängten z.B. in der Vision mit dem Hammer, mit dem sie die Freundin erschlagen wollte, an die Oberfläche.

Der rote Faden in Paulas Leben ist Wurzelsuche bzw. das Suchen nach einer stabilen inneren und äußeren Heimat. Paula hat im Grunde mehrmals ihre Heimat verloren und ihre Wurzeln liegen im Dunkeln: Der Vater ist unbekannt, mit sechs Wochen gab die leibliche Mutter sie in ein Heim, mit drei Jahren zu Adoptiveltern. Die Adoptivmutter ließ sich zweimal scheiden, um den gleichen Mann wieder zu heiraten, der Alkoholiker war und zeitweilig gewalttätig. Mit 25 Jahren wechselte sie allein von der DDR in die BRD.

Paula lernte früh, Schmerz, Demütigung, Trauer, Wut, sexuelle Übergriffe und Verlassenheitsängste abzuspalten. Zum einen, weil sie diese Gefühle nicht zu ertragen glaubte, zum anderen, weil sie sich irgendwie für ihren Zustand schuldig fühlte. Dies ging soweit, daß sie einer Freundin drohte, sich von ihr zu trennen, wenn sie ihre DDR-Vergangenheit ‹verraten› würde.

Paula gelang es scheinbar perfekt, ihre Ängste abzuspalten, so daß ihr die Angst nicht mehr als Signal bei Gefahr diente, z.B. wenn sich ihre Krankheit anbahnte. So konnte sie immer wieder die Grenzen der Angst überschreiten, was Licht- und Schattenseiten hatte, Paula jedoch sah nur den vermeintlichen Nutzen, keine Ängste zu spüren. Sie lernte Fallschirmspringen und hatte nie Probleme, ins Nichts zu fallen. Auf ihren Reisen nahm sie eine Zeitlang den Job an, gegen Bezahlung in einem Haifischbecken zu schwimmen, wo sie genaue Regeln einhalten mußte, ansonsten griffen die Haie an. Sie stählte ihren Körper durch viele Sportarten, lernte ‹Streetfighting› und hatte das Gefühl, sich in jeder Situation verteidigen zu können.

Da sie die Angst abgespalten hatte, ging sie in so manche Gefahrensituation hinein, die andere mit Sicherheit aus Selbstschutz vermieden hätten. Ihr innerer Selbstschutz, der auch mit Selbstwertgefühl zusammenhängt, war verkümmert, sie trainierte ihre Muskeln, kontrollierte ihr Körpergewicht und ließ dabei ihre Seele buchstäblich verhungern. Insgesamt sorgte sie unzureichend für ihr leibliches Wohlbefinden. Sie hatte ein gestörtes Eßverhalten, konnte nicht kochen, hatte keine Lust, allein essen zu gehen, und ernährte sich über Monate von täglich drei Tafeln Schokolade und Cola. Damit begann sie bereits zum Frühstück. Die Schokolade führte am Morgen zu einer Stimmungsaufhellung. Hinzu kamen exzessive Sonnenbäder. Licht führt bekanntlich auch zu Stimmungsaufhellungen. So ist es nicht verwunderlich, daß es Paula wie sehr vielen anderen Menschen, denen man die Diagnose ‹Depression› verpaßt hat, in den dunklen Jahreszeiten stimmungsmäßig schlechter ging. In die Psychiatrie wurde sie zum letzten Mal im November eingeliefert. Die Auslöser waren meist identisch:

• Eingehen von symbiotischen Liebesbeziehungen in dem Glauben, damit die Endlichkeit von Liebesbeziehungen aufzuheben und emotionale Defizite aus der Kindheit auszugleichen. Wenn ihr jemand zu nah kam, was sie sich durch die Symbiose wünschte, wurden gleichzeitig ihre Verlustängste latent aktualisiert. Andererseits hatte sie einen starken Freiheitsdrang, der in ihrem Alleinreisen zum Ausdruck kam und den sie zugunsten von symbiotischen Liebesbeziehungen eine Zeitlang unterdrücken konnte. (Die Vision mit dem Hammer!)

• Trennung oder die Vorwegnahme von Trennung. So projizierte sie auch eigene Trennungswünsche in die jeweilige Geliebte, die sie sich nicht eingestehen konnte, weil es für sie ein Tabu bedeutete, sich zu trennen.

• Sich hyperaktiv fühlen, sozusagen in einer manischen Phase. Dies führte zu exzessivem Fernsehen, nächtelangem Ausgehen, Tanzen, Spielen, laute Musik ertragen können. Diese Aktivitäten waren mit Schlafentzug verbunden. Sie war in diesem Zustand fast euphorisch und hatte keine Zeit zum Schlafen oder sich um ihre Ernährung zu kümmern. In solch einer Phase aß sie noch weniger als üblich.

Eine solche sich ständig steigernde Streßsituation kann von jedem Menschen nur eine Zeitlang bis zum physischen und psychischen Zusammenbruch ausgehalten werden.

Wie es weiter ging: meine Erfahrungen mit der ambulanten Betreuung
In den ersten Monaten war es eine Rund-um-die-Uhr-Betreuung, die exakte Organisation, viel Zeit, liebevolle Zuwendung und emotionale Stärke erforderte. Zur eigenen Entlastung schalteten wir noch zwei weitere Frauen ein, die ihren Einsatz über Einzelfallhilfe abrechnen konnten. Paula hatte große Angst, daß die alten Katastrophenängste und Suizidgedanken, mit denen sie in der Psychiatrie täglich konfrontiert war, sie weiterhin quälen und uns zusätzlich belasten könnten.

In den ersten drei Wochen mußte sie täglich zur Psychiaterin begleitet werden. Diese setzte sofort das Glyanimon ab und reduzierte ganz allmählich Taxilan und Tavor. Paula schlief am Anfang über zwei Drittel des Tages oder lag mit geschlossenen Augen im Bett. Ihr fiel der Kontakt schwer, obwohl sie ihn brauchte. Es mußte immer jemand in ihrer Nähe sein.

Alle Ängste verstärkten sich noch einmal, als der Sozialpsychiatrische Dienst, der durch die Klinik über Paulas Flucht informiert wurde, nach ihr suchte. Der Sozialpsychiatrische Dienst hatte darüber zu entscheiden, ob Paula außerhalb der Klinik bleiben durfte. Wir verzögerten mit Wissen der Psychiaterin diesen Termin, bis es Paula tatsächlich besser ging. Nach ca. 14 Tagen kam leichte Besserung, sie konnte wieder zum ersten Mal ein wenig lachen und weinen über das, was ihr angetan worden war in der Psychiatrie.

Sie klagte über starke Krämpfe nachts, die auch mit Akineton nicht weggingen, aber mit Massagen und hohen Dosen Vitamin E und Kalzium. Gleichzeitig nahm sie noch Megadosen Vitamin C, um die Nebenwirkungen der Psychopharmaka abzuschwächen, und Multivitamine. Paula durchlebte gewissermaßen noch einmal einen Teil ihrer kindlichen Entwicklung. Sie fühlte sich versorgt und geborgen, wie sie es sich als Kind gewünscht hatte. Zu festgesetzten Zeiten bekam sie zu essen; wir mußten darauf achten, daß sie genügend trank, da sie dies immer vergaß. Sie machte ganz bewußt einen Zuckerentzug und aß nichts Süßes mehr. Am Anfang konnte sie sich nicht selbst die verschiedenen Medikamente zusammenstellen. Darüber hinaus mußte auf Waschen, Baden, Sich-warm-Anziehen und Ruhepausen geachtet werden. Ich gab ihr Reiki-Behandlungen bei Entspannungsmusik, eine bestimmte Energie-Massage, und achtete auf Erdungsübungen. Wir machten kleine Spaziergänge, die wie vorsichtiges Laufenlernen waren. Ich habe versucht, Paula in ihren Qualen zu begleiten, und hatte nicht den Anspruch, ihr die Qualen abzunehmen. Nicht Mitleiden, sondern Mitgefühl half ihr. Ich hatte niemals den Anspruch, Paula retten zu können, sondern ich konnte und wollte ihr Sicherheit und Geborgenheit geben zur Selbstheilung und dabei keine vorgefertigten Erwartungen haben. Ich habe mich bemüht, nicht von einer bestimmten Zeit auszugehen, in der Heilung stattfinden soll, und habe mich gefreut über ihre Erfolge. Ich war manchmal im Zweifel, ob Paula ihren Prozeß unbewußt boykottierte, weil es auch so etwas wie ‹Krankheitsgewinn› gab. Sie genoß den Zustand des Umsorgtwerdens und im Mittelpunkt zu stehen und gab sich vielleicht manchmal hilfloser, als sie tatsächlich war. Es entstand eine große Abhängigkeit. Ich betonte immer wieder, daß wir alle in irgendeiner Form abhängig seien und daß Paulas extreme Abhängigkeit in der Tat bestehe, aber auch wieder vergehe.

Paula entdeckte ihre Bedürfnisse nach Gesprächen, ich mußte meine Grenzen immer wieder kenntlich machen, da der Wunsch nach Grenzenlosigkeit wie bei einem Kleinkind bestand.

In unseren Gesprächen haderte Paula lange damit, ihren Zustand zu akzeptieren, sie ging sehr schnell in die Selbstverurteilung. Es ist wichtig, diesen Zustand des ‹Verrücktseins› nicht totzuschweigen oder zu glorifizieren, sondern immer wieder aufzuzeigen, wie sie dort reingeraten ist und wie Vorsorge getroffen werden kann. Ich sagte ihr, daß sie immer wieder aus diesem Zustand herausgekommen ist trotz extremer Realitätsleugnung, z.b. wenn sie ihre Hyperaktivität lange als Bereicherung und nicht als Vorstufe zur Psychose sah.

Mir war wichtig, bei Paula ein Verständnis für sich selbst zu wecken, ich wollte ihr aber gleichzeitig nicht das Gefühl vermitteln, als Therapeutin alles besser zu wissen, sondern auch ihre eigene Kompetenz miteinbeziehen und stärken.

Mit dieser Betreuung geriet ich an die Grenzen meiner Belastbarkeit. Ich konnte nicht mehr unterscheiden, was Priorität hatte, meine Arbeit als Therapeutin, Fortbildungen, Supervision und Teamsitzungen oder Paulas Allround-Betreuung. Ich bekam einer Klientin gegenüber ein schlechtes Gewissen, weil ich keine Kapazität mehr hatte, sie in ihrer Psychose in der Psychiatrie zu besuchen, so wie das vorher selbstverständlich war. Ich vernachlässigte meine Freundschaften und beschränkte mich auf die, die mich in der Situation unterstützten. Ich konnte diesen Zustand eine Zeitlang aushalten, weil ich sehr verständnisvolle Freundinnen und Kolleginnen hatte, die mir auch mit Supervision zur Verfügung standen. Hinzu kam die wirklich unterstützende Zusammenarbeit mit der Psychiaterin.

Meine ‹Belohnung› für meinen Einsatz waren Paulas deutliche Fortschritte in ihrem Heilungsprozeß. Für mich bedeutete es später eine Erleichterung, daß ich nicht mehr mit Panik reagierte, wenn Paula etwas länger mit dem Hund spazieren ging. Ich ermutigte sie, ihre Wünsche und Bedürfnisse auf direktem Wege zu äußern und nicht schon beim ersten Impuls runter zu schlucken oder umzulenken.

Später war mir wichtig, die besondere Ausrichtung auf mich zu lockern, so zog ich mich allmählich aus der Hauptverantwortung für die Betreuung zurück und eine andere Frau rückte an meine Stelle. Dies war nicht unproblematisch und mit Tränen auf beiden Seiten verbunden; andererseits freute sich Paula später, als sie bemerkte, daß es ihr gelang, weitere Kontakte aufzunehmen.

Heute sind mehr als zwei Jahre vergangen nach ihrer Flucht aus der Psychiatrie. Sie nimmt noch eine geringe Dosis Taxilan und geht regelmäßig zur Psychiaterin. Sie hat wieder intensiven Kontakt zu Tieren aufgenommen, die ihren Heilungsprozeß ganz entscheidend beeinflussen. (Sie kann auf einer bestimmten Ebene mit allen Tieren kommunizieren und genießt deren bedingungslose Liebe und ihr Vertrauen.) Doch was das Allerwichtigste nach dieser Psychiatrie-Erfahrung ist: Sie hat ihr Schweigen gebrochen! Sie beginnt, Fragen zu stellen, offen über ihre Psychiatrie-Erfahrungen zu reden, und ist auf dem Weg, zaghaft die Beziehung zu ihren Adoptiveltern und zu ihrer eigenen Geschichte aufzuarbeiten, um aus der Verstrickung von Scham- und Schuldgefühlen herauszukommen und Aggressionen zulassen zu dürfen.

Paula ist sicher, daß sie diesmal die Psychiatrie nicht überlebt hätte. Sie ist heute dankbar, daß ihre Suizidversuche erfolglos geblieben sind.

Ausblick: Was können wir aus Paulas Geschichte lernen?
Das Fazit aus der Geschichte meiner Freundin Paula möchte ich besonders den Frauen ans Herz legen, die permanente Angst vor einer Psychiatrie-Einweisung haben oder schon einmal davon betroffen waren.

Paula hat wichtige Erkenntnisse aus ihrem letzten Psychiatrie-Aufenthalt gezogen: Mit der Abnahme ihrer Scham- und Schuldgefühle ihrem psychischen Leiden gegenüber wächst ihre Bereitschaft, ihre bisherigen Psychiatrie-Erfahrungen nicht mehr abzuspalten, sondern sie allmählich zu integrieren. Sie hat sich zum ersten Mal für eine Psychotherapeutin entschieden und nimmt an einer Gruppe für Frauen mit Psychiatrie-Erfahrungen teil, die ihre Psychiaterin leitet. Sie hat nicht die absolute Sicherheit, nie wieder in eine psychische Extremsituation zu geraten, aber ihr Vertrauen in sich selbst wächst, daß sie dann geeignetere Möglichkeiten wahrnehmen könnte, um sich besser vor einer Psychiatrie-Einweisung zu schützen. Beispielsweise würde sie sich bei einem erneuten operativen Eingriff lange vorher Beruhigungsmittel verschreiben lassen. Falls wieder aggressive Visionen auftreten sollten (ihre ‹Hammer›-Vision), hat sie heute die Möglichkeit, mit ihrer Therapeutin darüber zu reden. Ganz allmählich verliert sie auch ihre Angst vor Auseinandersetzungen, so daß es vielleicht gar nicht mehr zu solch einer heftigen Vision kommen muß.

Für alle Frauen ist es lebenswichtig, die eigene Wahrnehmung zu schärfen anstatt mit Realitätsleugnung auf unangenehme Menschen oder Situationen zu reagieren. Besonders Frauen, die sich in Paulas Situation befinden, sollten sich selbst gegenüber achtsam sein und sich beobachten: Unter welchen Bedingungen verändern sich meine Verhaltensweisen, wann mein Schlafrhythmus und meine Geräuschempfindlichkeit? Wann verändern sich meine

Gefühle in extremer Weise? Wann meine Träume und Visionen? Hierbei ist es wichtig, die Veränderungen nicht nur zu registrieren und mit viel Energie wieder zu verdrängen in der Hoffnung, daß ich mich geirrt haben könnte, sondern diese Anzeichen dankbar als Vorzeichen zu betrachten. Sie können mir sagen: Jetzt befinde ich mich in einer sich anbahnenden Streßsituation, aus der ich alleine nicht mehr herauskomme. Ich muß mir Unterstützung holen, damit ich z.B. einen möglichen Psychiatrieaufenthalt verhindere. Frauen, die sich diese Aufmerksamkeit selbst gegenüber nicht zutrauen, sollten PartnerIn, FreundInnen oder Therapeutin bitten, sie bei sichtbaren Veränderungen liebevoll darauf hinzuweisen und ihnen Unterstützung anzubieten. Diese Unterstützungspersonen sollten sich durch heftige Abwehr nicht schrecken lassen, die am Anfang oft dazu gehört. Problematisch wird es bei Frauen, die bei zunehmendem Streß den Kontakt reduzieren und versuchen, sich zu isolieren. Diese sollten – bevor eine Krisensituation auftritt – Vorsorge treffen und einen Rettungsanker auswerfen, indem sie sich anderen anvertrauen und sie bitten, in Zeiten des Rückzugs verstärkt auf sie zu achten. Die Unterstützungspersonen sollten immer wieder auf ihre eigenen Grenzen und Möglichkeiten achten, damit ihnen nicht Ähnliches passiert wie der Lebensgefährtin von Paula. Sie identifizierte sich so sehr mit dem Leid von Paula, daß sie sich total überforderte und ebenfalls krank wurde. Damit gibt die Unterstützungsperson ihre Eigenverantwortung ab. Dies ist weder für sie noch für die zu Unterstützende eine Hilfe. Bevor Paula z.B. in diese hyperaktive Phase gerät, die ihr immer so viel Freude macht, weil sie sich in solchen Situationen omnipotent fühlt, könnte sie mit einer Freundin ausmachen, sie durch Ruhe und Kontinuität zu unterstützen, anstatt nächtelang mit ihr durchzutanzen und damit ihre Streßsituation zu forcieren. Hilfreich ist alles, was zur Erdung dient: lange Spaziergänge in der Natur oder eine Übung zur Beruhigung.

Es geht für Paula wie für viele andere Frauen darum, sich zu informieren und die wenn auch dürftig existierenden Handlungsmöglichkeiten wahrzunehmen und sie zum eigenen Nutzen anzuwenden. Es geht darum, daß Frauen sich alle Gefühle wie z.B. Wut, Haß, Trauer, Schmerz, Scham- und Schuldgefühle eingestehen und diese nicht mehr abspalten oder gegen sich selbst richten. Es geht darum, diese Gefühle zu durchleben, um sie langfristig zu transformieren. Dies ist besonders bei Haß wichtig. Damit ich mich nicht länger in destruktiver Weise an Menschen oder Situationen gebunden fühle, sollte ich versuchen, meinen Haß zu transformieren.

Zur Schärfung der eigenen Selbstwahrnehmung kann die Neugier, das Verstehen-Wollen und das Akzeptieren des eigenen Gewordenseins hinzu kommen. Damit kann ich ein Stück mehr Eigenverantwortung für die eigene Entwicklungsgeschichte übernehmen.

Obwohl wir am Beispiel Paulas gesehen haben, daß die Psychiatrie nicht zu empfehlen ist, gibt es immer wieder Klientinnen, die sich zeitweilig in einer Klinik sicherer fühlen als mit ambulanter Therapie. Bei manchen Frauen sind die Verzweiflung und der Selbsthaß so immens, daß sie in Krisensituationen versuchen, sich umzubringen, so wie Paula es mehrfach versuchte. Es existieren inzwischen einige wenige psychosomatische Kliniken, die ich meinen Klientinnen empfehle. Eine kurzfristige Alternative können für manche Frauen auch Krisenstationen sein, wie sie in Berlin in vier Krankenhäusern eingerichtet wurden. Dort kann sich eine Frau bis zu einer Woche aufhalten. Sie hat die Möglichkeit, sich mit Gesprächen unterstützen zu lassen, und bekommt keine Medikamente. In bestimmten Situationen habe ich die Erfahrung gemacht, daß die kurzfristige Einnahme von Medikamenten (auch Psychopharmaka) immer in Verbindung mit Gesprächen und menschlicher Zuwendung eine entscheidende Hilfe für Frauen in Extremsituationen sein kann. In vielen Fällen lassen sich dadurch Psychiatrie-Aufenthalte vermeiden, bei denen Frauen dann ganz und gar keinen Einfluß mehr auf die Einnahme von Psychopharmaka haben. Ich habe z.B. mit einer Klientin, die nach einem Psychiatrie-Aufenthalt zu mir kam, immer wieder an ihrer Selbstwahrnehmung gearbeitet, so daß sie später in der Lage war, die ersten Anzeichen einer Veränderung realistisch einzuschätzen, und sich dementsprechend medikamentös unterstützen ließ.

Jede Frau sollte für sich selbst herausfinden, was und wer ihr in einer sich anbahnenden Krisensituation helfen kann. Es ist wichtig, daß wir nicht wertend oder verurteilend vorgehen, so als gebe es nur einen einzigen richtigen Weg für alle Frauen. Wir sind trotz gemeinsamer Realität als Frauen in einer patriachalen Gesellschaft alle unterschiedliche Individuen, die unterschiedliche Unterstützungsmöglichkeiten und Entfaltungsmöglichkeiten benötigen.

Ich habe begriffen, daß kontinuierliche, liebevolle Zuwendung in Form von Geborgenheit, Gesprächen und Körperkontakt Paulas individuellen Heilungsprozeß ermöglicht hat. Ich weiß auch, daß ich meinen Klientinnen nichts Vergleichbares an Intensität bieten kann, daß es sich um eine einmalige Freundschaftsleistung gehandelt hat, die sehr viel Sympathie voraussetzte. Ich weiß, daß es so etwas wie ein Geschenk an Paula war, und ich würde mich freuen, wenn dies als Anregung gesehen werden könnte, in ähnlicher Form Freundinnen vor der Psychiatrie zu bewahren. Ideal wäre es, stark traumatisierten Frauen geschützte und professionelle Hilfe anbieten zu können, die Frauen nicht zugleich mit den herkömmlichen Diagnosen etikettieren.

Momentan ist in den unterschiedlichsten gesellschaftlichen Bereichen zu beobachten, daß sich konservative und progressive Einflüsse zuspitzen. Ich vermute, das ist ein Ausdruck des Zeitgeistes; die Unterschiede werden sichtbarer, so daß wir uns entscheiden müssen, z.b. zwischen der Schulmedizin und der ganzheitlichen Medizin. Die Schulmedizin reduziert Menschen mehr oder weniger auf Einzelsymptome, die behandelt werden. Dagegen geht ein ganzheitlicher Ansatz immer von einem Zusammenspiel von Geist, Körper und Seele aus und betrachtet Symptome im Zusammenhang dieser verscheidenen Ebenen. Ich wünsche mir, daß zu dieser Zeitenwende eine ganzheitliche Betrachtungsweise, die auch feinstoffliche Körper und spirituelle Dimensionen miteinbezieht, das herkömmliche, schulmedizinische Diagnosemodell ablöst.

Jasna Russo

Keine Sonderbehandlung. Besonders bin ich schon.

Es gibt Denkweisen und Fragen, die ich sowohl in sogenannten Fachkreisen immer wieder gehört habe als auch in Kreisen normaler, wohlgesonnener Menschen, die keinen direkten Bezug zur Psychiatrie haben. Fragen, die mich nicht deshalb genervt haben, weil ich keine Antwort darauf wußte oder irgendwie ertappt wurde oder weil sie die Grenzen meines Denkens sprengten und auf Widersprüche stießen. Sie haben mich genervt, weil ich keinen Weg fand, die Art des Denkens, in dem sie entstehen, in Frage zu stellen. Oft habe ich die Frage gehört, wenn sie nicht an mich gerichtet war, sondern an jemand anders, und sie lautete: Was macht man mit solchen Menschen? Es muß doch irgendwas getan werden, man kann sie nicht einfach so lassen. Der Unterton war immer: Wenn die Psychiatrie schlecht ist, muß es was anderes geben, und was wäre das?

Ich habe die Frage in Jugoslawien gehört, auf einer großen Anti-Psychiatrie-Veranstaltung, und ich habe sie in Berlin gehört, bei jeder Informationsveranstaltung in dem Stadtteil, wo das Weglaufhaus für Psychiatrie-Betroffene eröffnet werden sollte. Die BürgerInnen nannten sich selber Betroffene, ‹betroffen› von dem Weglaufhaus, das noch gar nicht da war, d.h. betroffen durch die Idee, daß es das Projekt geben würde. Sie behaupteten, am Ende des 20. Jahrhunderts sei es barbarisch, psychisch Kranken keine Medikamente zu verabreichen.

Ich hörte die Frage in Paris, im Institut für Psychoanalyse, als ich das Konzept des Weglaufhauses vorstellte. Einer Frau gefiel alles, und sie konnte alles verstehen, außer daß ihr etwas fehlte, etwas Konkretes. Sie konnte schlecht sagen was, bis ihr das geniale Beispiel einfiel: Nehmen wir an, eine Person ist depressiv, sie liegt im Bett, steht nicht auf und tut nichts. Würde man sie im Weglaufhaus liegen lassen? Ich antworte: «Ich weiß nicht. Vielleicht.» Ich überlege: Ich kenne die Person nicht. Ich kann mir Verschiedenes vorstellen. Ich habe keine Ahnung, was mit ihr sein wird. Was würde jemand aus dem Weglaufhaus sagen? Dort arbeiten so viele unterschiedliche Menschen, möglich, daß jeder etwas anderes sagen würde. Meine Antwort «Ich weiß nicht» ist absolut präzise, aber sie befriedigt die Frau nicht. Die Antwort befriedigt sicher einen Teil des Publikums in seiner Skepsis. Wieder keine Patent-Antwort, keine innovative Methode, nichts außer meinem ehrlichen «Ich weiß nicht». Sie befriedigt im Sinne von: noch eine Unbestimmtheit, Unvollständigkeit, Inkonsequenz, keine konkrete Vorgehensweise. Auf der anderen Seite ist die Psychiatrie da, die die Person aus dem Bett bewegen kann. Die Maschinerie der Psychiatrie kann die Person aus dem Bett bewegen, wenn auch nur für kurze Zeit. Ich denke nach: Warum habe ich die Frau nicht gefragt, ob ihr die Vorstellung einer Person, die im Bett liegt, Angst macht? Erinnert es sie an etwas? Hat sie Angst, es könnte ihr widerfahren? Beunruhigt sie allein der Gedanke daran? Warum denkt sie überhaupt an die Person, die im Weglaufhaus im Bett liegt, die sie gar nicht kennt? Woher weiß sie, daß es da Betten gibt, woher hat sie alle Sicherheit der Welt, woher nimmt sie das Recht zu sitzen, sich etwas vorzustellen und eine fertige Antwort zu erwarten? Wie soll man diese Leidenschaft für eine Antwort, für eine Formel, die für alles, für alle und immer gilt, in Frage stellen? Wie soll man die gesamte Denkweise in Frage stellen, die auf Lösung hinzielt, auf Antwort, auf ein Ende, ein glückliches Ende, ein Ende am Horizont?

Was ist die Alternative zur Apartheid
Belgrad. Ich leite einen Einarbeitungskurs für den Notruf. Ein Thema sind Vorurteile gegen Frauen aus bestimmten gesellschaftlichen Gruppen, die bei der Beratung so auf uns wirken können, daß wir ihnen nicht mehr glauben und nicht länger zuhören. Es ist solange alles in Ordnung oder scheint an der Oberfläche in Ordnung zu sein, bis ich die psychiatriebetroffenen Frauen erwähne. Eine zukünftige Volontärin, praktische Ärztin, ist am leidenschaftlichsten: «Sag mir bloß nicht, ich soll einer Schizophrenen genauso glauben wie einer anderen Frau. Ich bin nicht auf Psychiatrie spezialisiert, ich kenne mich also nicht aus, aber es ist lächerlich, daß das von mir hier erwartet wird.»
Während ich ruhig, mit Hilfe aller rationalen Argumente, aller Untersuchungen und Zahlen, die mir einfallen, über die Wahrscheinlichkeit rede, daß die ‹Schizophrene›, die uns anruft, tatsächlich in Gefahr und auf unsere Hilfe angewiesen ist, so wie jede andere Frau, überlege ich, was die praktische Ärztin über mich nicht weiß und inwieweit sie zuhören würde, was ich zu sagen habe, wenn sie wüßte, daß ich selber in der Psychiatrie war. Ich benutze alles, was ich über mich nicht gesagt habe, zusammen mit antipsychiatrischen Argumenten. Die anderen in der Gruppe scheinen jetzt davon überzeugt zu sein, daß jeder Anruf ernst zu nehmen ist, so daß auch einer ‹Schizophrenen› die Polizei zu Hilfe geschickt werden muß, wenn sie es will und wenn sie akut von Gewalt bedroht ist. (Die Polizei in Belgrad leistete

damals bedrohten Frauen nur Hilfe, wenn sie vom Notruf benachrichtigt wurde, nicht aber, wenn Frauen direkt anriefen.)

Die Fragen ‹Was ohne Psychiatrie?› oder ‹Was ist die Alternative zur Psychiatrie?› werden ebenso oft von denen gestellt, die behaupten, daß es ohne Psychiatrie nicht geht und nicht gehen darf (wie der betroffene Bürger aus Berlin), wie von denen, die meinen, die Psychiatrie sei immer schon da gewesen und das medizinische Wissen stelle man nicht in Frage (wie die praktische Ärztin aus Belgrad), sowie von denen, die die Medizin kritisieren, die Psychiatrie in Frage stellen und auf der Suche nach Alternativen sind (wie die Frau aus Paris, voller guter Absichten, die die depressive XY aus dem Bett holen möchte). Ich denke, daß es sich hier um die gleiche Denkrichtung handelt, auch wenn die Ausgangsideologien, wie wir sehen, sehr unterschiedlich sein können. Die Frage ‹Was ohne Psychiatrie?› konnte ich nie verstehen, ich konnte mich nicht damit identifizieren, es war niemals meine Frage. Lebensprobleme gibt es immer, manche lassen sich leicht, manche schwer oder niemals lösen, und es gibt solche, die nicht zu lösen sind, höchstens zu verstehen. Die Lösbarkeit der Lebensprobleme erschien mir nie komplexer oder unvorstellbarer ohne psychiatrische Interventionen. Die psychiatrische Intervention ist nicht nur in Bezug auf die Problemlösung irrelevant, sie ist leider in keiner Weise neutral. Ich gehe davon aus, daß die Dimensionen ihrer Destruktivität mehr oder weniger bekannt sind. Ich würde gerne bei dem Denken bleiben, das an der Psychiatrie festhält oder Schwierigkeiten hat, sich von der Psychiatrie zu lösen, und somit zu ihrem Monopol auf die Lösung von Lebensproblemen beiträgt, dem Monopol auf unsere Probleme, auf alle möglichen Probleme und Nicht-Probleme (unterschätzen wir nicht die Macht der Psychiatrie, etwas, was nie ein Problem war, zum Problem zu machen).

Sehr oft wurde die Frage ‹Was ohne Psychiatrie?› nicht ausgesprochen. Ich sah sie in ungläubigen Blicken, sorgenvollen Gesichtern, Schulterzucken. Ich sah sie auch angesichts des vollen Verständnisses, wie schrecklich Psychiatrie ist, und in der Ohnmacht, die sofort nach diesem Verständnis kommt. Im Fehlen jeglicher Ideen, in der Suche nach einer definitiven Antwort, die alles lösen wird.

Eine der besten Antworten fand ich in einem Text von Jeffrey Masson: «Nachdem ich das Buch ‹Die Abschaffung der Psychotherapie› (1988) geschrieben habe, kritisierten viele Leute die Tatsache, daß ich keine lebbare Alternative zur Therapie anzubieten hätte. Meine Entschuldigung war, daß, wenn etwas so schlecht wie Psychiatrie ist, sich deine Energie primär darauf richten sollte, die Probleme aufzuzeigen. Im Endeffekt, was ist denn ‹die Alternative› zu Frauenhaß oder zu Sklaverei oder zu Apartheid? Du wirst sie einfach los, und wer weiß, welchen wunderbaren Dingen es dann erlaubt sein wird zu blühen.»[1]

Wenn wir uns an dieser Stelle einig sind, daß es Rassismus oder Sexismus oder Psychiatrie sind, die mit genau definierten Kategorien des Erlaubten und Unerlaubten operieren, mit Vorstellbarem und Unvorstellbarem, Natürlichem und Unnatürlichem, mit ‹richtigem› Wissen über das, was ist und was nicht ist, und insbesondere dem Wissen über das, was schon immer war, wenn wir uns darüber einig sind, daß die Suche nach den Alternativen zu diesen Strukturen unlogisch ist, da sie von der Gegebenheit dieser Strukturen ausgeht (sie hat Angst vor der Leere, die der Abschaffung dieser Strukturen folgt), wenn wir uns darüber einig sind, daß es legitim ist, die Frage, was ohne Psychiatrie, aufzugeben, da es die *eine* Antwort nicht geben kann, dann könnten wir uns entlang der Vielzahl von möglichen Einzelantworten bewegen. Und vor allem bleiben wir dort, wo wir zulassen können, daß dies passiert oder nicht, wo wir eine bestimmte Art des Denkens verlassen oder nicht, wo wir den Weg einer weiteren ‹unvermeidbaren› psychiatrischen Intervention ermöglichen oder wo wir irgendeine andere Möglichkeit aufmachen. Diese Irgendeine-andere-Möglichkeit würde ich als Nicht-Psychiatrie bezeichnen. Die Psychiatrie ist nur *eine* Methode (die soziale Psychiatrie bleibt weiterhin nur eine Variante der gleichen Methode, genauso wie Psychopharmaka eine Variation der Zwangsjacke sind). Alle anderen Methoden und Nicht-Methoden, die nicht von der psychiatrischen Behandlung ausgehen und mit ihr enden, sind Nicht-Psychiatrie.

Vielleicht ist denjenigen, die keine eigene Psychiatrie-Erfahrung haben, fremd, daß auch ein Kinobesuch oder Sex oder ein Gespräch im Café oder eine Reise oder der Umzug in eine andere Stadt oder ein Arbeitsvertrag oder ein langes Telefongespräch nicht-psychiatrische Praxen sein können. Solange es wirkliche Mauern gibt und hinter ihnen Menschen, solange es chemische Mauern im Körper dieser Menschen gibt, scheint mir diese Aufteilung in Psychiatrie und Nicht-Psychiatrie sinnvoll.

Nicht-Psychiatrie denken können

Es ist die Art, wie wir denken, die uns die Möglichkeiten eröffnet oder verschließt, es sei denn, wir arbeiten in der Psychiatrie, wo die Möglichkeiten und Nicht-Möglichkeiten unabhängig von uns und unserer Meinung definiert worden sind. Nicht-Psychiatrie denken können setzt einen bestimmten

Raum und bestimmte Bedingungen voraus. Damit meine ich den Raum, der nicht durch bestimmte Rollenverteilungen und die Konsequenzen aus diesen Rollen beschränkt ist. Psychiatrie ist kein Ort, wo man eine Alternative zur Psychiatrie denken kann. Wie jemand sich dort innerhalb der vorgesehenen Rolle benimmt, welchen Gerechtigkeitssinn oder welches Gefühl für die Menschen jemand in diese Rolle einzubringen versucht, ist nicht von großer Bedeutung. Psychiatrische Behandlung findet im Übrigen nicht nur in der Anstaltspsychiatrie statt. Als entscheidendes Merkmal psychiatrischer Intervention betrachte ich vielmehr die Angriffe auf den Körper und die Psyche (das Verabreichen von ‹Medikamenten› und Depot-Spritzen). Diese Interventionen dominieren die Erfahrungen, so daß alles andere zweitrangig wird, so auch, wenn sich jemand menschlich benimmt und Respekt zeigt.

Menschlichkeit und die Fähigkeit zu Respekt bei denjenigen, die in der Psychiatrie arbeiten, sind für mich sehr seltsame Kategorien. Nur die Moral derjenigen, die die Krankenhäuser putzen, würde ich nicht in Frage stellen. Ob jemand sich freundlich verhält, während uns die Erlebnisse, Erfahrungen, Erinnerungen, Gefühle und alles, was uns ausmacht, weggenommen werden, ob sie mit uns dann sprechen und auf welche Weise sie unsere Probleme betrachten, welche Ideologien sie vertreten (patriarchal oder feministisch, rechts oder links), finde ich für die Diskussion über Alternativen zur Psychiatrie irrelevant. Weder bessere Verhältnisse noch bessere Theorien innerhalb einer solchen Rollenverteilung (das sind nicht nur verteilte Rollen, das sind getrennte Welten) können ein Gegengewicht zur Psychiatrisierung sein.

Ein paar Mal habe ich mit denjenigen, die in der Psychiatrie als Pflegepersonal gearbeitet haben, gesprochen (mit denen, die mit dieser Arbeit Probleme hatten) und gehört, daß es ihnen am schwersten falle, jemanden zu fixieren, daß dies schrecklich sei und wie sie es vermeiden würden. Der Pfleger des Krankenhauses, in dem ich war und der dort zu mir nett war, sagte, er würde sowas niemals tun. Er sei einfach nicht da, wenn sie jemanden fixierten. Natürlich erinnere ich mich an ihn und unterscheide ihn von anderen, die am gleichen Ort gearbeitet haben. Aber ob er persönlich fixiert oder nicht, und insbesondere, wie er sich dabei fühlt, ist für mich, die in diesem Krankenhaus fixiert werden kann, weil die Regeln so sind, völlig unwichtig. Auch wenn das niemals passiert, zu welcher Kommunikation könnte es kommen zwischen mir, der das widerfahren kann, und jemandem, der mich fixieren könnte, auch wenn er es nicht möchte? Was könnte uns verbinden, welches ist der gemeinsame Nenner ‹unserer› Erfahrungen, und benötigen wir ihn überhaupt? Für mich gibt es so etwas wie ‹unsere gemeinsame› Erfahrung ganz sicher nicht. Nicht etwa, weil ich so sehr damit beschäftigt bin, meine eigene Erfahrung zu artikulieren und ihr eine Stimme zu geben. Gemeinsamkeit in einem so definierten Kontext ist Perversion, die auch nicht aufhört, wenn ich diesen Kontext körperlich verlassen habe. Meine Ablehnung des Dialogs mit denen, die in der Psychiatrie arbeiten, ist nicht bedingt durch meine Erfahrung als Patientin oder die Phobie vor weißen Kitteln oder durch Radikalität. Die Idee der Psychiatrie-Reform (in welcher Form auch immer) scheint mir ein Denkfehler zu sein, logisch betrachtet uninteressant.

Die Alternative zur Psychiatrie ist innerhalb der Psychiatrie nicht möglich. Innerhalb der Psychiatrie sind nur unterschiedliche alternative Psychiatrien möglich, und ich gehöre zu denen, die es ablehnen, sich mit ihnen zu beschäftigen, da mir die Prämissen dieser Alternativen nicht annehmbar sind. Wenn wir tatsächlich eine Beziehung zu der Person, die uns gegenüber steht, haben wollen, müssen wir als erstes auf die Möglichkeit verzichten, über sie zu entscheiden, ebenso darauf, uns in die Chemie ihres Nervensystems einzumischen.

Erst dann können wir Nicht-Psychiatrie denken, erst dann können wir eine andere Möglichkeit aufmachen. Das Eröffnen dieser Möglichkeit kann an jedem Ort passieren, an dem wir arbeiten, an irgendeinem Ort, der nicht die Psychiatrie ist. Die Tatsache, daß wir keine direkte Kontrolle über die Person haben, weil wir keinen entsprechenden Kontrollberuf besitzen, bietet ein Verhältnis an, das sich der Psychiatrie widersetzen kann, da es genügend Gewicht hat und wirklich ist, weil die Rollenverteilung darin nicht mit der Rollenverteilung, die wir schon erwähnt haben, kompatibel ist. Die Möglichkeit eines solchen Verhältnisses kann für das Ausbrechen aus dem Kreis der Psychiatrie entscheidend sein.

Ich werde versuchen, das, was ich mit Nicht-Psychiatrie-Denken-Können bezeichnet habe, am Beispiel des Frauenhauses zu verdeutlichen, weil ich dort arbeite. Denn ich glaube, jede sollte von den Beispielen ausgehen, die ihr zugänglich sind – von dem Ort, an dem sie arbeitet.

Diesen Ort als nicht-psychiatrischen Ort zu bezeichnen, ist entscheidend. Eine solche Perspektive kann Kraft geben und sollte zuallererst als etwas Positives erkannt werden. Ich bin froh, mißhandelte Frauen im Frauenhaus und nicht in der Psychiatrie kennenzulernen, wo ich sie ebenso kennenlernen könnte, würde ich dort arbeiten. Dies bedeutet keineswegs, daß damit alle Probleme gelöst sind und daß es eine Garantie dafür gibt, daß für eine bestimmte Frau unsere Begegnung außerhalb der Psychiatrie Möglichkeiten eröffnen wird. Es könnte passieren, daß sie doch in der Psychiatrie landet, mit direkter oder indirekter Hilfe von mir und meinen Kolleginnen. Aber zu Beginn ist die Anzahl der Möglichkeiten größer, der Raum ist größer für sie und für mich und dafür, was wir sind, da die Prämissen unserer Beziehung nicht Kontrolle und Macht sind. Macht kann in verschiedenen Zusammenhängen auftauchen, aber ihre realen Ausmaße und Konsequenzen unterscheiden sich jeweils abhängig vom Kontext.

Es gibt noch einen Grund, warum ich den Begriff ‹Alternativen zur Psychiatrie› nicht anwende und als Begriff ‹Nicht-Psychiatrie› bevorzuge. Alternativen sind oft mit Suche verknüpft. Sie implizieren etwas, was es noch nicht gibt und erst gefunden, überlegt, konzipiert werden muß. Nicht-Psychiatrie beinhaltet meiner Ansicht nach etwas, was bereits da ist und nur als solches erkannt und bezeichnet werden muß. Sie ist alles, was Psychiatrie nicht ist, eine Reihe einzelner Möglichkeiten, und diese Reihe ist nicht nur sehr heterogen, sondern auch unendlich.

Ich bin überzeugt, daß es nicht nötig ist, getrennte Orte für psychiatriebetroffene Frauen auszudenken und gesondert zu konzipieren, um ihnen irgendwann eine Alternative anzubieten. Dies kann jeder Ort sein, wenn er für diese Frauen zugänglich ist. Zugänglich von außen und innen. Von außen bedeutet, daß Frauen mit Psychiatrie-Erfahrung ebenso aufgenommen werden wie alle anderen Frauen. Von innen bedeutet, daß auch psychiatriebetroffene Frauen dort arbeiten und zwar gezielt und nicht, weil sie bestimmte Teile ihres Lebenslaufs verschwiegen haben. Das würde für mich Offenheit für die Problematik der psychiatriebetroffenen Frauen bedeuten, und in diesem Sinne ist jedes Frauenhaus, jede Beratungsstelle oder irgendein Projekt ein potentiell alternativer Ort.

So besonders bin ich gar nicht

Was ist die Problematik der psychiatriebetroffenen Frauen, und ist das eine besondere Problematik? Meine, und nicht nur meine Erfahrung umfaßt unzählige Situationen, in denen ich besonders behandelt wurde, in denen davon ausgegangen wurde, daß ich anders bin, unverständlich, besonders, besonders schwierig oder unmöglich. Mein Leben ist voll mit Sonderbehandlung und diese Art von Besonderheit war nie mein Bedürfnis.

Sonderbehandlung ermöglicht besondere Ungerechtigkeiten. Gleiche Behandlung geht davon aus, daß mein Problem wie jedes andere Problem ist und daß mit mir geredet und umgegangen werden kann wie mit jeder anderen. Sonderbehandlung heißt *noch* eine Trennung, *noch* ein Unterstreichen des Unterschieds, eine weitere Isolation. Gleiche Behandlung hieße, daß jemand mir hilft, mich dem zu widersetzen, was mich gebrochen hat (z.b. Gewalt des Partners, Vergewaltigung, Inzest). Gleiche Behandlung bedeutet, daß das Problem nicht in mir ist, sondern daß etwas für mich ein Problem ist und ich mich deswegen an jemanden wende; es bedeutet, wir bleiben konzentriert auf das Problem und nicht auf meine ‹Besonderheit›. Gleiche Behandlung ist die einzige Chance, den Kreis der Psychiatrie zu verlassen. Wenn jemand in mir weder eine Patientin noch das Verrücktsein noch das Problem sieht, kann mich das ermutigen zu einer anderen Beziehung zu mir selbst, kann mir das helfen, Kraft zu finden und mich dem zu widersetzen, was mich kaputt macht.

In vielen Frauenhäusern finden psychiatriebetroffene Frauen keinen Ort. Ich zitiere aus dem Jahresbericht 1996 eines autonomen Berliner Frauenhauses: «Psychisch kranke Frauen finden im Frauenhaus keine angemessene Wohnform, die ihrer Problemlage gerecht wird.» Wenn ich einmal absehe von der Sprache, die hier verwendet wird («psychisch kranke Frauen»), stimmt dieser Satz einfach nicht. Er stimmt vermutlich für dieses Frauenhaus, aber es stimmt nicht, daß das Frauenhaus an sich keine angemessene Wohnform für psychiatrisierte Frauen ist, nicht mehr und nicht weniger als für andere Frauen, die dort leben. Ebenso wenig stimmt, daß es ihrer Problemlage nicht gerecht wird. Außerdem gibt es nicht eine Problemlage als gemeinsamen Nenner aller Frauen, die in der Psychiatrie waren, und eine andere Problemlage derer, die nicht dort waren. Jede Frau unterscheidet sich in ihrer Reaktion und ihrem Bezug zur Gewalt, jede ist an anderen Stellen stark und schwach, allen sind mehr oder weniger die Integrität und das Selbstvertrauen verloren gegangen. Das Frauenhaus ist gerade der Ort, an dem dies wieder hergestellt werden kann, und ich weiß nicht, warum diese Möglichkeit für psychiatriebetroffene Frauen ausgeschlossen sein soll, wenn sie es sind, die mit «psychisch krank» gemeint sind. Diese beiden Bezeichnungen stimmen vielleicht nicht überein, aber ich nehme an, «psychisch krank» bedeutet hier, die Mitarbeiterin des Frauenhauses hat die Information, daß die Bewohnerin irgendwann mal in ihrem Leben in der Psychiatrie war, und das ist der Augenblick, in dem sie zu einer «psychisch kranken Frau» wird. Dieser Grobsortierung folgt ein Spektrum individueller Unterschiede, die dann aber aufhören, wesentlich zu sein.

Es ist eine Tatsache, daß sich Frauen in einem schwierigen Zustand befinden können, nachdem sie Gewalt erlebt haben, daß sie sehr anstrengend sein können, sich möglicherweise umbringen wollen, ihre Kinder vernachlässigen können, daß sie auf unterschiedliche Weise ein Problem für das Zusammenleben im Frauenhaus darstellen können. Das gilt aber sicherlich nicht nur für diejenigen, die in der Psychiatrie waren. Der einzige Unterschied besteht darin, daß die, die eine Diagnose haben (über die wir Bescheid wissen, vergessen wir aber nicht die Möglichkeit, dies niemals zu erfahren), nachgewiesenermaßen und in diesem Sinne schon ‹von Natur aus› schwierig sind – falls sie überhaupt schwierig sind. Wenn sie nicht schwierig sind, werden sie es in dem Moment, wo wir diese Information bekommen, sie werden potentiell schwierig, und dann ist das Frauenhaus kein angemessener Ort mehr.

«Für psychisch kranke und suchtkranke Frauen gibt es weiterhin kaum angemessene Wohn- und Beratungsangebote», wird im oben zitierten Jahresbericht weiter festgestellt. Wenn ich wieder absehe von der Sprache, die niemals nur Sprache, sondern auch ein Weltbild ist, und ein Weltbild wird danach zur Welt – wenn ich davon absehe, stimmt der Satz. Und es hätte weiter im Text stehen können, das Frauenhaus sei eines dieser Angebote. Es steht da aber etwas ganz anderes: «Für Frauen, die oft aufgrund jahrelanger Mißhandlungen in dieser Verfassung sind, ist das Leben in der Enge des Frauenhauses eine zusätzliche Belastung. Eine wirklich ausreichende Betreuung und Begleitung können die Mitarbeiterinnen des Frauenhauses hier nicht leisten.» In der Bewegung der Autonomen Frauenhäuser wird normalerweise nicht von Betreuung und Begleitung, sondern von Beratung gesprochen.

Ich frage mich, wie es möglich ist, daß das Frauenhaus eine zusätzliche Belastung und nicht eine Entlastung darstellt. Das wären sicherlich nicht die Worte der Frauen, auf die sich dieses Zitat bezieht. Das Frauenhaus an sich, im Vergleich zur Psychiatrie oder dem gewalttätigen Ehemann, kann keine zusätzliche Belastung darstellen. Mit einer so verdrehten und projizierten Darstellung fangen die Sonderbehandlung und deren Rechtfertigung an. Sie basiert auf Annahmen, die nichts mit dem Leben der Frau, die sich an das Frauenhaus wendet, zu tun haben. Diese Darstellung hat mit unserer zusätzlichen Belastung, mit unseren Schwierigkeiten, mit unserer Angst zu tun. Und erst wenn wir sie auch so benennen, können wir versuchen, etwas zu ändern. Wenn wir aufhören, psychiatrisierte Frauen zu beschreiben und in diese Beschreibungen unsere Projektionen einzubringen, eigene Ängste und Interessen, erst wenn wir bereit sind, die Terminologie unserer eigenen und nicht ihrer Probleme zu benutzen und dafür Verantwortung zu übernehmen, erst dann können wir den Raum für Nicht-Psychiatrie und Verständigung vergrößern.

Ich glaube nicht an einfache Befreiung oder ein Verbot von Vorurteilen. Es gibt aber offensichtlich allgemein erlaubte Vorurteile, die als solche nicht sichtbar sind. Wenn wir das Attribut «psychisch krank» durch eine andere Spezifizierung wie Nationalität, Hautfarbe oder sexuelle Orientierung ersetzen, wären solche Äußerungen skandalös. Z.B.: «Für ausländische Frauen gibt es weiterhin kaum angemessene Wohn- und Beratungsangebote. Für ausländische Frauen (. . .) ist das Leben in der Enge des Frauenhauses eine zusätzliche Belastung. Eine wirklich ausreichende Betreuung und Begleitung können die Mitarbeiterinnen des Frauenhauses hier nicht leisten.» «Psychisch krank» ist offensichtlich eine Bestimmung, die viel erlaubt.

Schauen wir noch einen weiteren Abschnitt aus dem Original des Berichtes an: «Migrantinnen, die vor gewalttätigen Ehemännern fliehen, sind gesetzlich noch mal diskriminiert, insbesondere durch den § 19 des AusländerInnengesetzes. Sie haben praktisch nur die Wahl zwischen dem Ausharren in lebensbedrohlichen Mißhandlungsbeziehungen und der drohenden Ausweisung, wenn sie weniger als vier oder in Ausnahmefällen auch drei Jahre in Deutschland verheiratet sind. Hier sehen wir dringenden politischen Handlungsbedarf.»

Hier wird vorsichtig mit der Sprache umgegangen («Migrantinnen» und nicht «ausländische Frauen»), denn es wurde erkannt, daß die Sprache einen bestimmten Zugang widerspiegelt. Es wird die Notwendigkeit nach politischem Handeln unterstrichen und nicht die zusätzliche Belastung der Migrantinnen in der Enge des Frauenhauses.

Mit diesem Vergleich will ich keine Ähnlichkeiten zwischen diesen beiden gesellschaftlichen Gruppen herstellen, sondern den Mechanismus zeigen, mit dem ausgeschlossen wird. Ich will auch die unterschiedliche Sichtbarkeit der Ausschluß-Mechanismen zeigen. Etwas z.B. mit Rassismus zu bezeichnen, ist der erste Schritt zur Herstellung der Sichtbarkeit. Erst wenn ein Mechanismus sichtbar wird, können wir versuchen, ihn auseinanderzunehmen: in Ängste, falsche Annahmen, politische Implikationen und seine anderen Bestandteile.

Das Erkennen und Benennen eines Phänomens bedeutet nicht sein Ende, kann aber der erste Schritt in diese Richtung sein. Brauchen wir eine Arbeitsbezeichnung, noch einen Ismus, ein neues Wort wie ‹Mentalism›, das ein Teil der Psychiatrie-Betroffenen-Bewegung in den englischsprachigen Ländern benutzt? Ich würde ‹Normalismus› vorschlagen, um ihn Begriffen wie Sexismus und Rassismus anzufügen. Würde uns solch ein Begriff helfen können, das Problem zu lokalisieren und nach außen zu bringen, um zu wissen, was es zu vertreiben gilt und um den Feind in uns zu benennen? Ich weiß es nicht. Ich weiß nur, daß dieses Phänomen – ob wir ihm einen Namen geben oder nicht – den Anfang schwierig macht, über eigene Erfahrung mit der Psychiatrie zu reden und darüber, wie notwendig das manchmal ist.

Die Rede in der Zweiten Person oder das Recht auf Kassettenrecorder

Über unsere Erfahrung zu reden, so wie sie uns widerfahren ist, ist eine Voraussetzung, um aus dieser Erfahrung herauszukommen oder einer anderen Erfahrung Platz zu schaffen. Über die Erfahrung zu reden ist eine Voraussetzung dafür, nach einer besseren Möglichkeit zu suchen und diese zu finden.

In vielen Zusammenhängen ist es risikoreich, über die Erfahrung mit der Psychiatrie zu sprechen. Und es endet häufig in einer Lüge oder findet nur begrenzt statt, was praktisch sein kann, da sich so Türen öffnen, die sonst verschlossen bleiben. Andererseits ist es unpraktisch, die eigenen Erfahrungen wegzulassen oder sie zu verdrängen, denn wenn sie das nächste Mal auftauchen, könnten sie extremer werden, gerade weil wir sie verdrängt haben.

Das Reden über die Erfahrung des Verrücktseins oder über die Erfahrungen, von denen wir wissen, daß sie verboten sind (wie Selbstverletzung), fordert Raum, der befreit ist von irgendeiner gewaltsamen Intervention. Die Möglichkeit der Rede in der Ersten Person ist hier von wesentlicher Bedeutung.[2]

Eine Sonderbehandlung hat unter anderem zur Folge, daß die Rede in der Ersten Person keine Selbstverständlichkeit mehr ist. Nach der Psychiatrisierung muß eine eigene Position wiedergefunden werden, und auch der Mut zur Rede in der Ersten Person.

Ich möchte jetzt bei der Zweiten Person bleiben, derjenigen, die uns gegenüber sitzt, die uns anspricht und die wir ansprechen, die uns Möglichkeiten bietet oder wegnimmt. Die Raum läßt oder nicht. Die zuhört und versucht zu verstehen oder sich verteidigt. Eine andere Person, die auf unserer Seite ist oder gegen uns. Die von unserer Gleichheit oder Differenz ausgeht oder von beidem gleichzeitig.

Die Zweite Person ist diejenige, die mit uns in Zweiter Person redet oder in die Dritte ausweichen kann und dabei scheinbar in der Zweiten bleibt. Die Zweite Person kann helfen, die Erste Person zu bestärken. Sie ist diejenige, die das Auftreten der Rede in der Dritten Person verhindert und in der Zweiten bleiben kann. In diesem Sinne wird die andere, Zweite Person zu der Entscheidenden. In der Zweiten Person reden zu können heißt auch, in der Ersten Person reden zu können.

In der Zweiten Person zu bleiben heißt, daß es ein Du gibt, an das wir uns wenden können, das wir rufen können. Manchmal ist das Du, das wir rufen, weit weg, dafür gibt es viele Gründe. Manchmal ist es notwendig, daß das Du spürt, daß es genug Raum gibt, in den es zurückkehren kann. Jedes, auch das komplizierteste Du auf dieser Welt, ist fähig zu spüren, ob es Raum für es gibt. Und dieses Gefühl kann entscheidend sein, daß ein unverstandenes, entweichendes Du zu uns zurückkommt.

Es ist zwölf Jahre her, daß ich das erste Mal in der Psychiatrie war. Es sind zwölf Jahre und etwa zehn Stunden vergangen, seit ich vergewaltigt wurde. In meiner Verlorenheit danach war das einzige, was ich wußte und wollte, eine meiner Musikkassetten zu hören. Ich befand mich am Hauptbahnhof einer Kleinstadt. Mein Koffer war sehr schwer, und ich blutete. Ich ging von Schalter zu Schalter mit der Bitte, mir diese Musikkassette abzuspielen. Als sie mich alle verwundert ansahen und mich verscheuchten, ging ich in einen dieser Verkaufsschalter hinein, um einen Kassettenrecorder zu suchen. Bald war die Polizei da und später auch der Krankenwagen. Sie steckten mich in eine Zwangsjacke, und schreiend habe ich vergessen, was ich hören wollte. Die Psychiatrie hat mir geholfen, noch vieles mehr zu vergessen.

Wäre ich an einem Ort gewesen, der nicht Psychiatrie gewesen wäre, ohne Zwangsjacke – z.B. in dem Frauenhaus, wo ich jetzt arbeite –, hätte mich jemand die Kassette abspielen lassen, bevor sie mich gefragt hätten, was denn sei? Hätten sie mich erstmal dort bleiben lassen, bevor sie verstanden hätten, was mit mir los war? Hätten sie mir ausreichend Zeit gelassen, bis mein zerbrochenes Ich sich gesammelt und gesagt hätte, was geschehen war?

Diese Erinnerung sowie viele andere Beispiele dessen, was Kerstin Kempker «Teure Verständnislosigkeit»[3] nennt, helfen mir, wenn ins Frauenhaus, in dem ich arbeite, eine Frau kommt, die mit sich selbst spricht oder einen Verband am Arm hat, weil sie sich mit einer Rasierklinge geschnitten hat, oder unverständliche, chiffrierte Nachrichten im Telefonnotizbuch hinterläßt oder fremde Post aufmacht und behauptet, es sei ihre eigene. Es hilft mir nicht zu wissen, was mit ihr los ist, weil ich es nicht wissen kann, solange sie es mir nicht erzählt, und auch nicht wissen muß. Diese Erinnerungen helfen mir, meine Kolleginnen davon zu überzeugen, eine solche Frau nicht woanders hinzuschicken, nach Möglichkeit auch nicht zu dem antipsychiatrischen Ort, den es in Berlin gibt. Denn das Weglaufhaus ist für Frauen und Männer gedacht, die aus der Psychiatrie entlaufen sind, und nicht für Frauen, die aus Frauenprojekten weglaufen.

Leider hilft mir dabei am besten die Tatsache, daß die Mehrzahl meiner

Kolleginnen nicht weiß, was mit mir vor zwölf Jahren passierte, und die Tatsache, daß ich Diplom-Psychologin bin.

Ich denke, es ist wesentlich, sich selbst als eine Person in einer Krise erkennen zu können, und zwar in einer Krise, in der die Kommunikation mit der Welt aufhört, leicht und verständlich zu sein, oder ganz aufhört und Deutungsmöglichkeiten sich vermehren (innerlich, in uns selbst, sowie von der Außenwelt, die uns dann erlebt). Der Moment, in dem wir uns wiederfinden können als Person, die nicht verstanden und falsch interpretiert wird, ist für mich der Schlüssel zur Änderung ‹unserer› Beziehung zu psychiatriebetroffenen Frauen.

Nicht-Psychiatrie ist eine Sache der Denkbarkeit. Es handelt sich um die Erweiterung des Denkbaren und um einen Prozeß, in dem wir Undenkbares in Denkbares hereinkommen lassen. In dem Moment, in dem für uns die Erfahrung einer anderen Person aufhört, undenkbar zu sein, wird Verständnis möglich.

Abgesehen von den Dingen, die wir zu verstehen ablehnen, weil wir aus politischen, persönlichen oder anderen Gründen dagegen sind, bin ich davon überzeugt, daß alle Erfahrungen denkbar sind und daß das Verbleiben in der Zweiten Person eine Sache der Übung ist.

Dagmar Schultz

Ein Leben, das wir weitertragen werden
May Ayim (1960–1996)

es gibt keine richtigen und keine falschen Worte
für etwas das unaussprechlich ist
es gibt kein richtiges und falsches verhalten
für das was unbegreiflich bleibt[1]

Wer war May Ayim?

May Ayim, ghanaisch-deutsche Dichterin, Autorin, Wissenschaftlerin, Aktivistin, bewegte sich Ende 1995 in eine andere Dimension der Wahrnehmung. Sie erlitt das, was eine psychotische Episode genannt wird. Eine Gruppe von Freundinnen und Freunden, zu denen auch ich gehörte, sah keine andere Möglichkeit, als den psychiatrischen Dienst des Sozialamtes zu Hilfe zu rufen, eine Entscheidung, die zur Einweisung in die Psychiatrie führte.

Ich möchte hier darüber schreiben, wie wir zu dieser Entscheidung kamen und welche Folgen sie nach sich zog. Dabei will ich versuchen, darauf einzugehen, wie ich als Freundin Mays Krankheit und Tod durchlebt habe, welche Mängel ich in der psychiatrischen Klinikbehandlung sehe und welche Lehren ich aus meiner Begegnung mit der Psychiatrie ziehe. Ich tue dies, weil ich weiß, wie viele FreundInnen und Angehörige einem solchen Geschehen möglicherweise hilflos gegenüberstehen.

In der Gedenkfeier für May Ayim am 28. August 1996 stellte ich sie mit folgenden Worten vor: «Wer war May Ayim? Wir kennen immer nur Facetten einer Person, und bei May waren sie mindestens so vielseitig wie die verschiedenen Communities, in denen sie sich bewegte. Einmütig erlebten alle ihre Wärme und Fröhlichkeit, ihre Klugheit und ihre verbindende Art, ihren Kampfgeist und ihre Solidarität, aber auch das Gefühl, daß etwas in ihr unnahbar blieb. May Ayim, ghanaisch-deutscher Herkunft, wurde 1960 in Hamburg geboren, lebte die ersten eineinhalb Jahre im Heim und dann in einer Pflegefamilie. Sie studierte Pädagogik in Regensburg, schloß danach eine Ausbildung zur Logopädin in Berlin ab und plante, ihre Dissertation zu schreiben.

May Ayim war seit langem in der Schwarzen Community und in der Frauenbewegung aktiv. Mit ihrem Engagement und der ihr eigenen verbindenden Art trug sie immer wieder dazu bei, Menschen unterschiedlicher Kulturen und politischer Zusammenhänge zusammenzubringen. Sie gehörte 1985 zu den GründerInnen der inzwischen bundesweiten Initiative Schwarze Deutsche und Schwarze in Deutschland. In den letzten Jahren arbeitete sie als Lehrbeauftragte an Berliner Hochschulen, als Sprachtherapeutin und als Studienberaterin an der Alice-Salomon-Fachhochschule für Sozialarbeit und Sozialpädagogik.

Zahlreiche Gedichte und Essays von May Ayim wurden in Büchern und Zeitschriften veröffentlicht (vor 1992 unter May Opitz). Bei vielen politischen Veranstaltungen, Demonstrationen und Diskussionen begeisterte und berührte May Ayim ihr Publikum. Sie begegnete ihren ZuhörerInnen in der Bundesrepublik, in den USA, in Kanada, Südafrika, England, der Schweiz, Österreich und den Niederlanden in immer wieder überraschender Weise mit ihrer Beobachtungsschärfe, ihrem Humor und ihrer Ironie. Mit dem Interview, das Bettina Böttinger mit ihr im letzten Jahr in der Sendung ‹b:trifft› führte, rief sie eine für uns alle unerwartet breite Reaktion in ganz unterschiedlichen Teilen der Bevölkerung hervor.

Unsere Freundschaft begann 1983 in Frankfurt am Main auf der ersten Tagung von ImmigrantInnen und deutschen Frauen. 1984 kam May zu einer Lesung von Audre Lorde nach Berlin. Sie entschloß sich, von der Universität Regensburg nach Berlin zu wechseln, um hier ihre Diplomarbeit über Afrodeutsche zu schreiben. Der Hauptteil des Buches ‹Farbe bekennen. Afrodeutsche Frauen auf den Spuren ihrer Geschichte› beruht auf dieser Arbeit, die auch die Grundlage aller weiteren Forschung zu Afrodeutschen im In- und Ausland wurde. Neben politischen Aktivitäten nahm das Schreiben immer mehr Raum ein. Besonders in ihren Gedichten zeigte sich Mays genialer Umgang mit Sprache. Auch ihre Entscheidung zur Logopädieausbildung entstand aus ihrer Verbundenheit zum sprachlichen Ausdruck.

Ich erinnere mich gut an die Kämpfe, die sie an der Logopädieschule bestand – wieder einmal die einzige Schwarze zog sie ihre Mitschülerinnen mit und forderte ein Bewußtsein von rassistischen, sexistischen Strukturen in den Arbeitsmaterialien und den Therapiemethoden. Darüber schrieb sie auch ihre nach anfänglicher Ablehnung mit ‹sehr gut› beurteilte Abschlußarbeit – ein Meilenstein in diesem Fachgebiet.

May war mutig. Sie trug ihre Gedichte bei Großdemonstrationen vor und trat mit bekannten Künstlerinnen und Künstlern bei Kulturfestivals in Johannesburg, Toronto, Accra und London auf. Sie verfügte über die ungewöhnliche Gabe, jedes ihrer Gedichte auswendig zu kennen, sobald sie es geschrieben hatte, und so waren ihre Lesungen sowohl auf deutsch wie auf englisch immer eine beeindruckende Performance.

1995 erfüllten sich ihr Ziel und ihr Wunsch, ihre Gedichte in dem Band ‹blues in schwarz weiß› zu veröffentlichen. Die Schriftstellerin Marise Condé, Verfasserin des Vorworts, schildert ihre Begegnung mit May Ayim:

‹Mit dem unverkennbaren Klang ihrer Stimme sprachen mir ihre Gedichte von ihr, erzählten von anderen, die ähnlich und doch so unähnlich sind, in Deutschland, in Afrika, in Amerika. In diesen Gedichten war Leidenschaft und Ironie und stets eine große Anziehungskraft. Die Stimme: jung und sehr alt. Während ich ihr zuhörte, begegnete ich aufs Neue der Entschlossenheit ihres Engagements; denn auch ihr Witz, ihre Wortspiele und Pointen verschleiern nie die Stärke ihres Protests gegen Rassismus, Sexismus und all die anderen Ismen, die unsere Gesellschaft mit Trauer durchwirken. In Mays Stimme fand ich das Echo anderer Klänge aus der Diaspora.›

Mays Weg zum Erfolg war voller Steine und Hürden. Als Schwarze Deutsche fiel sie durch das Raster der Quotierung, wenn Deutsche oder Immigrantinnen gefragt waren. Erst 1995 erhielt sie eine feste Stelle als Studienberaterin an der Alice-Salomon-Fachhochschule für Sozialarbeit. Als Autorin mußte sie es immer wieder ertragen, daß Exotismus und scheinbares Mitleid den Blick auf die Lyrikerin, die Wissenschaftlerin und die politische Aktivistin verstellten. Sie nahm dies mit trockenem und manchmal bitterem Humor hin, mit der Weisheit einer, die lernen mußte, alle Verteidigungsstrategien der Machthaber zu durchschauen.

May und mich verbanden viele gemeinsame Projekte: Zwei Jahre lang arbeiteten wir gemeinsam mit anderen an dem Buch ‹Farbe bekennen›. 1988 gründeten wir, d.h. Orlanda, May und einige andere Frauen, den Berliner Verein ‹LiteraturFrauen›, der es sich zum Ziel setzte, besonders Immigrantinnen und schwarze Frauen beim Schreiben und Veröffentlichen zu unterstützen. May war mehrere Jahre Vorsitzende des Vereins.

1991 bis 1993 arbeiteten wir zusammen in der Herausgeberinnengruppe des Buches ‹Entfernte Verbindungen. Rassismus, Antisemitismus, Klassenunterdrückung›. Wir unterrichteten zusammen an der Fachhochschule und an der Freien Universität. Wir hielten Vorträge und Lesungen und führten Forschungsprojekte durch.

Die Freundschaft mit Audre Lorde verband uns über Jahre. 1992 begleiteten May, Ika Hügel und ich Audre Lorde in den letzten Tagen ihres Lebens auf der Karibikinsel St. Croix.»

8. Februar 90. May und ich im Zug von Münster nach Berlin. Bei einer Ring-vorlesung an der Universität hat sie über Schwarze Deutsche gesprochen, ich über Rassismus in der weißen Frauenbewegung. May hat die Gelegenheit genutzt, ihre Großmutter im Krankenhaus zu besuchen, die Mutter ihres Pflegevaters, der sie sich in besonderer Weise verbunden fühlte. Sie war sich sicher, daß dieser Besuch ein Abschied war. Und sie erzählt mir ausführlicher als je zuvor von ihrer Kind-heit und Jugend, einer Kindheit durchsetzt von Ängsten und Einsamkeit, und vom Lernen, damit umzugehen, etwas Besonderes, ‹anders›, nämlich schwarz zu sein. «Vielleicht sollte ich mal eine Therapie machen», kommentiert sie ihren Rückblick. Und irgendwann, fast nebensächlich: «Ich könnte jederzeit gehen» – vier Worte, die mich tief erschrecken, vielleicht gerade, weil May sie mit einer solchen Gelas-senheit ausspricht.

Ich erinnere mich nicht mehr, ob und wie ich darauf eingegangen bin, ich weiß aber, dieses Gespräch trug dazu bei, daß ich als Freundin und Mitstrei-terin immer eine gewisse Sorge um May hatte. May war die erste Afrodeut-sche, die ich näher kennenlernte und mit der ich ein Vertrauensverhältnis entwickelte. Sie war auch die erste, die mir drei Dinge bewußt machte: Wel-che Stärken eine Frau, die in Deutschland als schwarze Person aufwächst, ent-wickeln kann und muß, welchen Gefahren sie ausgesetzt ist, und welche Ver-antwortung die gesellschaftlichen Privilegien der weißen Hautfarbe für mich beinhalten. Und es waren gerade die Stärken, die May hatte und auch nach außen demonstrierte, die es oft schwer machten zu erkennen, wo sie gefähr-det war, oder ihr Hilfe anzubieten.

1. Juni 96. May am Telefon: «Komm, komm, komm ganz schnell.» Wir finden sie am Boden in Decken verwickelt, Tablettenpackungen im Papierkorb. «Ich wollte mich umbringen», flüstert sie mir zu. Und in mir steigen ihre Worte «Ich könnte jederzeit gehen» aus der Versenkung auf. In dem Abschiedsbrief, der auf dem Tisch bereit liegt, schreibt sie: «Ich weiß, daß mein Tod Euch bestürzt und traurig macht. Dennoch, ich bitte Euch, nicht viele Tränen um mich zu vergießen, denn ich hatte ein gutes und langes Leben. Ich habe mehr erlebt als so manch andere Person, die schon doppelt so alt ist wie ich.»

Was war in den Wochen, Monaten, Jahren dazwischen geschehen? Der Weg in die Psychose begann für May, aus der nachträglichen Wahrnehmung ihrer engsten Freundinnen und Freunde, in den letzten Wochen des Jahres 1995, in denen sie einer wachsenden Arbeitsbelastung und emotionalen Anspannung ausgesetzt war. An ihrem Arbeitsplatz als Studienberaterin an der Alice-Salomon-Fachhochschule hatte sie zuvor erstmals die Aufgaben der erkrankten Frauenbeauftragten übernommen. Im November begann sie, intensiv den Black History Month vorzubereiten, der jährlich im Februar in Berlin stattfindet. Sie war entschlossen, dem Ereignis 1996 ein besonderes Gesicht zu geben: Unter dem Motto ‹Black Visions› wollte sie Menschen unterschiedlicher beruflicher und ideologischer Ausrichtung in Workshops zusammenbringen und einigen Personen Preise für hervorragende Leistungen verleihen. Rückblickend meinen wir, d.h. die engeren FreundInnen, die viel mit ihr in dieser Zeit zu tun hatten, sagen zu können, daß die Intensität, mit der sie diese Planungs- und Organisationsarbeiten durchzog, schon den Anfang des Weges in die Psychose darstellte. In diesen Wochen hatte sie immer weniger geschlafen und gegessen. Anzeichen uns fremder Verhaltensweisen waren, daß sie lange, erregte Gespräche führte, Personen, denen sie nicht besonders nahe stand, ausführlich über ihr Leben erzählte, daß sie auf Bitten von Freundinnen und Freunden, sich mehr zu schonen, in einer Weise aggressiv reagierte, die niemand an ihr kannte. Wir merkten, irgendetwas stimmt nicht, und erklärten uns ihr Verhalten mit der Überlastung. Am Donnerstag, dem 4. Januar 1996, flog May ohne unser Wissen nach Köln zu den Aufnahmen für Bettina Böttingers Sendung ‹b:trifft›, die Sendung, die am 19. Januar ausgestrahlt wurde und auf die unzählige Menschen mit Begeisterung reagierten. Eine enge Freundin hatte ihr von diesem Vorhaben abgeraten, da sie sich schon in einem wie uns schien sehr gestreßten Zustand befand. May hatte die Freundin gepackt und aus der Wohnung geworfen, was für diese ein schockierendes Erlebnis war. Freitag kam May zurück, ohne sich bei uns zu melden.

*7. **Januar 96.** Sonntagnacht erreicht mich und meine Freundin Ika der Anruf von Ann, einer Freundin von May. May habe sich bei ihr gemeldet und gefordert, Ann und ihr Partner Clarence sollten sofort zu ihr kommen, aber nur zusammen mit John, dem Freund von May, mit dem sie eine seit langem konfliktreiche Beziehung unterhält. Wir können John telefonisch nicht erreichen, fahren zu seiner Wohnung, wo wir ihn auch nicht antreffen, und hinterlassen eine Nachricht. Ika und ich setzen Ann und Clarence um zwei Uhr morgens bei May ab und fahren zu Anns Wohnung. Um 4 Uhr kommt Ann. Sie hat sich aus der Wohnung von May herausgestohlen. May sei in einem Zustand höchster Erregung, nicht mehr ansprechbar, die Wohnung in einem Chaos, Clarence liege auf der Couch, dürfe sich nicht bewegen und habe sich schlafend gestellt. Während wir überlegen, was zu tun* *ist, ruft May an. Nach einigen Minuten des Zuhörens reicht Ann mir verzweifelt den Hörer. Ein Schwall von Worten, mal geflüstert, mal geschrien, fast alles dreht sich um schwarz und weiß, um Rassismus, durchsetzt von Fetzen von Gedichten. Ich habe keine Chance etwas zu sagen, schon gar nicht zu erklären, wieso ich bei Ann bin, und hänge schließlich auf.*

Wir telefonieren mit einer Freundin und erfahren die Adresse einer afro-amerikanischen Psychologin. Erleichtert, eine schwarze Psychologin gefunden zu haben, rufen wir sie an und erklären ihr die Situation. Sie sagt, wir müßten Verantwortung übernehmen und einen Notarzt rufen oder am Morgen den Sozialpsychiatrischen Dienst, der aber häufig nicht so schnell komme. Mittlerweile ist es sechs Uhr. Wir überlegen verzweifelt, was wir tun können, ohne offizielle Stellen einzuschalten, als es klingelt. May ist unten vor der Tür. Auch jetzt ist kein Gespräch möglich. Wir können sie schließlich überzeugen, mit uns im Auto zurück zu ihrer Wohnung zu fahren. Dort treffen wir Sarah, eine weitere Freundin, die wir angerufen haben. Ika und Ann, beide schwarze Frauen, gehen mit May in ihre Wohnung – es ist uns klar, daß sie nur schwarze Personen duldet. Sarah und ich bleiben bei Carola, einer Freundin von May, die mit ihrer Familie auf demselben Flur gegenüber von May wohnt. Die nächsten beiden Stunden spitzt sich die Situation zu. Ann und Ika kommen zu uns und berichten, daß es unmöglich sei, May in irgendeiner Form zu beruhigen, sie rede ununterbrochen, ohne ansprechbar zu sein, und bestehe weiter darauf, daß Clarence auf der Couch liegen bleibe. Offensichtlich habe sie lange nicht gegessen oder getrunken, sei aber nicht interessiert oder bereit, etwas zu sich zu nehmen. In der Wohnung sei nichts mehr an seinem üblichen Platz, aber das Chaos habe für May ein deutliches System, das mit schwarz, weiß und Afrodeutsch zu tun habe. Wir beschließen schließlich, einen Notarzt zu rufen in der Hoffnung, der Arzt könne ihr ein Beruhigungsmittel geben. Eine Ärztin kommt zu unserem Entsetzen gleich mit zwei Polizisten. Natürlich ist es eine weiße Ärztin. Wir erklären ihr, daß sie zunächst mit uns in der anderen Wohnung sprechen solle. Sie ist höchst unkooperativ und fragt nur, wann sie nun endlich die Patientin sehen könne. Ich sage ihr, sie solle bitte wieder gehen. Sie läßt sich darauf ein und geht mit den Polizisten, nachdem sie mir ihre Karte gegeben hat, damit sie ihren Besuch bezahlt bekomme. Wir sind ratlos und rufen noch einmal die Psychologin an. Sie sagt, wir müßten den Sozialpsychiatrischen Dienst einschalten, wenn May nicht freiwillig zu einer Beratung bereit sei.

Es ist halb neun. Mays Freund John ist inzwischen angekommen. Weder er noch Ika oder Ann können May beruhigen, und es scheint klar, daß keine Aussicht besteht, sie dazu zu bringen, freiwillig Hilfe zu suchen. Wir sind sieben Personen, alle enge Freundinnen und Freunde, und haben uns bewußt als Gruppe zusammengefunden, da wir Entscheidungen gemeinsam treffen wollen. Wir besprechen uns in der Wohnung der Freundin gegenüber von Mays Wohnung und beschließen, den Sozialpsychiatrischen Dienst anzurufen. Eine Ärztin und eine Sozialarbeiterin sind innerhalb der nächsten Stunde da. Sie verhalten sich völlig anders als die Notärztin, setzen sich mit uns in die andere Wohnung und lassen sich erklären, wer May ist, wie wir die Situation einschätzen und welche Bedeutung die Tatsache, daß sie weiß sind, haben wird.

Beide gehen zu May in die Wohnung. Ihre Versuche, May klarzumachen, daß sie etwas für sich tun muß, daß etwas für sie getan werden muß, sind vergeblich. Eine muß ihre schwarze Jacke ausziehen, damit sie nur noch eine weiße Bluse anhat. Weiß bedeutet ‹schwach›, Ika soll dem schwarzen Freund etwas Weißes geben, damit er schwach sei. May bleibt auf demselben Level extremer Erregung, teilweise ist sie aggressiv, zwischendurch hat sie Zusammenbrüche, wo sie nur weint. Die Ärztin kommt zurück und sagt, May sei nicht ansprechbar, sie befinde sich in einem Zustand, in dem wir sie nicht weiter belassen könnten, und sie müsse May zwangseinweisen. Das Bezirkskrankenhaus ist zuständig, eine andere Wahl besteht nur, wenn die Person sich freiwillig einweist und ein Bett in der gewünschten Einrichtung frei ist.

Und nun geht die Routine ihren Gang: Zwei Polizisten kommen – den einen identifizierte May nach ihrer Entlassung als einen Polizisten aus ihrem Bezirk, was ihr natürlich unangenehm war. Ika erzählt später, die Polizisten hätten sich gut verhalten. Die Feuerwehr wird gerufen. May wehrt sich, wird auf einem Rollstuhl festgebunden. Wir stehen in der Tür und müssen zusehen, wie sie die Treppe hinuntergetragen wird, sehen aus dem Fenster, wie sie in den Krankenwagen gehoben wird, Clarence steigt mit ein, John und Ann fahren im Auto hinterher. Tränen der Wut und der Verzweiflung laufen mir über das Gesicht, wir alle weinen vor Hilflosigkeit und vor Angst um May. Clarence erzählt später, daß May im Krankenwagen vom Kinderheim und von Robben Island (dem berüchtigten Gefängnis in Südafrika) gesprochen habe.

Wir warten auf Clarence, John und Ann. Sie berichten, daß May in die geschlossene Abteilung des Krankenhauses gebracht wurde. Unter Zureden ihres Freundes war sie schließlich bereit, ein Medikament einzunehmen, es war wohl zunächst Valium.

An diesem Tag beginnt für uns ein höchst komplizierter und quälender Prozeß. Wir haben eine Entscheidung getroffen, zu der wir stehen, denn in der akuten Situation hat sich keine andere Möglichkeit angeboten. Dennoch fragen wir uns, wie diese Entwicklung hätte vermieden werden können, ob wir schon im Vorfeld anders hätten eingreifen sollen. Aber wie, wenn die Freundin sich überhaupt nicht als hilfsbedürftig sieht und jeden Ratschlag, sich zu schonen, als Übergriff empfindet und aggressiv darauf reagiert?

Von einer Station zur nächsten[2]

Wir gehen täglich ins Krankenhaus, noch unter Schock und entschlossen, May so bald wie möglich dort herauszuholen. May lebt zeitweise in der Vorstellung, jemand anderes zu sein. Ich rufe eine Freundin in New York an, die selbst Jahre in der Psychiatrie verbracht hat und in der Antipsychiatriebewegung aktiv gewesen ist. Sie sagt mir, wir sollen ‹reality therapy› praktizieren, nicht so tun, als ob wir ihre Vorstellungen akzeptieren, sondern ihr immer wieder die Realität vor Augen halten. Wir folgen ihrem Ratschlag und haben das Gefühl, das Richtige zu tun.

Ich hinterlege für die Ärzte die Bücher, die May als Autorin veröffentlicht hat mit einem Brief, in dem ich mich ihnen als Fachhochschulkollegin von May vorstelle, um ihnen etwas von der Persönlichkeit der Patientin nahezubringen. May scheint sich schnell zu erholen und nimmt eine Art Betreuerinstellung für die anderen PatientInnen ein. Nach ein paar Tagen schreibt sie einen Brief an den Richter, in dem sie ihren Zustand als einen Nervenzusammenbruch aufgrund von Überarbeitung erklärt und Entlassung beantragt. Auch äußerlich ist eine Wandlung eingetreten: Sie hat sich frisiert und geschminkt und bewegt sich mit größerer Sicherheit. Wir sind erleichtert, es scheint wirklich eine ‹Episode› gewesen zu sein, May wird es schaffen, hier bald herauszukommen. Doch dann liest uns eine Freundin den Brief vor, den May uns für sie mitgegeben hat, und darin wiederholt sie die Vorstellung, eine andere Person zu sein, wie schon in den ersten Tagen. Wie sollen wir dies interpretieren? Wir sind wieder völlig verunsichert. Begegnungen mit den Ärzten sind zufällig, einen kontinuierlichen Kontakt haben wir nicht. Wir haben auch Hemmungen, mit den Ärzten einen Termin zu vereinbaren, ohne May zu informieren. Die Ärzte selbst suchen das Gespräch nicht.

16. Januar 96. *Nach neun Tagen wird May in die offene Abteilung des Krankenhauses entlassen. Wir sind voller Hoffnung, daß sie die so diagnostizierte ‹psychotische Episode› nun doch bald überstehen wird.*

Doch es kommt anders. May erzählt den ÄrztInnen von ihren Sehstörungen, die sie vor ca. acht Jahren hatte. Damals war sie im Krankenhaus, und man hatte einen Verdacht auf Multiple Sklerose erwähnt, da Sehstörungen bei dieser Krankheit häufig als erstes Symptom auftreten. Die entsprechenden Untersuchungen wurden jedoch nicht vorgenommen. In den folgenden Jahren hatte sie ab und zu in Streßsituationen leichte Sehstörungen, aber keine weiteren Beschwerden, die typische Anzeichen für Multiple Sklerose wären. Nun entscheiden die ÄrztInnen zwei Wochen nach ihrer Ankunft in der offenen Station, sie auf Multiple Sklerose u.a. mit einer Kernspintomographie und einer Lumbalpunktion zu testen – ein Routineverfahren, um mögliche organische Ursachen der Psychose zu überprüfen. Am Morgen nach der Lumbalpunktion gehe ich zu May, um die nächsten Stunden bei ihr zu verbringen, da ich wußte, daß sie absolut still liegen muß. Auf dem Gang treffe ich einen Arzt, bei dem ich mich nach ihr und nach dem Untersuchungsergebnis erkundige. Er teilt mir mit, der Befund bestätige den Verdacht auf Multiple Sklerose. Als ich frage, ob er meine, daß die Multiple Sklerose die Psychose ausgelöst habe, antwortet er mit ja.

Ich gehe zu May, sitze an ihrem Bett und lese ihr etwas vor. Sie sagt mir, daß sie am nächsten Tag auf die Neurologie verlegt werden soll, um dort weitere Testergebnisse abzuwarten. Ich schlage ihr vor, eine Person ihres Vertrauens auf der neuen Station anzugeben.

8. Februar 96. *Einen Monat nach der Zwangseinweisung packt May ihre Sachen und wird in das Gebäude gebracht, in dem sich die neurologische Station befindet. Hier hat sie nach einem Aufnahmegespräch keine weitere psychotherapeutische Betreuung.*

Wenn die psychiatrische Station auch keine Therapie anbietet, so gibt es dort doch zumindest Einzelgespräche mit ÄrztInnen und Gruppengespräche unter Anleitung sowie verschiedene Gruppenaktivitäten. In der neurologischen Station ist May weitgehend sich selbst überlassen, während sie auf weitere Untersuchungsergebnisse und eine endgültige Diagnose wartet. War sie in der Psychiatrie vornehmlich mit gleichaltrigen PatientInnen zusammen, teilt sie hier zunächst ein Zimmer mit einer über 80-jährigen Frau und wird dann in ein anderes Zimmer mit einer noch älteren Patientin verlegt, was eine weitere Umstellung bedeutet. Ab und zu trifft sie sich noch mit Bekannten aus der offenen Psychiatrie. Wir besuchen sie täglich. Sie macht sich viele Gedanken und hat Angst, die endgültige Nachricht zu erhalten, unheilbar krank zu sein. (Nach ihrem Tod fand ich mit ihrem Vater in ihren Notizen vom Krankenhaus den Satz: «Ich will nicht in einem Rollstuhl landen und schwere Medikamente nehmen müssen.») Ein Pfleger aus der offenen Psychiatrie rät ihr, sich an Selbsthilfegruppen von MS-Erkrankten zu wenden.

May ist unsicher, ob ein Zusammenhang zwischen der möglichen Erkrankung und der Psychose besteht. Einerseits würde dies eine organische Ursache als Erklärung bieten, andererseits die beunruhigende Aussicht auf eine Wiederkehr psychotischer Einbrüche. Die PsychiaterInnen und NeurologInnen sind sich bezüglich eines solchen Zusammenhangs nicht völlig sicher und einig, und May ist mit widersprüchlichen Äußerungen konfrontiert. Bei der Aufnahme in der Neurologie hat May mich als Person ihres Vertrauens angegeben. Ich schlage ihr vor, zu dritt ein Gespräch mit der Stationsärztin zu führen, und sie stimmt zu. Die Ärztin hier vertritt offensichtlich einen anderen Standpunkt als die Psychiater dort: Sie sieht überhaupt keinen Zusammenhang zwischen der Psychose und einer möglichen Multiplen Sklerose, und sie rät, sich nicht intensiv mit der Krankheit zu befassen und auch nicht in Selbsthilfegruppen zu gehen, sondern sich nur physisch und psychisch gut zu versorgen. Sie ist der Ansicht, daß die Erkrankung bei May noch nicht weit fortgeschritten sei, da sie in all den Jahren außer den Sehstörungen keine Ausfälle anderer Art gehabt habe und daß sie dieses Niveau halten könne. Für mich hat dieses Gespräch eine beruhigende Wirkung. Für May hingegen mag es eher verwirrend sein: Behandlungen mit unterschiedlichen Konzepten, widersprüchliche Botschaften und uneindeutige Umgangsweisen sind für Personen, die eine Psychose erlitten haben, oft schlecht auszuhalten, wie ich erst später erfahre. May sollte dieser Situation immer wieder ausgesetzt sein. May erhält auf der neurologischen Station keine weiteren Neuroleptika. Wir bemerken dies und wundern uns, interpretieren es jedoch als ein gutes Zeichen. Die Medikation ist schon auf der offenen Psychiatrie heruntergesetzt worden, die Ärzte sind wohl der Meinung, daß May sie nicht mehr benötigt.

16. Februar 96. Genau eine Woche nach Ankunft in der Neurologie gerät May in akute Angstzustände. War die erste Psychose eine weitgehend manische Episode, in der sie aufgeregt war und sich als machtvoll empfand, so ist dies jetzt das Gegenteil: Sie fühlt sich bedroht, die Farbe weiß spielt wieder eine große Rolle – alles ist weiß auf der Station, von den Wänden bis zu den Arbeitskitteln des Personals –, sie hat Todesängste. May bittet abends selbst darum, wieder Medikamente zu bekommen, und läßt sich dann freiwillig in die geschlossene Station fahren.

Die Ärztin sagt mir am nächsten Tag, es habe auch keine andere Möglichkeit gegeben, da auf der Station die Fenster nicht gesichert seien und sie nicht das Risiko einer Selbsttötung eingehen könnten. Nach zwei Tagen wird sie von der geschlossenen in die offene Psychiatrie rückverlegt, wo sie gut zwei Monate bis zu ihrer Entlassung am 19. April 1996 bleibt.

Von nun an ist May die Zuversicht genommen, die ihr die Ärzte anfangs gegeben haben, es könne sich um eine einmalige psychotische Episode gehandelt haben. Von nun an hat sie die Angst, die Psychose könne immer wiederkehren, und die Angst, dies könne geschehen, wenn sie die Medikamente absetzt.

Ein kritischer Blick auf medizinische Praktiken

Meine Kritik an den Abläufen in den Krankenhäusern kann ich nicht getrennt von den Fragen sehen, die wir uns als FreundInnen während dieser Zeit und insbesondere nach Mays Tod immer wieder gestellt haben: Hätten wir im Vorfeld anders eingreifen können? Worin liegt die Verantwortung einer politischen Community zu verhindern, daß einzelne sich über ihre Grenzen verausgaben? Wie werde ich mich verhalten, wenn ich noch einmal mit einer ähnlichen Krise konfrontiert bin?

Gibt es überhaupt Alternativen zu einer Zwangseinweisung? Bei den Ladakhi, Buddhisten lamaistischer Prägung in Kaschmir, so habe ich gehört, wird eine Person, die eine Psychose durchmacht, von mehreren Menschen rund um die Uhr betreut. Ihr werden besondere Fähigkeiten zuerkannt, und nach Abklingen der Psychose wird sie zu einer Heilerin oder einem Heiler ausgebildet – eine Einstellung, die fern von der in unserer Gesellschaft liegt. In Deutschland bieten sich meines Wissens kaum Alternativen zur Zwangseinweisung bei einer Erstpsychose, wenn die/der Betroffene nicht bereit ist, Hilfe anzunehmen. Eine Zwangseinweisung und die damit verbundene Erfahrung einer ‹totalen Institution› ist für die betroffene Person und für die Angehörigen und FreundInnen immer ein traumatisches Erlebnis. Viel mehr Möglichkeiten sollten geschaffen werden, sie zu vermeiden, sei es durch Einrichtungen wie das Weglaufhaus oder durch ambulante Dienste mit entsprechend ausgebildeten PsychologInnen und ÄrztInnen.[3]

Mit dem derzeitigen Wissen und in dem doch kurzen Zeitraum der Erkrankung von May haben wir unser Bestes getan, doch die schmerzliche Frage bleibt: War ich letztlich die Begleiterin zu einer Selbsttötung? Und wie gehen wir mit den eigenen Grenzen der Belastbarkeit um, die bei jeder Person unterschiedlich sind? Einzelne Personen im Freundeskreis reagierten unterschiedlich auf die Konfrontation mit der Psychose und dann dem Selbsttötungsversuch – mit Angst, Sorge, Gefühlen von Überforderung, Fürsorglichkeit, Bedürfnis nach Distanz.

Meine kritischen Bemerkungen zur Behandlung im Krankenhaus verstehe ich nicht als Schuldzuweisung für den letztlichen Verlauf von Mays Zusammenbruch, d.h. ihren Entschluß zur Selbsttötung. Niemand kann sagen, ob sie diese Entscheidung nicht getroffen hätte, wenn die Dinge anders gehandhabt worden wären. Dennoch waren wir uns klar darüber, daß der Umgang mit May und ihrer Krankheit hätte anders und besser sein können.

ÄrztInnen handeln im günstigsten Fall nach bestem Wissen und Gewissen. Sie sind nicht unfehlbar, und sie sind Teil eines institutionellen Systems, dem es an Zeit mangelt und dessen Kommunikationsstrukturen oft höchst unzulänglich sind. Vor diesem Hintergrund sehe ich meine Einschätzung, daß die für May verantwortlichen ÄrztInnen in diesen Wochen mehrere unbedachte Entscheidungen mit gravierenden Folgen getroffen haben:

• May wurde im Zustand einer gerade überstandenen psychotischen Episode die Diagnose einer unheilbaren Krankheit mitgeteilt. Einer der Ärzte, den ich später darauf ansprach, sagte mir, er könne einer Patientin, die den Befund wissen wolle, nicht ein Untersuchungsergebnis verweigern. Für mich bleibt dennoch die Frage offen, ob May in der Situation, in der sie sich befand, mit dem Befund habe belastet werden dürfen. Da die Gefahr bestand, daß eine solche Nachricht ihren psychischen Zustand stark verschlechtern könnte – eine Gefahr, die auch eintrat –, meine ich, daß die Rechtfertigung bestanden hätte, ihr die Diagnose vorerst vorzuenthalten oder sie zumindest als fraglich darzustellen. Diese Ansicht vertrete ich insbesondere angesichts der widersprüchlichen Art und Weise, in der die Diagnose in den Arztberichten dargestellt wurde.[4]
• May wurde aufgrund von Untersuchungsergebnissen und ihren eigenen Angaben zu einer leichten akuten Sehstörung, unmittelbar nach einer anstrengenden Lumbalpunktion, auf die Abteilung für Neurologie verlegt, d.h. sie war unter dem extremen Druck einer MS-Diagnose in einer neuen Umgebung und war ohne psychische Betreuung mit neuen ÄrztInnen und Patientinnen konfrontiert.[5]
• In Verbindung mit der Verlegung wurden die Neuroleptika in der neurologischen Abteilung abrupt abgesetzt. Mittels der Generalvollmacht die May mit ihrem Abschiedsbrief für mich hinterlassen hatte, konnte ich nach ihrem Tod mit vielen Bemühungen einen Teil der Arztberichte bekommen. In dem Bericht von der offenen Psychiatrie an die Neurologie steht: «Aufgrund des stabilen psychischen Zustandes konnte die Haldol- und Valiquidmedikation kontinuierlich reduziert werden. Wir empfehlen, die Medikation gänzlich ausschleichend abzusetzen.»
May hatte mir erzählt, daß der Psychiater ihr die Funktion des Ausschleichens erklärt hatte: Es müsse sehr langsam geschehen, damit man sehen könne, was ‹unter dem Schirm› hervorkomme. Zum Zeitpunkt der Über-

weisung in die Neurologie hatte sie die unterste Stufe noch nicht erreicht. Und es bleibt unklar, was die Empfehlung «gänzlich ausschleichend» genau bedeuten soll – heißt sie gänzlich oder ausschleichend? Wie haben die KollegInnen diesen Satz gelesen und interpretiert? Hat je ein Kontakt zwischen den KollegInnen der beiden Abteilungen zwecks einer Abklärung oder einer Beratung bezüglich der weiteren psychischen Versorgung der Patientin stattgefunden? Als ich die Stationsärztin der Neurologie hierauf ansprach, sagte sie lediglich, sie habe ein Aufnahmegespräch mit May geführt.

Die Einschätzung des «stabilen psychischen Zustandes» von May war fragwürdig. Uns FreundInnen war klar, wieviel Ängste und Anstrengung sich hinter Mays äußerer Haltung (immer freundlich, so ausgeglichen wie möglich, so stark wie möglich) verbargen: Auch wenn sie stabil schien, mußte man davon ausgehen, daß die Konfrontierung mit der MS-Diagnose eine Destabilisierung bewirken konnte. Daß dies den ÄrztInnen zumindest nachträglich bewußt wurde, geht aus dem Arztbericht der offenen Psychiatrie hervor, in die May nach ihrem Rückfall zurückkehrte (dieser Arztbericht wurde auf Nachfrage an die nachbehandelnde Ärztin geschickt und ist vom 10. 8. 96 datiert, d.h. einen Tag nach Mays Tod!): «Durch die Schwere der Symptomatik und infolge des beginnenden Bewußtwerdens der Bedeutung dieser Erkrankung für ihr zukünftiges Leben war die Patientin, die sich bisher immer als sehr leistungs- und belastungsfähig empfunden hatte, sehr verunsichert. Neben der Aufnahme in eine ambulante Gesprächstherapiegruppe scheint uns eine langsame Wiedereingliederung in die Berufstätigkeit (nach dem Hamburger Modell) daher empfehlenswert.»

Diese Betrachtungen bestätigen meinen Eindruck, daß es falsch war, May in ihrer Verfassung die Diagnose MS mitzuteilen, ohne psychischen Beistand und ohne ‹puffernde› Medikation, bei gleichzeitiger fachlicher Unsicherheit und mit mehrmaligem Verlegen von einer Station auf die nächste.

Aufgrund der Erfahrungen dieser Wochen und Monate sehe ich folgende Aspekte des medizinischen Versorgungssystems als besonders problematisch:
Den unzulänglichen *Transfer von Informationen* erlebte ich als kritikwürdig. Der nachbehandelnden Ärztin lag bei unserem Gespräch mit ihr nach Mays Tod lediglich ein halbseitiger handgeschriebener «Vorläufiger Entlassungsbericht» vor. Erst auf meine mehrmaligen Aufforderungen und ihre Anfragen hin konnte sie weitere Arztberichte vorlegen. Zwei dieser Berichte waren, wie oben erwähnt, nach Mays Tod datiert. Die Klinik, in der May im Juni nach ihrem ersten Selbsttötungsversuch war, hatte weder die Berichte

von der ersten Klinik und der nachbehandelnden Ärztin noch die Befunde über die Untersuchungen zu Multipler Sklerose angefordert. Ich meine davon ausgehen zu können, daß keine telefonischen Beratungen zwischen den ÄrztInnen stattgefunden hatten, die diese Informationslücken gefüllt hätten. Als ein systemisches Problem betrachte ich den *Mangel an Kommunikation*, der zum einen zwischen den ÄrztInnen besteht (so z.b. in diesem Fall zwischen den ÄrztInnen in den Kliniken und der nachbehandelnden Ärztin), sowie zwischen den ÄrztInnen und PsychologInnen außerhalb der Klinik (dieser Kontakt scheint nach Aussage von mir bekannten Psychologinnen von den ÄrztInnen überhaupt nicht gewünscht zu sein), zum anderen zwischen ÄrztInnen und Angehörigen bzw. FreundInnen. Insbesondere wenn keine Angehörigen vorhanden sind, die mit den ÄrztInnen in Kontakt stehen, wäre es wichtig festzustellen, wer die Vertrauenspersonen der Patientin sind. May wurde nicht nahegelegt, solche Personen zu nennen. (Eine positive Reaktion erlebten wir auf der geschlossenen Station, als wir auf eigene Initiative das Gespräch mit dem Stationsarzt suchten und dies mit den Worten begrüßt wurde, daß der Kontakt zu Angehörigen immer wichtig sei.)

Auf den offenen Stationen hatten wir jedoch keinen Kontakt zu den ÄrztInnen und keine/r der Ärztinnen und Ärzte suchte den Kontakt mit uns. Wenn ich versuche, mir im Nachhinein zu erklären, warum wir die ÄrztInnen nicht ansprachen bzw. May nahelegten, uns ihnen vorzustellen, so hatte es damit zu tun, daß es May inzwischen besser als auf der geschlossenen Station ging. May war immer eine sehr unabhängige Persönlichkeit gewesen, die ihre eigenen Entscheidungen getroffen hatte. Plötzlich fanden wir uns in der Situation, wissen zu müssen, ob und wann man Entscheidungen für sie treffen sollte, in dem Zwiespalt, sie nicht entmündigen zu wollen, aber auch der Schwierigkeit gerecht zu werden, daß sie in ihrem Zustand und in der abhängigen Situation im Krankenhaus Unterstützung brauchen könnte. Heute würde ich darauf achten, mit May einen Plan machen, wie meine Rolle und die von anderen FreundInnen im Verhältnis zu ihr und den ÄrztInnen aussehen könnte. Eine Behandlungsvereinbarung, wie sie z.B. in Bielefeld entwickelt wurde[6], wäre in diesem Zusammenhang nützlich gewesen. Leider wußten wir zu dem Zeitpunkt nichts über diese Möglichkeit, und niemand wies uns darauf hin.

Prinzip der Klinik war, mit Angehörigen und FreundInnen nur im Beisein der Patientin zu sprechen. Dies ist zunächst als positiv und progressiv zu bewerten. Wenn jedoch die ÄrztInnen eine solche Gesprächssituation nicht herstellen, kann dies dazu führen, daß der Kontakt nicht zustande kommt, außer wenn die Patientin ihn selbst einfordert, was zumindest bei May nicht der Fall war. Die Folge war einerseits, daß den ÄrztInnen die Gelegenheit entging, möglicherweise wichtige Lebenszusammenhänge von May zu erfahren. Andererseits bestand offensichtlich kein Interesse daran, Personen aus dem unmittelbaren Umkreis von May Hilfestellung für den Umgang mit der schwierigen und potentiell lebensbedrohlichen Situation zu geben und damit auch May zu unterstützen. Insbesondere zum Zeitpunkt der Entlassung wäre ein Gespräch mit May und FreundInnen absolut notwendig gewesen.

Gespräche zwischen PsychosepatientInnen, ÄrztInnen und Angehörigen/FreundInnen, wie sie übrigens in einigen Städten praktiziert werden (sogenannte Psychose-Seminare), sollten auch die verschiedenen Möglichkeiten der Lebensführung nach der Entlassung ausloten. Nützlich hierfür wären Informationen über Kliniken und Einrichtungen, die auch PatientInnen, die eine Psychose hatten, eine Nachbehandlung bzw. einen therapeutisch ausgerichteten Aufenthalt ermöglichen.[7]

Zweiter Aufenthalt in der offenen Psychiatrie

18. Februar 96. *May wird von der geschlossenen in die offene Psychiatrie zurückverlegt. Nach Mays Rückfall in die psychotische Störung auf der neurologischen Station hat nun offensichtlich ihr psychischer Zustand Vorrang vor der Abklärung ihrer Sehstörungen: Ein längerer Aufenthalt in der offenen Psychiatrie beginnt. Sie wird auf einen anderen Flur verlegt, was bedeutet, daß sie wieder mit neuen ÄrztInnen und PatientInnen zu tun hat.*

Sonntagmorgen im März. May ist zum Frühstück bei uns – sie darf jetzt schon am Wochenende nach Hause gehen – und erzählt vom Termin mit den MS-Spezialisten. Für die ÄrztInnen steht die MS-Diagnose soweit fest, daß sie May im März zu Spezialisten für MS-Erkrankungen in eine weitere Klinik schicken. Man hat ihr dort nahegelegt, an einer Testserie mit Copolymer teilzunehmen, einem Medikament für Multiple Sklerose, das in den USA schon im Handel ist, hier jedoch noch nicht offiziell genehmigt. Sie soll nun innerhalb von vier Tagen entscheiden, ob sie an der Testserie teilnehmen will. Der Arzt hat ihr gesagt, daß vorübergehende Angstzustände als Nebenwirkung auftreten könnten. Wir sind entsetzt und fragen sie, ob sie dem Arzt gesagt habe, daß sie eine Psychose hatte und Neuroleptika einnehme. Das hat sie getan, aber er meinte, dies sei kein Hinderungsgrund.

Wir sind alle anderer Meinung. May müßte sich das Medikament selbst täglich spritzen und regelmäßig in die Klinik zur Überprüfung gehen. Das würde bedeuten, daß sie sich täglich mit einer Krankheit auseinandersetzen müßte, die laut Arztberichten auf einem wie gut auch immer begründeten Verdacht beruht und die die Ärztin in der Abteilung für Neurologie als latenten Fall beschrieben hat. Sollten Angstzustände auftauchen, müßte sie sich immer fragen, ob dies eine ‹vorübergehende Nebenwirkung› oder der Beginn einer neuen Psychose ist, eine Situation, die an sich schon angstproduzierend ist. (Viel später hören wir von einer Frau, die in einer anderen Stadt an der Testphase des Medikaments teilnahm und als Nebenwirkung eine Psychose erlitt.) Und all dies in einem sehr labilen psychischen Zustand, als Patientin in der offenen Psychiatrie und unter dem für sie extrem belastenden Einfluß der Neuroleptika.

Darüber hinaus berichtet May, daß einer der Spezialisten sich nicht völlig sicher über die Diagnose ist. Dennoch hat auch er ihr empfohlen, an der Testserie teilzunehmen. Wieder ist sie mit unterschiedlichen Einschätzungen konfrontiert. Es tut uns weh zu sehen, wie bemüht sie ist, all dies nüchtern zu betrachten – keine Verzweiflung sichtbar, keine Tränen, keine Wut. May ist eine Person, die wichtige Entscheidungen in ihrem Leben weitgehend ohne Unterstützung von anderen getroffen hat. So hat sie uns auch nicht vorher über den Termin mit dem Arzt unterrichtet, geschweige denn gebeten, sie zu begleiten. Allein daß sie jetzt dieses Gespräch mit uns führt, zeigt, wie verunsichert sie ist. Sie entschließt sich, nicht an der Testserie teilzunehmen.[8] May fühlt sich physisch und psychisch sehr schlecht. Sie leidet stark unter den Nebenwirkungen des Haldol: innere Nervosität bei gleichzeitigem Gefühl der körperlichen Lähmung. Nachdem sie den ÄrztInnen wiederholt ihre Beschwerden mitteilt, wird sie schließlich auf Taxilan umgestellt, was ihr etwas Erleichterung bringt.

Wir besuchen May fast täglich. Dennoch bekommen wir nur am Rande mit, wie ihr Alltag in dem Krankenhaus aussieht. Die Gruppengespräche scheinen ihr nicht viel zu bringen, jedoch hat sie mit einzelnen Personen näheren Kontakt und nimmt an einer Maltherapie und an Ausflügen teil.

«Internistisch-neurologischer Untersuchungsbefund der 35-jährigen dunkelhäutigen Patientin ohne Auffälligkeiten…»
May ist die einzige Afrodeutsche und die einzige schwarze Patientin auf der Station. Dies ist nichts Neues für sie, schon immer mußte sie mit dieser Situation umgehen. Bei einem unserer Besuche berichtet sie uns jedoch, daß der behandelnde Professor sie gefragt habe, ob sie einverstanden sei, seinen StudentInnen als Fall vorgestellt zu werden. Eigentlich ist sie dazu nicht

bereit, fühlt sich jedoch stark verunsichert, da sie nicht weiß, ob eine Absage den Professor verärgern würde und für sie Konsequenzen hätte. Wir unterstützen sie sehr, dieses Ansinnen abzulehnen. Was immer das Interesse des Professors an May ist, für uns bleibt die Frage entscheidend, warum er sich nicht eine weiße Patientin ausgesucht hat.

Die Tatsache, daß ein Arzt May diesen Vorschlag machte, scheint zu verdeutlichen, wie wenig er sich mit der Situation von Schwarzen Deutschen und speziell von May auseinandergesetzt hat. May ist nicht nur als schwarze Frau identifizierbar, sondern sie ist eine öffentliche Person, bundesweit bekannt durch ihre Veröffentlichungen und insbesondere durch die erst kürzlich ausgestrahlte Fernsehsendung ‹b:trifft›. Natürlich liegt ihr aus persönlichen und beruflichen Gründen daran, nicht alle Welt wissen zu lassen, daß sie einen psychischen Zusammenbruch erlitten hat, denn nach wie vor wirkt ein Aufenthalt in der Psychiatrie fast unweigerlich stigmatisierend. Die Ärzte wissen, daß sie eine Autorin ist, auch wenn sie vielleicht das Werk von May und ihren Bekanntheitsgrad nicht voll einschätzen können. Aus all diesen Gründen scheint uns das Ansinnen dieses Professors empörend.

May hat in ihrem Aufsatz ‹Weißer Streß und Schwarze Nerven› 1995 über den ‹Streßfaktor Rassismus in psychosozialen Notlagen› nachgedacht, ohne zu wissen, daß sie sich ein Jahr später selbst in einer solchen Situation befinden würde. Sie schrieb: «Was ist mit Schwarzen Menschen, auch jüngeren, die in psychiatrischen Einrichtungen leben? Für Menschen afrikanischer Herkunft und Schwarze Deutsche, die sich in akuten Krisensituationen befinden, gibt es keinen Ort, der von Rassismus frei ist. Einrichtungen psychosozialer Versorgung, die sich im Gesundheitswesen und im Beratungssektor Fragestellungen und Problemen im Kontext von Migration und Rassismus widmen, gibt es in Deutschland nur sehr wenige. Auch wenn Therapiebedarf und therapeutische Angebote derart in die Höhe geschnellt sind, daß seit längerem von einem ‹Psychoboom› die Rede ist, bleibt dabei völlig außer acht, ob überhaupt und wenn, wo MigrantInnen oder Schwarze Deutsche therapeutische Unterstützung finden können. Während weiße Deutsche sich einem schier unüberschaubaren Therapieangebot mit der Qual der Wahl gegenübersehen, haben Schwarze Deutsche und MigrantInnen Mühe, überhaupt Therapiemöglichkeiten ausfindig zu machen, geschweige denn etwa auswählen zu können. Für ihre ‹speziellen› Belange fühlen sich PsychologInnen und TherapeutInnen nicht zuständig, überfordert und inkompetent.»

Nun fand sich May selbst in einer psychiatrischen Einrichtung. Für eine weiße Person mag eine solche Institution noch einen geschützten Raum bieten, kaum jedoch für schwarze Menschen, für diejenigen Immigrantinnen, die in dieser Gesellschaft diskriminierten Minderheiten angehören, oder für jüdische Menschen. In einer Situation, in der sie sich nicht mehr auf sich selbst verlassen können und sich extrem hilflos und abhängig fühlen, können alle Ängste hochkommen, die auf rassistischen Erfahrungen in den unterschiedlichsten Begegnungen beruhen. Die Abwehrmechanismen und Überlebensstrategien, die sie bisher im Umgang mit einer (potentiell) feindseligen und/oder ignoranten Umwelt eingesetzt haben, stehen ihnen nicht mehr zur Verfügung. Nicht verstanden zu werden flößt Angst ein und/oder ruft Aggressionen hervor, insbesondere bei ImmigrantInnen, die kein oder nur wenig Deutsch sprechen. Keine Öffentlichkeit mehr zu haben kann Panikgefühle erzeugen. Bei Jüdinnen und Juden und schwarzen Personen, Roma und Sinti ist es wahrscheinlich, daß sie aufgrund des Wissens um Rassismus und Antisemitismus, einschließlich der Täterschaft von Psychiatern während des Nationalsozialismus, tiefes Mißtrauen gegenüber der Ärzteschaft hegen.

All diese Probleme haben bisher wenig Beachtung unter PsychiaterInnen gefunden. Wenn überhaupt, werden sie im Zusammenhang mit der Behandlung von ImmigrantInnen diskutiert.[9] So überrascht es nicht, daß die Situation von May, ihr Lebensweg, ihre Lebensbedingungen als schwarze Frau im rassistischen Deutschland, keine oder kaum Berücksichtigung im Umgang mit ihr als Patientin fanden: In keinem der Arztberichte wird auf diese Aspekte Bezug genommen. In dem oben zitierten Bericht der offenen psychiatrischen Abteilung ist der einzige Hinweis auf die Wahrnehmung der Hautfarbe der Patientin zu finden, jedoch lediglich in einem Zusammenhang, der nichts mit der Einschätzung der Vorgeschichte zu tun hat.

Nach Mays Tod führten ich und einige FreundInnen von May ein Gespräch mit der nachbehandelnden Ärztin und ihrer Mitarbeiterin, einer Psychologin, bei der May in einer Gruppe für PsychosepatientInnen gewesen war. Die Psychologin sagte, daß May sehr still gewesen sei und sich wenig an den Gesprächen beteiligt habe. Wir stellten die Frage, ob dies damit zu tun hatte, daß sie die einzige Schwarze in der Gruppe war. Die Psychologin wehrte diese Überlegung entschieden ab und argumentierte, daß sie selbst sich schließlich mit Rassismus auseinandergesetzt habe.

Auch ohne in Einzelheiten zu wissen, was May in der Interaktion mit anderen PatientInnen und mit den ÄrztInnen erlebte, können wir davon ausgehen, daß sie sich in einer Situation befand, die ihre oben zitierte Aussage bestätigte: «Es gibt keinen Ort, der frei von Rassismus ist.» Hierbei geht es nicht unbedingt um offene rassistische Verhaltensweisen, sondern um Ignoranz und Nichtwissen oder um die Nichtbeachtung der Lebensumstände schwarzer Menschen in dieser Gesellschaft. Denn was die Situation von schwarzen und jüdischen PatientInnen und von ImigrantInnen angeht, gibt es noch zahlreiche Möglichkeiten konstruktiver Veränderung. Dazu können folgende Maßnahmen gehören:

• Das weiße deutsche medizinische Personal, ÄrztInnen wie Pflegepersonal, setzt sich ernsthaft mit den Auswirkungen von Rassismus und Antisemitismus auseinander. Dazu gehört auch, sich selbst kritisch auf eigene Vorurteile gegenüber ImmigrantInnen zu befragen und das erforderliche Wissen und die notwendige Sensibilität für die Behandlung dieser Patientinnen zu erwerben. Diese Qualifikation gehört zum professionellen Selbstverständnis. Sie erfordert intensive Fortbildung.

• Die Institutionen bemühen sich entschieden um die Einstellung von Personen, die den betroffenen Gruppen angehören bzw. Migrantinnen, Schwarze Deutsche, Juden/Jüdinnen sind. Allein die Anwesenheit solcher MitarbeiterInnen kann das Befinden von Patientinnen sehr positiv beeinflussen, auch wenn sie nicht derselben Bevölkerungsgruppe oder demselben Sprachraum angehören. Dies erfordert, sich für den verstärkten Zugang dieser Gruppen zu Ausbildungsgängen einzusetzen.

Offen bleibt die schmerzliche Frage: Um wieviel besser wäre es May wohl ergangen, wenn sie diese Umstände vorgefunden hätte?

Die Entlassung und die Zeit danach
Mitte April steht die Entlassung an. Eine Ärztin in der psychiatrischen Abteilung empfiehlt May, in eine Tagesklinik zu gehen. Ein anderer Arzt rät ihr davon ab, da sich in Tageskliniken vornehmlich Personen mit chronischen Erkrankungen befänden. Nochmals ist May mit widersprüchlichen Ratschlägen konfrontiert. Sie sieht sich zwei Tageskliniken an und entscheidet sich dagegen.

19. April 96. May verläßt die Klinik.

Nach der Entlassung ist May bei einer (weißen) Neurologin in Behandlung, bei der sie auch an einer Gruppe teilnimmt für Personen, die eine Psychose erlitten haben. Außerdem sieht sie regelmäßig eine (weiße) Psychologin, mit der Ika und ich befreundet sind. Für May ist sie eine entfernte Bekannte, zu der sie Vertrauen hat, weil eine andere afrodeutsche Frau bei ihr eine Therapie gemacht hat.

May fragt mich, ob sie zunächst bei uns im Orlanda Frauenverlag arbeiten könne, um in einer vertrauten freundschaftlichen Atmosphäre den Einstieg in das Berufsleben wieder zu finden. So kommt sie in den nächsten Wochen stundenweise in den Verlag. Wir sind froh, sie in unserer Nähe zu haben und sie unterstützen zu können. Sie ist auf allen Ebenen verunsichert, meint, nicht längere Texte lesen zu können und die Rechtschreibung nicht mehr zu beherrschen. Immer wieder weisen wir sie auf das Gegenteil hin – sie gibt kurze und treffende Einschätzungen von Manuskripten, findet einen Fehler auf einem Buchcover, den wir alle trotz Korrekturlesen übersehen haben. Aber wir überzeugen sie nicht. Wir können nur ahnen, wie sie sich fühlt, und wir wissen, daß sie dies weiß. Physiologische Auswirkungen der Medikamente kommen hinzu: Sie zittert, die Schrift ist manchmal unkontrolliert, was sie stark beunruhigt.

Als eine Gruppe afro-amerikanischer StudentInnen von der Howard University in Washington D. C. in den Verlag kommt, hält sie vor der Videokamera einen Vortrag über Afrodeutsche, mit dem sie alle sehr beeindruckt. Sie wird nach Washington eingeladen und erhält weitere Einladungen, so z.B. als Writer in Residence von der Leeds University in England. May weiß, daß sie an verschiedensten Orten Lesungen halten könnte und daß ihre Gedichte und Texte für Veröffentlichungen gefragt sind. Anfragen für Lesungen aus dem In- und Ausland haben sich nach Veröffentlichung des Bandes ‹blues in schwarz weiß› und nach ihren Fernsehauftritten gehäuft. Die University of Minnesota wollte May eine Gastprofessur anbieten, eine Nachricht, die uns erst in der Woche nach ihrem Tod zukam.

Doch die Anerkennung kann May nicht mehr erreichen. Ihr früheres Lebensgefühl kehrt nicht zurück. Immer wieder spricht sie davon, daß ihr innerer Lebensfaden gerissen und sie sich selbst unendlich fremd geworden sei. Wir versuchen, mit ihr Zukunftspläne zu machen: eine Reise nach St. Croix, der Insel in der Karibik, wo wir gemeinsam Audre Lorde besucht hatten; ein Aufenthalt in Ghana bei ihrer Stiefmutter und ihren Stiefbrüdern. Nichts reizt sie.

Gleichzeitig sucht sie immer wieder das Gespräch über den ihr unerträglichen Zustand. Sie sagt, daß innere Leere und Einsamkeit ihr Dasein bestimmen und sie die tiefen Gefühle, die die Kraft ihrer Gedichte prägen, nicht mehr wiederfinden kann. Ein Wunsch von ihr ist immer gewesen, ihre Gedichte mit Musik zu verbinden. In der Zeit, da sie bei Orlanda ist, hat sie zwei Treffen mit Künstlerinnen, die mit ihr daran arbeiten wollen. Doch als sie von diesen Treffen zurückkommt, sagt sie mir, sie könne sich nicht mehr vorstellen, mit ihren Gedichten zu arbeiten. «Sonst hatte ich immer meine Gedichte – jetzt ist auch das nicht mehr da.» Das war wohl das Schlimmste: das Vertrauen in und die Lust an ihrer einzigartigen Begabung zu verlieren. Am 25. April 1996 schreibt sie das folgende Gedicht[10], das wir später in ihrem Nachlaß finden:

stille

ein tiefer riß geht durch mein leben
unbeschreiblich
schmerzend
ungeahnt verletzend
ungewollt
zerstörend
ich weine ohne tränen
ohne stimme
schreie ohne stimme
weine ganz alleine
bin ich ganz alleine

Wir machen uns große Sorgen, und unsere einzige Hoffnung ist, daß May sich erholen wird, wenn sie die Medikamente absetzen kann.

1. Juni 96. Ich rufe May am Morgen an, um sie zum Schwimmen abzuholen, und wir finden sie in einem furchtbaren Zustand – nach ihrem ersten Suizidversuch mit Tabletten in der Wohnung. Ika und ich beschließen mit May, sie in eine andere Klinik zu bringen, da sie sich dieses Mal freiwillig einliefern will und wir gehört haben, daß dieses Krankenhaus eine gute Krisenstation hat. Die Krisenstation hat jedoch keinen Platz frei, und so kommt sie nach anfänglicher internistischer Behandlung dort in die Abteilung der offenen Psychiatrie.

Ebenfalls am heutigen Tag hat sich die Frau, mit der May während ihrer Zeit in der offenen Psychiatrie ein Zimmer geteilt hat, in ihrer Wohnung erhängt. Die Ärztin in der Klinik überläßt mir die Aufgabe herauszufinden, ob May davon weiß. May weiß es und sagt, sie sei nicht überrascht.

Ich telefoniere mit dem Vater in Kenia, da wir nun die Verantwortung nicht mehr allein tragen können. Er kommt, obwohl May nicht will, daß er sie in dieser Situation erlebt.

Die ÄrztInnen planen, May nach zwei Wochen wieder zu entlassen. Ich rufe die Stationsärztin an und frage, wer nun die Verantwortung trage, das Krankenhaus, der Vater oder die FreundInnen. Daraufhin schlägt sie ein gemeinsames Gespräch vor. Dies ist das erste Mal, daß ich etwas über Mays Kopf hinweg vereinbart habe und ihr dies mitteilen muß. Sie reagiert irritiert, stimmt jedoch zu. In dem Gespräch ist mir schnell klar, daß wir ihr nichts geben können, daß sie unser ‹gutes Zureden› gewissermaßen über sich ergehen läßt. May willigt dann ein, eine Woche länger im Krankenhaus zu bleiben. In dem Arztbericht heißt es: «Sie war durch das vorangegangene Gespräch (das Gespräch mit der Ärztin, der Stationsschwester, dem Vater und mir; D.S.) nun doch sichtlich betroffen und besser in Kontakt. Sie konnte nun von dem Gefühl berichten, etwas mehr Boden unter den Füßen zu haben, jedoch würde sie seit der Psychose eine große Leere in sich spüren. Zwar wolle sie sich jetzt nicht mehr das Leben nehmen, sei allerdings aber auch nicht besonders froh, daß sie noch am Leben sei. Sie wolle nach dem Krankenhaus ihre ambulante Therapie wieder aufnehmen. Wir entließen Frau A. am 21. 6. 96. Sie war bei der Entlassung glaubhaft von Suizidalität distanziert.»

Diese Einschätzung scheint fragwürdig. Als ich einen Abend in der Klinik anrief und wissen wollte, ob May nach ihrem Wochenendaufenthalt zu Hause gut angekommen sei, und den Pfleger fragte, wie es ihr gehe, sagte er: «Es scheint ihr gut zu gehen. Sie trägt immer ein Lächeln auf dem Gesicht, aber man weiß nicht, was sich dahinter versteckt.»

Auf dem Weg an den äußersten Rand

21. Juni 96. May wird drei Wochen nach dem Suizidversuch entlassen.

May nimmt zwar ihre Arbeit an der Fachhochschule stundenweise wieder auf, spricht jedoch ständig davon, daß die kleinste Aufgabe ihr die größte Anstrengung abverlangt und sie stark verunsichert. An einem Tag sagt sie mir: «Als ich heute den Flur zu meinem Arbeitszimmer entlangging, fühlte ich mich für ein paar Sekunden wie früher, dann war alles gleich wieder ganz anders.» Sie gibt sich große Mühe, macht Spaziergänge mit uns, läßt einen Freund ihr Fahrrad reparieren und macht Radtouren mit ihm, kommt zu gemeinsamen Essen mit Freundinnen, die aus dem Ausland zu Besuch sind. Am 26. Juni schreibt sie bei einer solchen Gelegenheit in unser Gästebuch: «Ihr Lieben! Vielen Dank für die immer wieder schönen Stunden bei Euch, das leckere Essen, die heiteren Augenblicke. Alles Gute Euch beiden. Bleibt gesund und glücklich.»

Wir lesen die Eintragung wie einen Abschiedsbrief und die Angst vor einem erneuten Suizidversuch ist wieder da. Verzweiflung überkommt uns – alle Personen, mit denen wir sprechen, einschließlich der Psychologin, mit der May regelmäßig Gespräche führt, sagen uns, man könne niemand von einer Selbsttötung abhalten. Wir wissen nicht: Sollen wir mit May über Selbsttötung reden, oder sollen wir das Thema ignorieren und sie nur bei der Bewältigung ihres Alltags unterstützen? Wir versuchen beides, so gut wir können. Wir sprechen mit May darüber, daß sie sich die Chance geben soll zu warten, wie es ihr nach Absetzen der Medikamente gehen wird. Die befreundete Psychologin redet grundsätzlich nicht mit uns über May, da sie ihre berufliche Schweigepflicht einhalten will. Mit der Neurologin nehmen wir keinen Kontakt auf und wissen auch nicht, wie wir das tun können, ohne May miteinzubeziehen.

Im Juli entdecken wir eine Narbe an Mays Hals. Uns ist klar, daß dies ein erneuter Selbsttötungsversuch gewesen ist. Auf die Frage, wie diese Verletzung passiert ist, gibt May uns eine unglaubwürdige Erklärung und ist nicht bereit, weiter darüber zu sprechen.

Am 2. August wird die Sendung ‹b:trifft› von Bettina Böttinger im WDR wiederholt. May ruft mich an, um mir dies mitzuteilen. Ich drücke meine Freude darüber aus, und sie sagt: «Es ist gut für das Buch, aber nicht für mich. Ich war da eine andere Person.»

9. August 96. Um 7 Uhr 30 klingelt das Telefon. Carola, die Freundin von May, die in der Wohnung gegenüber von ihr wohnt, ist am Apparat. Sie hat an ihrer Wohnungstür einen kleinen Zettel gefunden, als sie ihre Kinder zur Schule bringen wollte. Auf ihm steht: «Mein Schlüssel ist bei Don. May.» Uns ist sofort klar, daß diese Nachricht von schwerwiegender Bedeutung ist. Wir vereinbaren, Don anzurufen und uns mit ihm bei Carola zu treffen. Don, der ghanaische Freund, der sich in letzter Zeit sehr um May gekümmert hat, ist zu Hause, und es bedarf keiner Worte und Erklärungen. Eine halbe Stunde später sitzen wir in Carolas Küche. Sie hat inzwischen die Kinder fortgebracht, wollte sicher sein, daß sie nicht miterleben, was immer uns bevorsteht. Wir entscheiden, daß Don und ich in die Wohnung gehen; Ika und Carola fühlen sich nicht in der Lage dazu. Wir schließen Mays Wohnungstür auf und fassen uns an den Händen, als wir hineintreten. Gehen vom Flur

aus in die einzelnen Räume. Meine Kehle, mein Herz zugeschnürt, im Ausnahme-
zustand. Sie ist nicht da, die Wohnung ist leer und aufgeräumt. Erleichterung
mischt sich mit Angst. Was heißt dies? Dann sehen wir ein Blatt Papier auf der
Truhe im Flur. Ein erneuter Abschiedsbrief – bei dem ersten Suizidversuch hatte sie
einen Brief, die Vollmacht an mich und ein Testament liegen lassen. Wir gehen mit
dem Brief zurück in die andere Wohnung und lesen ihn gemeinsam mit Carola und
Ika. May spricht davon, daß sie ihre Entscheidung nicht erklären kann, dankt uns
und versichert, daß sie uns liebt.

Wir wissen, daß wir die nächsten Schritte tun müssen, und rufen die Polizei
an. Hoffen, daß May irgendwo unterwegs ist, daß wir sie noch irgendwo finden,
noch aufhalten können. Zwei Polizisten kommen kurz danach. Einer geht mit Don
in den Keller, um nachzusehen, ob Mays Fahrrad da ist. Der andere geht in die
Wohnung. Er kommt zurück mit den Worten: «Wenn sie einen Abschiedsbrief hin-
terlassen, begehen sie gewöhnlich keinen Selbstmord.» Es klingelt. Ich öffne Caro-
las Wohnungstür. Zwei Männer in Zivil stehen draußen. Einer hält ein Schlüs-
selbund mit einem Anhänger in der Hand, ein Holzschnitt des Kontinents Afrika,
Mays Schlüsselbund. Ich frage: «Haben Sie sie gefunden?» Er nickt. «Wo? Was
ist mit ihr? – Ist sie tot?» Er nickt wieder. Eine Welle schwappt über mich, ich
habe das Gefühl zu ertrinken. Ich gehe in die Küche. «May ist tot», sage ich in
die entgeisterten Gesichter meiner Freundinnen.

Dann hören wir von den Kriminalbeamten, daß May aus dem 13. Stock eines
Gebäudes gesprungen ist und dort um 6 Uhr gefunden wurde. Die Beamten kon-
fiszieren den Abschiedsbrief, und ich muß nach Hause gehen, um die Vollmacht zu
holen. Einer sagt zu mir, ich solle aber nicht denken, daß ich jetzt einfach ihr Geld
bei der Bank abheben könne. Dann gehen sie.

Wir können nicht in der Wohnung sitzen bleiben, haben das Gefühl, irgend-
etwas tun zu müssen, und beschließen, an einen Ort im Park zu gehen, wo Don
in letzter Zeit öfter mit May war, und dort Abschied von ihr zu nehmen. Als wir
aus der Wohnung treten, steht eine junge Frau vor Mays Tür und fragt nach ihr.
Sie ist von der ‹Bild›-Zeitung, ihre Aufgabe ist, über nächtliche Ereignisse zu
berichten. Wir sind fassungslos. Ika sagt: «Sie war eine Schriftstellerin.» Später
hören wir, daß die Reporterin im Verlag war und sich Mays Bücher geholt hat.
Tags darauf ist in der Zeitung ein Artikel mit einem Foto von May und der
großen Überschrift «Als Kind aß sie Seife, um weiß zu werden». In dem Arti-
kel wird aus dem Abschiedsbrief zitiert, den der Polizist mir abgenommen hat.
Wir beauftragen einen Anwalt, Strafanzeige gegen die Polizei einzureichen wegen
unrechtmäßiger Weitergabe des Abschiedsbriefes. Das Verfahren wird irgend-
wann erfolglos eingestellt.

«Dein Leben, das wir weitertragen werden» [11]

Es folgte ein Prozeß, der so vielschichtig war, daß ich ihn hier nur ansatzweise beschreiben kann: Der Trauerprozeß in der Community, der May angehörte und die sich May verbunden fühlte, einer Community, die aus Menschen aller Altersstufen und Hautfarben bestand, aus Menschen, die in der Öffentlichkeit standen, und solchen, die sich am Rande der Gesellschaft bewegten. Der Schock über den Verlust traf Menschen in all den Ländern, die May besucht hatte und in denen sie Lesungen und Vorträge gehalten hatte. Im Verlag trafen Briefe und E-Mails aus aller Welt ein.

In den ersten Tagen konzentrierte ich mich in all den Stunden, die nicht von Aktivitäten besetzt waren, Mays Seele alle meine Energien zu geben auf ihrem Weg von dieser unserer Realität in eine nächste, andere Existenz; sie mit meiner Liebe zu umgeben, ihrem Wunsch nachzukommen, daß wir sie verstehen, ihr vergeben.

Wir sammelten Büsche von Blumen und Gräsern auf einer Wiese und gingen in einem kleinen Kreis von Freundinnen zu dem Ort, wo sie gestorben war, dem Hof hinter dem Hochhaus. Dort bedeckten wir die Markierung, die der Aufprall ihres Körpers hinterlassen hatte mit den Blumen, umkreisten ihn mit Kerzen, besänftigten unseren eigenen Horror über die Gewalt, die sie sich antun mußte, und wünschten ihr, frei zu sein von dem Unerträglichen, das sie zu ihrem Entschluß trieb.

Viele waren schockiert und verstört über Mays Tod, insbesondere Afrodeutsche, Migrantinnen und jüdische Freundinnen, Menschen, die die Bedrohungen dieser Gesellschaft existentiell erfahren, Menschen, für die Mays Stärke, ihre Persönlichkeit und ihre Fähigkeiten oft ein Vorbild waren. Wir beschlossen, an einem Tag in der Woche ein öffentliches Treffen zu machen. Das Haus der Kulturen der Welt, dem May sehr verbunden war, bot uns sofort einen Raum an. Wir kamen dort mehrere Male zusammen, sprachen über May, über Dinge, die die Community angehen, sangen gemeinsam.

Der Verlag veranstaltete zusammen mit afrodeutschen und afrikanischen Gruppen eine Gedenkfeier. Mays Vater kam mit seiner Frau, der May sehr nahe stand. Über 600 Menschen nahmen an der Feier teil. Mays Stiefmutter war bestürzt. In Ghana wird Menschen, die sich selbst getötet haben, nur in einem kleinen Kreis gedacht, um niemand zu dieser Tat zu ermutigen. Ich versuchte, sie zu beruhigen, sagte ihr, daß alle diese Menschen kämen, weil sie May und ihre Arbeit schätzten. An dem Abend wurde die Sendung ‹b: trifft› ein drittes Mal ausgestrahlt, und Bettina Böttinger sprach im Vorspann von Mays Tod und von der Gedenkfeier. Die Beerdigung folgte, wieder in einem großen Kreis von Menschen.

Wir verbrachten viele Stunden mit den Eltern. Ein neuer Prozeß setzte ein, immer wiederkehrende Gespräche, Fragen an uns, an May, an ihr Leben in dieser Gesellschaft. Wir versuchten zu verstehen, was den Kreislauf ihres Lebens ausgemacht hatte, was unsere Rolle darin war, welchen Anteil die Ereignisse der letzten Monate an ihrer Entscheidung hatten. Hatte ich mich in den ersten Tagen und Wochen darauf konzentriert, May auf ihrem Weg zu unterstützen, so setzte nun der Schmerz über den Verlust ein, zusammen mit den oft quälenden Fragen, was hätte geschehen müssen, damit sie hätte weiterleben wollen. Ich weiß, daß ich hierauf nie eine eindeutige Antwort bekommen werde, weiß, daß es wichtig ist, zu lernen, ihren Entschluß zu akzeptieren, sie gehen zu lassen.

Dennoch gibt es Dinge, die wir in ihrem Sinn tun können. Wir leben in einer kranken Gesellschaft, und die Psychiatrie ist ebenso Teil davon wie die Vereinzelung durch unsere Wohn- und Lebensverhältnisse. Wir können mehr aufeinander achten, umsichtiger miteinander umgehen und uns kundig machen über die Möglichkeiten, die es für Krisensituationen und für deren Vermeidung gibt.

Orlanda versucht als Verlag, Mays literarisches und politisches Werk am Leben zu erhalten und so weit wie möglich zu verbreiten. Wir veröffentlichten 1997 die Gedichte, die sie uns in ihrem Nachlaß vermacht hat, sowie einen Band mit ihren Aufsätzen, mit einem biographischen Essay und vielen Fotos. Ich wollte damals über Mays Krankengeschichte, die Rolle der medizinischen Institutionen und unsere Rolle schreiben, was mir allerdings erst heute – eineinhalb Jahre später – mit diesem Text gelungen ist. Wir setzten uns mit der Filmemacherin Maria Binder zusammen, um einen Film über May zu machen, der sie, ihr Werk und ihre einzigartige Weise der Vermittlung ihrer Gedichte und ihrer politischen Überzeugungen den Menschen nahebringt.[12] ‹Hoffnung im Herz› ist sein Titel – eine Zeile aus ihrem Gedicht ‹Nachtgesang›. Hoffnung auf eine Welt, in der es sich besser und mit mehr Leichtigkeit leben läßt.

III. Kapitel

Projektalltag: alternativ & innovativ

Ulrike Klöppel

Das Weglaufhaus Berlin
Eine Alternative zur Psychiatrie?

So vielfältig die Situationen sein können, in denen eine/r verrückt wird oder für verrückt erklärt wird, die Reaktion darauf ist gemeinhin recht schematisch: Die Psychiatrie wird aktiviert, Verrücktheit wird in die Kategorie ‹psychische Krankheit› gepreßt, schulmedizinisch-objektiv wird entschieden, um welches Krankheitsbild es sich handelt und welche Psychopharmaka eingesetzt werden. Nach wie vor werden bei einer Zwangsunterbringung in der Psychiatrie nach den Psychisch-Kranken-Gesetzen der Bundesländer Menschen auf geschlossenen psychiatrischen Stationen eingesperrt. ‹Fixierungen› – mit Riemen an ein Bett oder einen Stuhl gefesselt werden – gehören dort zum Alltag. Nach wie vor werden auch gegen den Willen der Betroffenen Psychopharmaka verabreicht. Nur in wenigen Ausnahmefällen wird der erklärte Wille, diese nicht nehmen zu wollen, respektiert.[1] Aber auch die ‹freiwillige› Psychopharmaka-Einnahme sollte man sich genauer anschauen: In der Regel besteht ein großer Druck, diese ‹Medikamente› zu nehmen, weil Behauptungen von PsychiaterInnen einschüchtern, daß sonst die ‹Krankheit› immer schlimmer werde. Und meistens sehen die betroffenen Menschen keine Alternative.

Einige entschließen sich wegzulaufen, weil sie nicht das Gefühl haben, ihnen würde in der Psychiatrie geholfen.

Nichts wie raus! Aber wohin?
Das Weglaufhaus ‹Villa Stöckle› in Berlin bietet Menschen einen Zufluchtsort, die dem psychiatrischen Netz und den psychiatrischen Behandlungsmethoden entkommen wollen. Im Weglaufhaus wird niemand eingesperrt, es gibt keine Diagnosen und keine medikamentöse Behandlung.

In seinem Konzept lehnte sich das Berliner Weglaufhaus zunächst an die Idee der holländischen Weglaufhäuser an, ist aber schließlich in entscheidenden Teilen davon abgekommen.[2] Eröffnet Anfang 1996 ist es das erste Projekt in Deutschland, das Psychiatrie-Betroffenen Unterstützung beim Absetzen von Psychopharmaka bietet.

Da der Aufenthalt über den Paragraphen §72 BSHG als ‹Hilfe zur Überwindung besonderer sozialer Schwierigkeiten› finanziert wird, können nur Wohnungslose oder Menschen, die akut von Wohnungslosigkeit bedroht sind, aufgenommen werden.[3]

In der ‹Villa Stöckle› am Stadtrand von Berlin können maximal dreizehn Menschen bis zu einem halben Jahr wohnen. Es gibt eine Frauenetage, einen ‹Sport-› oder ‹Toberaum›, einen Garten. Den Haushalt organisieren die BewohnerInnen selber. Einmal pro Woche gibt es eine Hausversammlung, die kein therapeutisches Gruppengespräch ist, sondern ein Treffen, an dem anstehende Probleme des Zusammenlebens, die Alltagsorganisation und Planung von gemeinschaftlichen Unternehmungen (z.b. Ausflüge) usw. besprochen werden. Die BewohnerInnen werden in Entscheidungen, die das Zusammenleben im Haus betreffen, einbezogen, das gilt etwa für Entscheidungen, ob ein/e BewohnerIn bleiben kann oder gehen muß oder ob es einen Koch- und Putzplan gibt. Auch sind den BewohnerInnen die Akten, die von den MitarbeiterInnen über sie geführt werden müssen, um einen Überblick zu haben, jederzeit zugänglich. Die einmal wöchentlich stattfindende Teamsitzung steht ihnen, sofern dort über sie gesprochen werden soll, prinzipiell offen. Jede/r BewohnerIn sucht sich zwei Vertrauenspersonen unter den MitarbeiterInnen aus, die sich während ihrer Dienste für ihn/sie besonders Zeit nehmen. Rund-um-die-Uhr sind zwei der vierzehn MitarbeiterInnen[4] anwesend, die auch in der Nacht ansprechbar sind.

Das Weglaufhaus ist vom Berliner ‹Verein zum Schutz vor psychiatrischer Gewalt› in langjähriger, mühevoller Arbeit aufgebaut worden. Letztlich konnte es vor allem dank einer Privatspende von einer Million Mark realisiert werden. Unter den MitarbeiterInnen sind (mindestens) die Hälfte Psychiatrie-Betroffene. Sie haben am eigenen Leibe erlebt, was es heißt, psychiatrisiert zu werden. Ihre Erfahrungen mit Ausgrenzung, Zwangsbehandlung, dem erfolgreichen Absetzen von Psychopharmaka und damit, nach einer Psychiatrisierung wieder Fuß zu fassen, sind für viele BewohnerInnen von großem Interesse – dies kann sie darin bestärken, den Weg außerhalb der Psychiatrie zu beschreiten. Eine Ausbildung der MitarbeiterInnen im psychosozialen Bereich ist für die Arbeit im Haus nicht ausschlaggebend, sie kann sogar hinderlich sein, sofern dadurch der eigene Blick eingeschränkt wird – denn im Weglaufhaus sollen keine therapeutischen oder sozialpädagogischen Konzepte zur Anwendung kommen.

ExpertInnen in eigener Sache
Das Weglaufhaus ist ein antipsychiatrisches Projekt. Auch wenn im Alltag eine partielle Zusammenarbeit mit Institutionen des psychiatrischen Netzes erforderlich ist[5], bleibt die Kritik an psychiatrischen Praktiken wie Einsperrung, Fixierung, Elektroschock und Zwangsmedikation bestehen. Ebenso unsere Kritik an der Entmündigung durch Bestellung eines Betreuers, der Stigmatisierung durch Diagnosen, der Wirkungsweise und Gefährlichkeit von Psychopharmaka.[6] Die psychiatrische Zwangsbehandlung wird durch die verobjektivierte und ohne die Einschätzung des betroffenen Subjekts auskommende Feststellung von Leiden und Krankheit gerechtfertigt. Der objektive ärztliche Blick läßt den als ‹psychisch krank› Eingestuften letztlich nur zwei Optionen offen: ‹Krankheitseinsicht› oder ‹Krankheitsuneinsichtigkeit›. Demgegenüber werden die BewohnerInnen des Weglaufhauses nicht als Kranke angesehen und behandelt.

Andererseits ist das Projekt im Bereich des §72 BSHG angesiedelt worden. Der Paragraph schließt die WegläuferInnen, die sich gerade aus der Psychiatrie befreit haben, in eine andere Struktur ein: Sie werden zu BewohnerInnen des Wohnungslosen-Fürsorgesystems, in dem sie klassischerweise als betreuungsbedürftig, weil ‹bindungsunfähig› und ‹unstet› betrachtet werden. Das Ziel der dort vorgesehenen Betreuung ist, sie ‹seßhaft› zu machen, sie zu gesellschaftlichen Bindungen (Familie, Arbeit etc.) zurückzuführen. Die MitarbeiterInnen betrachten die BewohnerInnen zwar nicht als betreuungsbedürftig, gegenüber den Sozialen Wohnhilfen der Sozialämter haben jedoch auch wir ‹Resozialisierungs-Fortschritte› vorzuweisen, denn diese Behörden sind unsere Geldgeber.

Ist das Weglaufhaus eine ‹Alternative› zur Psychiatrie? Nicht-psychiatrische Umgangsweisen können sich nur dort entfalten, wo psychiatrisches Denken keinen Raum hat.[7] Wenn das psychiatrische Denken den Rahmen vorgibt, wonach die verrückten Verhaltensweisen, die sogenannten ‹Symptome›, schlicht zu beseitigen sind, während die Inhalte der Verrücktheit ignoriert werden, kann es sich nur um eine traurige Alternative handeln. Doch selbst dann, wenn diese sich vom Krankheitskonzept und Behandlungsrezept frei gemacht hat, vermag eine vereinzelte, in ihren Möglichkeiten begrenzte Alternative nur wenig, solange man doch letzten Endes in die Psychiatrie eingewiesen werden kann.

Ich ziehe es daher vor, von einem nicht-psychiatrischen Ort zu sprechen. Ein solcher Ort zeichnet sich dadurch aus, daß Verrücktheit nicht als zu beseitigende Krankheit angesehen wird. Es ist ein Ort, wo es keine Lösungsformeln, keine Patentrezepte gibt.

Ich möchte das Weglaufhaus als einen solchen Ort skizzieren, ohne eine pauschale Antwort auf die pauschale Frage zu geben: «Was macht ihr, wenn eine so richtig ausrastet?» Bei dieser Frage weiß ich noch nicht mal, ob eine überhaupt möchte, daß ich mich ihrer annehme. Und wenn ja, dann kann sich der Umgang nur aus einer konkreten Auseinandersetzung mit der betreffenden Person entwickeln. Ansatzpunkt dafür sind ihre besonderen Erfahrungen und Vorstellungen dessen, was in verrückten Zeiten eine Stütze sein kann.

Um zu verdeutlichen, was das heißt, baten wir die Teilnehmerinnen der Arbeitsgruppe zum Weglaufhaus, die ich mit zwei weiteren Mitarbeiterinnen[8] am Wildwasser-Kongreß 1997 anbot, sich eingangs folgende Frage zu stellen: «Was tut mir gut, wenn ich verrückt bin?»[9] Die Antworten waren vielfältig:

Ich will gefragt werden!
Und ernst genommen werden.
Ich will nicht gleich zu Anfang alles erklären müssen, wenn ich um Hilfe bitte.
Ich brauche Räume, in denen ich schreien, um mich schlagen, tanzen, malen... kann – und niemand soll dies interpretieren.
Es soll ein diagnosefreier Raum sein.
Ich brauche die Sicherheit, daß nichts über mich entschieden wird, keine Zwangsmaßnahmen gegen mich ergriffen werden, auch bei Grenzüberschreitungen... außer bei Gewalttätigkeit.
Ich möchte nicht eingesperrt werden.
Ich brauche einen Ort, wo ich einfach da sein kann.
Einen schönen Ort, der mich ‹hier› sein läßt.
Ich brauche Zeit, will gelassen werden.
Ein Ort, wo ich ohne Angst beengende Gesetze niederreißen und dann etwas Neues aufbauen kann.
Ich brauche Personen um mich, die sich einlassen können und denen ich es zutraue, daß sie meine Verrücktheit tragen können, die selber auf dem Boden bleiben.
Ich möchte nur Frauen um mich haben.
Ich möchte mit Menschen zusammensein, zu denen ich eine persönliche Beziehung habe.
Menschen, die dem Unerträglichen Utopien, Träume entgegenhalten.

Die sich mit den Strukturen gesellschaftlicher und patriarchaler Gewalt auseinandergesetzt haben.

Die eine klare Parteilichkeit haben.

Ich möchte mich mit anderen austauschen können, die auch verrückt sind.

Ich brauche mein eigenes Bett, einen eigenen Raum.

Ich will aber die Wahl haben, mit anderen das Zimmer zu teilen, wenn ich nicht allein sein will.

Grundbedürfnisse will ich von anderen erfüllt bekommen.

Ich möchte gefragt werden, ob ich versorgt werden will.

Ich möchte zwischen mehreren verschiedenen Orten wechseln können.

Es muß möglich sein, sofort und ohne bürokratische Hürden aufgenommen zu werden.

Hilfe nach Rezept verlangte keine!

Die ‹Villa Stöckle› – abseits von therapeutischen Konzepten
Die Arbeit im Weglaufhaus kann ich nur von meinem subjektiven Ansatz aus beschreiben, meine Ausführungen sind in dem Sinn nicht repräsentativ.

Ich werde mich in meiner Darstellung nicht an den herkömmlichen Begriffen wie z.B. Therapie, Betreuung, Heilung abarbeiten, mit denen sozialarbeiterische oder psychologische Praxis beschrieben wird. Ihr Bedeutungsfeld ist mir ebenso wie die entsprechenden Herangehensweisen[10] größtenteils sehr suspekt. ‹Therapie› soll einen ‹Heilungsprozeß› in Gang bringen. Bezugsgröße dieses Prozesses ist ‹psychische Gesundheit› bzw. ‹Normal-Sein›, ‹Sein wie alle anderen›. Unter ‹Normalität› kann nicht einfach der gesellschaftliche Durchschnitt verstanden werden. Normalität ist eine soziale Norm, die zu erfüllen vor allem denen abverlangt wird, die als AbweichlerInnen aus der Mehrheit der Normalen ausgegrenzt werden – ein Akt, durch den diese Normalität sich gleichzeitig (re-)konstruiert. – Das friedvolle Wörtchen ‹Heilung› verschleiert den gesellschaftlichen Druck, sich der ‹Normalität› anpassen zu müssen. – Im Begriff ‹Betreuung› ist die Unterstellung einer ‹Betreuungsbedürftigkeit› enthalten, die notfalls auch gegen den Willen der Betroffenen per amtsärztlichen Entscheid festgestellt wird (so, wenn ein gerichtliches Betreuungsverfahren eingeleitet wird).

Der Versuch, ohne Psychiatrie und Therapie zurechtzukommen, ist für mich daran gekoppelt, von psychiatrischen oder therapeutischen Begriffen und den damit einhergehenden Sichtweisen Abstand zu nehmen – und zu einer anderen Sprache zu finden. Das ist nicht leicht. Allein schon deswegen, weil es im Team und mit den BewohnerInnen des Weglaufhauses ständig Diskussionen über Handlungsweisen und Begriffe gibt.

Anlaß zu Diskussionen gaben z.b. der Begriff und die Rolle der ‹Vertrauens-personen›: Die BewohnerInnen können sich zwei MitarbeiterInnen aus-wählen, welche sich während ihrer Dienste besonders Zeit für sie nehmen. Vom Team aus wird die Funktion der Vertrauenspersonen vor allem darin gesehen, den Aufenthalt im Weglaufhaus mit Blick auf das, was nach dem Aufenthalt sein soll, zu begleiten. Darüberhinaus können besonders vertrau-liche Angelegenheiten zur Sprache kommen, müssen aber nicht. Welche Intensität dieses Verhältnis bekommt, ob sich intensive Gespräche allein auf die Vertrauenspersonen konzentrieren, hängt davon ab, wie BewohnerInnen und MitarbeiterInnen diese Beziehung jeweils gestalten. Was aber können BewohnerInnen ihren Vertrauenspersonen anvertrauen? Im Team sind wir uns einig darüber geworden, daß anvertraute Dinge, die alle anderen Mitar-beiterInnen für eine sinnvolle Arbeit im Haus auch wissen müssen, weiter-gegeben werden. Beispielsweise wenn uns eine anvertraut, daß sie mal wieder zu Drogen gegriffen hat oder daß sie an Selbstmord denkt. Etwas Anvertrau-tes behalten die Vertrauenspersonen also nicht in jedem Fall für sich, und das wissen die BewohnerInnen. Dadurch aber schlägt der Begriff ‹Vertrauen› Leck. Von einzelnen BewohnerInnen darauf hingewiesen, haben wir uns im Team und auf Hausversammlungen wiederholte Male über das Verständnis dessen, was eine Vertrauensperson sein kann, ausgetauscht.

«Ich betrachte dich nicht als krank»

Ein weites Feld für Auseinandersetzungen wird eröffnet, wenn man psychia-trische oder psychologische Krankheitsbegriffe ablehnt. Darüberhinaus möchte ich Verrücktheit auch nicht generell als Ausdruck von Leiden begrei-fen, schon allein um nicht diejenigen zu diskriminieren, deren Verrücktheit sich nicht so ohne weiteres durch in der Vergangenheit erlittene Gewalt ver-stehen läßt. Wir nehmen das, was die Menschen bewegt, ernst, egal in wel-cher Form sie sich äußern: ihre Sorgen, Wünsche, Ängste, die Verletzungen, Konflikte, Zweifel. Dabei kommt es zu vielen, oftmals produktiven Ausein-andersetzungen.

Doch natürlich gibt es auch BewohnerInnen, die sich eingerichtet haben mit der Haltung «Ich bin krank». Die hartnäckige Entgegnung «Ich finde nicht, dass du krank bist» trifft häufig einen wunden Punkt, nämlich Ver-antwortung für sich übernehmen zu müssen. Verantwortung ist allerdings ein großes Wort, ist damit doch gewöhnlich das Ideal einer bewußten Kontrollierbarkeit unserer selbst verknüpft. Verantwortung zielt darauf ab, ständige Selbstkontrolle vorzunehmen und Verhaltensmodifizierungen auszuüben. Zudem richtet sich Verantwortlichkeit an bürgerlichen Normen aus, was sich etwa darin zeigt, daß man denen die Eigenverantwortung abspricht, die beispielsweise Geld auf der Straße verschenken. Mir geht es hingegen darum, daß die eigenen Handlungen und Äußerungen reflektiert werden, daß die Umgangsweise mit sich und mit anderen überdacht wird, daß verrückte Phasen nicht als ‹sinnlos› vom ‹eigentlichen› Leben abgespalten werden. Sich selbst in allen Ausdrucksweisen ernst nehmen und von anderen darin ernst genommen werden. Mit dieser Aufzählung plädiere ich nicht für ein hohes Maß an Reflektiertheit, sondern konkret meine ich folgendes: Wenn mich eine beispielsweise aus für mich heiterem Himmel beschimpft, möchte ich wissen, warum sie so wütend ist und was das mit mir zu tun hat. Später werde ich mit ihr besprechen, wie dies anders hätte verlaufen können. Ein klärendes Gespräch bedeutet hier, einen ernstzunehmenden Konflikt zu sehen und die Äußerungen nicht als Krankheitssymptom abzutun. Andererseits gilt es zu vermeiden, sie auf ihre Attacke festzuschreiben. Das Gespräch soll kein Tribunal werden, sondern den Konflikt produktiv wenden.

Einen psychiatriebetroffenen Menschen nicht als psychisch krank anzusehen, heißt auch, ihr/ihm zuzutrauen, ihr/sein Leben (wieder) selbst in die Hand zu nehmen. In diesem Sinne versuchen die MitarbeiterInnen des Weglaufhauses, Bevormundung und Betreuung zu vermeiden. Wir fragen die BewohnerInnen, worin sie unterstützt werden wollen, was sie vorhaben. Manche wollen einfach erstmal nur zur Ruhe kommen, was okay ist, solange nicht das Auslaufen der Kostenübernahme zu konkreten Schritten drängt. Andere sind sich noch nicht darüber klar, was sie wollen, und unter Umständen kommt es erst nach langer Zeit und vielen Gesprächen zu einem Entschluß. Während des Aufenthalts im Weglaufhaus werden meistens sehr unterschiedliche Themen zur Sprache gebracht. Häufig geht es um die Situationen, die verrückt gemacht haben, um (sexuelle) Gewalttätigkeiten, die Behandlung in der Psychiatrie, in Sekten, in der Familie etc. Unsere Unterstützung beinhaltet u. a. konkrete Hilfe bei der Wohnungssuche, Beratung über die Rechte in der Psychiatrie sowie über Psychopharmaka, Vermittlung psychiatriekritischer AnwältInnen, Selbsthilfegruppen usw.

Das Selbstbestimmungsrecht der BewohnerInnen wird ernst genommen, was im Zweifelsfall darauf hinauslaufen kann, sie selbstbestimmt zu Psychopharmaka und in die Psychiatrie zurückkehren zu lassen. Es kann bedeuten,

BewohnerInnen auf Wegen zu unterstützen, die ich an ihrer Stelle nicht gewählt hätte, z.B. wenn eine alleine wohnen möchte, der ich es noch nicht zutraue. Das heißt jedoch nicht, daß Bedenken nicht vorgebracht werden, aber Bevormundung oder Manipulation ist zu vermeiden.

Unterstützung kann des weiteren heißen, daß wir BewohnerInnen zu Ämtern begleiten, wenn sie es sich allein nicht zutrauen. Häufig fragen wir uns, ob die Begleitung der Selbständigkeit der BewohnerInnen nicht abträglich ist. Hier stellt sich die Frage nach dem Maßstab der Selbständigkeit: Liegt dieser tatsächlich ausgerechnet im Gang auf die in Berlin besonders schikanösen Sozialämter? Viele BewohnerInnen wünschen sich auch Begleitung, wenn sie mit öffentlichen Verkehrsmitteln durch die Stadt fahren müssen: das Gedränge, die vielen Augen, die sie anstarren, die lauten Stimmen, die Enge. Die Möglichkeiten, sich durch MitarbeiterInnen oder PraktikantInnen begleiten zu lassen, sind allerdings begrenzt. Einige BewohnerInnen sind deshalb dazu übergegangen, sich gegenseitig zu begleiten.

Krisen und Gewalt – keine starren Regeln
Das Weglaufhaus zeichnet sich besonders dadurch aus, daß das Absetzen von Psychopharmaka unterstützt wird. Die MitarbeiterInnen versuchen, über die schädigenden Auswirkungen und vernebelnden Effekte der Psychopharmaka zu informieren. Die BewohnerInnen können sich auch bei einigen MitarbeiterInnen über deren eigene Erfahrungen mit dem Absetzen erkundigen. Gegebenenfalls vermitteln wir ÄrztInnen, die das Absetzen unterstützen, was dann sinnvoll ist, wenn die Psychopharmaka langsam heruntendosiert werden sollen. Über das Absetzen gibt es jedoch kein standardisierbares Wissen. Man kann nur eine Vielzahl einzelner Erfahrungen zusammentragen und daraus ein paar wenige Tips ableiten.[11] Wir raten zwar im Zweifelsfall zum allmählichen, stufenweisen Absetzen, doch gibt es immer wieder BewohnerInnen, die von heute auf morgen nichts mehr nehmen und damit zurechtkommen. Wenn das Verrücktwerden mit Bedrängnissen in der aktuellen Lebenssituation zusammenhängt, ist es hilfreich, vor dem Absetzen eine Änderung der Lebensumstände herbeizuführen – und genau dies geschieht mit dem Einzug ins Weglaufhaus. Meine Erfahrung hat gezeigt, daß das Absetzen langfristig erfolgreich ist, wenn damit ein Prozeß einhergeht, einen anderen Umgang mit sich selbst und seinen Verrücktheiten zu finden. Das scheint vor allem dann möglich, wenn man sich selbst – mit den eigenen verrückten Verhaltensweisen – gut kennt.

Ob während des Absetzens oder bereits ohne Psychopharmaka – wir unterstützen die BewohnerInnen darin, Krisen und verrückte Phasen ohne psychiatrische Intervention durchzustehen. Allerdings können wir dies nur so weit, wie es unsere Kräfte erlauben, und dann sind zwei MitarbeiterInnen bei vollem Haus häufig nicht ausreichend. Etwa wenn einer über Tage nicht fünf Minuten aus den Augen gelassen werden kann, ohne daß er sich selbst verletzt oder etwas zu Bruch geht. Wir können es auch nur soweit, wie es die Nerven der anderen BewohnerInnen – das Haus ist eng – sowie die Rücksichten zulassen, die wir auf die empfindlichen Nachbarn nehmen müssen.

Wir tun dann nichts Besonderes. Nichts, was andere Menschen nicht auch könnten. Wir fragen: «Was ist los?» Wir hören zu, bleiben da, halten den Kontakt, versuchen herauszufinden, was wohl tut.

Ich lasse mir auch mal heftige Ausbrüche gefallen, insbesondere wenn ich den Eindruck habe, daß die Wut nicht wirklich meiner konkreten Person gilt und später eine Auseinandersetzung darüber folgt. Unser Umgang damit, wenn eine Tasse gegen die Wand fliegt oder jemand ungezielt um sich schlägt, orientiert sich nicht vorrangig an der Hausregel ‹keine Gewalt›. Diese Regel ist absichtlich so unspezifisch gefaßt worden. Denn schließlich kommt es darauf an, in welcher besonderen Situation der/die BewohnerIn ist: Wird sie von zu vielen Seiten unter Druck gesetzt? Welches sind die Motive und Hintergründe: Hat sich eine Wut angestaut, die nicht zur Sprache gebracht werden konnte? Ist er in einem ganz anderen ‹Film›? Wie sieht ihre Stellung unter den BewohnerInnen und MitarbeiterInnen aus: Hat sie in der Hausgemeinschaft eine AußenseiterInnenposition? Und schließlich: Ist abzusehen, daß es zu weiteren Aggressionen kommt? Die Regel zeigt in ihrer unpräzisen Formulierung vor allem, wie vielschichtig der Begriff ‹Gewalt› ist. Neben der körperlichen Gewalt ist darunter verbale Gewalt zu verstehen, z.B. Beleidigungen, aber auch andauernde Zurechtweisungen oder ‹jemanden in den Boden argumentieren›. Als ‹Gewalt› begreife ich ebenso normative Zwänge, wie sie auch im Weglaufhaus vorkommen und teils unerläßlich für das Zusammenleben und das Funktionieren des Haushalts sind. Ebenfalls dazu gehört subtile emotionale Gewalt, wenn beispielsweise eine unter Druck gesetzt wird mit der Formel «Wenn du mich liebst, dann machst du das für mich». Immer wieder kommt es daher im Weglaufhaus zu intensiven Auseinandersetzungen, wie mit solchen Vorfällen umzugehen ist. Es ist zwar anstrengend, jedesmal von neuem zu einer Einschätzung der Situation zu kommen, jedoch unerläßlich, wenn man sich nicht hinter starren Regeln verschanzen will.

Das Miteinander ist ein ständiges Feld von Auseinandersetzungen. Konflikte zu lösen, die die BewohnerInnen untereinander haben, kann nicht Aufgabe der MitarbeiterInnen sein, wohl aber, die Auseinandersetzung zu moderieren. Meistens geht es darum, der einen wie der anderen Seite Gehör zu verschaffen und so gegebenenfalls eine neue Perspektive zu entwickeln. Ich sehe es als eine meiner wichtigsten Aufgaben im Haus an, eine nicht nur vordergründig angenehme Atmosphäre zu schaffen, wozu Gemeinschaftsaktionen wie Spaziergänge oder Discobesuche und Gespräche mit mehreren BewohnerInnen im Wohnzimmer häufig beitragen.

Ich gehe davon aus, daß sich auch in der verrücktesten Rede reale Erfahrungen Ausdruck verschaffen. In der psychiatrischen Sichtweise hingegen hat sie allein symptomatischen Wert, ihre Form (Geschwindigkeit, Gedankenführung, Brüche, Wiederholungen usw.) verweist auf eine angeblich zugrundeliegende psychische Krankheit und auf den Krankheitsverlauf. Der Inhalt ist höchstens von nebensächlicher Bedeutung. In klassischen Therapien wiederum wird die Rede auf das Grundmotiv zurückgeführt, in dem die TherapeutInnen das eigentliche oder wahre Problem erblicken. Demgegenüber versuche ich, bei den Gesprächsgegenständen zu bleiben, die mir von den BewohnerInnen angeboten werden. Wenn diese mir nicht gleich zugänglich sind, so frage ich mich ein – das gelingt natürlich nicht immer. Jedenfalls versuche ich nicht, auf eine vermeintlich objektivere Ebene zu wechseln, um von dort aus das ‹eigentliche› Problem zu definieren. Und bringe ich doch einmal eine solche Analyse ins Gespräch, so mache ich deutlich, daß dies eine Interpretationsmöglichkeit ist, die ohne weiteres zurückgewiesen werden kann, wenn sie als unpassend oder überflüssig empfunden wird.

Andererseits sitze ich den BewohnerInnen als eine Person gegenüber, die ebenfalls Interessen und Bedürfnisse hat. Ich bin im Weglaufhaus nicht einfach als großes Ohr angestellt. Statt dessen bin ich als eine andere mit ihren subjektiven Erfahrungen gefragt. Meine Ansichten und Erfahrungen, mein Interesse an dem Thema, meine Gesprächsbereitschaft, aber auch mein Wunsch, das Thema zu wechseln, haben ebenso Berechtigung wie die der BewohnerInnen. Sicher, da ich arbeite, halte ich mich mit meinen Befindlichkeiten zurück. Meine Bereitschaft zuzuhören ist größer als im Privaten. Jedoch ist mir wichtig, daß ich im Weglaufhaus nicht von meiner subjektiven Haltung und meinem Zustand abstrahieren muß. In meiner Funktion als Mitarbeiterin durchkreuze ich die Unterhaltung allenfalls, sofern ich das Gefühl habe, daß das Gespräch dem/der BewohnerIn oder mir nicht mehr gut tut. Wenn beispielsweise eine wie automatisiert über Mißbrauchssituationen spricht, die sie erleben mußte. Oder wenn sich einer im Gespräch immer weiter hinunterzieht. Und auch dann, wenn ich an einem Punkt meine, den Kontakt zur herrschenden Realität wiederherstellen zu müssen. Im großen und ganzen überlasse ich aber dem/der BewohnerIn die Gesprächsführung. Während man erzählt, baut man sich Stück für Stück eine (Lebens-) Geschichte zusammen. Das verbindende Element dieser Erzählungen kann ein einheitliches und dauerhaftes Selbst sein – dieses entsteht im Prozeß des Erzählens. Solch ein roter Faden kann aber auch ganz oder teilweise fallengelassen werden. Sowohl von ErzählerIn als auch ZuhörerInnen ausgehend können Brüche und ungewöhnliche Problematiken eingeführt oder zugelassen werden. Den BewohnerInnen wie den MitarbeiterInnen ermöglichen die Gespräche mit Menschen, die sehr unterschiedliche Interessen haben, ihre Erzählungen um verschiedene Probleme herum entstehen zu lassen, sich selbst in verschiedene Richtungen zu entfalten. Im Team entstehen dadurch häufig recht unterschiedliche Sichtweisen von den BewohnerInnen, was zwar bei Entscheidungen manchmal beschwerlich ist, aber auch die Chance birgt, Einseitigkeit zu vermeiden.

Sozialpolitik setzt Grenzen
Mir ist sehr wichtig, daß es mit dem Weglaufhaus die Möglichkeit gibt, dem psychiatrischen Netz zu entkommen. Diese Möglichkeit ist allerdings begrenzt. Damit keine falschen Hoffnungen aufkommen, will ich auch auf einige Grenzen des Projekts hinweisen.

Das Projekt finanziert sich mehr schlecht als recht über einen Tagessatz, der für jede/n neue/n BewohnerIn jeweils einzeln beim Sozialamt beantragt werden muß. Das bedeutet (wie erwähnt), daß nur wohnungslose Menschen aufgenommen werden können – was allerdings bei vielen, die längere Zeit in der Psychiatrie waren, der Fall ist. Dem Projekt ist außerdem auferlegt worden, Menschen, die in der Psychiatrie zwangsuntergebracht sind und deren Unterbringung nicht vorzeitig aufgehoben werden kann, nicht aufzunehmen. Das Gleiche gilt, wenn eine Unterbringung in der Forensik[12] vorliegt. Ein Problem entsteht auch, wenn eine gesetzliche Betreuung mit Verfügung über den Aufenthaltsort besteht – in diesem Fall muß erst die Zustimmung der Betreuungsperson eingeholt werden. Wer auf ständigen Alkohol- und Drogenkonsum angewiesen ist, kann auch nicht aufgenommen werden. Und schließlich verweisen die MitarbeiterInnen all diejenigen, die nicht aus eigenem Entschluß Psychopharmaka absetzen wollen, auf andere Einrichtungen.

Es besteht eine zeitliche Begrenzung des Aufenthaltes im Weglaufhaus auf sechs Monate, Verlängerungen sind nur im Einzelfall möglich. Die Begrenzung ist notwendig, damit das Projekt nicht unter die Heimgesetzgebung fällt. Sechs Monate sind aber eine recht kurze Zeit, um nach oftmals jahrelanger Psychiatrie-Geschichte und Psychopharmaka-Einnahme wieder auf die Füße zu kommen.

Auch ist das Haus für dreizehn Menschen sehr eng, schon bei den durchschnittlich zehn BewohnerInnen ist es oftmals schwierig, in dem hellhörigen Haus einen wirklich ruhigen Platz zu finden, zumal fast alle Zimmer geteilt werden müssen.

Schließlich ist es immer wieder ein Problem, daß es für BewohnerInnen, die nicht im Anschluß an das Weglaufhaus in die eigene Wohnung ziehen wollen oder können, kaum Wohnprojekte gibt, die im kritischen Fall nicht doch wieder auf psychiatrische Behandlung drängen.

Abschließen möchte ich mit dem, was für gewöhnlich zum Schluß als Bilanz vorgelegt werden soll: Erfolg. Den ‹Erfolg› unserer Arbeit könnte man statistisch erfassen – die Zahl derer, die von 1996 bis Ende 1997 vom Weglaufhaus in die eigenen vier Wände zogen, ist recht groß. Auch landeten einige ehemalige BewohnerInnen wieder in der Psychiatrie. Doch viel wichtiger für den Erfolg sind die Rückmeldungen der Bewohnerinnen. Aus Gesprächen mit früheren BewohnerInnen wurde mir deutlich, in welcher Hinsicht der Aufenthalt im Weglaufhaus auch trotz erneuter Psychiatrie-Aufenthalte eine positive Erfahrung gewesen ist: Es ist die Erfahrung, zumindest vorübergehend von Menschen umgeben zu sein, die eine/einen nicht als krank oder gar chronisch krank ansehen und bevormunden.

Viele BewohnerInnen haben hart darum gekämpft, eine andere Wahrnehmung ihres Verhaltens gegen die psychiatrische Sichtweise durchzusetzen. Ärzten wird ein hohes Maß an Autorität zugesprochen. Ihr Urteil gilt als wahr, die von ihnen angeordnete Behandlung als nützlich und in der Regel unumgänglich. Im Verhältnis zu den Erfahrungen, die BewohnerInnen mit Psychiatrie, Familie, Arbeitgebern, aber auch FreundInnen machen mußten, ist das Weglaufhaus ein ungewöhnlicher Ort. Der Aufenthalt dort ist zwar im Vergleich zur Psychiatrie-Geschichte meistens eine kurze Phase. Aber es scheint von Bedeutung zu sein, einmal die Erfahrung gemacht zu haben, daß die herrschende Realität nicht unbeschränkt herrscht, daß es andere Sicht- und Umgangsweisen gibt.

Cornelia Filter

Von der Männerstation ins ‹Frauen-Zimmer›
Feministische Alternativprojekte am Rande der Sozialpsychiatrie

Haus IV, Station C – gemischt belegt
9 Uhr. Medikamentenausgabe im Dienstzimmer der geschlossenen Abteilung, Haus IV, Station C, ‹gemischt belegt› mit acht Männern und 14 Frauen. Frau M. (48) ist an der Reihe. Mit zitternden Händen nimmt sie die Tabletten in Empfang. «Na, wie geht's dir denn heute?» fragt der junge Pfleger in T-Shirt und Jeans. Wie alle anderen MitarbeiterInnen, inklusive des Stationsarztes, trägt er keinen weißen Kittel. Rein äußerlich kann man ihn nicht von den PatientInnen unterscheiden, die das Pflegepersonal ‹duzen dürfen› (bzw. müssen). «Ich habe Angst», flüstert Frau M. Angst? Wovor? «Vor dem Neuen», haucht sie.

Der ‹Neue›, ein junger Mann von 22, ist gegen 2 Uhr zwangseingewiesen worden. Er wehrte sich so heftig, daß der stämmige Nachtdienst-Pfleger, der ihn am Portal in Empfang nehmen sollte, einen Kollegen zu Hilfe rufen mußte. Zu zweit steckten sie den Renitenten in eine Zwangsjacke, schleppten ihn durch den Park zum Haus IV, legten ihn in ein Bett der Station C, fesselten ihn bzw. ‹fixierten› ihn, wie es auf psychiatriedeutsch heißt, und stellten ihn mit Haldol ruhig – der berüchtigten chemischen Keule. Doch jetzt randaliert er wieder, denn seine Schwester steht vor seinem Bett. Sie möchte ihrem Bruder helfen, aber: «Von der läßt er sich nichts sagen, weil sie eine Frau ist», erklärt der Pfleger im Dienstzimmer.

Frau M. verzieht sich in den Aufenthaltsraum, kuschelt sich in eine Sofaecke und preßt ein Kissen gegen ihre Brust – als ob es Schutz bieten könnte gegen Männergewalt. Mit leiser Stimme erzählt sie, daß sie von «niemandem gezwungen wurde, hierher zu kommen». Sie hat sich «freiwillig» entschlossen, und ihr Mann hat sie gebracht. Er besucht sie jeden zweiten Tag, «so fürsorglich» ist er.

Aber seine Frau ist trotzdem so traurig, daß sie nicht mehr leben wollte. Nach dem Grund hat sie bisher niemand gefragt, obwohl sie schon drei Wochen hier ist. Frau M. empört sich nicht darüber. Mit dem fehlenden Interesse an ihrer Person hat sie sich offenbar schon lange abgefunden. «Das Leben hat Höhen und Tiefen. Man muß allein damit fertig werden», sagt sie und umklammert das Kissen noch fester.

Geduckt schleicht die zierliche Türkin Frau K. über die Station. Sie sieht niemanden an, aber ständig schaut sie sich verstohlen um – als rechne sie mit einem Schlag, der sie plötzlich treffen könnte. Willkürlich. Von irgendwoher. Die 32jährige Hausfrau und Mutter von zwei Kindern soll ‹psychotische Ideen› haben, behauptet der junge Stationsarzt. Zu dieser Diagnose ist er aufgrund von zwei kurzen Unterredungen gekommen, die er mit dem Ehemann führte. Mit der angeblich geisteskranken Frau hat er noch kein Wort gewechselt: Sie spricht kein Deutsch.

Die 24jährige Beate leidet unter ‹Eßstörungen›, kombiniert mit einer ‹depressiven Verstimmung›. Das dicke Mädchen mit dem schüchternen Lächeln ist ‹gerade noch rechtzeitig» gerettet worden. Von einem Spaziergänger, der die Verblutende ‹in einem einsamen Waldstück› fand, wo sie sich die Pulsadern aufgeschnitten hatte. Weil sie hinterher ‹orientierungslos› war, wird Beate jetzt mit Pillen abgefüllt. Die Mühe herauszufinden, warum sie auch vorher schon keine Orientierung hatte, macht man sich hier nicht.

Weshalb auch? Die junge Frau gilt als ‹menschenfreundlich› und ‹unkompliziert›, da sie PflegerInnen und PatientInnen kleine Gefallen tut und immer beim Putzen hilft. Eigentlich ist sie «ganz gerne hier», sagt Beate. Ja, sie könnte sich «richtig wohlfühlen», geradezu «aufgehoben» – wenn nur die männlichen Pfleger nicht immer in ihr Zimmer kämen ohne anzuklopfen. Auch die männlichen Mitpatienten «spazieren jederzeit herein»: «Abschließen dürfen wir nicht.»

Der fortschrittliche Psychiater, der diese Anstalt leitet, hat aus dem ehemaligen Landeskrankenhaus eine sozialpsychiatrische Klinik gemacht und aus getrennten Stationen für Frauen und Männer ‹gemischtgeschlechtliche›. Gerade für «Frauen mit Rollenkonflikten», meint der Reformer, bietet die gemeinsame Unterbringung eine «Chance, ihr Männerbild zu korrigieren».

Auf eine Chance wie diese legt Beate keinen Wert. Obwohl sie noch so jung ist, weiß sie schon viel zu genau, was sie von Männern zu erwarten hat: Sie ist ein Mißbrauchsopfer. Das ist der Pflegerin Kerstin klar. «Aber auf sowas nimmt hier niemand Rücksicht», sagt sie. Kerstin ist überzeugt, daß von den 14 Frauen auf Station C «mindestens acht frauenspezifische Probleme haben», die «auf ganz andere Weise gelöst werden müßten»: «Jedenfalls nicht durch Medikamente und Beschäftigungstherapie.»

Sexuelle Gewalt – kein Thema für die Psychiatrie

Ungefähr drei von vier Frauen in der Psychiatrie sind Opfer sexueller Gewalt. Jede zweite Patientin, bei der die Diagnose ‹Schizophrenie› gestellt wird, ist Inzest-Opfer. Drei von vier Frauen mit Eßstörungen und vier von fünf Fixerinnen sind als Mädchen sexuell mißbraucht worden. Die Fakten sind spätestens seit 1990 auch in Deutschland bekannt. Damals wurden sie auf dem Kongreß ‹Frauen in der Psychiatrie› in Schleswig genannt. Veranstalter war die Deutsche Gesellschaft für Sozialpsychiatrie (DGSP), die sich zum ersten Mal in ihrer Geschichte mit Frauen befaßte. Echte Konsequenzen wurden nicht daraus gezogen.

Die Sozialpsychiatrie geht zu Recht davon aus, daß psychische Störungen durch gesellschaftliche Verhältnisse ausgelöst, wenn nicht gar erzeugt werden. Trotzdem wird auch in sogenannten Reformkrankenhäusern bis heute nicht nach den sozialen Ursachen der weiblichen Variante des Wahnsinns gefragt – dabei sind die gesellschaftlichen Verhältnisse für Frauen so eklatant anders als für Männer.

Doch die Kategorie Geschlecht kommt im Weltbild der Reformpsychiater kaum vor. In dem von dem führenden deutschen Sozialpsychiater Prof. Klaus Dörner und seiner Kollegin Ursula Plog verfaßten Lehrbuch ‹Irren ist menschlich›, seit 1978 ein Dauerbestseller, finden sich Kapitelüberschriften wie: ‹Der sich und Andere liebende Mensch (Schwierigkeiten der Sexualität)› – ‹Der sich und Andere niederschlagende Mensch (Depression)› – ‹Der sich und Andere tötende Mensch (Selbsttötung/Fremdtötung)›. Menschen?

Männer sind es, die es Liebe nennen, wenn sie ihre Töchter mißbrauchen und deren Mütter verprügeln – und Frauen nennen es Liebe, wenn sie alles für andere aufgeben, sogar sich selbst (‹Schwierigkeiten der Sexualität›). Männer sind es, die um sich schlagen, während Frauen niedergeschlagen sind (‹Depression›). Männer töten, und Frauen werden getötet, wie die Kriminalstatistik zeigt (‹Selbsttötung/Fremdtötung›).

Die scheinbar einfühlsame, sozialpsychiatrische Mit-Menschelei verschleiert die patriarchalen Machtverhältnisse. Da verwundert es nicht, daß Klaus Dörner die Multiple Persönlichkeitsspaltung (MPS), die vor allem eine Folge schweren sexuellen Mißbrauchs in der Kindheit zu sein scheint und überwiegend Frauen betrifft, für eine «Modediagnose» hält: Mit der «treiben» feministische Therapeutinnen «Mißbrauch», urteilt der fortschrittliche Reformpsychiater.

«In der Pschiatrie fehlt immer noch jegliches Verständnis davon, was anders an der Geschichte von Frauen ist», bemängelt die Göttinger Neurologin und Psychotherapeutin Dagmar Bielstein. Und ihre Kollegin Hoffmann beklagt, daß sich «die Professionellen nicht als Frau oder Mann erleben, sondern als geschlechtsneutrale Person, die ihr Handeln von humanistischen Grundsätzen ableitet». Geschlechtsneutral?

Die Soziologin Inge Brovermann hat schon 1970 in den USA das ‹Gesundheitskonzept› männlicher und weiblicher Krankenhausärzte untersucht. Sie stellte fest, daß der ‹gesunde, erwachsene Mann› das Leitbild ist, an dem auch ‹gesunde, erwachsene Frauen› gemessen werden. Im Vergleich zu den Männern sind die Frauen, so glaubten die MedizinerInnen damals, «weniger unabhängig, leichter zu beeinflussen, leichter erregbar, weniger aggressiv, weniger objektiv, leichter gekränkt, weniger interessiert, emotionaler, eitler»: also quasi von Natur aus ‹anders› – ergo nicht ‹normal›.

Deswegen werden Frauen wohl auch heute noch von deutschen AllgemeinmedizinerInnen «schneller als psychisch krank eingeschätzt», hat die Leipziger Nervenärztin Andrea Hüttner herausgefunden. Das geschieht vor allem, wenn Frauen angeblich ‹psychosomatische Symptome› zeigen. Dann sind ÄrztInnen besonders eilfertig mit der schwammigen Diagnose ‹vegetative Dystonie› bei der Hand: Die wird nahezu ausschließlich bei Frauen gestellt.

Bei Männern hingegen wird zunächst ein ‹organisches Leiden› angenommen, resümiert Andrea Hüttner: «Darum kommen sie häufig erst nach ausführlicher Ausschlußdiagnostik über andere medizinische Einrichtungen in die Psychiatrie.» Frauen jedoch suchen «wegen psychischer Leiden schneller und häufiger Hilfe als Männer».

Wenn depressive Patientinnen in die psychiatrische Krisenambulanz oder zur stationären Behandlung kommen, «klagen sie zuerst darüber, daß sie ihren Haushalt nicht mehr schaffen und die Familie nicht versorgen können», berichtet Andrea Hüttner: «Ich habe noch nie von einem Mann gehört, der sich für krank hält, weil er den Haushalt nicht schafft.» Hildegard Esser, Hamburger Ärztin für Neurologie und Psychiatrie, kann ebenfalls ein trauriges Lied davon singen. Sie hat die Erfahrung gemacht, daß die meisten depressiven Frauen von ihrem Mann in der Klinik abgeliefert werden, «weil sie als Hausfrauen nicht mehr funktionieren».

Die Männergesellschaft macht die Frauen verrückt. Deshalb fragt sich Hildegard Esser: «Wie mag diesen Frauen zumute sein, wenn sie, krank durch die Erfahrungen des Patriarchats, auf einer psychiatrischen Akutstation landen, die sie weder vor männlicher Aggressivität noch vor sexuellen Anzüglichkeiten schützt?»

Soteria – eine Männer-Utopie

Solch beunruhigende Fragen stellen sich die MitarbeiterInnen von Soteria nicht, weil sie bei ihrem alternativen Psychiatrie-Konzept auf Ruhe und Ausgleich setzen. Das altgriechische Wort ‹Soteria› bedeutet ‹Geborgenheit, Befreiung, Erlösung› und fungiert als Name für ein sozialpsychiatrisches Pilotprojekt in Bern, das als revolutionäre Schizophrenie-Therapie gilt. In einer alten Fachwerkvilla inmitten eines großen Gartens sind fünf PflegerInnen, vier LaienhelferInnen, ein Teilzeitoberarzt (bzw. eine Ärztin) und ein Teilzeitassistenzarzt (bzw. eine Ärztin) für acht PatientInnen zuständig, die als gemischtgeschlechtliche Wohngemeinschaft in der ersten Etage leben. Finanziert wird das Projekt aus einer Stiftung, von den Krankenkassen und vom Staat.

Soteria wurde 1984 vom Sozialpsychiater Luc Ciompi gegründet, der das Modell aus den Vereinigten Staaten in die Schweiz importierte. Im kalifornischen Vorläufer waren über mehrere Jahre hinweg ca. 200 ‹Schizophrene› ausschließlich von LaienhelferInnen, ohne Einsatz von Medikamenten, rund um die Uhr betreut worden: «Mit einer intensiven und verständnisvollen Begleitung in einem möglichst ‹normalen› und reizarm-entspannten Milieu.» Dabei soll es gelungen sein, schwärmt Ciompi, «akut psychotische Erscheinungen meist innerhalb von Tagen bis Wochen weitgehend zum Verschwinden zu bringen».

Der Schweizer Psychiater variierte das amerikanische Konzept, setzte neben LaienhelferInnen auch professionelle MitarbeiterInnen ein, entwickelte «therapeutische Strategien» und verabreichte Neuroleptika, wenn auch nur «gering und gezielt».

Ciompis Krankheitsmodell basiert auf einem «multikonditionalen Schizophrenie-Verständnis». Er geht davon aus, daß die Betroffenen extrem dünnhäutige, verletzliche Menschen sind, die schon auf einfache Alltagsanforderungen mit Aufregung und Verwirrung reagieren und besonderen Belastungen wie die Ablösung vom Elternhaus, erste sexuelle Erfahrungen, Berufs- und Partnerwahl, Schwangerschaft, Trennung, Arbeitslosigkeit etc. nicht verkraften können. Eine komplexe Wechselwirkung aus biologischen (z.B. erblichen) und sozialen (z.B. die Familienkonstellation) Faktoren kann dann zum Ausbruch einer Psychose führen. Die begreift Ciompi als eine «Krise mit konstruktiven Entwicklungsmöglichkeiten, die deshalb möglichst nicht forciert abgewendet werden sollte».

Darum wird in der ersten Behandlungsphase (die ‹akute›) eigentlich gar nicht behandelt. Der Neuankömmling lebt seine Psychose aus – im ‹weichen Zimmer›: das «Herzstück» oder «Heiligtum der anderen Schizophreniebehandlung». Dieser «freundliche, entspannende und reizgeschützte Raum» im Erdgeschoß, der die Berner Soteria berühmt gemacht hat, ist in hellen Farben gehalten und nicht möbliert. Auf dem flauschigen Wollteppichboden liegen lediglich Kissen und Matratzen. Eine Betreuungsperson ist ständig anwesend, auch nachts. Sie bietet «beruhigende Gespräche» an und «evtl. weitere entspannende Maßnahmen wie Massage, Händehalten, kurze Spaziergänge oder andere körperliche Aktivitäten».

In der zweite Phase, auch «Aktivierungsphase» genannt, ziehen die PatientInnen in ihr eigenes Zimmer im Obergeschoß um und beteiligen sich an «einfachen Haus- und Gartenarbeiten». In der Phase der beruflichen und sozialen Wiedereingliederung schließlich leben sie noch in der Soteria, arbeiten aber wieder draußen und nehmen wieder Kontakt zu Verwandten und FreundInnen auf. Die Nachbetreuungs-Phase nach dem endgültigen Auszug aus der therapeutischen Wohngemeinschaft dauert zwei Jahre und soll der «Rückfallverhütung» dienen.

Laut Spiegel ist die Soteria eine Art «Utopia für die deutsche Sozialpsychiatrie»: «Frustriert von ihrem Scheitern angesichts der Übermacht ausbrechender Psychosen, pilgern fast wöchentlich deutsche Psycho-Touristen nach Bern, um dort das Experiment zu bewundern, das ihrem Wunschtraum von einer menschlichen Psychiatrie besonders nahe zu kommen scheint.» Eine menschliche Psychiatrie? Auch für Frauen?

Als die Psychologin Claudia Brügge den Hausleiter Thomas Derungs im Rahmen einer Forschungsstudie nach einem «geschlechtsspezifischen Ansatz» von Soteria fragte, geriet der ins Stottern: «Ja... Also... Wenn jemand kommt, der akut ist, dann ist zu Beginn jemand Gleichgeschlechtliches im weichen Zimmer, da ist es vielleicht am ausformuliertesten. Sonst glaube ich nicht... Also das ist nicht... Vielleicht müßte ich zurückfragen, was verstehst du denn noch darunter?»

Der Gründer und Chefideologe, der die Soteria nach außen vertritt, ist ein Mann: Luc Ciompi. Der sogenannte Hausleiter auch: Thomas Derungs. Und ebenso der langjährige Supervisor, der die BetreuerInnen betreut: Hans-Rudolf Schneider. In dem gefeierten Alternativ-Projekt geben Männer den Ton an. Genau wie in der herkömmlichen Psychiatrie, wo an der Spitze der Hierarchie fast immer ein Arzt steht und nur selten eine Ärztin.

In der Bundesrepublik sind 90% der Psychiater, 75% der klinischen Psychologen und 80% der niedergelassenen Ärzte männlich. Der hohe Frauenanteil beim Pflegepersonal ändert nichts an der patriarchalen Organisationsstruktur. Denn die «fürsorglichen und um Atmosphäre bemühten Krankenschwestermütter» (Hüttner) stützen das System, das der Familie mit ihrer traditionellen Arbeitsteilung gleicht: Frauen, die schon zu Hause unselbständig waren, werden in der Psychiatrie endgültig unmündig gemacht. Nicht nur durch die strukturelle Gewalt, sondern auch durch körperliche: Zwei- bis dreimal so viele Frauen wie Männer werden mit Elektroschocks traktiert; Frauen werden mehr als doppelt so viele Psychopharmaka verordnet; jede zehnte Klientin wird von ihrem Therapeuten mißbraucht, und jede sechste Patientin wird von einem Pfleger sexuell belästigt.

Die Helse Hex – ein gescheiterter Traum

Mit diesem System versuchten in den 80er Jahren Holländerinnen aus der Antipsychiatrie- und der Frauenbewegung radikal zu brechen: Sie richteten ein europaweit einmaliges ‹Weglaufhaus› für Frauen ein, die aus der gewalttätigen Männerpsychiatrie geflohen waren, und für Frauen, die Angst vor einer Zwangseinweisung hatten, weil sie an der Männergesellschaft verrückt zu werden drohten. Die Helse Hex (‹Wütende Hexe›) in Amsterdam hatte sich hehre Grundsätze auf ihre Fahnen geschrieben: «Selbstbestimmung, Unabhängigkeit und Widerstand gegen Hospitalisierung.» Motto: «Frauen, entdeckt eure Stärke!»

Das Projekt stand auf zwei Säulen: ein ‹Wohnhaus› für sieben ehemalige Psychiatrie-Patientinnen und ein ‹Aktionshaus› als Treffpunkt für Selbsthilfegruppen, Anlaufstelle für Frauen in Krisensituationen und Ort für die politische Arbeit. Als Bogen über den beiden Säulen thronte der Gleichheitsanspruch der Helse Hex, die keinen Unterschied zwischen professionellen Mitarbeiterinnen, freiwilligen Helferinnen und Betroffenen machen wollte, weil es «keine vorgefertigten Lösungen gibt»: «Wir können nur gemeinsam versuchen, Lösungen zu finden, indem wir miteinander reden, Erfahrungen austauschen, Erkenntnisse gewinnen, uns gegenseitig unterstützen und zusammen lernen, zwischen persönlichen und gesellschaftlich verursachten Problemen von Frauen zu unterscheiden.»

Aber diese Theorie ließ sich auf Dauer nicht in die Praxis umsetzen – die Mitarbeiterinnen im Aktionshaus wurden durch den Zwei-Säulen-Spagat fast zerrissen: Dreimal in der Woche wollten sie die Frauen im Wohnhaus besuchen und einmal in der Woche an der Wohnhaussitzung teilnehmen, «in der soziale Aspekte des Zusammenlebens und praktische Probleme besprochen wurden». Zudem hatten sie als ‹Kontaktfrauen› einzelne ‹Wohnfrauen› zu begleiten, «um Unterstützung in Sachen Geld, Wohnung etc. und persönliche Beratung, auch in Form einer Nachbetreuung zu gewährleisten», wie es die Initiatorinnen Erna Tillema und Anne de Vries etwas bürokratisch formulieren.

Außerdem waren die ‹Aktionsfrauen› mit der Buchhaltung und der Öffentlichkeitsarbeit beschäftigt; sie knüpften Kontakte zu Behörden, kirchlichen Gruppen und psychiatrischen Einrichtungen; sie organisierten Veranstaltungsnachmittage zu Themen wie ‹Frauen und Medizin›, ‹Frauen und Sexualität›, ‹Frauen und Alkohol›, ‹Frauen und Ängste›; sie bemühten sich, mit gemischtgeschlechtlichen Weglaufhäusern der Antipsychiatrie-Bewegung zusammenzuarbeiten; sie hielten Verbindung zu Obdachlosen- und Angehörigeninitiativen; sie machten bei «Aktionen und Demonstrationen der Frauenbewegung» mit und litten darunter, daß «uns umgekehrt die Frauengruppen zwar passive Unterstützung boten, aber keine aktive Teilnahme an unserem Projekt» (das beklagen übrigens alle feministischen Frauentherapie-Projekte).

Und die sogenannten Betroffenen? Sie fühlten sich ausgegrenzt und verwaltet: «Wie in der Klapse», bringt es eine der ehemaligen ‹Wohnfrauen› auf den Punkt. Diese «ganze elende Repression», mit der das «legale Hilfsystem dich brechen will, indem es dich zwingt zu kooperieren», traf die aufmüpfige «Ausreißerin» aus dem ‹Madness-Movement› auch in dem feministischen Antipsychiatrie-Projekt an – allerdings mit umgekehrten Vorzeichen: auf der einen Seite «der Brauch der totalen Versorgung» («es wird für dich gekocht, es wird für dich gewaschen» etc.) und auf der anderen «der Zwang zur Selbständigkeit» («du mußt selber kochen, du mußt deine Wäsche selbst waschen» usw.).

Die ‹Wohnfrau› erinnert sich: «Es gab viele schreckliche Diskussionen über die Übernahme der Verantwortung für sich selbst, ohne daß wir daran beteiligt waren.» Die ‹Aktionsfrauen›, so das vernichtende Urteil der ‹Wohnfrau›, «füllten ihre Leere dadurch aus, daß sie sich um andere kümmerten»: «Mit vielen Wörtern bewiesen sie ihre gute Absicht, aber keiner von uns Ausreißerinnen gefiel das besonders lange.»

Doch bevor sich die ‹Aktionsfrauen› endlich mal in aller Ruhe über das Warum Gedanken machen konnten, wurde die Helse Hex geschlossen: Im Sommer 1990 strich nicht nur die Stadt Amsterdam ihre finanziellen Zuwendungen, sondern auch das Ministerium für Emanzipationsangelegenheiten. Die Initiatorinnen Erna Tillema und Anne de Vries, die damals mit so viel Idealismus angetreteten waren, vermuten heute resigniert, daß die «große Neuorganisation der Psychiatrie in Amsterdam» dahinter steckte: «Die Irrenanstalt ‹Santpoort› wurde mittels verschiedener kleiner Wohnprojekte ‹gemeindenah› organisiert und in die Stadt integriert.» Gemischtgeschlechtlich versteht sich.

Das FTZ – ein ‹spiritueller› Ansatz
Mit finanziellen Schwierigkeiten kämpfen auch die wenigen deutschen Projekte mit parteilich-feministischem Ansatz. Aber immerhin: Es gibt sie! Und: Es werden mehr! Das erste war das Frauentherapiezentrum (FTZ) in München, das 1978 als psychosoziale Beratungsstelle für Frauen mit Gewalterfahrungen, Eßstörungen, Depressionen und Beziehungsproblemen gegründet wurde. Heute bietet das FTZ ein breites Programm «von Einzel- und Gruppentherapie über Selbsthilfegruppen, offene Beratung, Körperarbeit, kreative Selbsterfahrung bis hin zu den offenen Treffs für Frauen aus der Psychiatrie».

1994 ist die Tagesstätte ‹Eigen Sinn› hinzugekommen. Dort werden Frauen mit Psychiatrie-Erfahrung von zwei Psychologinnen und einer Ergotherapeutin an sechs Tagen in der Woche betreut: Sie kochen und essen gemeinsam, sie tischlern, sie malen, sie töpfern, sie musizieren und geben eine eigene Zeitung heraus.

1994 eröffnete das Münchner Frauentherapienzentrum noch zwei weitere Filialen: den Büroservice und die Fraueninfothek. Dort werden in einem zweijährigen Lehrgang zehn Frauen mit meist langjähriger Psychiatrie-Erfahrung auf den Wiedereinstieg in das Arbeitsleben vorbereitet. Im Büroservice, der professionell Aufträge von außen annimmt, lernen sie Schreibmaschineschreiben, den Umgang mit der EDV, Adressenverwaltung usw. In der Fraueninfothek füttern sie eine Datenbank, in der frauenrelevante Informationen über die Stadt München gespeichert sind. Dieses lokale Femi-Archiv kann jede und jeder nutzen, vor Ort oder per Telefon.

«Parteilichkeit für Frauen» ist die Basis des FTZ-Konzepts, das «biographische Faktoren, aktuelle Lebensbedingungen und gesellschaftliche Bedingungen» für «die Auslösung und Aufrechterhaltung von psychischen Störungen» verantwortlich macht und das «tradierte Weiblichkeitskonzept infrage stellt»: «Dieser Ansatz soll es der Klientin ermöglichen, eine selbständige und freie Entscheidung bezüglich ihres Lebensentwurfes zu treffen.»

Was das Münchner Frauentherapiezentrum von ähnlichen Projekten unterscheidet, ist seine «politisch-psychotherapeutisch-spirituelle» Grundhaltung. Die ist von dem «Zwei-Körper-Konzept» geprägt, das eine der Gründerinnen entwickelt hat. Die Psychotherapeutin Polina Hilsenbeck geht davon aus, daß sich um die Grenzen des physischen Körpers der «Energie- und Traumkörper» ausdehnt: eine «Aura» als Sitz der «emotionalen, seelischen und geistigen Substanz». Beide Körper durchdringen sich gegenseitig in einem dynamischem Wechselspiel. Sexuelle Gewalt, so Hilsenbeck, zerstört diese Verbindung und verhindert «die Erdung, die Verwurzelung des Seelenkörpers im Beckenbereich». Psychotische Frauen können «nicht mehr auseinanderhalten, in welchem Körper sie sind», und weil die Trennung der beiden Körper bei ihnen oft «unkontrolliert» geschieht, sind sie «verwirrt». Polina Hilsenbeck glaubt auch an heilerische und seherische Fähigkeiten als eine «anlagemäßige Grenzenlosigkeit der Aura», die «in unserer Kultur jedoch einen Fluch bedeutet». Deshalb haben die mit dieser Gabe gesegneten Frauen nicht gelernt, sie gezielt zu steuern. Folge: Sie werden von «Ausstrahlungen anderer Menschen» und «anderer Kräfte» aus einer «spirituellen Anderswelt» geradezu «überschwemmt» – und dadurch ver-rückt.

Die BIFF und andere – parteilich und ganzheitlich

Da scheint es in der BIFF Altona (Beratung und Information für Frauen) bodenständiger zuzugehen. In die feministische Beratungsstelle, die seit 1981 existiert, kommen nicht nur Frauen mit Psychiatrie-Erfahrung, sondern auch andere Frauen in Krisensituationen: «Gerade bei unspezifischen Problemlagen, wie z.b. depressive Verstimmungen, fehlende Zukunftsperspektiven, Ausgebranntsein oder Überforderung in der Familie oder im Beruf, brauchen Frauen Klärungshilfe.»

Der Schwerpunkt der Arbeit allerdings liegt in der ambulanten Nachsorge für psychisch kranke Frauen, die in der Psychiatrie «von männlichen Mitpatienten emotional beansprucht, oft genug sexuell belästigt und als Frau abgewertet» wurden und in herkömmlichen ambulanten Nachsorgeeinrichtungen wieder auf Männer stoßen, die dort meist in der Überzahl sind und wie immer den Ton angeben.

Das Frauentherapiezentrum Bremen arbeitet mit Mädchen und Frauen, die sexueller Gewalt ausgesetzt waren und sind, vor allem aber mit sogenannt «Multiplen Persönlichkeiten». Die Angebotspalette ist breit: Telefonberatung, offene Beratung als «psychotherapeutische Ambulanz», Krisengespräche für Frauen «in aktuellen Belastungssituationen», längerfristige Einzeltherapien, Gruppentherapien, Eßstörungs- und andere Selbsthilfegruppen und Paarberatungen für lesbische Frauen.

IHRISS e.V. aus Kiel wurde 1992 gegründet: als erste und einzige selbstverwaltete, parteilich-feministische Einrichtung für Frauen in Schleswig-Holstein, «die von psychischer Erkrankung bedroht oder betroffen sind». Grundlage des Konzepts ist die Erkenntnis, «daß psychische Probleme, Krisen und Krankheiten aus realen Lebensbedingungen entstehen und ein letzter Ausweg sind, sich die Realität erträglicher zu machen»: «Eine Realität, die von besonderen Einschränkungen, Bedrohungen und Gewalt gegen Frauen geprägt ist.» Das kleine Land im hohen Norden ist bundesweit federführend bei den frauengerechten Alternativen zur herkömmlichen Männerpsychiatrie. Mittlerweile unterstützt die Landesregierung in Kiel über 50 stationäre und ambulante Einrichtungen (nicht nur feministische), die frauenspezifische Angebote machen. «Weil sich die Ursachen für psychische Erkrankungen bei Frauen und Männern unterscheiden, müssen auch die Behandlungsmethoden verschieden sein», forderte 1995 die schleswig-holsteinische Frauenministerin als Veranstalterin des Fachkongresses ‹Blick über den Tellerrand – Perspektiven für Frauen in der Psychiatrie›.

Das Wildwasser-Café – ein Integrations- und Vernetzungsmodell
Nordrhein-Westfalen, das bevölkerungsstärkste und traditionell sozialdemokratische Bundesland, hat in den letzten 20 Jahren viel Geld in die gemeindenahe Sozialpsychiatrie investiert. Ein Landeskrankenhaus nach dem anderen wurde in eine Reformklinik umgewandelt. Dabei blieben die Frauen mal wieder auf der Strecke. Ausgerechnet in Ostwestfalen, wo die beiden führenden deutschen Sozialpsychiater Klaus Dörner (Gütersloh) und Niels Pörksen (Bielefeld-Bethel) ihre Reformideen in die Praxis umsetzten, gibt es – laut Wildwasser Bielefeld – «keine ambulanten oder stationären Psychiatrie-Einrichtungen speziell für Frauen, die sich insbesondere der Thematik ‹sexuelle Gewalterfahrungen› annehmen».

Das soll sich nun ändern. Wildwasser Bielefeld, eine ‹Anlauf- und Beratungsstelle für Frauen, die in ihrer Kindheit sexuelle Gewalt erlebt haben›, will ein Café als Treffpunkt «für Frauen mit und ohne Psychiatrie-Erfahrung» einrichten: als ein «zentral gelegenes, sektorenübergreifendes und unabhängiges Angebot». Das Café soll – kurz zusammengefaßt – ein «FrauenSchutzFreiRaum» sein, wo die Betroffenen keine sexuellen Übergriffe von Männern – «sei es verbal, über Blicke oder Bemerkungen bis hin zu Vergewaltigungen» – fürchten müssen. Da «Ausgrenzung und Ghettoisierung zu einer der zentralen Erfahrungen von psychiatriebetroffenen Frauen gehört», soll das «integrative Konzept» nicht nur den «Kontakt untereinander» fördern, sondern auch den mit anderen Frauen, die zu Wildwasser kommen und die oft «diffuse Ängste vor eigener Psychiatrisierung» haben.

In NRW hat das Wildwasser-Café Modellcharakter, es ist hier das erste feministische dieser Art. – Die Wildwasser-Mitarbeiterinnen wollen damit Konsequenzen aus den zahlreichen Beschwerden und Anfragen ziehen, die sie in den letzten Jahren von betroffenen Frauen, aber auch von psychosozialen und sozialpsychiatrischen Einrichtungen und FachärztInnen bekamen: nach Angeboten zur Überbrückung von Wartezeiten für Therapieplätze und Klinikaufenthalte, Nachsorge nach stationären Aufenthalten, therapeutische Begleitung für psychiatriebetroffene Frauen, die sich an sexuelle Gewalterfahrungen erinnern und diese ambulant bearbeiten wollen, sowie Informations- und Fortbildungsveranstaltungen zu Folgen von sexuellen Gewalterfahrungen in der Kindheit.

Wildwasser Bielefeld strickt schon lange an einem Netzwerk auf regionaler und überregionaler Ebene. Die Beratungsstelle initiierte den Bielefelder Arbeitskreis ‹Frauen und Psychiatrie›, in dem Mitarbeiterinnen sozialpsychiatrischer und psychosozialer Einrichtungen sitzen, Vertreterinnen von Selbsthilfeinitiativen (d.h. ausdrücklich auch psychiatriebetroffene Frauen selbst) und autonomen Frauenprojekten, Ärztinnen und Therapeutinnen. Eine ungewöhnliche Zusammensetzung, meinen die Wildwasser-Mitarbeiterinnen, da es nicht immer ganz einfach ist, Frauen aus so unterschiedlichen Richtungen an einen Tisch zu bekommen und über institutionelle und ideologische Grenzen hinweg an einem gemeinsamen Strang zu ziehen.

Den Anstoß zu einer bundesweiten Vernetzung «feministisch, sozialpsychiatrisch und antipsychiatrisch» engagierter Frauen gab Wildwasser Bielefeld erstmals durch den Kongreß ‹Grenzgängerinnen. Antworten auf das Netz der Gewalt› mit 600 Teilnehmerinnen und später mit dem zweiten Kongreß ‹Frauen in ver-rückten Lebenswelten› im April 1997, zu dem 450 Teilnehmerinnen kamen. Der Bedarf für das Projekt Wildwasser-Café ist da, das Konzept steht, auch Räume sind vorhanden – nur das Geld fehlt (noch). Das alte Lied.[1]

Das Frauen-Zimmer – ein gemeindenahes Femi-Projekt
Während Reformpsychiater ihre «gemeindenahen Netzwerke» in Form von beschützten Werkstätten, therapeutischen Firmen, Patiententreffs und -cafés, Krisenambulanzen, Tagesstätten, Hilfsvereinen, unterstützenden Gruppen und betreuten Wohngemeinschaften über die Städte spannten, machte sich im niedersächsischen Göttingen Ende der 80er Jahre eine Frauengruppe daran, ganz bescheiden ein Frauen-Zimmer einzurichten.

Das spätmittelhochdeutsche Wort ‹vrouwenzimmer›, erläutert eine kleine Festschrift zum 5jährigen Bestehen des Femi-Projektes im Jahre 1994, meinte «zunächst die Räume der Herrin, dann die Räume des weiblichen Hofstaates und die Frauengemächer allgemein, danach kollektiv die darin wohnenden weiblichen Personen». Anfang des 17. Jahrhunderts wurden vornehme Damen so genannt. Im 19. schließlich, als die Männerpsychiatrie das Licht der Welt erblickte, wurde das Wort abgewertet und «meist verächtlich für liederliche, leichtfertige Frau gebraucht». Die Göttingerinnen gaben dem Frauen-Zimmer seine ursprünglich positive Bedeutung zurück.

Die Idee dazu entstand auf einer psychiatrischen Langzeitstation, auf der ausschließlich «langjährig hospitalisierte Frauen» untergebracht waren. Dagmar Bielstein, die als Ärztin auf der Station arbeitete, sowie Sigrid Spors und Stephanie Rinnert, die die Patientinnen als Pädagoginnen betreuten, beschlossen, eine Wohngemeinschaft für diese Frauen aufzubauen. «Wir waren der Ansicht», erinnert sich Bielstein, «daß zumindest ein Teil von ihnen außerhalb der Klinik selbständiger, freier und glücklicher leben könnte.» Das Projekt für Langzeitpatientinnen wurde später durch betreute Wohngruppen und betreutes Einzelwohnen für sogenannte ‹Drehtür-Patientinnen› ergänzt: Frauen, die immer wieder in der Psychiatrie landen.

«Hier gefällt es mir sehr gut», sagt Frau D., die 1990 in das Frauen-Zimmer einzog. Die 60jährige, die schon als Kind herumgeschubst worden war und später als Zimmermädchen und Fabrikarbeiterin ausgebeutet wurde, hat nach langen Jahren in der Psychiatrie endlich ein Zuhause gefunden. Eins, wo sie nicht verwahrt und fremdbestimmt wird, sondern selbst entscheiden kann, wie sie leben will. «Ich bin viel selbständiger geworden und mache große Fortschritte», schreibt die hospitalisierte Langzeitpatientin in der Festschrift zum fünften Geburtstag des Frauen-Zimmers: «Ich kann mich immer mehr freuen.»

Die ‹Drehtür-Patientin› Frau A. (57), eine ausgebildete Töpferin, erkrankte mit elf Jahren erstmals an Magersucht, mit 15 erneut. Vier Jahre lang verbrachte sie abwechselnd in Kliniken und zu Hause. Später, immer dann, wenn «besondere Schwierigkeiten» auftauchten – «z.B. Meisterprüfung, Probleme mit der Familie oder mit Freunden» – ließ sie sich ambulant psychiatrisch behandeln. Scheinbar zunächst mit Erfolg.

Zehn Jahre arbeitete Frau A. als selbständige Töpferin, klammerte sich an den Beruf, weil sie glaubte, nur über ihn würde sie «akzeptiert»: «Es entstand eine Kluft zwischen eigenen Empfindungen, oder wie man zu sein hat, um anerkannt zu werden. Es ging mir schlecht, aber ich konnte es meiner Umwelt nicht verdeutlichen.» Privat «igelte» sie sich «mehr und mehr ein». «Zwangshandlungen, die vorher schon bestanden», steigerten sich «ins Unerträgliche». Frau A. gab ihre Selbständigkeit auf und verbrachte «immer häufiger lange Zeiten» in psychiatrischen Kliniken.

Das ging 13 Jahre so, bis die Göttinger Tagesklinik die Töpferin ans

Frauen-Zimmer vermittelte. «Mit vielen kleinen Schritten», berichtet Frau A. in der Festschrift, «ohne zeitlichen Druck werde ich bei der Bewältigung meiner Ängste begleitet. Die Familiengeschichte wird aufgearbeitet und verlorengegangene Persönlichkeit aufgespürt. Längst vergangene künstlerische Kräfte werden praktisch wieder aufgegriffen. Krisen werden gemeinsam bewältigt.» Kurzum: Seit Frau A. im Frauen-Zimmer wohnt, ist kein Klinikaufenthalt mehr nötig gewesen. Und sie kann sich vorstellen, eines Tages «endlich lebenstüchtig» zu sein.

«Befohlen zu essen, unüberwindliche Mauer», heißt es in einem Gedicht von Frau A., «befohlen zu sprechen, unüberwindliche Mauer. Befohlen, mich anzufassen, unüberwindliche Mauer. Wirklich Mauer? Wer befiehlt? Will ich? Wünsche frei zu essen, ohne Angst. Wünsche frei zu sprechen, offen sein. Wünsche frei mich anzufassen. Ausprobieren, was passiert. Dazu fühlen können. Dies in Worte kleiden können. Probieren, mutig sein. Schlimmer kann nichts sein. Mal sehen, was hinter der Mauer ist.»

Haus IV, Station C – gemischt belegt
Auch Beate von Station C in Haus IV ist dabei, sich ein neues Leben ohne Mauern aufzubauen. Allerdings ohne Unterstützung des Reformpsychiaters, der sie vor drei Wochen in eine der Wohnungen einwies, die die sozialpsychiatrische Anstalt in der Stadt angemietet hat. In der betreuten Wohngruppe lebt die 24jährige jetzt mit Ronald (26), Herbert (57) und Franz (65). Die ‹gemeindenahe› WG ist nicht leicht zu finden, sie liegt über dem Lager eines Supermarkts und ist nur über den unbeleuchteten Parkplatz für die Lieferwagen zu erreichen. Deshalb kommt Beate nie im Dunkeln nach Haus.

Als sie hier einzog, hat sie gehofft, daß nun «alles anders wird». Aber es ist alles beim Alten geblieben – bei dem, was sie von ihrem früheren Zuhause kennt, wo sie ihren alleinstehenden Vater versorgte: «Ein ganz normaler Hausfrauenalltag.» Der einzige Unterschied ist, daß sie «jetzt von drei Männern herumkommandiert wird statt von einem».

Einen Job hat ihr die sozialpsychiatrische Anstalt nicht besorgt, dabei wollen ihr nun andere helfen – andere Frauen. Eine Freundin hat sie mit zur Frauenberatungsstelle genommen, da hat Beate zum ersten Mal erfahren, daß «50% aller Frauen mit psychischen Störungen Mißbrauchsopfer sind». Wie Beate, die sich das Leben nehmen wollte, weil sie dachte, daß ihr das «ganz allein passiert ist».

IV. Kapitel

Themen: kontrovers & explosiv

Ruth Großmaß

Wer sind wir eigentlich?
Weibliche Identität zwischen Rollenvielfalt und dem Wunsch nach einem eigenen Ort

Auf dem Hintergrund der aktuellen frauenpolitischen Diskussionen und im Rahmen dieses Bandes über weibliche Identität zu reden, ist durchaus nichts Selbstverständliches, sondern hat eher etwas Irritierendes. Zunächst scheint das Thema nicht besonders naheliegend zu sein. Bei genauerem Hinsehen bekommt es dann eine merkwürdige Ambivalenz. Wohl stellen sich Fragen, die mit Identität zu tun haben. Doch zugleich wirkt es ziemlich deplaziert, solche Fragen überhaupt zu stellen. Beide Seiten dieser Ambivalenz werde ich kurz erläutern.

Identität zu thematisieren, scheint deshalb erforderlich, weil in allen Auseinandersetzungen und Diskussionen, in allen Selbstbeschreibungen und Abgrenzungskämpfen, die uns beschäftigen, vorausgesetzt wird, daß die Beteiligten darüber Bescheid wissen, mit wem sie es zu tun haben, worin sie sich von anderen (Positionen) unterscheiden und was den verschiedenen Personen im Rahmen des jeweiligen persönlichen, politischen oder kulturellen Kontextes gemeinsam ist. Mit großer Selbstverständlichkeit gehen wir etwa im kulturellen Raum von Frauenprojekten davon aus, daß es Sinn macht, in Frauenräumen zu diskutieren und daß – auch jenseits der Gewalterfahrung, die dem Geschlecht gilt – so etwas wie eine gemeinsame Subjektwerdung möglich ist. Auf der anderen Seite läßt sich in jeder Diskussion zum Teil in sehr schmerzhafter Form die Erfahrung machen, daß weibliche Identität (im Sinne von: Was bedeutet es, eine Frau zu sein?) überhaupt nichts Festumrissenes ist, sondern sich je nach Ausgangspunkt, individueller Position und politisch-theoretischem Rahmen verändert und daß die Bedeutung, die die Geschlechtszugehörigkeit hat, entsprechend changiert. Für die Generation der jetzt Vierzig- bis Fünfzigjährigen beispielsweise ist auch die persönliche Identität fest mit den Erfahrungen der Frauenbewegung verknüpft. Für eine Studentin von Anfang zwanzig, die gerade die Schule und das Elternhaus verlassen hat und sich auf der Suche nach ihrer Identität befindet, ist ‹Identität› häufig ein abenteuerlicher Selbstfindungsprozeß, in dem sie sich vor allem von anderen Frauen unterscheiden möchte und ‹Weiblichkeit› als Bezugspunkt in erster Linie suspekt findet. Im psychotischen Erleben – eine in den kulturellen Diskussionen über weibliche Selbstfindung oft geleugnete Position, von der aus die Frage der Identität wichtig wird – erscheint die ‹normale› Identität einer Frau als etwas Einfaches und Stabiles, vielleicht auch als genormt und eingeengt. Und wenn eine Frau Psychiatrie-Erfahrung verarbeiten muß, dann enthält dasselbe Bild weiblicher Normalität etwas, das sowohl verrückt macht als auch wie ein Rettungsanker erscheint. Der Verständigung untereinander täte es gut, genauer hinzuschauen und – auf dem Hintergrund solcher möglichen Verschiedenheit – deutlich zu machen, was jeweils mit Identität gemeint sein kann und ob es sich lohnt, dies alles unter derselben Überschrift zu verhandeln.

Sieht man sich in der aktuellen theoretischen Diskussionslandschaft nach Ansatzpunkten für eine solche Klärung um, dann entstehen Verunsicherung und das Gefühl, eine ernst gemeinte Auseinandersetzung mit weiblicher Identität sei völlig deplaziert. Das Thema scheint überholt bzw. längst erledigt. ‹Weibliche Identität› klingt in diesem Kontext deutlich nach 80er Jahre; und die ‹Suche nach einem eigenen Ort› ist vielleicht noch in der Ankündigung für ein Therapiewochenende zu finden, nicht aber im Zusammenhang feministischer Theorie oder Politik. In den zur Zeit stattfindenden Debatten geht es um ganz andere Fragestellungen. Vielfalt und Differenzierung – nicht Identität und Verortung – bestimmen spätestens seit Judith Butlers ‹gender trouble› (Butler 1991) die Auseinandersetzung in der Geschlechterfrage. Der Dekonstruktionsansatz, wie die Überschrift für diese Diskussionen heißt, fragt danach, wer sich eigentlich als Subjekt setzt, wenn von ‹den Frauen› oder schlimmer noch von ‹der Frau› die Rede ist. Er fragt auch danach, wer ausgeschlossen wird aus diesem Subjektsein – eine zentrale Frage z.B. für arme und für farbige Frauen oder für Frauen, die mit dem Psychiatrie-Label versehen und dadurch (noch einmal) diskriminiert werden. Diskussionen über die Differenzen zwischen Frauen haben durchaus einen wichtigen Stellenwert. Sie haben allerdings auch Auswirkungen auf die Themen der sich anschließenden Debatten. Das Interesse wird auf Verschiedenheit und Sich-Unterscheiden und gerade nicht auf Gemeinsamkeit und Identität gelenkt. Nicht nur das. Die Notwendigkeit, Differenzen in den Mittelpunkt des Interesses zu stellen, wird oft dadurch unterstrichen, daß Identitätsdenken als Ausschlußpolitik entlarvt wird. Und so ist schließlich in ganz grundsätzlicher Weise die Vorstellung unter Ideologieverdacht geraten, daß es etwas allen Frauen Gemeinsames gibt, auf das frau sich in ihrem Tun und Denken beziehen könnte. Eine solche angenommene Gemeinsamkeit scheint – so der Stand – weniger als Grundlage für politische Bündnisse zu taugen, denn der Selbstbestätigung bestimmter Frauen zu dienen – unter Ausschluß von anderen.

Was bedeutet die Ambivalenz, die sich für das Thema ‹weibliche Identität› aus diesen Diskussionsverläufen ergibt? Handelt es sich ausschließlich um eine Ambivalenz des Darüberredens oder gibt es Entsprechungen dafür in der sozialen Realität? Hat die Frauenbewegung ihre Arbeit getan und ist der Zeitpunkt erreicht, an dem es möglich ist, sich als menschliches Individuum zu entfalten, ohne durch die Zugehörigkeit zum weiblichen Geschlecht eingeschränkt zu sein? Sind Gewalterfahrungen und Diskriminierungen, die es schließlich nach wie vor gibt, nicht mehr mit Sexismus verknüpft, sondern mit Ausgrenzungen unterschiedlicher Art, die alle als gleichrangig zu betrachten sind? Hinken wir hinter der Zeit her, wenn wir uns weiterhin durch Identifikation mit unserem Geschlecht als politische Subjekte sehen? Sind Formulierungen wie «Ich als Mutter» oder «Ich als berufstätige... lesbische... farbige... Frau», mit denen wir uns angewöhnt hatten, Diskussionen zu strukturieren und Positionen zu markieren, nicht mehr tauglich?

Die jungen Frauen, die zur Zeit an den Universitäten ihr intellektuelles Profil erwerben und die die Trägerinnen des Vielfältigkeitsdiskurses sind, erleben die Situation meinem Eindruck nach weitgehend so, wie in meinen Fragen als Möglichkeit unterstellt. Und für viele von ihnen repräsentiert diese Position auch einen nicht unbedeutenden Teil ihrer persönlichen Lebenserfahrung. Sie stammen zum großen Teil aus Familien, in denen eine liberale Arbeitsteilung zwischen den Geschlechtern vorherrscht, und sie fühlen sich in ihrer aktuellen Situation (als Schülerinnen/Studienanfängerinnen) nicht diskriminiert. Sie reagieren daher ‹genervt›, wenn sie mit ‹Emanzipationsgerede› konfrontiert werden. Zum Teil also drücken sich Veränderungen der Lebensrealität in den veränderten Debatten aus.

Doch es geht mir hier nicht um die spezifische Wahrnehmung von Frauen um die zwanzig. Die Fragen, die ich aufgelistet habe, sind nicht generationsspezifisch, sondern ergeben sich von der Sache her, sobald man nicht nur zur Kenntnis nimmt, was sich an unterschiedlichen politischen und theoretischen Strömungen zu Wort meldet, sondern sich auch ernsthaft mit den vorgetragenen Argumenten auseinandersetzt. Und mit diesen Fragen entstehen nicht nur Freude an der Vielfalt und Lust auf Individualität, sondern auch Unsicherheit darüber, in welcher Richtung es weitergeht und woran frau sich orientieren kann. Beide Seiten der beschriebenen Ambivalenz haben, so scheint es, einen gemeinsamen Ursprung. Beginnt man sich mit

Identität auseinanderzusetzen, melden sich über kurz oder lang Differenzen zu Wort. Und knüpft man an den Unterschieden an, taucht schnell der Wunsch nach Orientierungspunkten und Eindeutigkeiten auf. Der augenblickliche Stand der Diskussion läßt sich wohl damit beschreiben, daß nach einer Phase begeisterten Sich-Einlassens auf Differenz, Vielfalt und Dekonstruktion nun in vielen Bereichen Verwirrung ensteht. Sollen die deutlich gewordenen Differenzen nicht geleugnet werden und will frau dennoch nicht bei Verwirrtheit stehenbleiben, dann ist es an der Zeit, nach neuen Orientierungsmöglichkeiten für die Gestaltung des persönlichen Lebens und für die Entwicklung politischer Perspektiven zu suchen.

Ich schlage vor, bei der Suche nach Orientierungspunkten nicht den Gesamtbereich möglicher Themen gleichzeitig in Angriff zu nehmen, sondern mit einer einzelnen Fragerichtung zu beginnen. Dies ist deshalb sinnvoll, weil die feministische Diskussion sehr unterschiedliche Ebenen umfaßt. Nach möglichen Orientierungspunkten läßt sich sowohl für die Ebene von Frauenpolitik suchen, als auch für die Ebene der feministischen Theorie und für die Mikroebene der persönlichen Identität – mit möglicherweise jeweils unterschiedlichen Antworten. Ich greife im Folgenden die Ebene der *persönlichen Identität* einer einzelnen Frau heraus. Konkret soll es darum gehen, woran sich Frauen in ihrer persönlichen Entwicklung und in ihren individuellen Lebensentwürfen orientieren können, welche Vorbilder, welches Wissen und welche Traditionen Anknüpfungspunkte bieten. Damit komme ich zum ersten Schwerpunkt meiner Überlegungen.

1. Was ist so schwierig geworden an ‹weiblicher Identität›?
Was bedeuten – so lautet meine Frage – die skizzierte Auflösung klarer Identifikationen und die Propagierung des Vielfältigen für die Identitätsfindung einzelner Personen weiblichen Geschlechts? Wie sind die einzelnen in ihrem Umgang mit sich selbst von den konstatierten kulturellen Veränderungen betroffen? Erreichen diese überhaupt die Ebene des persönlichen Selbstbildes?

Die Veränderungen der frauenpolitischen und feministischen Diskurse erreichen – so meine Antwort – jede einzelne von uns, sind sie doch Teil der Kultur, in der wir uns bewegen. Und es ist auf die Dauer keine Lösung, sie an sich persönlich nicht heranzulassen. So abstrakt und abgehoben die Diskussionen oft wirken, man kann sich ihnen nicht gänzlich entziehen. Denn hinsichtlich unseres Selbstgefühls und bei den Bildern, an denen wir uns orientieren, sind wir auf eine kulturelle Umgebung angewiesen. Und diese kulturelle Umgebung ist weiter als die jeweilige persönliche Nahwelt; sie schließt all das ein, was uns sozial und medial umgibt. Auf diesem Weg erreichen dann auch die ‹großen› kulturellen Diskurse jede einzelne in ihrem individuellen Wahrnehmen und Fühlen. Wir werden von den Veränderungen und Verschiebungen der Diskurslandschaft berührt; die Sprache verändert sich, die Themen verschieben sich; und unsere Sichtweise von der Welt und von uns selbst in ihr verändert sich mit ihnen. Was uns beim Fernsehkonsum begegnet, ist als Bilderwelt präsent – ob wir dem, was wir dort sehen, zustimmen oder nicht. Was in Kino und Theater oder in den Feuilletons der Zeitungen thematisiert wird, beeinflußt unsere Auseinandersetzung mit uns selbst, auch wenn wir die Vorstellung nicht selbst gesehen und die Zeitung nicht gelesen haben. Denn es kommt als Bezugsrahmen in anderen Medien vor und geistert durch die Gespräche von Nachbarn, Freundinnen und Studienkollegen. Dabei entstehen ähnliche Effekte wie bei einem Wechsel der Mode, wo nach einiger Zeit des Umgewöhnens die Hits der vorhergehenden Saison altmodisch erscheinen und die Figurgebung der jetzigen zur Normalform wird. Auf vergleichbare Weise werden unsere Ohren empfindlich gegen politisches Moralisieren (political correctness genannt); und die Orientierung an Spiel und Vielfältigkeit wird gleichbedeutend mit intellektueller Beweglichkeit.

Neben solchen explizit auszumachenden Effekten gibt es andere, die eher unsichtbar bleiben, da sie im Weglassen von Themen und im Nicht-mehr-Vorkommen von Reflexionsebenen bestehen. Zur Verdeutlichung einige konkrete Erfahrungen aus der psychosozialen Praxis:

In der Beratungsarbeit – ich beziehe mich hier (wie bei allen weiteren Beispielen aus der Praxis) auf mein eigenes Arbeitsfeld, die Hochschule – sind heute Orientierungsverluste zu spüren, die noch im Vergleich zur Situation von vor wenigen Jahren neu sind und die ich auf solche kulturell-atmosphärischen Veränderungen zurückführe. Individuell sind Frauen diesen Veränderungen häufig ausgesetzt, ohne sie überhaupt als Veränderungen wahrnehmen zu können. Das fängt in meinem Arbeitsfeld oft schon bei der Studienentscheidung an: Fragen der Berufs- und Fachwahl erscheinen in den Köpfen der jungen Frauen, die sich beraten lassen, heute als frei zu treffende Entscheidungen innerhalb eines großen Spektrums von Möglichkeiten und beruflichen Rollen. Zwar finden die eigenen Schulleistungen (meist einschränkend) Berücksichtigung bei den Überlegungen, was denn zu wählen sei. Und auch der Arbeitsmarkt spielt eine Rolle (meist als Bedrohung, die alles verderben kann). Die soziale Herkunft und das eigene Geschlecht jedoch kommen genau so wenig als etwas vor, das Zielorientierung geben könnte, wie ein klares Bild von der eigenen Person. So werden zwar klassisch-weibliche Fachrichtungen immer noch häufig gewählt, doch die Entscheidung für ein solches Fach wird nicht als geschlechtsspezifisch, sondern als persönliche Neigung oder als realistische Berufsfeldentscheidung verstanden. In der Universität angekommen, erleben die Studentinnen (die zusammen mit ihren männlichen Kommilitonen von Seiten der Hochschule geschlechtsneutral als ‹Studierende› geführt werden) einen starken Druck, die vielfältigen Aspekte der Lebenssituation ‹Studieren› nicht nur auszufüllen, sondern mit vielfältigen Facetten auszustatten und in einer Form zu inszenieren, die sie als (für die Universität) interessante Persönlichkeiten sichtbar werden läßt. Gelingt dies nicht zur eigenen Zufriedenheit, rechnet sich jede einzelne dies als individuelles Problem an. Die Erfahrung, nicht wahrgenommen worden zu sein, wird dann als «Mir fehlt einfach Selbstbewußtsein» verbucht.

Zur Verdeutlichung ein Ausschnitt aus einer der ersten Sitzungen einer Frauentherapiegruppe:

Marion hat in der Anfangsrunde berichtet, daß sie wieder sehr unruhig sei, Schlafstörungen habe und manchmal nicht essen könne. Im Verlauf der Sitzung kommen die Teilnehmerinnen noch einmal auf Marions Beschwerden zu sprechen und beschäftigen sich intensiv mit ihrer Situation. Sie ist Soziologiestudentin und bemüht, ihre Leistungsnachweise schnell und mit nicht allzu viel Aufwand zusammen zu bekommen, nimmt aber gleichzeitig intensiv am Leben der Fakultät teil, geht zu Vorträgen, meldet sich zu Wort, versucht in ‹wichtige› Studiengruppen hineinzukommen. Schon zweimal hat sie für eine begrenzte Zeit einen Hilfskraftjob angeboten bekommen und die Aufgaben dann auch übernommen, obwohl sie eigentlich schon genug zu tun hatte. «Wegen des Geldes habe ich das nicht gemacht, obwohl es natürlich ganz schön ist, etwas mehr zu haben», erklärt sie, «aber für das Notwendige kommen meine Eltern schon auf. Sie haben nicht viel Geld, aber es ist ihnen wichtig, daß ich meine Ausbildung machen kann. Doch ich finde, man darf solche Angebote nicht ablehnen, dann fragt der Prof nicht noch einmal, und man ist außen vor. Und wenn ich ein Auslandssemester machen will, brauche ich sein Gutachten.» Die anderen Frauen in der Gruppe versuchen Marion klarzumachen, daß sie einfach in zu kurzer Zeit zu viel erreichen will, daß sie sich zu viel Streß macht und sich deshalb so unwohl fühlt. «Vielleicht nimmst du das alles viel zu wichtig, Leistung ist doch nicht alles, auch wenn man studiert», sagt eine Teilnehmerin. Nun wird deutlich, was Marion unterschwellig beunruhigt: «Ich leiste nicht viel, ich bin gar nicht so gut, wie du glaubst, eigentlich habe ich immer Angst, daß rauskommt, wieviele Lücken ich habe.» In der sich anschließenden Debatte um Bluff, Leistungsstreß und die Frage, was wirklich zählt, gehen die Meinungen der Teilnehmerinnen auseinander. Wissenschaftliche Leistungen und akademische Karrierechancen werden diskutiert und gegen andere Lebensbedürfnisse abgewogen. Dem Versuch, ihr ein Arbeitsethos nahezulegen, das darauf verzichtet zu strahlen und zu glänzen und mehr darauf setzt, daß gute Arbeit sich inhaltlich auszahlt, im Studium und im späteren Beruf, hält Marion empört entgegen: «Na klar muß man sich immer sichtbar machen als eine, die etwas zu sagen hat, die klug ist und sich in der Universität zu bewegen weiß – sonst gehört man zu der grauen Masse derer, die in die Uni kommen, Seminare besuchen, Scheine machen; und irgendwann haben sie dann Examen gemacht und sind verschwunden, und niemand hat sie überhaupt wahrgenommen. Zu denen will ich nicht gehören.»

Die Diskussion fand in einer Frauengruppe statt. Die Frauen nutzen für ihre Selbstreflexion – mehr oder weniger bewußt – einen weiblichen Raum. Inhaltlich aber benötigen weder die Frauen, die der Institution Universität gegenüber kritisch sind, noch diejenigen, die ihr affirmativ gegenüberstehen, in ihren Überlegungen den Bezug auf das eigene Geschlecht. Und gleichzeitig wird deutlich – zumindest wenn man diese Sequenz so herausstellt, wie ich es gerade getan habe –, daß es für Marion sehr hilfreich sein könnte, die Geschlechterrelation in ihre Überlegungen einzubeziehen, indem sie z.B. berücksichtigt:

- daß sie sich allen Frauenfördermaßnahmen zum Trotz in einer männlichen Institution bewegt,
- daß sie es in ihrem Fachgebiet ausschließlich mit männlichen Professoren zu tun hat,
- daß es für eine Frau in dieser Umgebung und unter diesen Bedingungen etwas ganz Komplexes und Anstrengendes ist, sich ‹sichtbar zu machen›, ohne sexualisiert wahrgenommen und entsprechend entwertet zu werden.

Klarheit über diese Bedingungen ihres Studiums zu gewinnen, könnte hilfreich sein, um den eigenen Handlungsspielraum realistisch einzuschätzen und die eigenen Kräfte gezielt einsetzen zu lernen.

Warum werden diese Aspekte von den Frauen in der Gruppe nicht in das Gespräch einbezogen? Was macht es Frauen wie Marion so schwer, sich mit Bezug auf ihr Geschlecht zu definieren und ihren Lebensraum unter dem Gesichtspunkt des Geschlechterverhältnisses zu untersuchen? Sie sind weder naiv, was Konkurrenz angeht, noch sind sie unaufgeklärt in Bezug auf die Machthierarchien an der Hochschule. Es mangelt ihnen auch nicht gänzlich an Vorbildern und Unterstützerinnen. Im Gegenteil: Oft sind sie Töchter emanzipierter Mütter, haben in der Schule Förderung durch engagierte Lehrerinnen erfahren; und sie selbst sind durchaus engagiert und voller Elan mit einer eigenständigen Lebensgestaltung beschäftigt.

Meine These heißt: Gerade weil sie Töchter emanzipierter Mütter sind, gerade weil ihnen feministische Analysen und Haltungen nicht gänzlich unvertraut sind, haben sie es schwer, Feministisches auf ihr eigenes Selbstbild und ihre eigene Lebensgestaltung zu beziehen. Dabei geht es mir nicht darum, das Bild vom unvermeidlichen Graben zwischen den Generationen in neuer Form zu zelebrieren. Vielmehr möchte ich den Blick darauf lenken, daß die Frauenbewegung der 60er und 70er Jahre weibliche Identität in einer Weise zum Thema gemacht hat, die nicht folgenlos bleiben konnte – weder für die sich anschließenden Diskurse über die Geschlechter noch für die Selbstthematisierung von Frauen in unserer diskursabhängigen Kultur.

Die zu Beginn angesprochene Vervielfältigung und Verselbständigung von Aspekten des Geschlechterverhältnisses und das Aus-der-Mode-Kommen von persönlichen Bildern, Vorbildern und Modellen, die irgendwie mit weiblicher Emanzipation verknüpft sind, haben – so meine These – denselben Ursprung: Bei beiden handelt es sich um Verarbeitungen dessen, was seit den Anfängen der zweiten Frauenbewegung an Auseinandersetzungen über Hausarbeit und Frauenrolle, über imaginierte Weiblichkeit, über sex, gender, weibliche Identität und weibliches Begehren stattgefunden hat.[1] Das wichtigste Merkmal dieser (von den Anfängen aus gesehen) neuen Auseinandersetzung mit Weiblichkeit ist eigentlich recht banal: Diese Auseinandersetzung wurde – da persönlich und politisch motiviert – mit einem großen Maß an Neugier auf das eigene Geschlecht geleistet, mit Untersuchungslust und Wissensdrang. Sie war ungeahnt erfolgreich und förderte eine wahre Flut von Erkenntnissen und historischen wie sozialwissenschaftlichen Materialien zutage. Heute wissen wir konsequenterweise sehr viel mehr darüber, wie das Geschlechterverhältnis gesellschaftlich entsteht, wie Weiblichkeit und Männlichkeit kulturell produziert werden und wie persönliche Lebensentwürfe mit der dominierenden Geschlechterrelation verquickt sind. Wir wissen auch sehr viel mehr über die Verknüpfung von Männlichkeit/Weiblichkeit mit den Positionen gesellschaftlicher Macht und Ohnmacht. Dieses Wissen hat die Angelegenheit zwar klarer, aber nicht unbedingt einfacher gemacht, zumindest ist es schwierig geworden, an ‹Gleichberechtigung› als Lösung und an ‹weibliche Identität› als Ziel zu glauben.

In der Tabelle auf der folgenden Seite habe ich versucht, den erreichten Wissensstand für die weiteren Überlegungen verfügbar zu machen, indem ich die wichtigsten Ebenen, die an der Herstellung von Geschlechteridentität in unserer Gesellschaft beteiligt sind, so zusammengestellt habe, daß die jeweilige Verquickung dieser Identität mit den Strukturen der Macht deutlich wird. In der linken Spalte der Tabelle finden sich – von unten nach oben den Entwicklungsschritten von Personen folgend – die Alltagserfahrungen und -lernprozesse, in denen Identität als entweder männliche oder weibliche entsteht. In der mittleren Spalte sind diesen Ebenen die Stichworte zugeordnet, unter denen diese Prozesse in der feministischen Theorie diskutiert worden sind. Die dritte Spalte schließlich gibt an, inwiefern auf jeder einzelnen Ebene von Identitätsbildung eine Verknüpfung mit der staatlichen und gesellschaftlichen Macht gegeben ist.

Das Bild von der Entstehung geschlechtlicher Identität, das sich aus dieser Übersicht ergibt, enthält im Detail eigentlich keine Neuigkeiten – einzeln ist uns jede dieser Ebenen in den Debatten der letzten Jahre schon einmal begegnet. Neu ist vielleicht, sich all diese Ebenen gleichzeitig vor Augen zu führen. Dabei wird dann deutlich:

• wie kompliziert der theoretische Diskurs inzwischen geworden ist (= mittlere Spalte),
• wie vertraut uns die einzelnen Praktiken der Herstellung von Geschlecht sind (= linke Spalte) und
• wie fein verästelt und aufeinander abgestimmt die Verknüpfung der Geschlechtsidentität mit der gesellschaftlichen Macht dadurch wird, daß jede Ebene der Herausbildung geschlechtlicher Identität in rechtliche und kulturelle Machtbeziehungen eingebunden ist (= rechte Spalte).

Ebenen von Geschlechtsidentität, aus denen die persönliche Identität einer Frau entsteht:

Konkrete Bedeutung	Feministische Theorie	Verknüpfung mit Macht
Das eigene Selbstbild als erwachsene Frau, berufliche Identität, persönliche Lebensziele, biographisches Bewußtsein.	Persönliche Identität (Ernst; Herbst, 1997)	Einbindung in ökonomische, politische und soziale Machtverhältnisse.
Alles, was in der Alltagswelt, in der kulturellen Tradition, durch die Bedeutungen unserer Sprache, Metapherngebrauch usw. mit Weiblichkeit/Frausein in Verbindung gebracht wird.	Weiblichkeit als kulturelles Symbol (Schaeffer-Hegel; Wartmann, 1984)	Legitimierung ideologischer Konstruktionen über das Geschlechterverhältnis. Z. B. Heilige/Hure; komplementäres heterosexuelles Paar; Einheit von Weiblichkeit und Fürsorge.
Ob wir Männer oder Frauen ‹begehren›, Macht oder Familiäres erotisieren, symbiotisch lieben wollen oder die Intensität der Begrenztheit vorziehen.	Sexuelle Orientierung (‹beiträge› 45, 1997)	Sexuelle Impulse, Wünsche etc. werden als Elemente der Geschlechtszugehörigkeit erfahrbar (nach dem Motto: Männer sind triebhaft; Frauen suchen die Familie).
Jede Interaktion, jedes Gespräch, jede Selbstbeschreibung enthält auch eine geschlechtliche Konnotation, so daß wir ständig Geschlecht produzieren, bestätigen.	Soziale Performanz (Gildemeister; Wetterer, 1992; Butler, 1994)	Die ‹Naturwüchsigkeit› der hierarchischen Geschlechterbeziehung erhält soziale Legitimität.
«Weil ich ein Mädchen bin...» – auch die eigenen Körperimpulse und -empfindungen sowie die eigenen Gefühle als ‹weiblich› zu erleben, will gelernt sein.	Psychisch-körperliche Geschlechtsidentität (Benjamin, 1990)	Die Geschlechteraufteilung bekommt den Anschein des Natürlichen, Gegebenen, dessen, das allem kulturell Produzierten vorhergeht.
Sich und andere Menschen immer und in jeder Situation eindeutig einem Geschlecht zuordnen zu können, ist erforderlich, um sich in unserer Welt zurechtzufinden.	Kulturelle Zweigeschlechtlichkeit (Hagemann-White, 1984)	Die Eindeutigkeit zweier distinkter Geschlechter wird zur Wahrnehmungs- und Verhaltensmatrix aller Individuen.
Name, Geschlecht, Geburtsdatum, Wohnort sind die zentralen amtlichen Identitätsmerkmale.	Personenrechtliches Geschlecht (Rechtspraxis)	Geschlecht wird unveränderlicher Bestandteil der amtlichen Identität.
Rosa Bändchen: Mädchen (nach der Geburt dem sichtbaren Geschlechtsorgan entsprechend festgelegt).	Anatomisches Geschlecht (Alltagspraxis)	Die beiden Reproduktionsgeschlechter werden zum Klassifizierungsmerkmal.

Anmerkung: Die Tabelle will keine hierarchische Ordnung erstellen, sondern folgt von unten nach oben in etwa der Reihenfolge, in denen Mädchen im Prozeß des Heranwachsens Geschlechtsidentität zugeschrieben bekommen und/oder sich selbst erarbeiten. Und bei den einzelnen Ebenen handelt es sich natürlich nicht um distinkte Kategorien. Auch die Sozialisation in die kulturelle Zweigeschlechtlichkeit erfolgt wesentlich performativ; auch in die psychisch-körperliche Geschlechtsidentität gehen kulturelle Bilder ein.

Als Resultat bleibt zu konstatieren: Mit allem, was wir tun, fühlen und denken, sind wir in eine Geschlechterkonstruktion eingebunden und an deren Reproduktion beteiligt. Dabei handelt es sich um eine Geschlechterkonstruktion, die hierarchisch gebaut ist und auf Klassifikation und Ausschluß beruht. Das, was sich für die Geschlechterfrage und für die eigene Verortung als Frau in einer konkreten Situation aus dem Wissen um diese Konstruktion ergibt, ist sehr komplex und bedarf – will frau sich nicht ungewollt einbinden lassen in Machtmechanismen und -manöver – genauer Überlegungen und sorgfältiger Selbstreflexion. Dies zu leisten ist sicher oft eine Überforderung und – was für unsere Fragestellung vielleicht ausschlaggebend ist – es ist für das Zurechtkommen in konkreten Situationen nicht immer eine Stärkung, die durch das eigene Geschlecht gegebene Position mitzureflektieren.

Auch hierzu ein Beispiel aus der bereits zitierten Frauengruppe:

Birgit – durch eine schwere Erkrankung aus ihrer bis dahin zielsicheren Laufbahn herausgeworfen – hat sich intensiv mit ihrer eigenen Psyche und ihrer Situation als Frau auseinandersetzen müssen, um wieder gesund zu werden. Nun bemüht sie sich schon seit längerem, eine neue Perspektive für sich zu finden, eine Perspektive, in der berufliches Auskommen, die notwendig gewordene Selbstfürsorge und verträgliche soziale Beziehungen verbunden sein sollen. «Ich suche nach einem Ort, an dem ich mich einlassen kann und der mein eigener wird», sagt sie in der Gruppe. Doch bei jeder möglichen Entscheidung steht ihr die sich sofort einstellende Einsicht im Wege, was dieses sich Einlassen (auf eine Stelle oder Ausbildung) sie kosten würde; welche Kompromisse erforderlich wären in Bezug auf ihre Vorstellungen von einer angemessene Umgangsform zwischen Männern und Frauen, in bezug auf ihre Ablehnung formaler Hierarchien und in Bezug auf ihre eigenen Empfindlichkeiten im Kontakt mit anderen. Und so schwankt sie zwischen Suchbewegungen und wilder Entschlossenheit hin und her.

Ist es, wenn Selbsterkenntnis solche Effekte hat, nicht verständlich, wenn Frauen wie Marion, die vorwärts wollen und Widerstände genug zu überwinden haben, es vorziehen, erst einmal davon auszugehen, ihre Situation sei auch ohne die ständige Berücksichtigung der Geschlechterfrage zu bewältigen? Und ist es in Anbetracht der Komplexität der Geschlechterkonstruktion nicht sogar naheliegend und vernünftig, aus sämtlichen Identitätsbemühungen auszusteigen und das Theater der Geschlechterinszenierung durch möglichst bunte Vielfalt durcheinanderzubringen, wie es die Theoretikerinnen des ‹queer› vorschlagen?[2]

Ich fürchte, so einfach ist die Lösung nicht. Für situative Inszenierungen mag darin ein Konzept stecken, mit dem auf Ausgrenzungen hingewiesen werden kann und mit dessen Hilfe sich auch individuelles Eingeschüchtertsein abstreifen läßt. Und Vielfalt enthält auch Freiräume, die Frauen für ihre individuellen Lebensentwürfe nutzen können. Als neue Identitäts*politik* ist dieses Konzept dennoch untauglich. Denn bezogen auf die individuelle Identität von Personen stellt sich nicht nur die Frage nach möglichen Nischen oder der Effektivität einzelner Inszenierungen, sondern auch die Frage danach, wie dieses produktive Durcheinander auszuhalten ist. Vielfältige Möglichkeiten verlangen ständiges Entscheiden; Flexibilität und persönliche Disponibilität werden schnell zur sozialen Norm, und sichtbar werdende Brüche sind Anlaß für neue Formen der Ausgrenzung. «Die Wahrnehmung aller Möglichkeiten, der Zwang zur Flexibilität, das Niemals-angekommen-Sein», das alles sei, so Zygmunt Bauman[3], «unendlich ermüdend, und die psychischen Kosten sind immens.»

Damit bin ich bei dem zweiten Teil meiner Überlegungen angekommen, in dem es darum gehen soll, welche Bedeutung die persönliche Identität bzw. ein konturiertes Selbstbild für das individuelle Wohlbefinden und die psychische Stabilität der Einzelnen hat und welche Rolle die Zugehörigkeit zum weiblichen Geschlecht dabei spielt.

2. Wofür brauchen wir Identität und warum ist diese ‹weiblich›?

Was genau ist gemeint, wenn von persönlicher Identität die Rede ist? ‹Identität› beschreibt zunächst einmal nur formal einen Bezug zu sich selbst, der die eigene Person irgendwie als in allen Veränderungen wiedererkennbare Einheit setzt, auf die man glaubt, sich verlassen zu können. Was in diesem Bezug auf sich selbst (als irgendwie dieselbe) jeweils inhaltlich zum Tragen kommt, ist nicht stabil und fest umrissen, sondern wird oft erst in bestimmten Situationen aktualisiert – manchmal auch zur eigenen Überraschung. Und nur bestimmte Anteile (manche Berufsentscheidungen z.B. oder die politische Selbstpositionierung) werden bewußt entworfen und können auch entsprechend beschrieben werden.

Dieser persönliche Selbstbezug muß – darin stimme ich mit den Dekonstruktivistinnen überein – nicht unbedingt als ‹weiblicher› entworfen sein. In vielen Bereichen braucht das eigene Geschlecht nicht einmal mitgedacht zu werden. So ist es z.B. durchaus möglich, die neugierig-kindlichen Anteile der eigenen Person als ‹kleinen Jungen› zu visualisieren – ein häufiges Resultat von Identifikationen aus begeisterter Lese- und Spielerfahrung der eigenen Kinderzeit. Wie auch immer jedoch der explizite Selbstentwurf ist, er ist eingebettet in die im obigen Schema zusammengestellten Ebenen der geschlechtlichen Identität – und diese Ebenen umfassen, daran sei erinnert, neben den beschreibbaren Bereichen der persönlichen Identität auch personenrechtliche Zuordnungen, Alltagsselbstverständlichkeiten, implizite Bedeutungen und unbewußt-emotionale Anteile. Um es an dem Beispiel der Visualisierung kindlicher Anteile als ‹kleiner Junge› zu verdeutlichen: Ein Mann, der eine solche Visualisierung vornimmt, erfüllt damit ein Geschlechterstereotyp. Ein Junge gewesen zu sein, bedeutet nur, in Ordnung zu sein – interessant ist im Weiteren nicht mehr das Geschlecht des Kindes, sondern das, *was* dieses Kind tut, denkt und fühlt. Eine Frau, die dieselbe Visualisierung vornimmt, weicht von einem Stereotyp ab mit der Konsequenz: Was auch immer diese kindliche Seite darstellt, tut und ausdrückt, es hat den Akzent des Rebellierens gegen oder des Sich-Hinwegsetzens über die Einschränkungen, die das Festgelegtsein auf die in der Geschlechterhierarchie niedrige Position bedeutet – das innere Ich ist vor sich selbst eines, das sich Freiheiten herausnimmt. In diesem Sinne des immer mitlaufenden Bedeutungs- und Bezugsrahmens muß eine Frau sich nicht um Weiblichkeit bemühen, sie kann sie auch nicht außer Kraft setzen; die persönliche Identität einer Frau *ist* – was den Bezugs- und Bedeutungsrahmen angeht – immer weiblich.

Persönliche Identität (als männlich bzw. weiblich konnotierte) entsteht in ihren wesentlichen Anteilen im Prozeß der Sozialisation – weitgehend ungeplant und eher ausnahmsweise als Produkt bewußter Auseinandersetzung und Anstrengung. Sie wird auch im Erwachsenenleben nicht explizit gesucht, sondern meist als gegeben vorausgesetzt. Und dies gilt sowohl für die Selbstwahrnehmung als auch für die Wahrnehmung durch andere. Nur in Situationen oder Entwicklungsphasen, in denen das Selbstbild brüchig wird, wenn Krisen Neuorientierung erforderlich machen, wenn ‹Selbstbewußtsein› fehlt, wird das Fehlen einer positiven Identität als Mangel spürbar – in Form fehlender Zielorientierung, als Unsicherheit, was von sich selbst zu halten ist, oder als Suche nach Identität bzw. nach einem Selbstbezug, der ein Gefühl von Halt gibt. Ich zitiere noch einmal Zygmunt Bauman: «Ihre Identität bleibt den meisten Menschen unbewußt, sie werden gar nicht gewahr, daß sie so etwas wie eine Identität besitzen – bis sie zum Problem wird. Ja, man könnte sagen, sie taucht im Bewußtsein überhaupt nur als Problem auf.»[4] Wird Identität so zum Problem, dann sind in der Regel auch die Geschlechtsbedeutungen oder -identifikationen ein Problem; sie können direkt zum Ansatz für Selbstzweifel werden (wenn eine Frau z.b. fehlende erotische Resonanz als Infragestellung ihrer Weiblichkeit erlebt); oder sie erweisen sich als Entwicklungshemmnisse (wenn etwa die psychisch-körperliche Geschlechtsidentität mit Anforderungen der Berufsrolle in Konflikt gerät).

In der Beratungsarbeit begegnen mir solche Identitätsprobleme oft. ‹Selbstunsicherheit› oder ‹mangelndes Selbstbewußtsein› heißen die häufigsten Selbstbeschreibungen, wenn Frauen Schwierigkeiten haben, sich in öffentlichen Situationen zu zeigen oder durchzusetzen. Auch hierfür ein Beispiel:

> Susanne kommt in meine offene Sprechstunde und erzählt von einem Problem, das sie bereits ihr ganzes Grundstudium begleitet hat. Sie kann sich in den Lehrveranstaltungen so gut wie gar nicht beteiligen. Und zwar nicht nur dann, wenn sie schlecht vorbereitet ist. «Wenn ich die berühmten dummen Fragen nicht stellen könnte, das würde mir kaum etwas ausmachen», erzählt sie, «aber oft weiß ich ziemlich gut Bescheid, in der Situation jedoch werde ich dann ganz unsicher. Ich trau mir kaum noch zu, mit einigermaßen klarer Stimme zu sprechen. Ich weiß nicht mehr, ob das, was ich denke, überhaupt relevant ist – und so sage ich lieber nichts. Vielleicht ist das sogar das Grundproblem: Ob das, was ich denke, wirklich etwas mit der Wissenschaft zu tun hat, über die im Seminar gesprochen wird, ist mir eigentlich unklar. Ich bin immer so aufgewühlt von dem, was ich denke.»

In unserem Gespräch wird deutlich, daß Susanne richtig blockiert ist: Bei einer Thematik emotional engagiert zu sein *und* ihre eigenen Gedanken für sachlich interessant zu halten, das ist für sie ausgeschlossen. Susanne hält ihr Aufgewühltsein für ‹weibliche Irrationalität› – eine Entwertung, die sie sehr wohl als Geschlechterstereotyp erkennen kann, die sich in Situationen jedoch, in denen Susanne aufgeregt ist, gegen bewußte Beschlüsse durchsetzt. Susannes Selbstunsicherheit schränkt ihre Handlungsmöglichkeiten ein, macht sie unzufrieden und beschert ihr inzwischen psychosomatische Beschwerden. Wenn Selbstunsicherheit das persönliche Wohlbefinden so einschränken kann, dann ist umgekehrt vielleicht auch zu erwarten, daß eine positive persönliche Identität zur psychischen Gesundheit beiträgt. Aber wie genau ist das Verhältnis?

Auf die Frage, wie es um das Verhältnis von psychischer Gesundheit und weiblicher Identität bestellt ist, hatte die Neue Frauenbewegung am Beginn ihrer Aktivitäten schon einmal eine Antwort gefunden. Einer der Ausgangspunkte für die Aktivitäten der Frauen waren Untersuchungen zum Zusammenhang von weiblichen Lebensbedingungen und psychischer Krankheit gewesen (vgl. Burgard 1977). Die Anforderungen einer ‹weiblichen Normalbiographie› enthielten – so das Resultat – so viele krankmachende Faktoren, daß Frausein als Gesundheitsrisiko eingestuft werden konnte. Der Aufbruch aus dieser Normalbiographie war nicht nur politische Aktion, sondern auch ein Weg zur Gesundung des eigenen Innenlebens; und die Identifikation mit dem eigenen Geschlecht wurde hierbei als stärkend und stabilisierend erlebt. Schaut man sich diese Erfahrung genauer an, fällt auf, daß weibliche Identität bzw. Elemente weiblicher Identität in diesem Prozeß gleich *zweimal* vorkommen: Zum einen gibt es Lebenssituationen, Dispositionen, Rollenanforderungen und psychische Zumutungen an Frauen, die so mit der *Geschlechtsidentität* der Personen verknüpft sind, daß sie nicht handhabbar sind, sondern krank machen. Zum anderen kann die *Identifikation mit dem eigenen Geschlecht* dann zu einem Beitrag zur Gesundung werden, wenn sich dadurch (neue, kollektive) Handlungsmöglichkeiten ergeben und diese Selbstermächtigung Teil der persönlichen Identität wird.

Die unmittelbare Einheit von politischem Tun und persönlicher Identität, die den Beginn der Neuen Frauenbewegung gekennzeichnet hat, ist uns heute – wie zu Beginn verdeutlicht – nicht mehr möglich. Dennoch lassen sich aus dieser Erfahrung (die Frauen übrigens in diesem Jahrhundert nicht zum ersten Mal machten) einige Kriterien dafür ableiten, wie Identität und Selbstgefühl zur psychischen Stabilität von Personen beitragen. Ich nenne die wichtigsten Merkmale, die für unsere Überlegungen weiterführen: Aufhebung der Isolation, Reduzierung von Abhängigkeit, Selbstermächtigung und Überzeugtsein davon, daß die gefühlten Schwierigkeiten bewältigt werden können. Mit diesen Begriffen läßt sich der Aufbruch Ende der 60er Jahre beschreiben; und die darin liegenden Möglichkeiten (auch) individueller Stärkung hatten viel damit zu tun, daß die eigene individuelle Situation als Teil einer kollektiven Geschichte und Perspektive verstanden werden konnte.

Bedingungen dieser Art – das zeigen neuere psychologische Untersuchungen – gehören generell zu den Voraussetzungen psychischer Stabilität, ob sie individuell hergestellt werden oder – wie in unserem Beispiel – durch identifikatorische Zugehörigkeit zu einer Gruppe entstehen. Um dieser Frage etwas detaillierter nachgehen zu können, greife ich einige zentrale Thesen Aaron Antonovskys auf, die dieser (auf zahlreiche Interviews gestützt) in seinem Konzept der ‹Salutogenese›[5] vertritt. Antonovsky nennt die grundlegende Voraussetzung für psychische Stabilität und Widerstandskraft ‹Kohärenzgefühl› – gemeint ist damit eine psychische Ressource, durch die das, was Menschen erfahren und erleben, für die einzelnen einen Sinn bekommt. Dieses Kohärenzgefühl ist weder rein kognitiv noch ausschließlich emotional, sondern es umfaßt alle Bereiche einer Person; es wird als Gefühl zum Ausdruck gebracht oder als Überzeugung formuliert und ist von Bildern und Visionen begleitet, die den erlebten Sinn deutlich werden lassen. Eine positive persönliche Identität, ein Selbstbezug also, der mit Selbstwert einhergeht und der eigenen Person Bedeutung zumißt, ist von einem solchen Kohärenzgefühl begleitet. Dazu gehört auch – nimmt man die geschlechtsbezogenen Anteile der persönlichen Identität hinzu – ein aktives, Gestaltungsmöglichkeiten einschließendes Verhältnis zum eigenen Geschlecht.

Folgt man Antonovsky darin, was im Einzelnen ein solches Selbstgefühl ermöglicht bzw. wodurch die Dinge einen Sinn bekommen, so läßt sich ‹Sinn› dahingehend konkretisieren, daß die einzelnen Lebensereignisse im Prinzip für *verstehbar, handhabbar* und *bedeutsam* gehalten werden. Meist nimmt man an, daß die Fähigkeit, Kohärenzgefühl zu entwickeln, in den Personen wächst – wie Vertrauen. Ob Kohärenzgefühl entsteht oder nicht, hat also viel mit der individuellen Psychogenese und den zur Verfügung stehenden Ressourcen zu tun. Gezielt herzustellen ist es so ohne weiteres nicht. Dennoch läßt sich das individuelle Kohärenzgefühl positiv beeinflussen und stärken. Man kann immer auch einiges dafür tun, daß Erlebnisse, Erfahrungen und Lebensbedingungen *verstanden werden* können. Und jede Kompetenzerweiterung steigert die *Handhabbarkeit* der eigenen Lebensumstände genauso wie jeder emanzipative Akt. *Bedeutsamkeit* schließlich bekommen die einzelnen Lebensereignisse oft dadurch, daß sie in eine individuelle oder kollektive Geschichte eingeordnet werden können. In diesen Kategorien läßt sich auch die eben beschriebene Erfahrung vom Beginn der Neuen Frauenbewegung fassen: Der Aufbruch der Frauen in den 60er Jahren hat zu allen drei Aspekten einen Beitrag geleistet: Die eigene Lebenssituation und das eigene Lebensgefühl waren unter dem Motto ‹Das Private ist politisch› viel besser zu verstehen; in der Verweigerung der klassischen Frauenrolle wurden Einzelanforderungen viel besser handhabbar; und im Lichte des gemeinsamen Aufbruchs bekam das individuelle persönliche Tun eine viel größere Bedeutung. Die individuelle Identifikation mit diesem Aufbruch hat für die daran Beteiligten daher eine deutliche Stärkung des Kohärenzgefühls bedeutet.

Über dieses – inzwischen historisch gewordene – Beispiel hinausgehend, ließe sich sagen: Jede Identifikation mit einem Bild vom eigenen Leben, die zum Verstehen, Handhaben und Wichtigfinden der individuellen Lebensereignisse beiträgt, stärkt die Person und stabilisiert die Psyche. Und umgekehrt: Jede Fragmentierung des Selbst, die den Verständnisprozeß blockiert, jede Welterfahrung und Selbstsicht, die mit den Ereignissen des Lebens nicht mehr umgehen läßt, und jede Beliebigkeit, die unwichtig macht, wer man ist und was man tut, schwächt die Person und ist psychisch ungesund.

Wenn wir diese Thesen ernst nehmen, ergeben sich daraus einige Schlußfolgerungen hinsichtlich der Tauglichkeit feministischer Identifikationen für das Kohärenzgefühl von Frauen:

• Das oben skizzierte Bild der Genese von Weiblichkeit – das unserem heutigen Wissensstand über die Geschlechterkonstruktion entspricht – ist als Identifikationsangebot für die Entwicklung einer gesunden weiblichen Identität *nicht* geeignet. Es ist hochkomplex und steckt voller verwickelter Anforderungen. Konkrete Situationen lassen sich nur mit einer großen Kraftanstrengung verstehen, wenn man dieses Modell zugrundelegt. Um das eigene Verhalten auch nur für eine einzige Alltagssituation ‹richtig› zu steuern, bedarf es – folgt man obigem Schema – nicht nur eines sicheren und reflektierten Umgangs mit den eigenen Impulsen, Gefühlen und Wünschen, sondern auch einer klaren Wahrnehmung der Formen von Geschlechterkonstruktion, die in der Situation enthalten sind, sowie eines differenzierten Repertoires dafür, diese gleichzeitig zu unterlaufen (in ihren entwertenden Anteilen nämlich) und zu bestätigen (was den eigenen Subjektstatus angeht). Nützlich wäre darüber hinaus ein sicheres Gespür dafür, mit welchen kulturellen Symbolen jeweils gespielt wird und welche erotischen Offerten die Interaktion enthält bzw. gerade nicht enthält. Die Liste ließe sich weiter ausdifferenzieren. Deutlich geworden ist sicherlich bereits bis zu diesem Punkt, daß der Reflexionsaufwand bei einer solchen Identifikation einfach zu hoch wäre. Handlungs*un*fähigkeit wäre, wie Birgits Anstrengungen zeigen, ein viel wahrscheinlicheres Resultat bei einem solchen Bemühen als situative Handlungskompetenz. Entsprechendes kann man für die Sinndimension konstatieren: Sinn läßt sich, wenn alle Ebenen von Geschlechtsidentität präsent sind, nur durch hohe kulturelle Investition und auch dann oft nur mit Hilfe von Paradoxien gewinnen.
• Zu den einfacheren und deshalb als Identifikationsfolie besser geeigneten Bildern der Anfangszeit der Frauenbewegung führt andererseits kein Weg

zurück. Die damals mitreißenden Visionen von Schwesterlichkeit, matriar-
chalen Lebensformen, widerständigen Hexen und modernen Amazonen (vgl.
Großmaß 1996) sind glanzlos geworden. Zum einen ist der darin enthaltene
positive Bezug auf Mythologisches heute kaum noch nachvollziehbar, zum
anderen sind manche Hoffnungen, die mit diesen Bildern verbunden waren,
einfach enttäuscht worden. Wir wissen inzwischen zu gut, daß diese bildli-
chen Orientierungen die Realität nicht treffen, nicht die soziale Realität und
nicht die innere Realität der Personen.

• Auch in der Vielfalt und Differenzierung und – damit verbunden – der
ständigen Selbstinszenierung liegt kein orientierendes Bild für persönliche
Identität. Dafür ist dieses Konzept (vgl. Baumann) viel zu anstrengend und
viel zu inkohärent. Wie Marions Erleben zeigt, entsteht sehr leicht der
Druck, Facettenreichtum und vielfältige Präsenz zum persönlichen Ideal zu
erheben – ein Identitätskonzept, in dem wenig Raum für das Verstehen von
Einzelereignissen bleibt und bei dem kein Lebensereignis bedeutsam werden
kann, weil nur die nie zu erreichende Fülle zählt.

Was also tun? Oder, um noch einmal Bauman zu zitieren: «Wie kann ich
‹identisch› sein und gleichzeitig offen bleiben für neue Herausforderungen,
Abenteuer – und neue Identitäten?»[6]

Mir scheint, es bleibt keine andere Möglichkeit, als sich immer wieder auf
das Herstellen von Kohärenz einzulassen und sich zugleich dem Risiko zu
stellen, daß dabei Bilder und Bedeutungen entstehen, die der kritischen Sicht
des nächsten Schrittes vielleicht nicht mehr standhalten werden. Was bedeutet dies im Einzelnen?

Die gesellschaftliche Produktion von Geschlechteridentitäten, wie sie im
obigen Schema zusammengestellt worden ist, enthält eine Macht- und
Bewertungshierarchie, die es für Frauen eher unwahrscheinlich macht, daß
persönliche Identitäten mit ausgeprägtem Kohärenzgefühl im Laufe des
Sozialisationsprozesses einfach so entstehen. Vielmehr sind Irritationen,
Brüche und Inkohärenzerfahrungen auch dann wahrscheinlich, wenn sexuelle
Gewalt nicht als Gewalt in das individuelle Leben einbricht. (Wieder-)
Aneignung des eigenen Lebens, ein aktives Sich-in-Beziehung-Setzen zur
Positionierung der eigenen Person sind daher Herausforderungen an Frauen,
die nicht so ohne weiteres verschwinden. Damit die sich daraus ergebende
persönliche Identität das individuelle Kohärenzgefühl stärkt, bedarf es sozia-
ler, politischer und kultureller Orientierungen, die in der beschriebenen
Weise Sinn, Bedeutung und Zusammenhang stiften. Solche Orientierungspunkte sind in der Regel nicht kognitiv-diskursiver Art, sondern eher bild-

lich-affektiv. Und sie können nur aus dem kulturellen Repertoire stammen, das uns umgibt. Damit sind sie (auch wenn sie umgedeutet werden, wie es bei den orientierenden Bildern der Frauenbewegung der Fall ist) Teil und Element der kulturellen Symbolbildungen um Weiblichkeit. Ob Subversives in solchen Identifikationsprozessen die dominante Kultur verändern kann oder ob die kulturellen Symbole zwar modernisiert, nicht aber enthierarchisiert werden, läßt sich nicht bewußt planen oder kontrollieren. Es ist immer nur im Nachhinein der kritischen Analyse zugänglich. Eine Identifikation mit Bildern, die Kohärenz bieten, und die Entwicklung einer persönlichen Identität, die der Positionierung von Personen durch Geschlechtszuordnung Rechnung trägt, bleiben also gleichermaßen notwendig wie riskant.

Wie die Entwicklung einer persönlichen Identität für eine einzelne Person konkret aussehen kann, läßt sich nicht mehr auf der allgemeinen Ebene beschreiben, auf der ich bisher argumentiert habe. Denn individuelle Identität ist Teil und Element einer einzelnen Biographie (mit ihren besonderen Lebensbedingungen, ihren Selbstentwürfen und ihrer politischen Positionierung) und als solche nicht allgemein zu erfassen. Um dennoch nicht völlig auf Konkretisierung zu verzichten, möchte ich im nun folgenden dritten Schritt meiner Überlegungen auf einige Beispiele aus der fiktionalen Literatur zurückgreifen. Der Rückgriff auf Fiktion bietet sich deshalb an, weil in den hier herangezogenen Romanen einerseits Individuelles gestaltet wird, dies zugleich jedoch in so ausgearbeiteter Form geschieht, daß die verschiedenen Ebenen, die zur Produktion von Geschlechtsidentität beitragen, aufgefunden werden können.

3. Die eigenen Fragmentierungen verstehen – persönliche Identität als Herstellung von Kohärenz

Die Schriftstellerin Margaret Atwood hat sich in drei Romanen mit der persönlichen Identität von Frauen beschäftigt. Dabei stehen keineswegs beeindruckende Vorbilder im Mittelpunkt; bei den Romanen handelt es sich nicht um Ikonographien der weiblichen Emanzipation. Vielmehr beschäftigt sich Atwood mit brüchigen Identitäten, mit fragmentierten Psychen, mit Verletzungen und Traumatisierungen – mit Lebenserfahrungen und biographischen Situationen also, in denen *Identität als Problem* erfahren wird. Und die Geschichte, die sie jeweils erzählt, ist die Geschichte eines mehr oder weniger gelungenen Versuchs, persönliche Identität (wieder) herzustellen bzw. – in der Terminologie Antonovskys ausgedrückt – Kohärenz in das eigene Leben zu bringen. Die Wege, die dabei eingeschlagen werden, sind unterschiedlich; sie reichen von der Integration der eigenen Geschichte durch erinnerndes Wiedererleben über den Kohärenzgewinn, den kompensatorische Lebensformen zu bieten haben, bis zu dem Versuch dritter, den Lebenszusammenhang einer Frau durch Rekonstruktion ihrer Geschichte zu verstehen. Wenn solche Entwicklungen im realen Lebensprozeß stattfinden – durch das Eingehen von Beziehungen, durch Beteiligung an einer politischen Bewegung oder durch ein kulturelles Projekt, durch künstlerische Gestaltung oder psychotherapeutisches Bemühen –, sind sie in der Regel nicht direkt zu beobachten und insofern auch keiner umfassenden Beschreibung zugänglich. Erst die Diskursivität, die solche Prozesse durch die Erzählung der Romanautorin bekommt, ermöglicht uns als Leserinnen deren Wahrnehmung.

In dem Roman ‹Katzenauge›, dem ersten der drei Romane, von denen ich hier erzähle, geht es um den Selbstheilungs- oder Versöhnungsprozeß einer Malerin. Während sie eine Ausstellung ihrer Bilder in ihrer Heimatstadt Toronto vorbereitet, erlebt sie Episoden, Atmosphärisches, Beziehungssequenzen und Verletzungen wieder, die ihre Kindheit und Jugend bestimmt haben. Zunächst sind diese Erinnerungen fast wie Heimsuchungen, denen sie zu entkommen versucht und denen sie doch nicht entfliehen kann – immer verknüpft mit der Angst, die wichtigste ‹Freundin› ihrer Schulzeit könne während der Ausstellung auftauchen und die Entwertung der Kinderzeit wiederholen. Im Laufe der Erzählung mischt sich diese Angst mit dem Wunsch, die Frau könne sich die Ausstellung ansehen und – anerkennend – wahrnehmen, was ihre alte Schulgefährtin geleistet hat. Die Erinnerungssequenzen werden fließender; es sind nun weniger Bilder, die auf Elaine (die Ich-Erzählerin) einstürzen, als Erfahrungen und Erlebnisse, die einen Zusammenhang bilden. Im Erinnern und Nacherleben gelingt allmählich die Integration dieser Erfahrungen in die erwachsene Person. Und worum geht es inhaltlich? Im Zentrum dieses *Wiederaneignungsprozesses* steht der Umbruch vom kindlichen Selbsterleben zum psychisch-körperlichen Erleben der eigenen Person als weiblich. Diese Veränderung kommt nicht von innen, sondern wird als von außen kommende Anforderung erlebt, an der die Person zunächst einmal scheitert. Sie scheitert deshalb, weil Elaine in einer ungewöhnlichen familiären Situation aufgewachsen ist, in einer Situation, die für die 40er Jahre dieses Jahrhunderts durchaus als emanzipiert gelten kann. In der Familie steht die individuelle Eigenart des Kindes mehr im Mittelpunkt als die (im Verhältnis zum Bruder durchaus wirksame) Geschlechterdifferenz. Für das Mädchen hat dieser Hintergrund den Effekt, daß es vieles, was den anderen Mädchen ‹natürlich› erscheint, einfach nicht versteht. Es ist die Ebene der vorpubertären psychisch-körperlichen Geschlechtsidentität (vgl. obiges Schema), die bei Elaine kaum ausgebildet ist, was dazu führt, daß sie alle auf diese Ebene bezogenen Anspielungen und Anknüpfungen nicht versteht. Und ausgerechnet die Beziehungswelt der gleichaltrigen Mädchen, auf die sie sich beziehen und in der sie eine Rolle spielen möchte, spiegelt ihr (auf sehr schmerzhafte Art und Weise) immer wieder, daß sie verkehrt ist, nicht weiß, um was es geht, und in Sachen Weiblichkeit immer die Fremde bleiben wird. Was in der Erzählung deutlich wird, ist die Tatsache, daß die bestätigende Spiegelung durch die anderen das wesentliche Instrument dafür darstellt, die eigenen Empfindungen und Gefühle selbst als ‹weibliche› Empfindungen und Gefühle wahrzunehmen und zum Bestandteil des Selbstbildes zu machen. Die Verweigerung dieser Spiegelung stürzt in emotionale Turbulenzen, die die junge Frau dann später in Beziehungsturbulenzen umsetzt – immer auf der Suche nach einer eigenen ‹weiblichen› Identität. Erst die Überwindung einer gefährlichen persönlichen Krise, erst die Installierung eines Lebensraumes weit weg von Toronto, erst vorsichtige späte Beziehungserfahrungen ermöglichen es, ein einigermaßen stabiles Erwachsenenleben zu etablieren. Psychisch allerdings bleibt, bis in die aktuelle Situation hinein, die Irritierbarkeit durch die Bilder aus der eigenen Vergangenheit. Erst ganz am Ende des Romans gibt es Anklänge von Versöhnlichkeit.

Sehen wir genauer hin, dann sind es vor allem zwei Punkte, die bei dem inneren Verarbeitungsprozeß, der in dem Roman abgebildet wird, so etwas wie Gesundung ermöglichen:

- Aus einzelnen Bildern, die immer dann auftauchen, wenn im Erwachsenenleben Gefühle und Empfindungen entstehen, die dem Fühlen der Kindheit entsprechen, wird eine *eigene Geschichte*, in der Ereignisse, Gefühle, Lebenserfahrungen einander zugeordnet werden können. So entstehen Kohärenz und Sinn; die Lebensereignisse werden als zusammenhängend empfunden, die eigene Person gewinnt Einfluß darauf, was bestimmte Erfahrungen bedeuten.
- Die Erfahrungen aus Kindheit und Jugend können allmählich mit dem Wissen der erwachsenen Frau über das gesellschaftlich verordnete Herstellen von Geschlechtsidentität verknüpft werden, so daß die Einordnung des Erlebten in die Geschlechterkonstruktion (die in meine Beschreibung bereits eingegangen ist) zunehmend auch erlebt und gefühlt werden kann. So werden Lebensereignisse verstehbar und Situationen handhabbar.

In dem Roman ‹Räuberbraut›, dem zweiten Roman Margret Atwoods, auf den ich hier eingehe, geht es nicht um den Selbstverständigungsprozeß einer einzelnen Person und deren persönliche Identität, sondern um die wechselseitige Wahrnehmung und Spiegelung mehrerer Frauen. Atwood mutet der Leserin zu, die Grenze des Verstehens zunächst als eine Erfahrung der Figuren des Romans kennenzulernen, dann aber im Leseprozeß an sich selbst zu erfahren – die Ausgrenzungsmechanismen, mit denen wir solchen Grenzerfahrungen zu begegnen geneigt sind, eingeschlossen.

Vier Frauen, die sich aus gemeinsamen Collegezeiten kennen, stehen im Mittelpunkt dieses Romans. Drei von ihnen, die weiterhin in und um Toronto leben, treffen sich in größeren Abständen zu einem gemeinsamen Lunch und haben – mit sich verschiebenden Koalitionen – auch darüber hinaus freundschaftlichen Kontakt. Die vierte im Bunde, die Räuberbraut, führt ein eher unstetes Leben und bricht immer mal wieder unvorhergesehen und Unheil bringend in das Leben ihrer Freundinnen ein. Zum Zeitpunkt, in dem die Romanerzählung stattfindet, ist sie vermutlich/vorgeblich/wahrscheinlich tot.

Alle vier Frauen wirken, wenn wir Leserinnen sie kennenlernen, ein wenig bizarr; die drei, die wir beim Lunch treffen, repräsentieren (auf eine sich selbst rechtfertigende Art) unterschiedliche (jedoch insgesamt für die Generation typische) Lebensstile. Im Laufe des Romans erfahren wir die Lebensgeschichte dieser drei Frauen, ihre Verletzungen, Verstörungen, Erfahrungen. Das Bizarre verschwindet, die Ausdrucksformen der Frauen werden Teil einer verstehbaren Geschichte – nicht füreinander, aber doch für die LeserInnen. Die vierte Frau – Zenia – ist mit ihrer individuellen Lebensgeschichte in dem Roman nicht präsent. Sie bleibt diejenige, die in die Leben der anderen einbricht, Verwüstungen anrichtet, deren Tragweite wir zu verstehen lernen, indem wir die Empfindlichkeiten erfahren, auf die sie treffen. Zenia bleibt in dem Roman unverständlich, ohne eine nachvollziehbare persönliche Identität und insofern bizarr und monströs – ein Zusammenhang, der in der Lektüre erfahren werden kann, nicht aber im Roman beschrieben wird.

Identität ist kein explizites Thema des Romans, und doch ist beim Innenleben jeder einzelnen Frau zu spüren, wie sehr alle Personen um innere Balance, um Halt für ihre persönliche Identität kämpfen. Deutlich wird dabei, wie stark die jeweilige persönliche Identität der Protagonistinnen auch von dem Verstehen der anderen abhängt. Die einzelnen Frauen haben immer wieder das Bedürfnis, von den ‹Freundinnen› Bestätigung zu erfahren (nur deshalb kommen ihre Treffen immer wieder zustande), und zugleich sind sie ängstlich darauf bedacht, ihre ganz intimen Auseinandersetzungen und

Empfindlichkeiten nicht zum Thema werden zu lassen. Deutlich wird in dem Roman auch, daß die persönliche Identität einer Frau fragil bleibt, wenn sie darauf setzt, die Verletzungen und Beschädigungen (die vermutlich alle vier erfahren haben – von dreien wissen wir es) durch die Möglichkeiten des Erwachsenenlebens zu kompensieren. Die Stützung des eigenen Lebens durch einen (starken) Mann, die Rettung durch Esoterik, das Aufgehen in der Ausgestaltung schöner Räume – diese Formen werden von den beschriebenen Frauen gewählt – halten die Personen trotz ihrer inneren Verletzungen in der Balance. Gleichzeitig wird die Angst um den Verlust zur ständigen Lebensbegleitung. Kohärenz ist in solchen Konstellationen nichts, das den Personen zugehörig ist – es entsteht kein Kohärenz*gefühl*. Kohärenz ist vielmehr etwas, das die Personen ausschließlich in einer bestimmten Lebenskonstruktion (Beziehungen, Beruf, Esoterik) erfahren, von deren Stabilität sie deshalb abhängig sind. *Wir* können diesen Lebenszusammenhang verstehen – aber handhabbar wird die eigene Geschichte *für die Personen selbst* dadurch nicht.

Der dritte Roman – ‹alias Grace› – ist die Geschichte einer zerbrochenen Identität. Atwood rollt einen historischen Fall aus der zweiten Hälfte des vorigen Jahrhunderts auf: Eine junge Frau ist wegen Beihilfe zum Mord an ihrem Dienstherrn und seiner Geliebten zu lebenslanger Haft verurteilt. Merkwürdige Brüche ihres Verhaltens – ein bestialischer Mord einerseits, an dem sie irgendwie beteiligt ist; demütig-unschuldiges Verhalten andererseits, mit gelegentlichen Ausbrüchen, in denen sie außer sich zu sein scheint – machen sie zum Gegenstand ärztlicher Bemühungen. Die Vorläufer der sich in Europa herausbildenden Psychoanalyse machen sie für einen jungen Mediziner mit Ambitionen zum interessanten Forschungsobjekt. Der Roman erzählt aus wechselnder Perspektive den Zeitraum, in dem dieser Arzt versucht, Grace zum Sprechen zu bringen – in der Hoffnung, nicht nur ihre Person besser zu verstehen, sondern auch den Fall ‹Grace› aufzuklären. Wir erfahren viel aus dem Alltagleben dieses Arztes, viel über die Wirrungen und Obsessionen der Menschen, mit denen Grace in dieser Zeit auf unterschiedlichen Ebenen zu tun hat. Und wir erfahren in schlichten und direkten Worten die Lebensgeschichte und die inneren Monologe, die Grace ausfüllen, während sie mit dem Arzt spricht und – die Symbolik der Quilts durchzieht den ganzen Roman – an einem Patchwork arbeitet. Der Fall wird nicht gelöst, die Brüche in Graces Identität werden auch in dieser ‹Behandlung› agiert. So bleibt offen, ob Grace an dem Mord beteiligt war – wenn, dann durch einen abgespaltenen, aggressiven Teil ihrer Person. Für uns als Leserinnen wird deutlich, wieviel vergangene und aktuelle Gewalt diese Frau erlebt hat und weiterhin erlebt – die Entstehung von Kohärenzgefühl ist genauso unmöglich geworden wie das Auffinden von Kohärenz in ihrem Lebenszusammenhang.

Stellen wir diese Romane nebeneinander, dann zeigen sie weibliche Identität weder als etwas selbstverständlich Gegebenes noch als anzustrebendes Ideal. Weibliche Identität kommt als zerbrochene, als durch Kompensation ausbalancierte und als emotionale und intellektuelle Verortung in der persönlichen Geschichte vor. Und nur dieser dritten Form ist gegen Ende des Romans so etwas wie Kohärenzgefühl eigen.

Die persönliche Identität, die in diesen Romanen behandelt wird, ist – auch das ist unmittelbar deutlich – nicht eine individuelle Identität, die mehr oder weniger locker mit dem Geschlecht der Protagonistinnen verknüpft ist, es handelt sich unübersehbar um *weibliche* Identität. Und zwar nicht, weil den Personen etwas essentiell Weibliches innewohnte, sondern weil die Entwicklungs- und Lebensbedingungen dieser Personen durch die Geschlechterkonstruktion der sie umgebenden Welt eindeutig weiblich bestimmt sind. Die Lebensereignisse, an denen sich die beschriebenen Personen abarbeiten – die Dichte und Nähe von Freundinnen-Beziehungen, häusliche Ausbeutung, sexuelle Selbstentfremdung, sexuelle Gewalt und die Überforderung durch Kinderversorgung (seien es eigene Kinder oder jüngere Geschwister) –, sind solche, die weitgehend weiblichen Biographien vorbehalten sind. In der Verarbeitung dieser Erfahrungen entstehen wiederum typische Lebenssituationen von Frauen. Und in der (Wieder-)Aneignung der eigenen Lebenserfahrung und -situation entsteht dann so etwas wie die persönliche Identität einer Frau. Wieviel Kohärenz die jeweilige Identität aufweist, wieviel Kohärenzgefühl möglich ist, hängt von den individuellen und kollektiven Lebensbedingungen ab *und* von den Ressourcen, die den Frauen einzeln oder als Gruppe zur Verfügung stehen, um Sinn, Verstehen und Handhabbarkeit dem eigenen Leben gegenüber zu entwickeln. Auch solche Ressourcen sind unterschiedlich verteilt: Bildung im Sinne eines Zugangs zu kulturellen Ausdrucksformen; Austausch in Beziehungen; Kontinuität des Lebenszusammenhanges; Freiheit von äußerem Zwang – diese Bedingungen einer kohärenten persönlichen Identität kommen in den Romanen vor. Ein identifikatorischer Bezug auf politische Bilder, Entwürfe und Handlungsformen, die den Lebensspielraum des eigenen Geschlechts erweitern, stellt *eine* solche Ressource neben anderen dar.

Wir müssen uns – so die für mich naheliegende Konsequenz meiner

Beschäftigung mit persönlicher Identität – nicht eigens bemühen, ‹weiblich› zu werden, weder im Sinne traditioneller Weiblichkeit, noch in der Variante der emanzipierten Alleskönnerin. Die soziokulturellen Formen der Produktion von Geschlechtsidentität müssen weder gesucht noch als Wesensessenz in die Personen phantasiert werden. Geschlechtsidentität als soziales Ordnungsschema, als kulturelle Anforderung und psychische Zumutung ist immer schon da. Indem wir unser Leben gestalten, gestalten wir nolens volens unsere Weiblichkeit. Dabei entstehen Bilder und Entwürfe, die Orientierung bieten, nicht aber in dem Sinne ‹wahr› sind, daß sie die Realität des Geschlechterverhältnisses in seiner Komplexität abbilden. Heißt das, daß Frauen individuell für ihren persönlichen Selbstbezug auf das ganze komplizierte Wissen über die Produktion von Geschlecht verzichten können? Ich meine nein: Auch für die persönliche Verarbeitung biographischer Erfahrungen ist es ausgesprochen hilfreich, um die je aktuellen Formen der Produktion von Geschlecht Bescheid zu wissen – nicht um sich ihnen fraglos zu unterwerfen oder um sie zu idealisieren, sondern um zu verstehen, was einem widerfährt und widerfahren ist, und um zu entscheiden, was zu tun ist.

Iris Hölling

Die Diagnosebrille
Zur Funktion und Problematik psychiatrischer Diagnosen

Im ersten Teil meines Textes lasse ich Zitate sprechen, die aus unterschiedlichen Perspektiven die Funktion und Problematik psychiatrischer und psychopathologischer Diagnosen illustrieren.[1] Im zweiten Teil ziehe ich ein Fazit daraus. In den Äußerungen, die ich gesammelt habe, kommen PsychiaterInnen, FreundInnen, Familienmitglieder, TherapeutInnnen und Betroffene selbst zu Wort. Sie zeigen, wie sich die Sicht auf eine Person durch die Diagnosebrille verfärbt.

Die Originalzitate werden bewußt nicht einzeln interpretiert und in den Text eingeordnet, obwohl sie einige der später eher theoretisch beschriebenen Prozesse durchaus illustrieren könnten. Die LeserIn wird hingegen aufgefordert, sich auf eine bunte Mischung von Perspektiven einzulassen, sich selbst in die jeweiligen Situationen hineinzuversetzen, sich den Fremdblicken auszusetzen, die Flut von Außenreaktionen, die von Diagnosen ausgelöst werden, wenigstens auf dem Papier auszuhalten und den Veränderungen im diagnostizierten Subjekt nachzugehen. Sie lassen sich als Deklinationssystem auffassen, durch das die diagnostizierte Person hindurchgeht und hinterher im konkreten Leben aus diesem Prozeß als anders funktionierendes Wesen hervorgeht.[2]

«Du bist psychisch krank! Lebenslänglich! Das wirst du nie wieder los. Mit der Krankheit mußt du fortan leben, du mußt sie akzeptieren.»

«Sie haben eine Funktionsstörung im Gehirn, Ihre Neurotransmitter sind beschleunigt und verlangsamt. Das hat mit Ihnen, Ihrer Person und Persönlichkeit nichts zu tun. Ihre Lebensgeschichte interessiert mich nicht. Sie brauchen überhaupt nicht zu versuchen herauszufinden, warum. Es ist endogen, die Krankheit kommt so über Sie, das können Sie nur medikamentös bekämpfen. Stellen Sie sich darauf ein, daß Sie Ihr Leben lang Medikamente nehmen müssen, zur Phasenprophylaxe. Sonst kommt das immer wieder, und das wissen Sie ja, wie das dann ist, das wollen Sie doch auch vermeiden, oder?»

«Nein, du brauchst keine Therapie zu machen, du hast doch 'ne Psychose, da findest du sowieso keine Therapeutin, die dich nimmt. Außerdem ist das unheilbar und organisch und gefährlich, da helfen nur Neuroleptika.» «Ich bin krank, ich kann ja nichts dafür. Ich bin nicht verantwortlich für die Scheiße, die ich angerichtet habe, das war die Psychose, weißt du? Das mußt du verstehen, das war nicht ich. Es tut mir leid, was ich dir angetan habe, aber mich trifft eigentlich keine Schuld. In Zukunft werde ich das Lithium auch nicht mehr absetzen, dann kommt das sicher nicht wieder vor.»

«Was? Du willst die Psychopharmaka absetzen? Bist du verrückt geworden? Die brauchst du doch, das haben dir die Ärzte doch immer gesagt. Du weißt doch, was dann passiert, dann geht alles wieder von vorne los. Ich kann dich dabei nicht unterstützen. Und nochmal mach ich das nicht mehr mit, diesmal kannst du nicht auf mich zählen, nur daß du's weißt!»

«Ich fühle mich so dumpf und leer, so leblos, alle Tage sind gleich. Ich kann nichts mehr empfinden, hab keine Motivation mehr, irgendwas zu tun. Lust verspüre ich auch keine mehr. Ja, ich gehe zur Arbeit, erfülle meine Aufgaben zur Zufriedenheit der anderen, ja, es geht mir besser als in der Psychiatrie. Ja, ich schlafe regelmäßig. Aber eigentlich macht mir das Leben überhaupt keinen Spaß mehr. Früher, da konnte ich mich richtig begeistern, da hatte ich noch Spaß am Leben, da war jeder Tag eine neue Aufregung. Du meinst, da hätte ich auch viel Scheiße gebaut und verrückte Sachen gemacht, die ich später bereut habe? Ja, stimmt, aber so kann es irgendwie auch nicht weitergehen. Du meinst, ich solle die Medikamente auf jeden Fall weiternehmen? Vielleicht hast du Recht, aber ich fühle mich so dumpf...»

«Natürlich bist du meine beste Freundin, und ich weiß auch, daß ich mich auf dich verlassen kann und daß du auf jeden Fall kommen würdest, egal wie's dir geht. Ich habe auch lange überlegt, aber dann habe ich mir doch gedacht, daß es mein Tag ist. Und ich würde es nicht aushalten, wenn du high bist oder wenn's dir völlig schlecht geht. Das ist mir zu unsicher, deshalb wird eine andere Freundin unsere Trauzeugin. Aber du weißt, daß du mir wichtig bist, daß ich weiter was mit dir zu tun haben will.»

«Was, es geht dir schon wieder schlecht? Aber gestern war doch noch alles in Ordnung. Was ist denn passiert? Du weißt es nicht? Es geht dir einfach scheiße und du weißt auch nicht, warum? Du kannst nicht aufstehen? Koch dir doch erst mal 'nen Kaffee, danach geht's dir bestimmt schon besser, und dann machst du irgendwas Schönes... Was? Dir ist eh alles egal? Du kannst nicht mehr? Du hast keine Kraft aufzustehen, weil eh alles sinnlos ist? Ich weiß auch nicht mehr weiter. Was sagt denn eigentlich deine Therapeutin dazu? Die kann dir auch nicht helfen?»

«Warum ich sauer auf dich bin? Weil ich mich von dir verarscht fühle. Erst erzählst du mir wochenlang, wie schlecht es dir geht, und ich hör mir das alles an, nehme dich ernst, versuche, dich zu verstehen. Und dann kommst du heute, und alles ist wieder in Ordnung und ganz easy. Ich komme damit nicht zurecht.»

«Du ziehst mir den Boden unter den Füßen weg. Deine ständigen Veränderungen machen mir Angst. Du bist so massiv. Du denkst nur an dich, nimmst keinerlei Rücksicht auf die Bedürfnisse der anderen. Du bist mir viel zu schnell. Ich komme überhaupt nicht mehr mit. Ich kann das nicht mehr aushalten mit dir, auch wenn ich dir gerne helfen möchte.»

«Die Medikamente haben mir geholfen. Jetzt kann ich wenigstens wieder schlafen, ich bin zwar jetzt immer müde und hatte ja auch zuerst diese schrecklichen Krämpfe, aber seit ich das Akineton nehme, merke ich nichts mehr davon. Das ist schrecklich, so eine Krankheit, weißt du? Aber seit ich das weiß und Medikamente nehme, komme ich besser damit zurecht. Mit meiner Familie habe ich jetzt auch weniger Konflikte. Manche Leute gucken mich schon komisch an, aber damit muß ich wohl fertig werden.»

«Wie gut, daß MPS mittlerweile als Diagnose anerkannt ist, sonst würde die Krankenkasse meine Therapie nicht bezahlen. Außerdem hätte sich meine Therapeutin sonst auch gar nicht auf MPS spezialisieren können.»

«Ich weiß nicht so recht, was mit mir los ist. Ich hab so komische Erinnerungen, manchmal kommen solche Bilder hoch, von meinem Vater und so, aber ich weiß nicht, was da war. Ob ich Ängste habe? Ob ich mich manchmal verletze? Ob ich mich umbringen will? Ob ich manchmal abtauche? Warum fragst du mich das alles?»

«Kennst du das Gefühl, den Boden unter den Füßen zu verlieren? Alles hat plötzlich was mit dir zu tun, alles hat eine Bedeutung. Du mußt plötzlich wildfremde Menschen ansprechen oder jemanden anrufen, den du ewig nicht gesehen hast. Was, du weißt gar nicht, wovon ich spreche? Ich spinne?»

«Sie haben eine Borderline-Störung. Sie müssen auf jeden Fall eine Therapie machen, eine hochfrequente, weil das ja besonders problematisch ist. Sie wissen nicht, wovon ich rede? Sie haben keine Probleme? Ihre Familie ist das Problem? Wie kommen Sie denn darauf?»

«Gib mir sofort das Messer. Nein, ich glaub dir nicht, daß du dir einfach nur aus rituellen Gründen die Haut aufritzen willst. Das ist doch nicht normal. Das tut doch weh. Du verunstaltest dich doch völlig und schadest dir nur selbst dabei. Ich kann das nicht zulassen. Wenn du damit nicht aufhörst, lassen wir dich in die Psychiatrie einweisen.»

«Laß sie doch zufrieden. Du kannst das nicht von ihr verlangen, du weißt doch, was mit ihr los ist. Sie ist eben krank, da mußt du schon etwas Rücksicht nehmen.»

«Ich muß jetzt wieder funktionieren, nachdem ich so lange in der Klinik war. Ich muß den anderen beweisen, daß ich doch noch etwas kann. Aber ich habe solche Angst, diese Prüfung nicht zu bestehen.»

«Was sollen diese ewigen Vorwürfe? Überall glaubst du, was kritisieren zu müssen. Du hast doch sowieso eine verzerrte Wahrnehmung, das haben die Ärzte auch gesagt. Das ist nur dein Verfolgungswahn. Dafür lasse ich mir nicht die Schuld geben.»

«Was haben wir bloß falsch gemacht? Wie konnte das passieren? Unsere einzige Tochter, früher war doch alles in Ordnung! Was für eine Schande für die ganze Familie! Ich verstehe auch überhaupt nicht, was wir damit zu tun haben, warum diese Ärzte auch uns immer zu Gesprächen sehen wollen. Schließlich sind wir doch ganz normale Leute und nicht krank.»

«Ich weiß überhaupt nicht, wovon du sprichst! All diese schrecklichen Sachen, die du plötzlich erzählst. Ich kann mir das nicht vorstellen, so etwas würde dein Vater nie tun. Das haben dir die Therapeuten doch alles nur eingeredet.»

«Mein Leben ist verpfuscht. Ich werde nie wieder einen Job bekommen und arbeiten können. Ich kriege gar nichts mehr auf die Reihe. Wie soll ich denn die Lücken in meinem Lebenslauf erklären? Mit der Geschichte stellt mich doch eh keiner ein, und den WG-Platz habe ich auch nicht bekommen, weil ich ehrlich war. Ich weiß echt nicht, wie das weitergehen soll.»

«Die fehlende Krankheitseinsicht ist typisch für Schizophrene. Wenn diese Hürde erst mal genommen ist, wird sie schon einsehen, daß sie die Medikamente nehmen muß, weil sie die einzig mögliche Hilfe darstellen. So lange müssen wir sie eben ein bißchen zu ihrem Glück zwingen, auch wenn sie nicht will.»

«Wenn Sie nicht bereit sind, die Medikamente einzunehmen, dann müssen Sie das Krankenhaus eben wieder verlassen. So sind Sie nicht therapiefähig.»

«Ich weiß ja, daß meine Therapeutin die Diagnose nur geschrieben hat, damit die Therapie von der Krankenkasse bezahlt wird. Aber komisch fand ich das schon, als ich sie gelesen habe. So, das bin ich also. Irgendwas hat das schon mit mir gemacht.»

Wenn Brillen die Sicht verzerren...

Diagnosen verstellen den Blick für individuelles Erleben und den unmittelbaren Zugang zu einer Person. Ich begegne nicht mehr einem Individuum, sondern ich suche nach Symptomen, Verläufen, typischen Zusammenhängen und erstelle Prognosen. Ich habe Erwartungen und leite aus diesen Erwartungen Handlungsmuster ab. Der richtigen Diagnose einer ‹psychischen Krankheit› folgt eine bestimmte, erlernbare Therapieform. Die Therapeutin hat dadurch eine Legitimation für ihr Handeln und ein Repertoire an therapeutischen Schritten im Kopf, das sie ungeachtet der spezifischen Situation der Klientin anwenden kann. Sie gewinnt so Sicherheit und verbleibt im Umgang mit der Klientin in einem ihr vertrauten Denkrahmen, der ihr bestimmte Handlungsmuster zur Verfügung stellt.

Diagnosen individualisieren Probleme, Andersartigkeit, Erfahrungen, die sich aus ganz verschiedenen Elementen zusammensetzen. Das ‹Problem› bekommt einen Namen und wird innerhalb einer Person lokalisiert. Dieser diagnostische Name hebt ganz bestimmte Merkmale aus dem komplexen Situationsgefüge heraus und definiert diese als zentral und ausschlaggebend. Da wird dann plötzlich eine von ihrer Therapeutin zur ‹Multiplen Persönlichkeit› erklärt, obwohl sie vorher nur viele war und ihre verschiedenen Anteile als Teile ihrer selbst begriffen hat und vielleicht auch noch integrieren konnte. Verhaltensweisen, Gedanken, Problemkonstellationen, die sich z.B. nicht in das ‹Krankheitsbild der Multiplen Persönlichkeitsstörung› einordnen lassen, werden irrelevant und bleiben außen vor. Nur das, was in die Diagnosekategorie paßt, kommt in den Blick und wird bearbeitet. Alle anderen Ebenen bleiben diesem ‹diagnostischen Blick› verschlossen, werden ausgeklammert und unwichtig.

Das psychiatrische Diagnosesystem ist ungeeignet, den Erfahrungen Betroffener gerecht zu werden. Es verunmöglicht, die Probleme wirklich zu lokalisieren, da es sie nur ins Innere der Diagnostizierten verlagert. Das komplexe Situations- und Beziehungsgefüge, in dem eine Person lebt, bleibt außen vor. Die ‹psychisch Kranke› hat das Problem, das behandlungsbedürftig ist, während ihre Gewalterfahrungen, ihre Lebensumstände, die konkreten Beziehungen zu anderen Menschen nicht im Zentrum der Aufmerksamkeit stehen.

Psychiatrische und psychopathologische Diagnosen sind überflüssig und schädlich, sie sind aus verschiedenen Gründen kritikwürdig und sollten abgeschafft werden, da sie sowohl der Wissenschaftlichkeit als auch des Realitätsgehalts entbehren. Sie produzieren die ‹psychischen Krankheiten› erst, die sie zu bezeichnen vorgeben. Auch die gesellschaftliche Dimension des Umgangs mit Anderssein wird verschleiert. Für Verrückte gibt es keinen wirklichen Raum in dieser Gesellschaft, sie werden zur Bedrohung hochstilisiert, passen nicht ins saubere, geordnete Straßenbild, machen Angst, machen hilflos und stellen möglicherweise die Normen, auf denen unser gesellschaftliches Sein aufbaut, radikal in Frage. Anstatt sich mit den diagnostisch stigmatisierten Personen, ihren Erfahrungen und Positionen wirklich auseinanderzusetzen und sich selbst als Gegenüber oder die eigene Normalität in Frage zu stellen, werden sie zu ‹Kranken›, denen vorrangig psychiatrische oder psychotherapeutische Räume zur Verfügung stehen.

Das diagnostisch deklinierte Ich
Jeanine Grobe faßt in ihrer Einleitung zu ‹Beyond Bedlam: Contemporary Women Psychiatric Survivors Speak Out› die Auswirkungen der Krankheitsdiagnose auf die Betroffenen sehr anschaulich zusammen:
«Als eine Frau, die mit ‹psychischer Krankheit› diagnostiziert worden ist, ehre ich den verwundeten Mut aller Frauen, die diesen brutalen Krieg gegen uns selbst überlebt haben. Zusätzlich zum Überleben unseres ‹Wahnsinns› mußten wir die ‹Behandlung› unseres ‹Wahnsinns› überleben: die Einzelzellen, die Gummizellen, die gewaltsamen Fixierungen, die Zwangsjacken; die Zwangsinjektionen, Behandlung ohne Zustimmung, Unterbringung gegen unseren Willen; die Psychopharmaka, Elektroschocks, Gehirnzerstörung; die Nebenwirkungen, gebrochene Zähne, Wirbelsäulenverletzungen, Behinderungen, Tode, unbeanspruchte Körper, die unter nummerierten Schildern begraben sind; die sexuellen Angriffe, körperlichen Mißbrauch, Vergewaltigungen; die bevormundenden Haltungen, stigmatisierende Etiketten, Diskriminierung, Eindringen in die Privatsphäre, Ächtung, Isolation, Entfremdung. Den Zwang. Das Zum-Sündenbock-Machen. Die Lügen, die gegen uns erzählt werden, die Wahrheiten, die ungehört bleiben, weil wir ‹paranoid› sind; das Fehlen von Bürgerrechten, Menschenrechten, Gerechtigkeit. Die Verstümmelung des Kopfes, Körpers, Geistes; die gebrochenen Teile, die nie zusammengefügt werden, die zerbrochenen Leben, die Teile, die für immer verloren sind. Den Schmerz. Das Leiden. Die Zurückweisung

durch die Welt. (...) Ich fand heraus, daß es in den psychiatrischen Institutitonen nicht um Heilung, sondern um Unterdrückung geht, die Unterdrückung des menschlichen Geistes. Die psychiatrische Institution lehrte mich zu akzeptieren, terrorisiert, gefoltert, gequält und traumatisiert zu werden, weil dieses ‹Medizin› und ich ‹krank› war.»[3]

In obigem Zitat wird die Brutalität der psychiatrischen und gesellschaftlich sanktionierten Gewalt, die durch die Krankheitszuschreibung legitimiert wird, im Detail beschrieben. Die sogenannte Behandlung besteht aus Gewalt, Zwangsmaßnahmen, dem Verlust elementarer Menschenrechte einerseits und veränderten Haltungen der Umwelt andererseits. Das Wort einer ‹psychisch Kranken› zählt nicht mehr, ihr wird nicht geglaubt, sie wird ausgegrenzt, ausgeschlossen. Hinzu kommt verschärfend, daß die Psychiatrie die Betroffenen auch noch dazu bringt, diese Gewalt nicht mehr als solche zu erkennen, zu benennen und zu bekämpfen, sondern sie zu akzeptieren.

Hochproblematisch finde ich die Veränderungen im Selbst- und Fremdbild, die aus der Diagnose ‹psychisch krank› resultieren. Einerseits kann eine psychiatrische oder psychopathologische Diagnose für die Betroffene Erklärungs- und Entlastungsfunktion haben. Endlich hat das ungewöhnliche, extreme, ver-rückte, schwierige, leidvolle Denken, Fühlen und Erleben einen Namen, der ihm einen Sinn gibt und die Betroffene von der Verantwortung dafür entlastet. Dies kann zu einer immer passenden Entschuldigung des ungewöhnlichen Verhaltens werden, zur Abspaltung des verrückten Erlebens von der eigenen Person führen und zur Delegation der Behandlung dieser Ausnahmezustände an psychiatrische und psychotherapeutische ExpertInnen («Ich kann nichts dafür, ich bin eben krank.» Oder: «Was sagt denn Deine Therapeutin oder Psychiaterin dazu?»).

Andererseits führt die Annahme des psychiatrischen Krankheitsurteils zu einschneidenden Veränderungen in der Selbstwahrnehmung der Betroffenen.[4] Der Zugang zum eigenen Körper verändert sich, er kann als die Ursache des Übels erscheinen, auf minutiöse Weise nach subtilen Krankheitsanzeichen abgesucht und zur Quelle der Besorgnis werden. Natürliche Erfahrungen wie periodische Schlafschwierigkeiten werden im psychiatrisch-diagnostischen Kontext plötzlich zu Unheilsboten, die mögliche ‹Krankheitsschübe› ankündigen.

Die in der Psychiatrie verabreichten psychiatrischen Psychopharmaka haben zudem direkte Auswirkungen auf den Körper und können zu bleibenden Schäden führen.[5] Das Selbstverhältnis wird zum gebrochenen, der Umgang mit sich ist kein unmittelbarer mehr, sondern vermittelt durch die diagnostisch erwiesene, von sogenannten ExpertInnen produzierte Krankheitseinsicht und die damit verbundenen Ängste. Wenn eine versucht, sich von diesen Diagnosen zu distanzieren, gegen die Etikettierung und die Zwangsläufigkeit der Prognosen kämpft und die Integration der Fremddefinition in das eigene Selbstbild in Frage stellt, führt dies unweigerlich zu einem Kampf gegen das eigene Selbst. Angst vor psychiatrisch vermittelter Unberechenbarkeit kann tief sitzen, gebrochenes Vertrauen in die eigenen Wahrnehmungen ist oft nur in jahrelanger mühsamer Arbeit wiederzugewinnen, wenn überhaupt. Wenn einer von PsychiaterInnen eingeredet worden ist, sie habe eine Funktionsstörung im Gehirn, die so über sie komme und nichts mit ihr zu tun habe, kann es unter Umständen lange Jahre des Kampfes kosten, bis eine Stimmungsschwankung wieder eine Stimmungsschwankung ist und ein schlechter Tag einfach nur ein schlechter Tag und nicht der unheilvolle Vorbote der unkontrollierbaren ‹Depression›.

Die Doppelgesichtigkeit psychiatrischer Diagnosen illustriert das folgende Zitat:

«Eine Klientin beschrieb, daß sie nach dem Lesen des Buches ‹Der Aufschrei› von Truddi Chase das Gefühl hatte, durch diese Darstellung einer MPS ein Stück ihrer eigenen, von mehrfachen Suizidversuchen und Lebenskrisen geprägten Lebensgeschichte für sich erklären zu können. Sie konnte diese jetzt innerhalb der Welt der Menschen mit psychischen Problemen einordnen und brauchte nicht mehr die Angst empfinden zu müssen, verrückt zu sein oder es zu werden. Auch diese Frau befand sich, wie viele andere, mehrmals in stationärer Behandlung mit wechselnden Diagnosen; sie konnte sich über die Identifikation mit der Diagnose MPS aus dem psychiatrischen Rahmen befreien und sich an ein unabhängiges soziales Frauenprojekt wenden, um Hilfe zu bekommen.»[6]

Einerseits wird hier die für die Betroffene offenbar positive Funktion der Identifikation mit der Diagnose MPS sichtbar, ihre Geschichte ordnet sich, sie ergibt Sinn. Andererseits verweist die Wertung der verschiedenen Diagnosen auf eine Hierarchie unter den psychiatrisierten Frauen. Es gibt die ‹Verrückten› mit den schlimmen, harten psychiatrischen Diagnosen und die anderen, denen auch soziale Frauenprojekte noch helfen können. Die Autorin scheint in ihrer positiven Beschreibung der Diagnose MPS überhaupt nicht zu bemerken, was sie damit indirekt über die Diskriminierung psychiatrisierter Frauen in sozialen Frauenprojekten sagt. Die mit der ‹richtigen Diagnose› – in diesem Fall einer, die in Frauenkreisen anerkannt ist – dürfen kommen und finden Unterstützung. Für die anderen – die sogenannten schweren Fälle oder wirklich Verrückten – ist und bleibt die Psychiatrie zuständig. Hier wird deutlich, daß es auf die Probleme der Frau gar nicht mehr ankommt, weil nur der Stempel entscheidet. Da fast allen, die in der Psychiatrie landen, verschiedenste Diagnosen zugeschrieben werden, was deren Willkür veranschaulicht, erscheint mir diese Beschreibung der Befreiung aus der Psychiatrie durch die richtige Diagnose, die der eigenen Lebensgeschichte Sinn verleiht, ziemlich absurd.

Gewalt unter dem Deckmantel der Diagnose

Die Diagnose einer ‹psychischen Krankheit› durch PsychiaterInnen impliziert für diese einen Behandlungsauftrag. Sie legitimiert Zwangsmaßnahmen und Gewalt, wenn ÄrztInnen und RichterInnen gemeinsam zu dem Schluß kommen, daß Selbst- oder Fremdgefährdung vorliegt. Bei keiner Krankheit ist Behandlung erlaubt, wenn die einwilligungsfähigen PatientInnen der Behandlung nicht zustimmen. Die elementaren Menschenrechte auf Selbstbestimmung und Unversehrtheit des Körpers sind in der Psychiatrie außer Kraft gesetzt, wie es in Jeanine Grobes Zitat bereits beschrieben worden ist. ‹Krankheitsuneinsichtige› werden mittels offener oder subtiler Gewalt gezwungen, psychiatrische Psychopharmaka einzunehmen und Maßnahmen wie Elektroschocks über sich ergehen zu lassen, ohne über die gesundheitsschädigenden Risiken aufgeklärt zu werden. Erpressungsversuche wie «Entweder Sie nehmen die Medikamente, oder Sie dürfen nicht raus» gehören in der Psychiatrie zur Tagesordnung.

Der ‹richtigen› Diagnose folgt ein bestimmtes Behandlungskonzept, das neben pharmakologischer Behandlung Beschäftigungstherapie, Arbeitstherapie, Physiotherapie, Psychotherapie einzeln und in Gruppen beinhalten kann. Die sogenannten Professionellen beanspruchen das Recht zu entscheiden, was den Betroffenen hilft. Selbstbeschreibungen der Betroffenen sind nicht mehr wichtig. Wenn sie ins Diagnosebild passen, werden z.B. ungewöhnliche Ausdrucksformen, die für die Betroffenen Bewältigungsstrategien sein können, zu Krankheitssymptomen.

Die diagnostische Autorität sichert die Definitionsmacht der PsychiaterInnen, sie betont die Differenz zwischen den ‹Psychisch Kranken› und ihnen selbst, den gesunden NormalbürgerInnen. Diagnostizieren ermöglicht ihnen Distanzierung, gibt ihnen Sicherheit und Orientierungshilfen im Hinblick auf den weiteren Umgang mit den Betroffenen. PsychiaterInnen haben medizinische Konzepte im Kopf, anhand derer sie die Betroffenen wahrnehmen, beurteilen, einordnen, klassifizieren. Ihnen selbst legen diese Konzepte, je nach Diagnose, bestimmte Handlungsoptionen nahe. Es ist nicht mehr nötig, sich wirklich auf das Gegenüber einzulassen, weil nur die Verhaltensweisen interessieren, die ‹krankheitsrelevant› sind. Wenn eine Diagnose erstellt ist, erübrigen sich alle Fragen danach, wie eine Person sich verhält, was sie über sich selbst sagt, wie sie sich fühlt, weil alle bereits zu wissen meinen, was ‹Psychose›, ‹Schizophrenie›, ‹Depressionen›, ‹Angstneurosen› etc. sind.

In der Psychiatrie bestehen spezifische Machtverhältnisse, die Gewalt einschließen und auf psychiatrisch-diagnostischem Macht-Wissen fußen. In diesem System sind die PsychiaterInnen die ExpertInnen, die ihr Gegenüber festlegen und die Möglichkeiten der Betroffenen zu sein einschränken.

Da die PsychiaterInnen immer potentiell Gewalt anwenden können, ist das Verhältnis zwischen ihnen und ihren ‹PatientInnen› nie gleichberechtigt. Ob unter solchen Bedingungen Gespräche, wirkliche Begegnungen, Kontakte, Bündnisse, Vereinbarungen usw. möglich sind, halte ich für sehr fragwürdig.

Die meisten der bereits für die Psychiatrie genannten Funktionen treffen auch für TherapeutInnen zu. Viele PsychotherapeutInnen würden vermutlich sagen, daß sie Diagnosen nur zu Abrechnungszwecken, für Kostenerstattungsanträge bei den Krankenkassen brauchen und daß diese in ihrer täglichen Arbeit mit den KlientInnen keine Rolle spielen. Dennoch stellt psycho-diagnostisches Wissen auch für sie ein Wahrnehmungs- und Interpretationsraster dar, vor dessen Hintergrund sorgfältig in therapierbare und nicht-therapierbare ‹Störungen› unterschieden wird. «MPS ist im Gegensatz zu Schizophrenie eine sehr gut psychotherapeutisch behandelbare Störung»[7], schreibt Michaela Huber und illustriert damit die grausame Kategorisierung Psychiatrie-Betroffener in therapeutisch aussichtsreiche und hoffnungslose ‹Fälle›. Die Konsequenzen dieser weit verbreiteten Haltung bekommen Psychiatrie-Betroffene besonders deutlich zu spüren, wenn sie versuchen, eine geeignete Psychotherapeutin zu finden und dabei regelmäßig die Antwort bekommen, daß Psychotherapeutinnen sich nicht zuständig fühlen für Menschen, die bereits den Diagnosestempel ‹Psychose› erhalten haben.[8]

Die Diagnosegewalt ist ein Bestandteil der klar definierten Beziehung zwischen Klientin und Therapeutin, in der letztere als Expertin auftritt und als Person kaum vorkommt. Auch hier handelt es sich um ein Machtverhältnis, in dem die Therapeutin Therapieziele verfolgt, aus denen sich bestimmte therapeutische Interventionen ableiten, deren Hintergründe der Klientin verborgen bleiben können.

Diejenigen, die eine feministische Psychiatrie für eine dringende Notwendigkeit und einen großen Fortschritt halten, sind der Meinung, von Frauen gemachte Psychiatrie für Frauen würde Wesentliches verändern, Feministinnen könnten den Bedürfnissen und spezifischen Problemen von Frauen in dieser Gesellschaft angemessener begegnen. Frauen würden anders wahrgenommen, hätten mehr Raum für sich, würden mit dem für sie geschulten Blick richtig diagnostiziert und gut behandelt.

Vetreterinnen der Antipsychiatrie-Bewegung wie Kerstin Kempker halten eine feministische Psychiatrie für ein «Wortungeheuer, das sich selbst fressen sollte»[9]. Ich denke, die feministische Psychiatrie ist eine Absurdität, ein Widerspruch in sich. Die Möglichkeiten, innerhalb der Psychiatrie etwas zu verändern, sind begrenzt, denn Psychiatrie ist immer potentiell gewalttätig. Psychiatrie erfüllt in dieser Gesellschaft eine Funktion als Ordnungsmacht. Auch eine von Frauen gemachte Psychiatrie würde den perversen Anspruch, gleichzeitig heilen zu wollen und Ordnungsmachtfunktion zu haben, erfüllen müssen. Daher sind für mich die psychiatrischen Realitäten mit feministischer Politik unvereinbar. Psychiatrie – egal wie fortschrittlich sie sich geben mag – ist die falsche Antwort auf Ver-rückt-Sein, menschliches Leiden, Extremzustände, Andersartigkeit.

Und wenn die Brille zerbricht?
Welche Möglichkeiten eröffnen sich ausgehend von dieser Diagnosekritik? Wünschenswert sind direkter Kontakt und authentische Begegnung, eine Entwicklung von Handlungsmöglichkeiten und Arbeitsweisen aus dem Miteinander. Grundbedingungen für die Möglichkeit, andere zu unterstützen, ist absolute Freiwilligkeit. Jede sollte selbst entscheiden, wann sie welche Hilfe von wem möchte. Nur auf der Basis von Vertrauen in die Selbstbeschreibungen der Betroffenen und von grundlegendem Respekt kann eine wirkliche Kommunikation stattfinden. Orte und Situationen, wo diagnosefreies Miteinander sattfinden könnte, gäbe es unzählige. Schon jetzt kann dieses Andere überall dort entstehen, wo die Einweisung in die Psychiatrie ausgeschlossen wird, weil nur dort genügend Sicherheit besteht, wirklich ernst genommen zu werden, sich in geschützten Räumen unzensiert äußern zu können, ver-rückt sein zu dürfen. Meiner Meinung nach brauchen Verrückte nur einen Raum, wo sie sein können, und Menschen, die dabei bleiben können, die sie auch in möglichen Extremzuständen aushalten und weder unmittelbar handeln noch alles sofort verstehen müssen.

Irene Stratenwerth

Fixiert und verstummt

Frauen, Gewalt und Psychiatrie

Eine Frau liegt allein in einem kahlen Raum. Sie ist nackt, an den Hand- und Fußgelenken ist sie gefesselt, festgegurtet an einem eisernen Bettgestell, die Beine weit auseinandergerissen. Manchmal schreit sie. Niemand kommt. Sie liegt in ihrem Kot und Urin, ihre Haut brennt, die Knöchel hat sie sich an den Ledergurten wundgescheuert. Ihren Hunger spürt sie nicht mehr, aber ihr Durst ist fürchterlich. Doch vor allem peinigt sie eine unbeschreibliche, panische Angst.

Man möchte sich in diese Szene nicht weiter hineindenken, geschweige denn -fühlen. Man möchte sie als perverse Inszenierung einer sadistischen Phantasie einfach ablehnen oder in die Verantwortung einer fernen Militärdiktatur abschieben. Doch diese Szene ist eine Realität, die auch heute noch in der deutschen Psychiatrie möglich ist. Eine einfache Umfrage der Caritas-Beratungsstelle in Offenburg etwa, von der später noch die Rede sein wird, wurde zum erschreckenden Dokument über die Alltäglichkeit solch martialischer Gewaltszenen in Krankenhäusern für seelisch Leidende.

In den letzten zwanzig Jahren haben fast alle gesellschaftlichen Bereiche Kampagnen zur Sensibilisierung gegenüber vielen offenen und auch subtilen Formen von Gewalt gegen Frauen erlebt. Im selben Zeitraum wurde die Psychiatrie umfassend reformiert. Die menschenunwürdigen Verhältnisse, die die Psychiatrie-Enquete Anfang der 70er Jahre vorfand, sollten nie wieder möglich sein. In der Tat sind die meisten psychiatrischen Kliniken heute, von ihren baulichen Gegebenheiten her, kaum mehr von allgemeinen Krankenhäusern zu unterscheiden. Die Vorschriften zur Personalausstattung und die Ausbildung wurden nachhaltig verbessert. Doch das Thema Gewalt blieb aus den Reformvorstellungen der Psychiatrie-Enqueten ausgespart. «Diese Chance wurde verpaßt. Damals hatten wir noch die Vorstellung: Wenn wir die Versorgung verbessern, lösen sich alle Probleme von selbst. Doch so ist das Leben leider nicht», erklärt Asmus Finzen, heute Leiter der sozialpsychiatrischen Abteilung der Universitätsklinik in Basel.[1]

Weder die erhöhte gesellschaftliche Sensibilität gegenüber Gewalt gegen Frauen noch die Psychiatrie-Reform haben bewirken können, daß Gewalt in der Psychiatrie auf ein unvermeidbares Minimum reduziert wurde. Im

Herbst 1997 wurde dies zum Thema mehrerer Fachtagungen und Buch-Neuerscheinungen. Über die Frage, welche Form von Gewalt im Umgang mit Menschen in seelischen Ausnahmezuständen möglicherweise ‹notwendig› ist und wo der Mißbrauch der Macht der ‹Gesunden› über die ‹Kranken› beginnt, gibt es zwar unterschiedliche Meinungen, aber kaum einen in irgendeiner Weise fachlich fundierten und formulierten Konsens, der ein Minimum an Kontrolle auch für PatientInnen und Angehörige ermöglichen würde.

Psychiatrische Gewalt und sexuelle Gewalt

Selbstverständlich trifft Gewalt in der Psychiatrie nicht nur Frauen. Doch sie trifft Frauen in anderer, besonderer Weise. Sie wendet sich gegen einen weiblichen Körper und greift ein in eine weibliche Biographie. Die Ausführenden in den klinikinternen ‹Rollkommandos› sind fast immer Männer. Man stelle sich vor, einige kräftig gebaute Pflegerinnen würden einen nackten, verängstigten Mann ans Bett fesseln und ‹abspritzen›, wie die Zwangsmedikation in der Sprache des Psychiatrie-Alltages heißt. Es würden sich wahrscheinlich in jeder Klinik männliche Beschäftigte finden, die über genügend Einfühlungsvermögen und Durchsetzungsfähigkeit verfügen, um ihrem Geschlechtsgenossen diese Form der Entwürdigung zu ersparen. In der umgekehrten Rollenverteilung aber ist der Vorgang Alltag. So ist psychiatrische Gewalt gegen Frauen, auch wenn sie nicht so ‹gemeint› ist, fast zwangsläufig sexuelle Gewalt.

Sexuelle Gewalt und Ausbeutung ist zudem eine Realität, der Frauen in seelischen Krisen, insbesondere in psychotischen Zuständen, im besonderen Maße ausgesetzt sind – in vielfacher Hinsicht. Sexuelle Gewalt ist zum einen oft Inhalt des Psychose-Erlebens. Ob dies immer eine Folge individueller, traumatischer Erlebnisse ist oder ob sich darin vielmehr die Bedrohung spiegelt, der jede Frau jederzeit ausgesetzt ist, ist im Einzelfall oft nicht aufzuklären.

Frauen in psychotischen Ausnahmezuständen sind zum anderen besonders gefährdet, Opfer sexueller Gewalt zu werden, weil sie oft auf der Flucht und ‹heimatlos› sind, einerseits angewiesen auf fremde Hilfe, andererseits beeinträchtigt in ihren Möglichkeiten, kühl und rational abzuwägen, wer ihnen gefährlich werden könnte, welche Situation sie lieber meiden sollten. Wahrscheinlich hat noch nie jemand untersucht, in welchem Maße das Risiko einer Frau steigt, in psychischen Krisen Opfer sexueller Gewalt zu werden. Schutzräume für Frauen in solchen Situationen gibt es kaum. Spezielle

Zufluchtsorte für Frauen – etwa Frauenhäuser oder Unterkünfte für wohnungslose Frauen – sind mit den Problemen ‹verrückter› Frauen meist überfordert. In der Psychiatrie aber sind sie nicht nur durch gewaltsame Übergriffe der Institution gefährdet. Viele Patientinnen klagen auch darüber, daß sie besonders auf den heute fast immer gemischten Aufnahmestationen permanenter ‹Anmache› und Übergriffen von männlichen Patienten ausgesetzt seien.

Trotz dieser unerträglichen und vielfachen Gewaltdrohung, der Frauen in psychischen Krisen ausgesetzt sind, bleibt es merkwürdig still um dieses Thema. Warum? Ich habe dazu weniger Antworten als Fragen, mehr Gedankensplitter als klare Thesen. Meine Eindrücke, Recherchen, Gespräche der letzten Jahre kann ich nur zu einem unvollständigen Bild zusammensetzen, in dem sich Gewalterfahrungen, außergewöhnliche Seelenzustände, körperliche und psychische Leiden von Frauen zu sogenannten psychiatrischen Krankheitsbildern erst verknüpfen. Oft bedeutet diese Krankheit Sprachlosigkeit und Verstummen. Für die betroffenen Frauen hat das Verstummen destruktive Dimensionen bis hin zur Selbstzerstörung. Für die Psychiatrie bedeutet ihr Schweigen, daß eine Skandalisierung von Machtmißbrauch und die Kontrolle durch eine kritische Öffentlichkeit noch immer weitgehend fehlen.

Fixierungen: Alltäglicher Notstand

Keine Maßnahme macht das Thema Gewalt so sinnfällig wie die Fixierung, das Festbinden eines Menschen mit dem Ziel, sie oder ihn ‹ruhig zu stellen›. Die verstorbene Psychiatrie-Patientin Dolores Aguirre faßte diese Tortur in ein kurzes Protokoll von poetischer Präzision: «Die Fixiergurte fesseln eisern. Die Qualen stehen mondbeschienen in sauberer Schrift über ihrem Bett aufgelistet: Gefangenschaft, Schlaflosigkeit, Angst, Einsamkeit, Bitternis, Schmerz, Stimmen, Zwang, Sinnlosigkeit, Haß, Gefangenschaft, Gefangenschaft.»

Wie oft und in welchen Situationen die Fesselung angewandt wird, ist nirgendwo systematisch erfaßt: Die Fixierung gilt nicht als ‹therapeutische›, sondern als disziplinarische Maßnahme und wird oft nicht einmal in den Krankenakten dokumentiert. Wo immer sich aber Ärzte daran machten, die Anwendung der Fixierung in Zahlen zu fassen, kamen sie zu erschreckenden Resultaten. Ob Anfang der 80er oder Mitte der 90er Jahre, ob in der Uniklinik Lübeck oder im psychiatrischen Krankenhaus Riedstadt: Zwischen 6,5 und 7,8% der PatientInnen – geschlechtsspezifische Aufschlüsselungen gibt es nicht – werden, so die Ergebnisse dieser Studien, während ihres Aufenthaltes in der Klinik gefesselt, mindestens einmal, mindestens für eine Stunde, oft aber für mehrere Tage. Erschreckender noch als die nackten Zahlen aber sind die konkreten Umstände. Weil sie von ihren KlientInnen immer wieder erfuhren, «daß sie vom Trauma der Fixierung einfach nicht loskamen», starteten Anita Brensing und Ralf Bänz-Steiger von der Caritas Offenburg eine PatientInnen-Befragung. Die Ergebnisse faßten sie folgendermaßen zusammen:

«Zwei Drittel der 24 Befragten wurden im Laufe mehrfacher Klinikaufenthalte von 4mal bis zu 20mal oder sogar 30mal fixiert. Bei über der Hälfte der PatientInnen kam es dabei zu einer mehrere Tage und Stunden (einschließlich der Nächte) andauernden ‹Fixierung›. Um die ‹Fixierung› durchführen zu können, mußten die PatientInnen vom Pflegepersonal (meist mehr als drei Pfleger) überwältigt werden, wobei ihnen in jedem Fall Medikamente in Form von Tabletten oder Spritzen verabreicht wurden. Oft gegen starken Widerstand wurden die Patientinnen ausgezogen und, teilweise völlig nackt, teilweise nur mit einem Flügelhemd bekleidet, entweder im Wachsaal oder im sogenannten Isolierzimmer ans Bett gefesselt. Während der Zeitdauer der Fesselung war die Versorgung der PatientInnen sehr unterschiedlich. Während die Hälfte der 24 Befragten mit Mahlzeiten und Getränken regelmäßig versorgt wurde, bekamen einige nur Tee verabreicht, in einigen Fällen gab es trotz stundenlanger Fixierung weder eine Mahlzeit noch etwas zu trinken. Bei einem Viertel aller Aussagen wird dokumentiert, daß die PatientInnen über Stunden im eigenen Kot und Urin lagen.»

Aus persönlichen Gesprächen weiß Anita Brensing «von vielen PatientInnen, die nackt ausgezogen, fixiert und zusätzlich isoliert wurden, die stundenlang schrien, ohne daß jemand sie hörte». Die Zahl der Todesopfer durch Fixierungen – immer wieder kommt es vor, daß PatientInnen versuchen, sich durch das Anzünden der Fixiergurte zu befreien und dabei verbrennen – ist nirgendwo dokumentiert, die körperlichen und seelischen Folgeschäden sind bislang kaum untersucht. «Im physischen Bereich klagten die PatientInnen über innere Unruhe, Schmerzen an Hand- und Fußgelenken, Einengung bis hin zu Atembeschwerden. Im psychisch-geistigen Bereich litten die PatientInnen Höllenqualen und Todesängste, spürten Bedrohungen und Ausgeliefert-Abgeschnittensein», hielt die Offenburger Beratungsstelle lakonisch fest.

Seit 1992 ist das Betreuungsgesetz in Kraft, das alle psychiatrischen Zwangsmaßnahmen unter richterliche Aufsicht stellt. Nur im Falle von ‹Notstand› oder ‹Notwehr› dürfen solche Mittel ohne Kontrolle durch Richter und Anwalt kurzfristig angewendet werden. Doch eine aktuelle Studie aus der psychiatrischen Abteilung der Medizinischen Hochschule Hannover zeigt: Tätliche Angriffe waren nur in 21% der Fälle Grund für die Fesselung. Ansonsten wurden Begründungen wie psychomotorische Unruhe, verbal aggressives Verhalten, Verweigerung der Einnahme von Medikamenten oder Desorientiertheit angegeben. Die Grenzen zwischen Schutz und Strafe sind dabei gefährlich verschwommen. Noch immer erlebt auch der Hamburger Amtsrichter John Geluebcke bei Kontrollbesuchen in der Psychiatrie, «daß nervige Patienten vor allem in der Mittagspause fixiert werden, damit das Personal seine Ruhe hat».

Gewaltmaßnahmen als Folge von Personalmangel – die Erklärung liegt nahe, greift aber zu kurz. Der bei der Heimaufsicht beschäftigte Hamburger Psychiater Jan Woynar fand Ende der 80er Jahre 10% der altersverwirrten PatientInnen in Pflegeheimen ans Bett gefesselt. Innerhalb von nur zwei Jahren gelang es ihm durch Kontrolle und Fortbildung, die Zahl um 90% zu senken – ohne zusätzliches Personal. Die psychiatrische Klinik Herne, nach Aussagen ihres Chefarztes Matthias Krisor mit eher wenig Personal ausgestattet, setzt Fixierungen nur noch bei unter einem Prozent der PatientInnen ein. Deeskalierend wirke etwa die Auflösung der geschlossenen Aufnahmestation, in der sich hocherregte Patienten oft gegenseitig aufschaukeln. Allzuoft, meint Matthias Krisor, gehe Gewalt nicht vom Patienten, sondern von der Institution aus, «die den gewaltförmigen Umgang miteinander geradezu kultiviert». Bei offiziellen Feierstunden im psychiatrischen Großkrankenhaus habe er oft eine «soldatisch-solidarische» Stimmung gespürt, «wie an Heldengedenktagen».

Der Psychiater Michael Eink, Herausgeber des Buches ‹Gewalttätige Psychiatrie›, beschreibt weniger Heroisierung als das schamhafte Verstecken seiner Gefühle bei gewalttätigen Einsätzen: «Das Herzklopfen, die Angst, jemandem wehzutun oder selbst verletzt zu werden, bleiben hinter der Maske eines erfahrenen Profis verborgen. Wenn Mitarbeiter oder Patienten tätlich angegriffen werden, fesseln wir manchmal einen Menschen, oder, um in unserem distanzierten Sprachjargon zu reden: wir fixieren ihn. Ich brauche keinen Psychoanalytiker, um zu verstehen, warum ich mir nach solchen Szenen die Hände wasche. (...) Mag sein, daß die psychiatrische Gewalt von den in der Psychiatrie professionell Tätigen so massiv verdrängt und verleugnet wird, weil sie in krassem Widerspruch steht zum Selbstbild der helfenden Berufe.»

So schweigt die Seite der Täter über die unguten Seiten ihres Alltags in der Psychiatrie – warum aber schweigen auch die Opfer?

Krank gemacht

Acht Frauen erzählten mir für mein Buch ‹Wahn und Sinn. Verrückte Lebenswege von Frauen› von ihren Erfahrungen, unter anderem auch mit der Psychiatrie. Mit einer Ausnahme haben sie dort alle massive Gewalt erlitten. Drei Ausschnitte möchte ich hier wiedergeben. Es geht um die Geschichten von Frauen, die heute (1997, Anm. d. Hg.) 80, 43 und 30 Jahre alt sind, die psychiatrische Patientinnen in Deutschland, Holland und England waren.

Dorothea Buck, 80 Jahre alt, lebt in Deutschland

Eingesperrt und ausgeliefert, in Dauerbäder und nasse Packungen gesteckt, mit Kaltwasserkopfgüssen und Betäubungsspritzen ‹beruhigt›, ohne irgendeine sinnvolle oder auch nur ablenkende Beschäftigung ihrem Schicksal überlassen. Das alles erlebt sie im Angesicht eines großen Wandspruches: «Kommet her zu mir, Alle, die Ihr mühselig und beladen seid, Ich will Euch erquicken.» Es dauert lange, bis sie glauben mag, daß sie sich in einem Krankenhaus befindet. «Niemals, so schwor ich mir, würde ich das, was ich als Gottes Führung erlebt hatte, gegen die ‹wahre Christlichkeit› eintauschen, die man uns hier vorlebte.» In dieser Kritik steckt der Keim einer Überzeugung, an der sie viel später endgültig gesunden wird. Sie glaubt nicht wirklich, daß sie geisteskrank ist. Sie weiß es besser. Ihr neuer Glaube, aufgebrochen in der Psychose, wird ihr zum Schutz gegen die Allmacht der Ärzte.

«Das, was ich 1936 in Bethel erlebte, grub sich mir unauslöschlich als beklemmendste Erfahrung menschlicher Entwertung meines Lebens ein. Besonders beängstigend und demütigend fand ich, daß Ärzte und Pfarrer uns psychotische Patientinnen während der ganzen Zeit keines Gespräches für wert oder fähig hielten. Menschen, mit denen man nicht spricht, lernt man auch nicht kennen, nimmt sie nicht als Menschen wahr. Darum konnten die Psychiater ihre Patienten gleich zu Hunderten den Gaskammern der Tötungsanstalten überlassen.» Fast 60 Jahre nach ihrem ersten Psychiatrie-Aufenthalt in Bethel sagt Dorothea Buck dies in einer bewegenden Rede vor Tausenden von TeilnehmerInnen des Weltkongresses für Sozialpsychiatrie in Hamburg.

Und auch einen Teil von Dorothea Buck haben sie getötet, damals, 1936, als sie zum ersten Mal in der Psychiatrie war, noch nicht 20 Jahre alt. Es war ein Eingriff, der schwerer wog als all die Abgestumpftheit, die rohe Gewalt, die sie jeden Tag in der Anstalt erlebte: Im September 1936 wurde die neunzehnjährige Frau ohne ihr Wissen zwangssterilisiert. Zwei fremde Herren, denen sie ohne nähere Erklärung vorgeführt worden war, hatten so entschieden, legalisiert durch das Sterilisationsgesetz zur Verhinderung erbkranken Nachwuchses vom 14. Juli 1933. Die Mutter schrieb ihr, kurz danach: «Der neue Staat fordert manches, was für den Einzelnen ein großes Opfer ist. Da stehen wir einfach unter der Forderung: jedermann sei untertan der Obrigkeit.»

Resi Malecki, 44 Jahre alt, lebt in den Niederlanden
Der Vater bringt sie in die Psychiatrie. Sie wird in ein Zimmer gebracht, ganz allein. Man schließt hinter ihr die Tür.

In diesem Moment melden sich die Stimmen zum ersten Mal. Ihr Vater ist weggegangen, aber sie hört ihn sprechen. Freundlich und vertraut sagt er: Pack deine Sachen und komm nach Hause. Nach Hause. Die einzige Sehnsucht, die sie noch hat. Sie läuft zur Tür, aber die ist verschlossen. Sie schlägt dagegen, schreit. Pfleger kommen hereingestürzt. Solche Typen, die ihr schon immer Angst gemacht haben. Muskelbepackt, verliebt in den eigenen Körper, Ohrringe und Kettchen. Drei oder vier große Kerle packen sie und schleppen sie weg. ‹Maggi› sagen sie zu ihr und nehmen ihr damit das letzte, das ihr in dieser Situation noch gehört, den eigenen Namen. Und schließen sie in eine Isolierzelle.

Sie ist allein, aber nicht lange. Denn jetzt kommen die Stimmen. Es sind viele, und keine meint es gut mit ihr. Sie wird beschimpft und herumkommandiert. Sie verbieten ihr zu essen, zu schlafen, zu sprechen. Sie befehlen ihr Wasser zu trinken, sich regelrecht auszuspülen, nach einem genau festgelegten Ritual. Sie soll sich waschen, immer und immer wieder. Sie benutzen Schimpfwörter, die Resi streng verboten sind. Sie drohen ihr sexuelle Gewalt an. «Du hast kein Recht eine Frau zu sein», sagen sie, «man wird dich operieren. Sie schneiden dir die Brüste ab.» Wenn sie Schritte auf dem Gang hört, hat sie panische Angst. Jetzt kommen sie mich holen. Sie hat den Stimmen nichts entgegenzusetzen, keine Kraft, keine Einwände, keine Vernunft. Sie reagiert, gehorcht, ohne darüber nachdenken zu können, wird zur Sklavin. «Wenn die Stimmen da sind, weißt du nichts mehr von dem, was du vorher gewußt hast», sagt sie.

Louise Roxanne Pembroke, 30 Jahre alt, lebt in Großbritannien
«Bei der Ankunft im Krankenhaus hatte ich wahnsinnige Angst vor dem, was dort passieren würde. Nackt wurde ich auf einen Rollstuhl gepackt, während eine Krankenschwester meine Tasche durchwühlte. Dann informierte sie mich darüber, daß man eine Magenspülung vornehmen werde. Ich verstand nicht, was das war, und war zu durcheinander, um zu fragen. So schrie ich um so mehr. Verschiedene Hände packten mich und hielten mich fest, während die Behandlung durchgeführt wurde. Als sie fertig waren, gin-

gen sie weg, und ich wurde allein gelassen. Ich versuchte, nicht mehr zu denken. Ich wurde auf eine Station gebracht und in ein Bett gelegt. Ein Arzt nahm mir Blut ab. Ich schrie, weil ich nicht sprechen konnte. Mein Schrei wurde von einer Krankenschwester erstickt, die sich auf meinen Brustkasten setzte, während der Arzt die Blutabnahme zu Ende führte.

Diese erste Erfahrung in der Notfallambulanz vermittelte mir das Gefühl, ein schlechter Mensch zu sein, der bestraft werden muß. Ich sprach nicht darüber, wie ich mich fühlte, ich redete so wenig wie möglich und nur, wenn ich angesprochen wurde. Ich ging freitags aus der Klinik nach Hause und am darauffolgenden Montag wieder in die Tanzschule. Ich konnte niemandem sagen, wie es mir ging.

Auf meiner Tour durch verschiedene psychiatrische Einrichtungen habe ich sehr schnell begriffen, wie klein die Auswahl akzeptierter Gefühlsäußerungen war. Ich mußte lernen, weder Zorn noch Frustration über Behandlungen zu zeigen, die ich als Folter empfand. Ich durfte meinen Schmerz und meine Wut den Menschen, die jeden Aspekt meines Lebens kontrollierten, nicht zeigen. Ich mußte lernen, stumm zu schreien.

Am Anfang hielt ich meine Selbstverletzungen geheim. Wenn ich mit Mitpatientinnen darüber sprach, entdeckte ich, daß ich nicht die Einzige war. Ich wendete mich an das Pflegepersonal nur dann, wenn die Verletzungen so schlimm wurden, daß ich damit allein nicht mehr zurecht kam. Meine Mitpatientinnen warnten mich davor und meinten, daß das Personal Selbstverletzungen nicht tolerieren würde. Sie sagten, sie würden sich von mir abwenden. Wie sich dann zeigte, war das eine vorsichtige Umschreibung.»

Verschüttete Geschichten

Was vor den traumatischen Erfahrungen, wie sie Dorothea Buck, Resi Malecki und Louise Pembroke in der Psychiatrie machten, geschah, was die seelische Krise auslöste, die zur Einweisung führte – diese Geschichte, die eigentlich herauszufinden und zu erzählen wäre, bleibt oft für immer verschüttet. Der unmittelbare Ausdruck von Leiden und Verwirrung wird zum Schweigen gebracht, während die individuelle Lebensgeschichte hinter einer psychiatrischen Diagnose verschwindet.

Kann eine Institution, die regelmäßig gewalttätig agiert und reagiert, überhaupt offen sein auch für die gewaltsamen Aspekte der Lebensgeschichten ihrer Patientinnen? Muß eine gewalttätige Psychiatrie nicht geradezu zwangsläufig die Auseinandersetzung mit diesem Thema vermeiden? Wäre ein Szenario wie das Fesseln einer nackten Frau zu ertragen, wenn die Täter sich bewußt machen würden, daß dieselbe Frau möglicherweise Opfer sexueller Gewalt war, daß beide Situationen also deutliche Paralellen aufweisen? Sexuelle Gewalterfahrungen, insbesondere in familiären Zusammenhängen, waren lange Zeit ein Tabuthema. Mit dem Aufbrechen dieses Tabus und mit seiner berechtigten Skandalisierung kam es in verschiedenen Bereichen, in denen schwer gekränkte und gestörte Frauen betreut und behandelt wurden, zu einer Debatte über die Bedeutung von sexuellen Übergriffen etwa bei der Entstehung von Suchtproblemen oder Psychosen, in der auch immer wieder Zahlen vorgelegt wurden. Meines Erachtens sind alle Versuche, dieses komplexe Thema in halbwegs präzisen Zahlen zum Ausdruck zu bringen, zum Scheitern verurteilt. Denn sie unterstellen die Möglichkeit, weibliche Biographien – und zwar in Bezug auf außerordentlich traumatisierende Erfahrungen, die oft unter einem ‹Schweigeverdikt› stehen – ‹statistisch› zu erfassen, was mir nicht möglich scheint, schon gar nicht im psychiatrischen Bereich.

Eine eindrückliche Schilderung des ‹Schicksals› von Patientinnen in der Psychiatrie ist bei Fritz Bremer nachzulesen. Bremer sammelte Mitte der 70er Jahre als kaum verbildeter Laie, als Pflegehelfer und studentische Honorarkraft erste Erfahrungen in psychiatrischen Großkliniken. Dabei begegnete er mehreren Frauen, deren Verhalten auf sexuelle Gewalterfahrungen schließen ließ. Doch diese Erfahrung schien in ihrer jetzigen Lebenssituation, in ihrem Dasein als Patientin, ‹keine Rolle› mehr zu spielen. So erzählte er vom Fall einer älteren Frau, die seit den 50er Jahren hospitalisiert war. «Sie galt als schizophren und hatte sich in ein merkwürdiges ‹Wahngebilde› eingesponnen. Alle Menschen in der Station gehörten ihrer Vorstellung nach in irgendeiner Weise zu ihrer Familie. Auffällig waren ihre häufigen sexuellen Anspielungen und distanzlosen Äußerungen, die sie fast immer einleitete, indem sie über die von ihr gehörten Stimmen sprach. Die Stimmen verboten ihr das Aussprechen sexueller Anspielungen. Durch Nachfrage und das Aussprechen selbst versuchte sie nun fortwährend, die Gültigkeit des Verbots zu überprüfen.»

In Gesprächen deutet die Patientin an, daß sie Zeugin und Opfer sexueller Gewalt durch ihren Vater geworden war. Doch es blieb bei Andeutungen: «Alles, was sie berichtete, war umgeben von einem Hauch unheimlicher Unwirklichkeit. Es war wie der Bericht über einen Alptraum in einer Puppenstube. Offenbar konnte sie ihre Lebensgeschichte und ihre Identität nur noch auf diese Weise bewahren und darstellen.» Im Falle einer jüngeren Patientin beobachtete Bremer, wie deren Berichte über ihre sexuelle Gewalterfahrungen bei Ärzten und anderen psychiatrischen Mitarbeitern ankamen. «Im Mitarbeiterkreis wurde über die Geschichte der jungen Frau wie über ein Geheimwissen gesprochen. Zwar hatte sie einige Verbündete gefunden, doch setzten sich in der Geschichte ihrer Psychiatrisierung vor allem Geheimhaltung, Verdrängung, Nichtbeachtung und Entwertung der eigentlichen Lebensgeschichte durch. Auch ihre Lebensweise in der Psychiatrie vermittelte den Eindruck, als sei sie eine Kranke, die irgendwann einmal bereits ein ganz anderes Leben gelebt hatte, zu dem es nun aber gar keine Verbindung mehr gab.»

Wichtig an diesen inzwischen viele Jahre zurückliegenden Beobachtungen bleibt, auch wenn es heute möglicherweise mehr Offenheit für das Thema sexuelle Gewalterfahrungen gibt: Es gibt keinen ‹einfachen Weg› zur Aufklärung möglicher traumatischer Hintergründe psychischer Krankheiten. Könnte eine Frau ihre Geschichte ohne weiteres erzählen, wäre sie nach den landläufigen psychiatrischen Kategorien nicht ‹verrückt›.

So kann sowohl die Verleugnung als auch die Vermutung der Tatsache, daß eine Frau Opfer sexueller Gewalt war, Kontakt verhindern und Sprachlosigkeit auslösen.

Wenig Schutzräume und neue Beunruhigung

An der Athmosphäre von unwirklichem Schrecken, die die Psychiatrie lange beherrschte, hat sich in den letzten zwanzig Jahren einiges geändert. Die Horrorszenarien von riesigen Wachsälen, in denen die Privatsphäre der Patientinnen auf eine Schublade im Nachttisch reduziert war, gehören überwiegend der Vergangenheit an. Auch Medikamente werden heute vielerorts differenzierter eingesetzt, machen Patientinnen nicht mehr, wie noch in den 70er Jahren, zu marionettenhaften ‹Zombies›. Doch die Frage, welche Schutzräume und welche Hilfsangebote Frauen in Situationen extremer innerer Bedrohtheit brauchen, ist in der Reform der Psychiatrie bislang sträflich vernachlässigt worden.

Die Auflösung der Frauenstationen zugunsten gemischter Stationen, mit der die entmündigende Kontaktsperre zwischen den Geschlechtern beendet werden sollte, brachte für viele Frauen nicht ‹Befreiung›, sondern neue Beunruhigung und Verunsicherung mit sich.

Die psychiatrische Fürsoge für Frauen, deren Leiden Folge von Gewalterfahrung ist, ist nach wie vor mehr als dürftig. Die Zahl der stationären Therapieeinrichtungen für traumatisierte Frauen sind in Deutschland bisher an einer Hand abzuzählen.

Die Suche nach einer Psychotherapeutin für die ambulante Behandlung einer Frau mit Psychose-Erfahrung, Borderline-Störung oder MPS, der Kampf um eine Erstattung der Kosten durch die Krankenkasse sind noch immer schwierigste Unterfangen mit unklaren Erfolgsaussichten. Frauen, die traumatisierende Erfahrungen gemacht haben, reagieren mit extremer Angst und Wut. Wenn sie keine therapeutischen Räume finden, in denen diese Gefühle Platz haben, wenn sie im Zustand größter Verwirrung nicht einmal Schutz vor zusätzlicher ‹Anmache› und Gewalt erfahren, muß ihre Situation fast zwangsläufig eskalieren. Die Psychiatrie als ‹zuständige Institution› kann dem nicht ausweichen. Wenn dort Menschen in völlig eskalierten Seelenzuständen gewaltsam ‹niedergebügelt› werden, weil es scheinbar keine andere Wahl gibt, ist daran nicht allein ‹die Psychiatrie› schuld, sondern der Mangel an angemessenen Therapie- und Hilfsangeboten in der Gesellschaft.

Sicher ist der Versuch, friedlich und verständnisvoll auf eine Frau zu reagieren, deren Handlungen verwirrend sind, die voller Wut und Angst auf jede Annäherung reagiert, die eine Energie entfaltet, die uns ‹Normalen› unheimlich ist und uns völlig unverständliche Dinge erzählt, nicht einfach. Wo friedfertige Alternativen zur Psychiatrie gelungen sind – etwa in Soteria-Projekten, etwa im von der Psychiaterin und Psychotherapeutin Lilla Sachse gemeinsam mit ihren PatientInnen aufgebauten ‹Biotop Mosbach› –, ist dies das Ergebnis einer langfristigen, geduldigen therapeutischen Begleitung. Es wird in Beziehungsnetzen bewerkstelligt, die in gegenseitigem Respekt und Vertrauen über lange Zeit gewachsen sind.

Solche Beispiele einer gelingenden, gewaltfreien psychiatrischen und psychotherapeutischen Begleitung und Behandlung von ‹verrückten› Frauen machen deutlich, wie unvermindert aktuell die Schlußfolgerungen sind, die Dorothea Buck aus ihrer Erfahrung mit der Nazi-Psychiatrie zog: Es geht noch immer darum, im Umgang mit den sogenannten Verrückten eine Kultur des Gesprächs, des Verstehenwollens und der Verständigung zu entwickeln. Nicht nur in der Psychiatrie, aber auch dort.

Es ist sicher nicht ‹ganz einfach›, Gewalt gegen Frauen in der Psychiatrie in jedem Fall zu vermeiden. Es könnte aber ‹ganz einfach› auf all die entwürdigenden Begleitumstände – wie sie etwa der oben zitierte Caritas-Bericht schildert – verzichtet werden. Daß die Psychiatrie seelische Verletzungen, die Frauen durch körperliche und psychische Gewalt und Ausbeutung erlitten haben, in jedem Fall heilen soll, ist bestimmt zuviel verlangt. Aber es wäre schon viel gewonnen, wenn Psychiatrie nicht alles noch schlimmer machte, indem sie Traumatisierte erneut traumatisiert.

Monika Baldus

Ver-rückt den Blick – weg von der Grenze der eigenen weißen Haut

«Wir können unser Sichtfeld noch etwas erweitern und ver-rücken: Werfen wir gezielt einen Blick über den Tellerrand der (Anstalts-)Psychiatrie!» Dieser Satz findet sich im Programmheft zum Wildwasser-Kongreß ‹Frauen in ver-rückten Lebenswelten›. Ich möchte diesen Blick in eine Richtung lenken, der auf dem Kongreß leider nur wenig thematisiert wurde und der auch über den Kongreß hinaus wenig Beachtung findet: Erweitern wir unser Sichtfeld, welches sich in erster Linie auf weiße Frauen richtet, genauer auf Frauen der Dominanzkultur[1], also u.a. auf deutsche, weiße, christlich sozialisierte und nicht behinderte Frauen.

Sichterweiterung – was kann das bedeuten?
Der vorliegende Text zur ‹Ver-rückung des Blicks – weg von der Grenze der eigenen weißen Haut›[2] versucht einige Voraussetzungen für die Sichterweiterung aufzuzeigen. Drei Orientierungspunkte markieren den Weg dorthin: Zu Beginn steht die Frage nach den Grenzgängerinnen im feministischen Diskurs ‹Grenzgängerinnen – welche sind gemeint?›, gefolgt von der Frage nach der Gewalt ‹Gewalt – welche ist gemeint?›. Dritter Orientierungspunkt ist die Analyse von Dominanz im feministisch psychosozialen Kontext im Abschnitt ‹Denkversuche gegen die Dominanz›.

Für erste Überlegungen ist es erforderlich, auf die begrenzte Verwendung des Begriffs ‹Grenzgängerinnen› hinzuweisen, der sich in erster Linie auf Frauen der Dominanzkultur bezieht. Dies wird begleitet durch den Rekurs auf die ‹Anderen Grenzgängerinnen›. Der naheliegende, aber bislang ausgesparte sprachliche Zusammenhang zwischen ‹Grenzgängerinnen› und Migrantinnen (als u.a. nationale Grenzen überschreitend) soll hier richtungweisend sein. Das Bild des Reisens in die ‹Anderswelt› veranschaulicht, wie die hierüber möglicherweise zu gewinnende Sensibilität gerade für interkulturelle und antirassistische Veränderungen einzusetzen ist.

Entscheidend für eine Weiterentwicklung des feministischen Blicks ist das Aufgeben eines Erklärungsmodells, das die Geschlechts-Kategorie ‹Frau› ohne weitere Differenzierungen zur einzigen Grundlage von feministischer Gesellschaftsanalyse erhebt. Die Blickerweiterung setzt sich fort durch eine gleichberechtigte Einbeziehung anderer Traumatisierungsformen neben sexualisierter Gewalt: Foltererfahrungen von Frauen, Kriegserlebnisse, Auswirkungen der Shoah sowie Gewalterfahrungen durch Rassismus, Antisemitismus, Eugenik.

Grenzgängerinnen – welche sind gemeint?

Der Begriff ‹Grenzgängerinnen› für psychiatrieerfahrene Frauen erfreut sich in der feministisch-psychosozialen Szene großer Beliebtheit. Er wurde von der Psychologin und Psychotherapeutin Polina Hilsenbeck in die feministische Diskussion zur Psychiatrie eingeführt.[3]

Die Bezeichnung ‹Grenzgängerinnen› könnte nahelegen, auch die Überschreitung nationaler Grenzen miteinzubeziehen. Immerhin stoßen wir z.b. bei der Durchsicht von Bibliothekskatalogen unter dem Stichwort ‹Grenzgängerin› nahezu ausschließlich auf diese Konnotation. Solche historischen Zusammenhänge fehlen im feministischen Diskurs, vielleicht ist das ein Grund, warum Migrantinnen als ‹Grenzgängerinnen› nicht mitgedacht werden.

Im Rahmen therapeutischer Publikationen bezieht sich ‹Grenzgängerinnen› in erster Linie auf Frauen der Dominanzkultur, die also einer Norm von Frauen angehören. Ohne den ‹Makel Psychiatrie-Erfahrung› könnten sie im Zentrum der Gesellschaft stehen. Frauen, die, überspitzt formuliert, zwar psychotisch, aber doch zumindest weiß, nicht behindert, christlich sozialisiert usf. sind. Es mutet schon ein wenig paradox an, diese ‹Grenzgängerinnen›, deren Ausgrenzungserfahrung ich nicht bestreiten will, zugleich aus der Perspektive von Mächtigen zu betrachten, denn bezogen auf ihren ethnischen Hintergrund und ihre körperlichen Möglichkeiten gehören sie einer Mehrheit an, stehen nicht am Rande, an der Grenze, sondern im Zentrum der Gesellschaft.

Sofern nach Gründen für Wahn-Sinn in den Lebensbedingungen von Frauen als Frauen gesucht wird, ohne die Unterschiede in den Lebensbedingungen von Frauen untereinander *zugleich* mitzuanalysieren, verengt sich der Blick auf die Norm der Frauen, auf Frauen der Dominanzkultur.

Ethnische Zugehörigkeit, Schichthintergrund, körperliche Möglichkeiten geben dem Wahnsinn jedoch jeweils eine andere Farbe, eine andere Gestalt. Hier gibt es eine Fülle unbeantworteter, oft nicht einmal gestellter Fragen:

Was bedeutet das Wissen um die Anderswelt[4] psychiatrieerfahrener Frauen (der Dominanzkultur) für die ‹anderen Grenzgängerinnen›? Leben die als ‹Andere›, als ‹Fremde› definierten Migrantinnen, Jüdinnen, Frauen mit Behinderung, Schwarzen Frauen aus der Perspektive von Fachfrauen der Dominanzkultur nicht ohnehin schon in einer ‹Anderswelt›, in einer ‹fremden Kultur›, ohne daß sie psychiatriebetroffen oder psychoseerfahren sind? Was ändert sich für sie, wenn sie in die ‹Anderswelt› eintreten, d.h. ‹verrückt› werden? Welche Bedingungen finden sie als die ‹Anderen Grenzgängerinnen› in der Psychiatrie vor, welche Unterstützungsmöglichkeiten sind vorhanden? Gibt es Spiegel für ihre Erfahrungen? Wird berücksichtigt, daß Zwangseinweisung in die Psychiatrie z.b. für den Erwerb der deutschen Staatsbürgerschaft negative Folgen hat, daß psychiatrische Etikettierung für Migrantinnen noch etwas anderes bedeuten kann als für Frauen der Dominanzkultur? Schwerwiegende Fragen, auf die ich in Ermangelung von Forschung, veröffentlichten Erfahrungsberichten und wegen der Tabuisierungen in der feministischen Diskussionskultur nur wenig Antworten habe. Dies unterstreicht die dringende Notwendigkeit, hier aus feministischer Perspektive weiter zu arbeiten.

Es soll nicht darum gehen, eine Hierarchie von Unterdrückungsformen aufzustellen durch die Frage, welche der genannten Gruppen nun die eigentlich oder meist betroffene ist, noch soll dem Thema Frauen und Psychiatrie ein ‹Sonderthema›[5] hinzugefügt werden, welches sich speziell der besonderen Situation von psychiatrieerfahrenen Migrantinnen ‹annimmt›. Es geht um die Erkenntnis, daß der bisherige feministische Blick ein einseitiger ist und daß den hierdurch entstandenen massiven Ausgrenzungen von ‹Anderen Frauen› entgegenzuwirken ist. Ein kurzer Blick auf die Migrantinnen reicht hierfür nicht aus; eine grundlegende Infragestellung der ‹eigenen› feministischen Bedingungen ist von seiten der Dominanzkultur unabdingbar.

Vereinzelte Aufsätze über MigrantInnen und Psychiatrie existieren bereits[6], das ändert jedoch nichts an der feministischen Wahrnehmung von ‹Grenzgängerinnen›, die von Fach-Frauen[7] in der Regel ausschließlich als Frauen der Dominanzkultur gedacht werden. Wenn sich der Rekurs auf ein allgemeines Frauen-Wir letztlich als Fokussierung auf Frauen der Dominanzkultur erweist, können sich hier ‹andere Frauen›, also Migrantinnen, Jüdinnen, Schwarze Frauen, Frauen mit Behinderung lediglich subsumieren, mitgemeint wissen. Es dürfte aus zahlreichen feministischen Analysen hinlänglich bekannt sein, daß es sich bei Subsumierung, Mitgemeintsein um einen wirksamen Akt der Ausgrenzung, des Nicht-Ernstnehmens handelt, welchen u.a. Männer Frauen gegenüber anwenden.[8]

Resümierend ist festzuhalten: Der Rekurs auf *die* ‹Grenzgängerinnen› greift zu kurz. Erweiterung des feministischen Blicks bezogen auf die Frage ‹Grenzgängerinnen – welche sind gemeint?› bedeutet konkret, Auswirkungen von Rassismus, Antisemitismus, Bodyismus im Kontext von Psychiatrie und darüberhinaus in die psychosoziale Arbeit miteinzubeziehen, damit ‹Andere Grenzgängerinnen› nicht durch das feministische Netz fallen, weil es für ihre Erfahrungen keinen Spiegel und somit häufig auch keine Sicherungsseile zur Verfügung stellt.

Gewalt – welche ist gemeint?

Gewalterfahrungen, insbesondere sexualisierte Gewalt gegen Frauen durch Männer, als zentrale Traumatisierung öffentlich gemacht zu haben, ist zweifellos das Verdienst der Frauenbewegung und das von feministisch-psychosozialen Fachfrauen. Zugleich läßt sich eine Reduktion auf genau diese Form von Traumatisierung feststellen, die andere Traumatisierungen vernachlässigt. Um diese These zu belegen, genügt ein Hinweis auf die Anzahl der Veröffentlichungen zum Thema sexualisierte Gewalt im Unterschied zu feministischen Publikationen zu anderen Gewaltformen wie Foltererfahrungen, Kriegs- und Fluchterlebnisse, körperliche Zwangstherapie an Mädchen mit Behinderung[9]. Diese Formen von Traumatisierung sind nicht geschlechtsneutral, Flucht wird von Flüchtlingsfrauen anders erlebt als von geflüchteten Männern. Frauenspezifische Fluchtgründe werden als Asylgrund nicht anerkannt, weil sie nicht als politisch gelten. Fluchthelfer ‹schützen› um den Preis sexueller Übergriffe und Vergewaltigung. Scheinbar gleiche Verletzungen wirken sich für migrierte Frauen und Mädchen anders aus als für Angehörige der Dominanzkultur. Die Auswirkungen sexualisierter Gewalt an migrierten Mädchen der zweiten Generation sind zwar nur wenig erforscht, Erfahrungen zeigen aber, daß beispielsweise migrierte Mädchen im Mädchenhaus länger über ihren Mißbrauch schweigen als deutsche Mädchen[10].

Es geht nicht nur um die Aufhebung der einseitigen Konzentration auf eine einzige Form von Gewalt, sondern auch um Verbindungen zwischen den unterschiedlichen Traumatisierungen, sowohl in öffentlichen als auch privaten Welten.[11] Die Autorin Judith Herman zeigt Gemeinsamkeiten (sowie Unterschiede) von Traumatisierungen durch sexualisierte Gewalt und

Gewalterfahrungen z.B. durch Geiselhaft, durch Folter und Erfahrung der Shoah. «Die systematische Erforschung psychischer Traumata braucht die Unterstützung einer politischen Bewegung.»[12] Die Frauenbewegung hat gesellschaftlich genau dies in Bezug auf Enttabuisierungen sexualisierter Gewalt an Frauen geleistet, es wäre nun ebenso wichtig, sich darüber hinaus für die Benennung anderer Formen von Gewalt einzusetzen, gerade auch solcher, von denen Frauen der Dominanzkultur nicht unmittelbar betroffen sind, sondern an der sie vielmehr in unterschiedlicher Weise beteiligt sind bzw. von der sie profitieren.

Am Beispiel Rassismus in der Psychotherapie läßt sich das gut veranschaulichen: Bärbel Kampmann, afro-amerikanisch-deutsche Gestalttherapeutin, erforschte z.b. rassistisch kränkende Interventionen weißer, deutscher Therapeutinnen, die von afrodeutschen Klientinnen beschrieben wurden und die zum Therapieabbruch seitens der Klientinnen führten: «Was ist ihr persönlicher Gewinn, wenn Sie immer betonen, daß Sie schwarz sind? (nach dem Hinweis der Klientin auf ihre Außenseiterrolle). Macht es nicht auch Spaß Märtyrerin zu spielen?»[13] Vielleicht erhöht sich die Sensibiliät für rassistische Grenzüberschreitungen in der feministischen Therapie und anderswo, indem man an einige bekannte Beispiele sexistischer Verletzungen erinnert. Analoge Fragen nach dem Lustgewinn bei Vergewaltigung, dem Beitrag von Frauen bei sexueller Belästigung durch ‹aufreizende Kleidung› oder abendliche Spaziergänge veranschaulichen, worum es geht.

Ich wünsche mir eine feministisch-politische Bewegung in Deutschland, die sich ebenso gegen Rassismus, Antisemitismus und andere Ausgrenzungsformen engagiert, wie es die Frauenbewegung in Bezug auf Sexismus tut: Eine feministische Bewegung, deren Unrechtbewußtsein nicht allein aus der eigenen Betroffenheit resultiert.[14]

Wenn Frauen versuchen, durch die Einrichtung von Frauenräumen allgemein und von Frauenstationen in psychiatrischen Kliniken, von Frauenberatungsstellen im Speziellen, Schutzräume gegen männliche Gewalt und Dominanz zu etablieren, handelt es sich dabei um Schutzräume, die im Wesentlichen auf die Bedürfnisse und Erfahrungen von Frauen der Dominanzkultur zugeschnitten sind. Denn: Bezogen auf andere Verletzungen gibt es diese Schutzräume für Frauen[15] nicht. May Ayim, ghanaisch-deutsche Lyrikerin, beschreibt dies in ihrem Aufsatz ‹Weißer Stress und Schwarze Nerven›: «Was ist mit Schwarzen Menschen, auch jüngeren, die in psychiatrischen Einrichtungen leben? Für Menschen afrikanischer Herkunft und

Schwarze Deutsche, die sich in akuten Krisensituationen befinden, gibt es keinen Ort, der von Rassismus frei ist.»[16] May Ayim kann aus verschiedenen Perspektiven zum Thema zitiert werden: als psychosoziale Fachfrau, als Aktivistin/Lyrikerin u.a. gegen Rassimus und als Psychiatrie-Betroffene. Eleonore Wiedenroth, afrodeutsche Soziologin, reflektierte im Zusammenhang mit dem Freitod von May Ayim und deren Psychiatrie-Aufenthalte gesellschaftliche Bedingungen, die sie als entscheidend für die Entstehung von Krankheit und Verrücktheit beschreibt: «May ist wie so viele vor ihr an der gesellschaftlichen Krankheit mit Namen *Rassismus* gestorben. Die ärztliche Diagnose mag lauten: Krebs, AIDS, Tbc, Hepatitis, Herzversagen, *Psychose*. Voraus geht oft der schleichende Tod mit Symptomen wie Atemnot, Allergie, innere odere äußere Geschwüre, Steine, Entzündungen. Gesellschaftliche Diagnose lautet in allen Fällen: versuchte bis fahrlässige Tötung bis hin zu Mord.»[17]

Mit diesen Bemerkungen soll keineswegs eine persönliche Ursachenforschung für den Freitod von May Ayim unternommen werden[18], sondern sie mögen als Hinweis dienen, gesellschaftliche Faktoren in psychosoziale Analysen zu integrieren, darüber hinaus die eigene Verantwortung als weiße deutsche Fachfrau mitzureflektieren. Verletzungen durch Rassismus und dessen Folgen im feministischen Diskurs über Psychiatrie dürfen nicht ignoriert werden, und Rassismus ist als möglicher Traumatisierungsgrund mitzudenken.

Denkversuche gegen die Dominanz

In dem Begriff ‹Grenzgängerin› läßt sich eine Tiefendimension aufzeigen, die noch weiter auszuloten ist. Wir wechseln die Welten, wenn es beispielsweise um Psychose-Erfahrung geht, selbst auf der Reise oder als begleitende psychosoziale Reisebegleiterin. Wir lassen uns ein Stück auf die andere Welt ein – als Voraussetzung für einen Dialog, für Verständnis.[19] Diese Fähigkeit ist in Bezug auf die ‹Anderen Grenzgängerinnen› konstruktiv zu nutzen. Ich möchte die Idee des ‹Grenzen Begehens› um die Philosophie des ‹world-travelling› von Maria Lugones[20] erweitern. Durch das Reisen in die Welt Anderer gelange ich zu einem Verständnis ihrer Welt, so wie ich durch den Blick aus der Perspektive der Anderen auf mich zu einem *anderen* Verständnis meiner eigenen Welt-Sicht gelange. Maria Lugones schreibt: «Durch das Reisen in die Welt Anderer entdecken wir, daß es Welten gibt, in denen diejenigen, die ansonsten Opfer arroganter Wahrnehmung sind, als wirkliche Individuen, lebhafte Geschöpfe, Rebellinnen und als Schöpferinnen von Utopien agieren – selbst wenn sie in der Lebenskonstruktion der Dominanzgesellschaft nur durch die arrogant Wahrnehmenden belebt und als faltbar, formbar und abheftbar eingeordnet werden.»[21]

Ein solches Reisen in die ‹Anders-Welt› kann das Spektrum eröffnen, Anderes als das Vertraute zu sehen; dies geschieht jedoch nicht zwangsläufig. Erstaunlicherweise werden als ‹Grenzgängerinnen› im deutschen feministisch-psychosozialen Diskurs genau die Frauen nicht berücksichtigt, die diese Fähigkeit qua Lebensgeschichte mitbringen. Migrantinnen oder Flüchtlingsfrauen werden durch das Überschreiten nationaler Grenzen nicht zu Grenzgängerinnen par excellence, in dem Sinne, daß sie notwendig auch zu Psychatrie-Erfahrenen werden. Worum es an dieser Stelle geht, ist der Hinweis, daß Migrantinnen als mögliche ‹Grenzgängerinnen› im Kontext von Psychiatrie- und Psychose-Erfahrung in den Blick gerückt werden, der feministische Blick so ver-rückt wird, daß sie gesehen werden. Ihre besondere Qualifikation zum Grenzgang macht Migrantinnen gerade verdächtig in den Augen der Dominanzkultur, denn: «Migrantinnen sind Wesen, die dazwischenliegen, die sich oft an den Grenzen bewegen, aber sehr genau auch die Zentren kennen, und deswegen sind sie auch angreifbar. Ihre Beweglichkeit, zwischen den Räumen hin- und herspringen zu können, mehrere Denkformen, Sprachen, Körperlichkeiten zu beherrschen, (...) wird bestraft und nicht mit Neugierde begegnet. Achtung: Migrantinnen enttäuschen ständig, denn sie bleiben nicht, wo das Vorurteil sie vermutet.»[22]

Ein Weltenreisen in diesem Sinne, fern von touristischem Eroberungswillen oder blitzlichtartigem In-Augenschein-Nehmen, erweitert vielleicht die eigenen Grenzen und ver-rückt den Blick – weg von der Grenze der eigenen weißen Haut. Es erweitert den Blick auf die ‹Anderen Grenzgängerinnen›, bezieht deren Erfahrungen, Sichtweisen ein. Es ist gerade ein Verdienst der feministischen Forschung und Praxis, bezogen auf den Gedanken der Grenzgängerinnen richtungweisende Impulse gesetzt zu haben. Es wäre schade, dieses Potential für die Erweiterung des feministischen Blickes auf ‹Andere Grenzgängerinnen› nicht zu nutzen. Denn: Von Seiten der Dominanzkultur bleibt es eine *Entscheidung*, ob sie ihren Blick ver-rücken will, welche ‹Grenzgängerinnen› sie in feministische Konzepte einbezieht und welche sie aus dem feministischen Netz[23] herausfallen läßt. Das Potential, die Netze engmaschiger zu stricken, ist vorhanden.

Im letzten Abschnitt möchte ich einige kritische Bemerkungen zum Eingangsreferat von Alice Schwarzer machen. Zunächst war dies der eigentliche

Anlaß dafür, einen Text im Anschluß an den Kongreß zu schreiben. Das hat sich verändert, da sich meine Reflexion von der Person Alice Schwarzer zunächst loslöste, um weitergehende Anmerkungen zum Thema Frauen und Psychiatrie zu machen. Trotzdem möchte ich im Folgenden einige zentrale Kontrastlinien ziehen, wie ich sie zwischen den Thesen von Alice Schwarzer und meiner Position sehe. Dazu werden die drei im Text erläuterten Orientierungspunkte – Grenzgängerinnen/Gewalt/Dominanz – mit leichten Abwandlungen auf die zentrale Denkhaltung von Alice Schwarzer übertragen, die durch einige Aussagen ihrer Rede bzw. aus Publikationen herausgearbeitet wird: ‹Grenzgängerinnen – welche meint Alice Schwarzer?›, ‹Gewalt – welche meint Alice Schwarzer?› und abschließend ‹Denkversuche gegen die Dominanz – welche Dominanz meint Alice Schwarzer?›.

Grenzgängerinnen – welche meint Alice Schwarzer?
Wenn ich mit der ersten Frage ‹Grenzgängerinnen – welche sind gemeint?› beginne, so ist festzuhalten, daß Alice Schwarzer nicht explizit von Grenzgängerinnen spricht, um psychiatrieerfahrene Frauen zu bezeichnen. Ihr Bild jedoch, daß «wir» Frauen «immer draußen gewesen» sind, «nie drin» waren, sondern vom «Rand der Welt kommen»[24], kann zum Vergleich herangezogen werden. In diesem Sinne werden Frauen im allgemeinen zu Grenzgängerinnen. Sie bezieht sich ohne Unterschiede und nähere Qualifizierungen auf alle Frauen. Dabei greift sie in ihrer Argumentation nicht nur auf ein allgemeines ‹Frauen-Wir› zurück, sondern das ‹Andere›, ‹Fremde› ist in ihrer Kategorie Frau genuin enthalten. Die Notwendigkeit, es außerhalb von sich selbst zu suchen, indem z.b. der Blick auf die ‹Anderen Grenzgängerinnen› gerichtet wird, besteht somit nicht.[25] Die Frau verkörpert a priori die Differenz. In ihrer Rede findet sich das in folgenden Sätzen: «Auch wir Frauen sind die Anderen, auch wir sind die minderen, auch wir sind die Untermenschen, mit denen man es machen kann (...) Wir sind fremd, wir sind uns selbst fremd, die anderen sind uns fremd, wir sind gespalten, zwischen uns und in uns.»

Berücksichtigt man an dieser Stelle nur einige Unterschiede unter Frauen, die sich allein durch ethnischen Hintergrund, körperliche Möglichkeiten, Schichtverschiedenheit ergeben, erweist sich dieser Blick auf die Frauen als eng und einseitig. Frauen finden sich primär im Unterschied zu Männern verortet, und auch hier findet sich neben der Kategorie Geschlecht keine weitere Differenzierung. Die Vielfalt von Frauenleben als auch die Auswirkungen von Machtunterschieden bleiben unerwähnt.

Gewalt – welche meint Alice Schwarzer?

Aus der Konzentration auf ein vorgestelltes ‹Frauen-Wir› und der primären Verortung durch die Kategorie Geschlecht ergibt sich für die Frage der Gewalt ein eindeutiges Bild: Gewalt beschränkt sich hier auf Männergewalt an Frauen. Frauenhaß wird als die Mutter allen Hasses aufgefaßt, von dem Fremdenhaß *nur* eine Folge sei. «Fremdenhaß ist heute in aller Munde, Frauenhaß wird als solcher noch nicht einmal wahrgenommen, ist bisher keine politische Kategorie. Dabei ist der Frauenhaß die Mutter allen Hasses».[26]

In einem Zahlenbeispiel fordert Alice Schwarzer (die wahrscheinlich in Vielzahl anwesenden Feministinnen) dazu auf, den Frauenhaß als politische Kategorie ernstzunehmen, denn 1994/95 standen «800 Fälle von Frauenhaßmorden gegen 8 Fälle von Fremdenhaß. Ich halte diese Zahl für keinen Zufall, sie zeigt die Relation.» Dieses Gegeneinander-Ausspielen von Toten zeigt nicht nur, welche Gewalt hier einen bevorzugten Stellenwert hat, nämlich die sexistische, es zeigt darüber hinaus, daß eine Erweiterung des feministischen Gewaltbegriffs im Hinblick z.b. auf rassistische und antisemitische Gewalt konterkariert wird. Mit einer zweifelhaften Statistik, die aus unvergleichbaren Quellen stammt (Kriminalstatistik gegen Emma-Recherche), richtet sie den Blick wiederum in einseitiger und verengender Weise auf eine Form von Gewalt, dem Frauenhaß. Andere Gewaltformen dienen ihr nur zur Illustration, um Traumatisierungen, die Frauen erfahren, zu veranschaulichen. So beschreibt sie Frauen als «das gefolterte Geschlecht», als «Untermenschen».

Denkversuche gegen die Dominanz – welche Dominanz meint Alice Schwarzer?

Diese Denkversuche orientieren sich in logischer Folge der bislang gemachten Analyse bei Alice Schwarzer an Denkversuchen gegen die Dominanz von Männern bzw. von patriarchalen Strukturen. Als dominant wird also der Mann betrachtet, Frauen bilden da entweder Ausnahmen, die letztlich doch Opfer, ‹Gegnerinnen› des Mannes sind, oder sie sind auf gleicher Stufe wie der Mann zu bekämpfen: «Natürlich hat es auch im Dritten Reich Frauen gegeben, die stolz waren, das Hakenkreuz zu tragen und in den ‹Bund deutscher Mädchen› zu gehen. Die meisten von uns haben Mütter, die davon zu erzählen wissen, wenn sie ehrlich sind. Natürlich hat es auch im Nationalsozialismus Frauen gegeben, die daran geglaubt haben. Und dennoch sind diese Frauen Gegnerinnen, die entweder begreifen müssen – oder aber von uns aufgeklärten Frauen bekämpft werden müssen. Denn der religiöse Fundamentalismus hat natürlich nichts mit Glauben zu tun, sondern ist ein Vorwand zur Machtergreifung der Dunkelmänner.»[27] Es finden sich keine Feinabstufungen zwischen der einfachen Polarisierung von Opfer und TäterIn; die Betonung liegt auf dem ersten Pol. Die Frage von der Mittäterschaft und Täterinnenschaft von Frauen in ihren jeweiligen Machtbereichen stellt sich so nicht. Dominanz von Frauen ist im Hinblick auf den Zugriff nach der Macht von Männern ausnahmslos zu begrüßen.[28]

Obwohl die Blickrichtung auf ein (gleichgemachtes) Frauen-Wir und das Dominanzverhältnis Mann/Frau zentriert ist, wird in der Rede sowie in zahlreichen Publikationen von Alice Schwarzer viel über die «Andere Frau», die «Fremden Frauen» gehandelt. Hier ist plötzlich eine scharfe Trennlinie zwischen ‹uns› und ‹denen› festzumachen; die Vereinheitlichung durch die Kategorie vom ‹Opfer Frau› wird ein Stück aufgegeben, denn die ‹Anderen› sind unterdrückter als wir. «Es gibt also Länder, in denen geht es den Frauen heute nicht so relativ gut wie uns, die wir immerhin reden können, ohne verjagt oder geprügelt oder ermordet zu werden.» Exemplarisch dient hier die Frau aus islamisch geprägten Kulturen als Prototyp für die unterdrückte Frau, Schleier und Kopftuch werden zu Symbolen dieser Unterdrückung, deren Basis der Fundamentalismus sei. Überschriften aus der Emma wie ‹Die Betrogenen›, ‹Vorwärts in den Rückschritt›, ‹Die Männerbünde und ihre Marionetten›, wo genau diese Zielgruppe ins Visier genommen wird, veranschaulichen das Bild von den unterdrückten, nicht zu eigenständigem Denken fähigen ‹Kopftuchträgerinnen›.

Es treten also erstmals Unterschiede unter Frauen in den Blick, die vorher keine Bedeutung hatten. Implizit läßt sich hier der Blick einer Angehörigen der Dominanzkultur auf eine andere Kultur beschreiben, der eurozentrisch und antiislamisch konnotiert ist. Ohne Differenzierung, ohne Bezug auf politische Verhältnisse usw. wird von ‹Ländern› gesprochen, wo z.B. Frauen geprügelt und ermordet werden. Islam wird häufig in unmittelbarem Zusammenhang mit Fundamentalismus gebracht, ohne Unterschiede zu machen.

Die ungeheuerliche Gleichsetzung von Hakenkreuz und Schleier sowie eine Metaphorik wie die «SS des Patriarchats» und «Emma verrecke»[29] sind Höhepunkte dieser Argumentation, in der Unterschiede verwischt werden und Verantwortlichkeit nicht thematisiert wird. Einen «Anschlag» von Frauen auf die Zeitschrift Emma in Anlehnung an die nationalsozialistische Haßparole «Juda verrecke» in «Emma verrecke» umzuwandeln, muß in diesem Sinne interpretiert und kritisiert werden. In solcherart ‹Wortspielen› werden – ebenso wie in dem Zahlenbeispiel von 8 zu 800 Toten – Opfer verhöhnt und für die politische Argumentation benutzt und mißbraucht.

Hier werden komplexe Phänomene auf ein simples Bild gebracht; diese Bilder und Sprachwendungen werden auch noch aus dem Kontext Nationalsozialismus entnommen. Vergleiche aus der heutigen Zeit von extremer Unmenschlichkeit mit Bildern und Geschehnissen des Nationalsozialismus wirken nachträglich relativierend für das, was ich unter dem Stichwort Auschwitz zusammenfassen möchte. Auschwitz kann, noch weniger wie Hakenkreuze und die SS, als Metapher dienen. Metaphorisierung will Betroffenheit und Entlastung von dieser Geschichte erzeugen.[30]

Ich hoffe abschließend auch diejenigen mit meiner Kritik und dem Plädoyer für die Erweiterung des feministischen Blickes zum Nachdenken angeregt zu haben, die Alice Schwarzer für ihr Eingangsreferat zustimmend applaudierten.

Anmerkungen und Literatur

Claudia Brügge
Einleitung

Anmerkungen

1 Vgl. Foucault (1969).
2 Anlauf- und Beratungsstelle für Frauen, die in ihrer Kindheit sexuelle Gewalt erlebt haben oder sich von diesem Thema berührt fühlen.
3 Vgl. Schmidt (1996); Armstrong (1996); Wildwasser Magdeburg (1994).
4 ‹Frauen in der Psychiatrie – oder wie männlich ist die Psychiatrie?›, Schleswig 1990; ‹Frauen in Krisen›, Leipzig 1991; ‹Psychiatriepatientinnen und die Erfahrungen des sexuellen Mißbrauchs›, Bremen 1992; ‹Frauensymposium: Pathos, Psychose, Pathologie. Der weibliche Wahnsinn zwischen Ästhetisierung und Verleugnung›, Innsbruck 1993; ‹Grenzgängerinnen – Antworten auf das Netz der Gewalt›, Bielefeld 1994; ‹Blick über den Tellerrand – Perspektiven für Frauen in der Psychiatrie›, Schleswig 1995.
5 Vgl. Wildwasser Bielefeld (1997).

Literatur

Armstrong, Louise (1996) Der doppelte Mißbrauch: Sexuelle Gewalt, wie Opfer verhöhnt und Täter geschützt werden. Hamburg: Rowohlt.

Bertoluzza, Eva; Gitzl, Martina; Ralser, Michaela (Hg.) (1994) Pathos – Psychose – Pathologie. Der weibliche Wahnsinn zwischen Ästhetisierung und Verleugnung. Wien: Wiener Frauenverlag.

Burgard, Roswitha (1977) Wie Frauen verrückt gemacht werden. Berlin: Frauenselbstverlag.

Chesler, Phyllis (1974) Frauen – das verrückte Geschlecht? Reinbek: Rowohlt.

Foucault, Michel (1969) Wahnsinn und Gesellschaft. Frankfurt: Suhrkamp.

Hoffmann, Dagmar (Hg.) (1991) Frauen in der Psychiatrie. Bonn: Psychiatrie-Verlag.

Schmidt, Tanja (1996) «Auf das Opfer darf sich keiner berufen.» Bielefeld: Kleine.

Wildwasser Bielefeld e.V. (Hg.) (1997) Der aufgestörte Blick: Multiple Persönlichkeiten, Frauenbewegung und Gewalt. Bielefeld: Kleine.

Wildwasser Magdeburg e.V. (Hg.) (1994) Dokumentation zum Kongreß 1994. Magdeburg.

Polina Hilsenbeck
Irrsinn – Eigensinn – Ihr Sinn

Anmerkungen

1 Zur Vertiefung vgl. meine früheren Veröffentlichungen.
2 Zwei oder mehr in dynamischer Interaktion befindliche Kräfte einseitig aufeinander reduzierend.
3 Vgl. Antonovsky (1997).
4 Mit ‹Grenzgängerinnen› bezeichne ich Frauen, die sich an der Grenze bewegen: zwischen Leben und Sterben, zwischen Sein und Nichtsein, zwischen Existenz und (Selbst-)Vernichtung, zwischen den verschiedenen Wirklichkeitsdimensionen, zwischen dem Alltäglichen und dem Transpersonalen. Frauen, deren seelische und körperliche Grenzen überfordert, verwirrt und gestört wurden, die ausgegrenzt werden. Und die in diesem Grenzgang verlieren und scheitern, wachsen und gewinnen.

[5] Das ist zumindest in München der Fall.

[6] Dies könnten statt Individualisierung und Pathologisierung gesellschaftlicher Gewaltverhältnisse Aufklärung und traumatherapeutische Behandlungskonzepte sein, das Angebot von Selbsthilfegruppen von Frauen mit Gewalterfahrungen und vor allem geschützte Räume und Intimsphären, Frauenstationen, Frauenwohnungen.

[7] Beides klassische Leitsymptome für Psychosen, Schizophrenien und Borderline-Störungen!

[8] Meist werden mehrere Körper unterschiedlicher Schwingungsform postuliert, dies ist jedoch an dieser Stelle nicht relevant. Vgl. z.B. Fontaine (1986).

[9] Die Dynamik innerhalb der Psyche der Betreffenden bzw. zwischen Personen im sozialen Kontext.

[10] Falldarstellungen anonymisiert.

[11] Double-Bind wurde von den Kommunikationstheoretikern der 70er Jahre eine in sich widersprüchliche Vorschrift an abhängige Bezugspersonen genannt, z.b. ein Gegensatz zwischen Inhalts- u. Beziehungsebene oder von zwei gleich wichtigen Bezugspersonen. Über diesen Widerspruch darf nicht gesprochen werden, die betreffende Person kann es also nur falsch machen, da sie keine Ausweichmöglichkeit hat. Double-Bind galt als klassische Bedingung für Schizophrenien.

[12] Grof (1991).

[13] Dittrich; Scharfetter (1987).

[14] Latz (1988).

[15] Zum Beispiel: Wie und wer lädt am besten eine Feministin zur Fortbildung zum Thema ‹Gewaltfolgen und psychiatrische Symptomatik› ein? Erfahrungsgemäß gibt es weniger Widerstand, wenn man den Chef veranlaßt einzuladen – ohne daß er es richtig bemerkt...

[16] Köln, Hamburg, Mainz, Schleswig-Holstein, Göttingen, Bielefeld, Kempten, Würzburg, Linz u.a.

[17] Wir haben in München bereits viel zusammen erreicht: Wir haben im Moment die große Chance, daß Vernetzung und Kooperation von der Gesundheits- und Psychiatrieverwaltung als wesentliches Kriterium für die Qualität der Versorgung genannt werden. Wir haben in den psychosozialen regionalen Arbeitsgemeinschaften (PSAG) Frauensitze (für frauenspezifische Anliegen und Frauenprojekte) erreicht. Trotz meiner feministischen Haltung bin ich wegen meiner Vernetzungskompetenz zur Sprecherin einer dieser psychosozialen Arbeitsgemeinschaften gewählt worden, auch von Männern. Das zeigt, daß es nicht mehr nötig ist, mit dem alten Feindbild zu operieren, wenngleich frau achtgeben muß, nicht vereinnahmt zu werden.

[18] Diesen Begriff hat Andrew Samuels (1993), ein britischer Psychiater, geprägt.

Literatur

Antonovsky, Aaron (1997) Salutogenese. Tübingen: DGVT-Verlag.

Benedetti, Gaetano (1991) Todeslandschaften der Seele. Göttingen: Vandenhoek & Ruprecht.

Benedetti, Gaetano (1992) Psychotherapie als existentielle Herausforderung. Göttingen: Vandenhoek & Ruprecht.

Blessing, Annemarie; Hilsenbeck, Polina (1983) Statt Krankheitsbegriff Kritik am weiblichen Gesundheitsbegriff – Worunter leiden Frauen eigentlich. In: Peyton, Christina; Holewa, Michael (Hg.) Psychosoziale Versorgung von Frauen. Berlin: Hofgarten.

Boon, Suzette; Draajer, Nel (1993) Multiple Personality in the Netherlands. Amsterdam: Swets & Zeitlinger.

Dittrich, Adolf; Scharfetter, Christian (1987) Ethnopsychiatrie. Stuttgart: Enke.

Dulz, Birger; Schneider, Angela (1995) Borderline Störungen. Stuttgart: Schattauer.

Ensinck, Bernardine (1992) Confusing Realities. A Study on Child Sexual Abuse and Psychiatric symptoms. Amsterdam: VU University Press.

Fontaine, Janine (1986) Heilung beginnt im Unsichtbaren. München: Kösel.

Grof, Stanislav; Grof, Christina (1990) Die stürmische Suche nach dem Selbst. München: Kösel.

Grof, Stanislav; Grof, Christina (1991) Spirituelle Krisen. München: Kösel.

Hilsenbeck, Polina (1991) Feministische Gruppenarbeit mit ‹Psychotikerinnen›. In: Hoffmann, Dagmar (Hg.) Frauen in der Psychiatrie. Bonn: Psychiatrie-Verlag.

Hilsenbeck, Polina (1992) Grenzgängerinnen. In: Bilden, Helga (Hg.) Das Frauentherapie-Handbuch. München: Frauenoffensive.

Hilsenbeck, Polina (1992) Vernetzung, Finanzierung, Berufspolitik. In: Bilden, Helga (Hg.) Das Frauentherapie-Handbuch. München: Frauenoffensive.

Hilsenbeck, Polina (1992) Feministische Therapie als Konzept – terrestrische Verschiebungen in der Praxis: Feministische Therapie zwischen Professionalität, Selbsthilfe und Politik. Vortrag. Berlin DGVT- Kongreß 1992 (erhältlich bei FTZ München).

Hilsenbeck, Polina; Blessing, Annemarie; Haller Brigitte (1993) Ist Frausein eine Krankheit? Depression, Befindlichkeitsstörungen, Medikamentenabhängigkeit, ‹Psychosen› als gehäufte Frauenleiden. Analysen und Behandlungen aus feministischer Sicht. In: Schneider Doris; Tergeist, Gabriele (Hg.) Spinnt die Frau? Zur Geschlechterfrage in der Psychiatrie. Bonn: Psychiatrie-Verlag.

Hilsenbeck, Polina; Hüttner, Andrea (1994) Spirituelle Aspekte der Dissoziation und spirituelle Wege zur Heilung. Unveröff. Protokoll eines Workshops auf dem Wildwasser-Kongreß in Bielefeld 1994 (erhältlich bei FTZ München).

Hilsenbeck, Polina (1995) Feministische, schamanistische und transpersonale Aspekte der Psychosentherapie. In: Weidinger-Moser, Maria; Weidinger, Hans Peter (Hg.) Das Transpersonale in der Psychotherapie. Dokumentation (erhältlich bei Dr. Hans Peter Weidinger, Porzellangasse 56/2/10, A-1090 Wien).

Hilsenbeck, Polina (1997a) Feministische Alternativen zur Psychiatrie. In: Wildwasser Bielefeld (Hg.) Der aufgestörte Blick. Multiple Persönlichkeiten, Frauenbewegung und Gewalt. Bielefeld: Kleine.

Hilsenbeck, Polina (1997b) Traumatherapie: mit Mut und Achtsamkeit. In: Arbeitskreis Frauengesundheit (Hg.) Wege aus Ohnmacht und Gewalt. Bünde (erhältlich bei AKF, Hindenburgstr. 1a, 32257 Bünde).

Hilsenbeck, Polina (1997c) Autoaggression und Selbstverletzung. In: Donna Clara (Hg.) Folgen der Gewalt. Kiel (erhältlich bei Donna Clara e.V., Kahnstr. 14, 24116 Kiel).

Hilsenbeck, Polina (1998a) Ein frauenspezifischer Blick auf die Psychiatrie. In: Bock, Thomas; Weigand, Hildegard (Hg.) Hand-werks-Buch Psychiatrie. Bonn: Psychiatrie-Verlag.

Hilsenbeck, Polina (1998b) Welche ist Grenzgängerin. Therapeutin oder Klientin? In: Bock, Thomas; Weigand, Hildegard (Hg.) Hand-werks-Buch Psychiatrie. Bonn: Psychiatrie-Verlag.

Hilsenbeck, Polina; Werner, Gisela (1998) Alice in Gemeinden. Gegenwärtige Herrschaftsstrukturen und innovative Frauengeschäfte in der Sozialpsychiatrie. In: Bock, Thomas; Weigand, Hildegard (Hg.) Hand-werks-Buch Psychiatrie. Bonn: Psychiatrie-Verlag.

Latz, Inge (1988) Die Stille würde mich töten – warum die Musik weiblich ist. Bonn: Verlag Gisela Meussling.

Linehan, Mersha M. (1997) Dialektische Verhaltenstherapie von Borderlinestörungen. München: CIP-Medien.

Mentzos, Stavros (1992a) Konflikt und Psyche. Göttingen: Vandenhoek & Ruprecht.

Mentzos, Stavros (1992b) Psychodynamische Modelle in der Psychiatrie. Göttingen: Vandenhoek & Ruprecht.

Romme, Marius; Escher, Sandra (1997) Stimmen hören akzeptieren. Bonn: Psychiatrie-Verlag.

Samuels, Andrew (1993) The Political Psyche. London: Routledge.

Schwartz-Salant, Nathan (1991) Die Borderline-Persönlichkeit. Olten: Walter-Verlag.

Eva Bertoluzza, Martina Gitzl und Michaela Ralser
Neue Welten – Neue Verrücktheiten

Anmerkungen

1   Diese Überlegungen sind zum Teil bereits im Einleitungsartikel unseres Buches (1994) dargelegt. Übernommene Gedanken und Formulierungen werden hier nicht eigens zitiert.

2   Castel (1982).

3   Das Andere einer Kultur – das Weibliche, die Pathologie, der Körper usw. – ist immer das, was durch seine Abwertung und Ausgrenzung definiert wird und damit sein Entgegengesetztes gleichzeitig aufwertet: das Eine, das Männliche, die Normalität, der Geist.

4   Vgl. Wolf (1994).

5   Vgl. Wolf (1994) S. 47.

6   Bertoluzza (1995).

7   Vgl. von Braun (1989) S. 9f.

8   Vgl. von Braun (1985).

9   Kleber (1994) S. 85f.

10 Kleber (1994) S. 85f.

11 Kleber (1994) S. 85f.

12 Vom Computer kreierte, dreidimensionale synthetische Welten.

13 Kleber (1994) S. 79ff.

14 Fernsehdokumentation des ORF: Modern Times, 1996.

15 Die moderne Psychologie hat ihren historischen Ursprung in den frühen Unternehmungen einer Verwissenschaftlichung der Seele, in der das Normale stets am Pathologischen entworfen wurde und in deren Kontext auch die Multiple Persönlichkeit als psychopathologische Kategorie mehrfach auftaucht. Vgl. zur Entstehung der Geisteskrankheit, die wir später psychische Krankheit nennen in der Geschichte, Foucault (1968) S. 99–114.

16 Einige der wenigen Übereinstimmungen in der Beurteilung von MPS durch die Psychopathologie beziehen sich auf ihre Resistenz gegenüber allen Formen psychopharmakologischer Behandlung und ihrer Verursachung durch traumatische Gewalterfahrungen in der Kindheit. Zur Geschichte von Multipler Persönlichkeit im Kontext einer neuen Gedächtnispolitik und zu ihrer zeitgenössischen Favorisierung vgl. Hacking (1996).

17 Das Ich als Ganzes, Integres und Eindeutiges war ja ein Projekt der Moderne, zumindest für den Menschenmann der Aufklärung, das Ich als vielschichtiges, differenziertes und provisorisches ist Kennzeichen des Identitätsbegriffes der Postmoderne.

18 Auffallend in der metaphorisch aufgeladenen Sprache über MPS ist die vielfache Verwendung von Begrifflichkeiten aus dem Feld der Medien: trigger, switchen.

19 Vgl. Ellenberger (1996) S. 162ff.

20 Ellenberger (1996) S. 186ff.

21 Laplanche; Pontalis (1973) S. 207.

22 Vgl. Schneider (1994).

23 Janet (1889) S. 318.

24 Herman (1993) S. 30.

25 Freud (1991) S. 53–81.

26 Vgl. Breuer; Freud (1991).

27 Schneider (1994) S. 17.

28 Schneider (1994) Editorial.

29 Vgl. Huber (1995). Inzwischen sind auch Arbeiten erschienen, die sich kritisch mit dem diagnostischen Zirkel MPS beschäftigen, vgl. Heinze (1997).

30 Vgl. zur Entwicklung der Trauma- und psychischen Gedächtnistheorie Hackings (1996) S. 238–273.

[31] Auf die Hysterie bezogen: Henke et. al. (1996) S. 359–360.

[32] Vgl. von Braun (1985).

[33] Vgl. zur performativen Subversion, die ein Probehandeln auf verschiedenen Gesellschaftsbühnen, in verschiedenen Bündnisarrangements und unter Verwendung unterschiedlicher Zeichensprachen, auch geschlechtlich kodierter Kleidungsnormen meint: Butler (1991).

[34] Wolf (1994) S. 35.

[35] Wolf (1994) S. 36.

[36] Vgl. Charcots Dienstagsvorlesungen in der Salpêtrière, an denen die Hysterikerinnen auf einer Bühne dem interessierten Publikum vorgeführt wurden und ihre Hysterien gemeinsam mit dem Arzt reinszenierten.

[37] Vgl. dazu einige Beiträge des ersten bundesdeutschen Kongresses von Frauen für Frauen mit dem Schwerpunktthema ‹Multiple Persönlichkeitsspaltung› in Bielefeld und Michaela Hubers Monografie ‹Multiple Persönlichkeit›.

[38] Vgl. dazu Jochen (1996), Der Spiegel (1996), Lau (1997).

[39] Vgl. dazu Wildwasser Bielefeld (1994).

[40] Die Aufwertung einer Diagnose, hier MPS, geht fast immer einher mit der Abwertung einer anderen, hier der Schizophrenie, die nun vollends in den neuro-psychiatrischen Kontext zurückgedrängt wird, während MPS sich als Psychische Krankheit im eigentlichen Sinn erweisen darf.

[41] Vgl. Sohl (1997).

Literatur

Bertoluzza, Eva (1995) Geschlechtliche Verwicklungen und Verrenkungen der Moderne. Innsbruck: Diplomarbeit am Institut für Erziehungswissenschaften.

Bertoluzza, Eva; Gitzl, Martina; Ralser, Michaela (Hg.) (1994) Pathos, Psychose, Pathologie. Der weibliche Wahnsinn zwischen Ästhetisierung und Verleugnung. Wien: Wiener Frauenverlag.

von Braun, Christina (1985) Nicht Ich – Logik, Lüge, Libido. Frankfurt: Neue Kritik.

von Braun, Chistina (1989) Die schamlose Schönheit des Vergangenen. Frankfurt: Neue Kritik.

Breuer, Josef; Freud, Sigmund (1991) Studien über die Hysterie. Frankfurt: S. Fischer.

Butler, Judith (1991) Das Unbehagen der Geschlechter. Frankfurt: Suhrkamp.

Castel, Robert (1982) Psychiatrisierung des Alltags. Frankfurt: Suhrkamp.

Der Spiegel (Red.) (1996) Modischer Wahn. In: Der Spiegel, 12/96, S. 196–197.

Ellenberger, Henry F. (1996) Die Entdeckung des Unbewußten. Geschichte, Entwicklung der dynamischen Psychiatrie von den Anfängen bis zu Janet, Freud, Adler und Jung. Bern: Huber.

Foucault, Michel (1968) Psychologie und Geisteskrankheit. Frankfurt: Suhrkamp.

Freud, Sigmund (1991) Zur Ätiologie der Hysterie. In: Freud, Sigmund: Studienausgabe. Frankfurt: S. Fischer.

Hacking, Ian (1996) Multiple Persönlichkeit. Zur Geschichte der Seele in der Moderne. München: Hanser.

Heinze, Claudia (1997) Der Kaiserin neue Kleider. Multiple Persönlichkeitsstörung: Von der Stigmatisierung zur Profilierung? In: NAMENLOS, Heft 2, Mai.

Henke, Silvia; Stingelin, Martin; Thüring, Hubert (1996) Hysterie – das Theater der Epoche. In: Didi-Hubermann, Georges: Erfindung der Hysterie. München: Fink.

Herman, Judith Lewis (1993) Die Narben der Gewalt. Traumatische Erfahrungen verstehen und überwinden. München: Kösel.

Huber, Michaela (1995) Multiple Persönlichkeiten. Überlebende extremer sexueller Gewalt. Ein Handbuch. Frankfurt: Fischer Taschenbuch Verlag.

Janet, Pierre (1889) L'Automatisme psychologique. Paris: Alcan.

Kleber, Jutta-Anna (1994) Nach dem Körper. Virtuelle Frequenzen des Seins. In: Bertoluzza, Eva; Gitzl, Martina; Ralser, Michaela (Hg.) Pathos, Psychose, Pathologie. Der weibliche Wahnsinn zwischen Ästhetisierung und Verleugnung. Wien: Wiener Frauenverlag.

Laplanche, Jean; Pontalis, Jean-Bertrand (1973) Das Vokabular der Psychoanalyse. Frankfurt: Suhrkamp.

Lau, Jörg (1995) Hysterischer Fortschritt: In: Die Zeit, 5/97. S. 52.

Paulus, Jochen (1997) Wenn Ich ein Plural ist. In: Die Zeit, 3/97, S. 33.

Schneider, Peter K. (1994) Ich bin Wir. Die Multiple Persönlichkeit. Zur Geschichte, Theorie und Therapie eines verkannten Leidens. Neuwied: ars una.

Sohl, Gaby (1997) Der aufgestörte Blick. In: Wildwasser Bielefeld e.V. (Hg.) Der aufgestörte Blick. Multiple Persönlichkeiten, Frauenbewegung und Gewalt. Bielefeld: Kleine.

Wildwasser Bielefeld (Hg.) (1994) Wir sind viele. Wir haben überlebt. Bielefeld. Eigenverlag.

Wolf, Maria (1994) Psychose Now. In Bertoluzza, Eva; Gitzl, Martina; Ralser, Michaela (Hg.) Pathos, Psychose, Pathologie. Der weibliche Wahnsinn zwischen Ästhetisierung und Verleugnung. Wien: Wiener Frauenverlag.

Ruth Großmaß
Sexistischer Irrsinn – individuelle Psychose

Anmerkungen

1 Vgl. z. B. Freytag (1991).

2 Ich verwende hier wie im Folgenden den Begriff ‹Diskurs› immer dann, wenn deutlich werden soll, daß mehr als ein Diskussionszusammenhang gemeint ist: Diskurs (im Sinne Foucaults) steht für das gesamte Netz von Reden, Schreiben, Definieren und Ausschließen, durch das in einem gesellschaftlichen Bereich Bedeutungen und Normen geschaffen werden und das heißt auch Macht ausgeübt wird. Im medizinischen Diskurs z.b. wird nicht nur Wissen über Krankheiten zusammengetragen und in eine Systematik gebracht, es wird auch Diagnosemacht hergestellt und es werden gesellschaftlich wirkungsvolle Normen und Bilder über Gesundheit/Krankheit bzw. Normalität/Abweichung geschaffen.

3 So der Titel eines Buches von Katharina Rutschky, das versucht, die feministische Auseinandersetzung mit sexuellem Mißbrauch in Mißkredit zu bringen. Vgl. Rutschky (1992).

4 Vielleicht ist es irritierend, daß ich feministische Diskussionen ebenfalls als ‹Diskurse› bezeichne. Doch auch hier meine ich den Diskursbegriff ernst: Auch die etablierten feministischen Diskussionszusammenhänge signalisieren Zugehörigkeit bzw. Ausschluß, sie stehen für das, was eine zur Zeit nicht unbedeutende politische Kraft einzubringen hat.

5 de Beauvoir (1951).

6 Firestone (1975).

7 Vgl. hierzu: Frauenjahrbuch '77 (1977).

8 Vgl. hierzu: Hilsenbeck (1992).

9 Hilsenbeck (1997) S. 83.

10 Daß die positive Besetzung von Vielheit als Identitätskonzept aus feministischer Sicht nicht unproblematisch ist, habe ich an anderer Stelle zu zeigen versucht. Vgl. Großmaß (1997).

15 Vgl. Bovenschen (1979).

12 Die aufwendigste und überzeugendste Untersuchung dieses Zusammenhanges findet sich bei Christina von Braun (1985).

13 Vgl. hierzu exemplarisch: Duda; Pusch (1992).

14 Duda (1992) S. 8.

15 Z.B. Freeman; Peterson; Gooch (1989).

17 Diskurspolitik = Kritik, Eingreifen und Umgestalten in/von kulturell machtvolle/n Diskurse/n.

18 Bertoluzza; Gitzl; Ralser (1994); Wildwasser Bielefeld (1995)

Literatur

de Beauvoir, Simone (1951) Das andere Geschlecht. Hamburg: Rowohlt (Original 1949).

Bertoluzza, Eva; Gitzl, Martina; Ralser, Michaela (Hg.) (1994) Pathos, Psychose, Pathologie. Der weibliche Wahnsinn zwischen Ästhetisierung und Verleugnung. Wien: Wiener Frauenverlag.

Bovenschen, Silvia (1979) Die imaginierte Weiblichkeit. Frankfurt: Suhrkamp.

von Braun, Christina (1985) Nicht Ich – Logik, Lüge, Libido, Frankfurt: Neue Kritik.

Burgard, Roswitha (1977) Wie Frauen verrückt gemacht werden. Berlin: Frauenselbstverlag.

Chesler, Phyllis (1974) Frauen – das verrückte Geschlecht? Reinbek: Rowohlt (Original 1972).

Duda, Sybille (1992) In: Duda, Sybille; Pusch, Luise F. (Hg.) WahnsinnsFrauen. Frankfurt: Suhrkamp.

Duda, Sybille; Pusch, Luise F. (Hg.) (1992) WahnsinnsFrauen Frankfurt: Suhrkamp.

Firestone, Shulamith (1975) Frauenbefreiung und sexeulle Revolution. Frankfurt: S. Fischer (Original 1970).

Frauenjahrbuch '77 (1977) München: Frauenoffensive.

Freeman, Lucy; Peterson, Emily; Gooch, Nancy Lynn (1989) Der stille Schrei. München: Kösel.

Freytag, Gabriele (1991) Grundlagen der Feministischen Therapie. In: Bilden, Helga (Hg.): Das Frauentherapie-Handbuch. München: Frauenoffensive.

Großmaß, Ruth (1994) Das Politische wird persönlich. Zum Verhältnis von Frauenbewegung und Therapie. In: Bertoluzza, Eva; Gitzl, Martina; Ralser, Michaela (Hg.) Pathos, Psychose, Pathologie: Der weibliche Wahnsinn zwischen Ästhetisierung und Verleugnung. Wien: Wiener Frauenverlag.

Großmaß, Ruth (1996) Psychische Folgen sexueller Übergriffe auf Studentinnen. In: Heintz, Sybille; Staudinger, Susanne (Hg.) Ein anderer Blick in die Universität. Lesebuch für Studentinnen und solche, die es werden wollen. Regensburg: CH-Druckerei und Verlag.

Großmaß, Ruth; Schmerl, Christiane (Hg.) (1996) Leitbilder, Vexierbilder und Bildstörungen. Über die Orientierungsleistung von Bildern in der feministischen Geschlechterdebatte. Frankfurt: Campus.

Großmaß, Ruth (1997) Multiple Rollen oder Multiple Persönlichkeiten. Thesen zu einer heiklen Fragestellung. In: Wildwasser Bielefeld e.V. (Hg.) Der aufgestörte Blick. Multiple Persönlichkeiten, Frauenbewegung und Gewalt. Bielefeld: Kleine.

Hagemann-White, Carol (1979) Frauenbewegung und Psychoanalyse. Frankfurt: Leske & Budrich.

Hilsenbeck, Polina (1992) Grenzgängerinnen. In: Bilden, Helga (Hg.) Das Frauentherapie-Handbuch. München: Frauenoffensive.

Hilsenbeck, Polina (1997) Feministische Alternativen zur Psychiatrie. In: Wildwasser Bielefeld e.V. (Hg.) Der aufgestörte Blick. Multiple Persönlichkeiten, Frauenbewegung und Gewalt. Bielefeld: Kleine.

Lerner, Harriet G. (1991) Das mißdeutete Geschlecht: falsche Bilder der Weiblichkeit in Psychoanalyse und Therapie. Zürich: Kreuz.

Mitchell, Juliet (1976) Psychoanalyse und Feminismus: Freud, Reich, Laing und die Frauenbewegung. Frankfurt: Suhrkamp.

Rutschky, Katharina (1992) Erregte Aufklärung. Kindsmißbrauch: Fakten & Fiktionen. Hamburg: Klein.

Sozialwissenschaftliche Forschung und Praxis für Frauen e.V (Hg.) (1986) Neue Heimat Therapie. Heft 17 der ‹beiträge zur feministischen theorie und praxis›. Köln.

Wildwasser Bielefeld e.V. (Hg.) (1995) Der aufgestörte Blick: Multiple Persönlichkeiten, Frauenbewegung und Gewalt. Bielefeld: Kleine.

Swantje Koch-Kanz und Luise F. Pusch
Elizabeth Packard, Kate Millett und die mutwillige Einweisung von Frauen in Irrenanstalten

Anmerkungen

[1] Sapinsley (1991).

[2] Ähnlich sind die Verhältnisse in Deutschland und der Schweiz. Bindend ist grundsätzlich das Bundesgesetz; die Ausführungsbestimmungen sind jedoch in den 16 Bundesländern bzw. 26 Kantonen unterschiedlich. So variiert der Anteil der Zwangseinweisungen in der BRD je nach Land zwischen 12 und 50–70%. In Österreich, wo eine bundeseinheitliche Regelung besteht, liegt der Anteil bei ca. 66%. Vgl. Bauer; Berner/Katschnig; Uchtenhagen.

[3] Millet (1993) S. 392f.

Literatur

Bauer, Manfred (1982) Zwangseinweisungen in der Psychiatrie [sic] – rechtliche und praktische Gegebenheiten. Bundesrepublik Deutschland. In: Waller, Heiko (Hg.) Zwangseinweisung in der Psychiatrie; zur Situation in der Bundesrepublik Deutschland, in Österreich und in der Schweiz. Bern: Huber.

Berner, Wolfgang; Katschnig, Heinz (1982) Österreich. In: Waller, Heiko (Hg.) Zwangseinweisung in der Psychiatrie; zur Situation in der Bundesrepublik Deutschland, in Österreich und in der Schweiz. Bern: Huber.

Millett, Kate (1993) Der Klapsmühlentrip. Köln: Kiepenheuer & Witsch (Original 1990).

Sapinsley, Barbara (1991, 1995) The Private War of Mrs. Packard. Foreword by Eric T. Carlson, MD. With a new Introduction by Phyllis Chesler. New York; Tokyo; London: Kodansha International.

Uchtenhagen, Ambros (1982) Schweiz. In: Waller, Heiko (Hg.) Zwangseinweisung in der Psychiatrie; zur Situation in der Bundesrepublik Deutschland, in Österreich und in der Schweiz. Bern: Huber.

Waller, Heiko (Hg.) (1982). Zwangseinweisung in der Psychiatrie; zur Situation in der Bundesrepublik Deutschland, in Österreich und in der Schweiz. Bern: Huber.

Dorothea-Sophie Buck-Zerchin
Euthanasie damals, Trialog heute

Anmerkungen

[1] Vgl. Prostak (1988b).

[2] Vgl. Prostak (1988a).

Literatur

Bock, Thomas; Deranders, J.E.; Esterer, Ingeborg (1992) Stimmenreich. Mitteilungen über den Wahnsinn. Bonn: Psychiatrie-Verlag.

Bock, Thomas; Deranders, J. E.; Esterer, Ingeborg (1994) Im Strom der Ideen. Stimmenreiche Mitteilungen über den Wahnsinn. Bonn: Psychiatrie-Verlag.

Bock, Thomas; Buck, Dorothea et. al. (Hg.) (1995) Abschied von Babylon: Verständigung über Grenzen in der Psychiatrie. Bonn: Psychiatrie-Verlag.

Bock, Thomas; Buck, Dorothea; Esterer, Ingeborg (1997) «Es ist normal, verschieden zu sein»: Psychose-Seminare. Hilfen zum Dialog. Bonn: Psychiatrie-Verlag.

Buck, Dorothea (1991) Selbstverständnis einer Psychose. In: Bock, Thomas et. al. (Hg.) Handwerksbuch Psychiatrie. Bonn: Psychiatrie-Verlag.

Buck, Dorothea (1993) Was mich als Frau in der 150-jährigen männlichen Geschichte unserer Psychiatrie besonders berührt und erschreckt. In: Schneider, Doris; Tergeist Gabriele (Hg.) Spinnt die Frau? Ein Lesebuch zur Geschlechterfrage in der Psychiatrie. Bonn: Psychiatrie-Verlag.

Prostak, Michael (1988a) Endstation. Alltag auf einer psychiatrischen Station. Teil II. In: Demokratisches Gesundheitswesen. Zeitschrift für Gesundheits- und Sozialberufe. Nr. 1.

Prostak, Michael (1988b) Endstation. Alltag in der Psychiatrie. Teil III. In: Demokratisches Gesundheitswesen. Zeitschrift für Gesundheits- und Sozialberufe. Nr. 2.

Stratenwerth, Irene (1997) Du wirst etwas zu sagen haben, und die Worte kommen ganz von selbst – Dorothea Buck: Heiliger Zorn noch im 80. Jahr. In: Stratenwerth, Irene (Hg.) Wahn & Sinn: Ver-rückte Lebenswege von Frauen. Hamburg: Klein.

Zerchin, Sophie (Anagramm von ‹Schizophrenie› und Pseudonym von Dorothea Buck) (1990) Auf der Spur des Morgensterns. Psychose als Selbstfindung. München: List.

Roswitha Burgard
Psychiatrie live!

Anmerkungen

[1] Freedman; Redlich (1970) S. 697.
[2] Chesler (1990) S. 69.
[3] Vgl. Klee (1992).

Literatur

Burgard, Roswitha (1977) Wie Frauen verrückt gemacht werden. Berlin: Frauenselbstverlag.

Burgard, Roswitha (1978) Das Komplott gegen die Frau. In: Psychologie heute. Vol. 5, No. 10, S. 30–35.

Burgard, Roswitha (1985) Mißhandelte Frauen – Verstrickung und Befreiung. Weinheim: Beltz.

Burgard, Roswitha (1988) Mut zur Wut: Befreiung aus Gewaltbeziehungen. Berlin: Orlanda Frauenverlag.

Burgard, Roswitha; Rommelspacher, Birgit (Hg.) (1989) Leiden macht keine Lust. Der Mythos vom weiblichen Masochismus. Berlin: Orlanda Frauenverlag.

Burgard, Roswitha (1994) Die Angst, verrückt zu werden: Sexueller Mißbrauch und seine zerstörerischen Folgen. In: Nuber, Ursula (Hg.) Bin ich denn verrückt?! Was Psychotherapie für Frauen leistet – und was nicht. Zürich: Kreuz.

Burgard, Roswitha (1996) Sexuelle Übergriffe und Machtmißbrauch in Therapie und Beratung als Ausdruck gesellschaftlicher Gewalt gegen Frauen. In: Hentschel, Gitti (Hg.) Skandal und Alltag. Sexueller Mißbrauch und Gegenstrategien. Berlin: Orlanda Frauenverlag.

Burgard, Roswitha (1997) Läßt sich Männergewalt verarbeiten? Eine zehnjährige Mißbrauchsgeschichte im Rückblick. In: Wildwasser Bielefeld (Hg.) Der aufgestörte Blick. Multiple Persönlichkeiten, Frauenbewegung und Gewalt. Bielefeld: Kleine.

Chesler, Phyllis (1990) Twenty Years since ‹Women and Madness›: Toward a Feminist Institute of Mental Health and Healing. In: The Journal of Mind and Behavior. Vol. 11, No. 3 und 4, S. 313–322.

Freedman, Daniela X.; Redlich, Fredrick (1970) Theorie und Praxis der Psychiatrie. Frankfurt: Suhrkamp.

Klee, Ernst (1992) NS-Medizin und ihre Opfer. Frankfurt: S. Fischer.

Jasna Russo
Keine Sonderbehandlung. Besonders bin ich schon.

Anmerkungen
1 Masson (1992) S. 161.
2 Vgl. Russo (1997).
3 Vgl. Kempker (1991).

Literatur

Borovnjak, Jasna (1993): Was hilft mir, wenn ich verrückt werde. In: Kempker, Kerstin; Lehmann, Peter (Hg.) Statt Psychiatrie. Berlin: Peter Lehmann Antipsychiatrieverlag.

Borovnjak, Jasna; Solomun, Zoran (1993): Ein Blick, der nicht betrügt. In: Kempker, Kerstin; Lehmann, Peter (Hg.): Statt Psychiatrie. Berlin: Peter Lehmann Antipsychiatrieverlag.

Burstow, Bonnie; Weitz, Don (Hg.) (1988) Shrink Resistant. The Struggle against Psychiatry in Canada. Vancouver BC: New Star Books.

Kempker, Kerstin (1991) Teure Verständnislosigkeit. Die Sprache der Verrücktheit und die Enteignung der Psychiatrie. Berlin: Peter Lehmann Antipsychiatrieverlag.

Masson, Jeffrey (1992) Alternatives to Psychiatry. In: Changes – An International Journal of Psychology and Psychotherapy. June 1992, Vol. 10, No. 2.

Millett, Kate (1993) Der Klapsmühlentrip. Köln: Kiepenheuer & Witsch.

O'Hagan, Mary (1993) Stopovers on my way home from Mars. London: Survivors Speak Out.

Pembroke, Louise Roxanne (Ed.) (1994) Self Harm. Perspectives from Personal Experience. London: Survivors Speak Out.

Piercy, Marge (1996) Frau am Abgrund der Zeit. Hamburg: Argument.

Russo, Jasna (1997): Reden in der Dritten Person. Privileg der Nichtbetroffenen. In: Wildwasser Bielefeld (Hg): Der aufgestörte Blick: Multiple Persönlichkeiten, Frauenbewegung und Gewalt. Bielefeld: Kleine.

Russo, Jasna (1998) Der andere Ort. In: Kempker, Kerstin (Hg.) Flucht in die Wirklichkeit. Das Berliner Weglaufhaus. Berlin: Peter Lehmann Antipsychiatrieverlag.

Russo, Jasna (1998) ‹Und was ist, wenn ich nicht mehr schlafe?› In: Lehmann, Peter (Hg.) Psychopharmaka absetzen. Berlin: Peter Lehmann Antipsychiatrieverlag.

Survivor's Poetry (1992) From Dark To Light. London: Survivors' Press.

Survivor's Poetry (1995) Under The Asylum Tree. London: Survivors' Press.

Dagmar Schultz
Ein Leben, das wir weitertragen werden

Ich danke Claudia Brügge für die äußerst kompetente und sensible Lektoratsarbeit.

Anmerkungen
1 Der Gedichtauszug ist dem Gedicht ‹ANA› (1992) in ‹blues in schwarz weiß› entnommen.
2 Zeitlich sah der Ablauf folgendermaßen aus: 8.–16. 1. 96: geschlossene Abteilung der Psychiatrie; 17. 1.–7. 2. 96: offene Psychiatrie; 8.–16. 2. 96: neurologische Abteilung; 17.–18. 2. 96: geschlossene Abteilung der Psychiatrie; 18. 2.–19. 4. 96: offene Abteilung der Psychiatrie; 1.–21. 6. 96: offene Abteilung der Psychiatrie eines anderen Krankenhauses.
3 Außerstationäre Krisenintervention und Notfallpsychiatrie sind weiterhin in Deutschland nur begrenzt vorhanden. Konzeptionell und strukturell liegen sie ««quer› zum System der ordnungspolitischen, medizinischen und psychosozialen Grundversorgung» (Pörksen 1993, S. 23).

4 1.) Bericht des Chefarztes der Abteilung für Psychiatrie und Psychotherapie vom 8. 2. 96 an die weiterbehandelnden Kollegen der Neurologischen Abteilung: «Verdacht auf nicht näher bezeichnete akute vorübergehende psychotische Störung im Rahmen einer akuten Belastungssituation. DD organische psychische Störung, eventuell im Rahmen einer Encephalomyelitis disseminata.» 2.) Bericht des Chefarztes der Abteilung für Psychiatrie und Psychotherapie an die nach der Entlassung im April nachbehandelnde Neurologin und Psychiaterin, datiert 10. 8. 96: «Verdacht auf symptomatische Psychose bei Encephalomyelitis disseminata.» 3.) Bericht des Leiters der Psychiatrischen Klinik und Poliklinik, Abteilung für Neurologie vom 4. 12. 96 (die Klinik, bei der sich May auf Veranlassung der ÄrztInnen in der offenen Psychiatrie im März und im Mai zur Beratung/Behandlung der möglichen Multiplen Sklerose vorstellte): «Schubförmig remittierende Verlaufsform der MS; Psychose.» «Schubförmig remittierende Verlaufsform der MS» kann sich nur, entsprechend den im Folgenden aufgeführten Vorgeschichte, auf die von May selbst angegebene 1989, 1992 und Anfang 1996 aufgetretene Opticusneuritis (Sehstörung) sowie «von der Patientin beklagte leichte Gedächtnisstörungen» beziehen. Der Bericht fährt fort mit dem Satz: «Anhand der Dokumentationen läßt sich die Diagnose MS stützen durch MRT-Befunde und Liquorbefunde.» Auch hier suggeriert die Wortwahl «läßt sich stützen» (statt z.B. «wurde bestätigt durch»), daß die Diagnose nicht hundertprozentig feststand. 4.) Bericht des Chefarztes der Abteilung für Psychiatrie des Krankenhauses, in dem May im Juni nach ihrem ersten Selbsttötungsversuch war, an die behandelnde Neurologin, datiert 15. 7. 96: «Suicidversuch; bekannte paranoid-halluzinatorische Psychose; Multiple Sklerose.» Die erste Diagnose spricht von einer organischen psychischen Störung eventuell im Rahmen einer Encyphalomyelitis disseminata, die zweite vom Verdacht auf symptomatische Psychose bei Encyphalomyelitis disseminata. Somit liegen zwei Diagnosen der Psychiater vor, die nicht eine eindeutige Befundlage der Krankheit und ihres Zusammenhangs mit der Psychose herstellen. Die Diagnose des Spezialisten für Multiple Sklerose spricht von «schubförmig remittierender MS» und bezieht sich dabei auf drei Vorfälle von Sehstörungen über sieben Jahre. Das Krankenhaus, in dem May zwei Wochen lang im Juni nach dem ersten mißlungenen Suizidversuch war, gibt «Multiple Sklerose» als Faktum an. Diesem Krankenhaus lagen meines Wissens keine Arztberichte und/oder Untersuchungsbefunde der ersten Klinik und der Ärzte der Sondersprechstunde für MS vor. Sie wurden auch auf mein Drängen hin anläßlich des Besuches von Mays Vater, der selbst Mediziner ist, nicht angefordert. Somit kann sich diese Diagnose nur auf Mays Aussage beziehen, wie dies auch der Fall ist mit allen weiteren Feststellungen in dem Arztbericht.

5 Ich zitiere hier aus der epikritischen Beurteilung des Berichtes der psychiatrischen Abteilung an die weiterbehandelnde neurologische Abteilung: «Vor dem Hintergrund der offenbar erheblichen, sehr verschiedenartigen Belastungen, denen die Patientin in der Zeit vor der stationären Aufnahme ausgesetzt war, hielten wir es für möglich, daß es sich bei der Patientin um eine psychotische Störung im Sinne einer psychogenen Psychose gehandelt haben könnte, wobei hierbei allerdings erst der weitere Verlauf Klarheit bringen dürfte. Wegen der anamnestischen Angaben einer durchgemachten Retrobulbär-Neuritis linksseitig und rezidivierender Sehstörungen rechtsseitig veranlaßten wir bei der Patientin aus differentialdiagnostischen Erwägungen heraus die Durchführung einer Kernspintomographie des Kopfes, wobei der sich zeigende Befund mit der Diagnose einer Encephalomyelitis disseminata vereinbar wäre; selbst bei sich durch weitere Zusatzuntersuchungen verdichtender Diagnose einer Encephalomyelitis disseminata wird allerdings, zumindest zunächst, wohl offen bleiben müssen, ob die psychotische Störung in einem aktuellen Zusammenhang hiermit steht oder nicht. Da die Patientin am 5. 2. 96 eine diskrete Verschlechterung des Sehvermögens auf beiden Augen seit zwei Tagen angab, erfolgt die Verlegung an Ihre Abteilung zur weiteren Abklärung. Für die prompte Übernahme möchten wir uns vielmals bedanken.» Zunächst stellt sich die Frage, ob die von May angegebene «diskrete Verschlechterung des Sehvermögens auf beiden Augen» unbedingt mit einer möglichen MS-Erkrankung zu tun haben mußte oder nicht auch eine der vielfältigen Nebenwirkungen der Neuroleptika (Haldol) sein

konnte (vgl. z.B. Lehmann 1996, S. 154–156). In jedem Fall hätte eine weitere Abklärung vielleicht auch ohne eine stationäre Verlegung erfolgen können. Zweifellos ist die Aufklärung über eine MS-Diagnose äußerst gefährdend für den psychischen Zustand jedes Menschen, geschweige denn einer Person, die gerade eine Psychose hinter sich hat. Aus meiner Sicht wäre dies Grund genug gewesen, May nicht aus einer Umgebung, in die sie sich gerade eingewöhnt hatte und in der Möglichkeiten einer psychologisch orientierten Ansprache bestanden, in eine Umgebung mit völlig anderen PatientInnen und einem völlig anderen Tagesablauf zu verlegen.

6 Vgl. Pörksen; Dietz; Voelzke (1998).

7 Anlaufstelle für Informationen über das sogenannte Psychiatrische Testament bzw. die psychiatrische Behandlungsvereinbarung und geeignete Einrichtungen zur Nachbehandlung kann der Verein Psychiatrie-Erfahrener e.V. sein, den es in mehreren Städten gibt. Auch die ursprünglich von Dorothea Buck und Thomas Boch intitiierten ‹Psychose-Seminare› (Gesprächsform von PatientInnen, Angehörigen und medizinischem Personal) existieren mittlerweile in einer Reihe von Städten.

8 In dem Arztbericht der neurologischen Abteilung jenes Krankenhauses, den ich später über die nachbehandelnde Ärztin erhalte und der vom 4. 12. 96 datiert ist, steht: «Da sich bezüglich Psychose eine Kontraindikation für die Behandlung mit Interferon ergab, klärten wir die Patientin auf, daß wir die Möglichkeit hätten, sie im Rahmen einer Anwendungsbeobachtung auf Copolymer einzustellen. Sie wurde über die therapeutischen Effekte und technische Handhabung der Medikation aufgeklärt und gab an, sich zu überlegen, ob die Therapie für sie in Frage komme. Schließlich hat sie die Therapie dann doch abgelehnt. Mit Bestürzung haben wir von dem überraschenden Tod der Patientin Kenntnis genommen.»

9 Vgl. z.B. Zarifoglu (1992) und Zeiler; Zarifoglu (1994).

10 Ayim (1997a) S. 82.

11 Dies ist der Text auf dem Grabstein von May – eine leichte Abwandlung der Zeile «ein Leben, das wir weitertragen werden» aus ihrem Gedicht ‹ANA›.

12 Am 3. September 1997 zeigten wir den Film zum ersten Mal vor 400 Personen, die im Haus der Kulturen der Welt in Berlin anläßlich des ersten Todestages von May zusammenkamen. Ende Oktober stellte ich ihn in den USA ca. 250 Germanistinnen bei ihrer Jahrestagung vor. Diese Frauen verwenden Mays Gedichte und Texte in ihrem Unterricht.
Der Film ‹Hoffnung im Herz. Mündliche Poesie – May Ayim› von Maria Binder kann in der deutschen Fassung über den Orlanda Frauenverlag bezogen werden. Der Film hat inzwischen auch englische Untertitel und ist somit Personen in anderen Ländern zugänglich. Vertrieb: Third World Newsreel in New York City.

Literatur

Ayim, May (1995) blues in schwarz weiß. Berlin: Orlanda Frauenverlag.

Ayim, May (1997a) Nachtgesang. Berlin: Orlanda Frauenverlag.

Ayim, May (1997b) Grenzenlos und unverschämt. Berlin: Orlanda Frauenverlag.

Ayim, May (1997) Weißer Streß und Schwarze Nerven. Streßfaktor Rassismus. In: Grenzenlos und unverschämt. Berlin: Orlanda Frauenverlag. Ebenfalls in: Schäfgen, Maria (Hg.) (1995) Streß beiseite. Ein Ratgeber. Berlin: Orlanda Frauenverlag.

Lehmann, Peter (1996) Schöne neue Psychiatrie. Bd. 2: Wie Psychopharmaka den Körper verändern. Berlin: Peter Lehmann Antipsychiatrieverlag.

Mertins, Silke (1997) Blues in Schwarzweiß: May Ayim (1960-1996) Ein biographischer Essay. In: Ayim, May: Genzenlos und unverschämt. Berlin: Orlanda Frauenverlag.

Oguntoye, Katharina; Opitz (Ayim), May; Schultz, Dagmar (Hg.) (1986) Farbe Bekennen. Afrodeutsche Frauen auf den Spuren ihrer Geschichte. Berlin: Orlanda Frauenverlag (engl. Ausgabe 1991).

Pörksen, Niels (1993) Schwachstellen: Warum werden herkömmliche Hilfeangebote dem Bedarf nicht gerecht. In: Wienberg, Günther (Hg.): Bevor es zu spät ist... Bonn: Psychiatrie-Verlag.

Pörksen, Niels; Dietz, Angelika; Voelzke, Wolfgang (1998) Behandlungsvereinbarungen. Vertrauensbildende Maßnahmen in der Akutpsychiatrie. Bonn: Psychiatrie-Verlag.

Schäfgen, Maria (Hg.) (1995) Streß beiseite. Ein Ratgeber. Berlin: Orlanda Frauenverlag.

Wehde, Uta (1991) Das Weglaufhaus. Zufluchtsort für Psychiatrie-Betroffene. Erfahrungen, Konzeptionen, Probleme. Berlin: Peter Lehmann Antipsychiatrieverlag.

Wienberg, Günther (1993) (Hg.): Bevor es zu spät ist... Bonn: Psychiatrie-Verlag.

Zarifoglu, Fuad (1992): Psychiatrische Versorgung von Migranten unter Einbeziehung ethnopsychiatrischer Aspekte. In: Informationsdienst zur Ausländerarbeit. Heft 3/4, S. 68–72.

Zeiler, Joachim; Zarifoglu, Fuad (1994) Zur Relevanz ethnischer Diskriminierungen bei psychiatrischen Erkrankungen. In: Psychiatrische Praxis. Heft 21, S. 101–105.

Ulrike Klöppel
Das Weglaufhaus Berlin

Anmerkungen

[1] Es gibt die Möglichkeit, sich gegen eine Zwangsmedikamentierung, Fixierung, Elektroschocks u. ä. mit einem psychiatrischen Testament rechtlich abzusichern. Vgl. Rolshoven; Rudel (1993).

[2] So werden die MitarbeiterInnen der holländischen Häuser im Gegensatz zu denen des Berliner Weglaufhauses nicht bezahlt, das Absetzen von Psychopharmaka spielt dort keine große Rolle und es wird auch nicht darauf geachtet, daß möglichst viele Psychiatrie-Betroffene mitarbeiten. Vgl. Klöppel (1996), Wehde (1991).

[3] Auch Menschen aus anderen Bundesländern als Berlin können aufgenommen werden.

[4] Die Zahl setzt sich zusammen aus zehn Stellen und vier Honorarstellen – letztere arbeiten im Weglaufhaus völlig gleichberechtigt mit.

[5] Wenn z.B. BewohnerInnen im Anschluß an das Weglaufhaus in eine betreute WG ziehen möchten, stehen ihnen in der Regel nur therapeutische Wohngemeinschaften zur Auswahl. Wir versuchen in diesem Fall den dortigen BetreuerInnen den Wunsch der BewohnerInnen, ohne psychiatrische Behandlung auszukommen, zu verdeutlichen. In diesem Sinne ist es auch hilfreich, wenn wir anbieten können, daß ehemalige BewohnerInnen im Falle einer Krise wieder (vorübergehend) bei uns aufgenommen werden können. Weniger als ‹Zusammenarbeit› denn als pragmatischen Umgang mit PsychiaterInnen läßt sich bezeichnen, wenn wir BewohnerInnen auch während eines erneuten Psychiatrie-Aufenthaltes begleiten (ab und zu Besuche, darauf achten, daß der Wille bzgl. der Medikamente respektiert wird etc.).

[6] Eine ausführliche Kritik an den institutionalisierten Verfahrensweisen der Psychiatrie – auch der Gemeinde- und Sozialpsychiatrie – findet sich in Kempker (1997). Zur Kritik an den sogenannten ‹Behandlungsverträgen› vgl. Kempker (1995) und Lehmann (1998), zur Kritik an psychiatrischen Diagnosen vgl. Hölling in diesem Band.

[7] Vgl. Russo in diesem Band.

[8] Karin Bracht, Gabriele Jud.

[9] Die, die keine eigenen Erfahrungen mit Verrücktheit hatten, baten wir, sich vorzustellen, sie seien selbst in einer solchen Situation.

[10] Zur Kritik therapeutischer Vorgehensweisen vgl. Kaffanke (1997).

[11] Einige Hinweise lassen sich bei Mathias Seibt (1993) entnehmen. Siehe auch Lehmann (1998).

[12] Forensik = Gefängnis-Psychiatrie.

Literatur

Brügge, Claudia (1994) Wohin mit dem Wahnsinn? Ausgewählte Aspekte der Kontroverse um Anstaltspsychiatrie und mögliche Alternativen. Berlin: Peter Lehmann Antipsychiatrieverlag.

Fritsch, Michael (1997) ‹Villa Stöckle› – das erste deutsche Weglaufhaus in Berlin. Eine Reaktion der Antipsychiatrie auf die Sozialpsychiatrie. Berlin: Peter Lehmann Antipsychiatrieverlag.

Kaffanke, Eva (1997) Schwester-Diagnosen. In: Wildwasser Bielefeld e.V. (Hg.) Der aufgestörte Blick: Multiple Persönlichkeiten, Frauenbewegung und Gewalt. Bielefeld: Kleine.

Kempker, Kerstin; Lehmann, Peter (Hg.) (1993) Statt Psychiatrie. Berlin: Peter Lehmann Antipsychiatrieverlag.

Kempker, Kerstin (1995) Vom Rechtsanspruch zum Bittebitte. In: Infoblatt Psychiatrie. Heft 22, April, S. 4–5.

Kempker, Kerstin (1997) Gewalt im Namen der ‹psychischen Gesundheit›. In: Wildwasser Bielefeld e.V. (Hg.) Der aufgestörte Blick: Multiple Persönlichkeiten, Frauenbewegung und Gewalt. Bielefeld: Kleine.

Kempker, Kerstin (1998) Flucht in die Wirklichkeit. Das Berliner Weglaufhaus. Berlin: Peter Lehmann Antipsychiatrieverlag.

Klöppel, Ulrike (1996) Wir halten die Psychiatrie nicht nur für überflüssig, sondern für schädlich! Antipsychiatrische Kritik und Projekte. In: BLAU (Berliner Frauenzeitung). Nr. 14, S. 9–13.

Klöppel, Ulrike (1997) ‹ich weiß nicht› ist eine absolut präzise Antwort. 2. Wildwasser-Kongreß in Bielefeld. In: BLAU (Berliner Frauenzeitung). Nr. 17, S. 11–13.

Lehmann, Peter (1996) Schöne neue Psychiatrie. Bd. 1: Wie Chemie und Strom auf Geist und Psyche wirken. Bd. 2: Wie Psychopharmaka den Körper verändern. Berlin: Peter Lehmann Antipsychiatrieverlag.

Lehmann, Peter (1998) Das Psychiatrische Testament. In: Dietz, Angelika; Pörksen, Niels; Voelzke, Wolfgang. Behandlungsvereinbarungen. Bonn: Psychiatrie-Verlag.

Lehmann, Peter (Hg.) (1998) Psychopharmaka absetzen. Erfolgreiches Absetzen von Neuroleptika, Antidepressiva, Lithium, Carbamazepin, Tranquilizern. Berlin: Peter Lehmann Antipsychiatrieverlag.

Projekt Weglaufhaus Berlin (1995) Die Konzeption. Berlin: Peter Lehmann Antipsychiatrieverlag.

Rolshoven, Hubertus; Rudel, Peter (1993) Das psychiatrische Testament. Berlin: Peter Lehmann Antipsychiatrieverlag.

Seibt, Mathias (1993) Wie man von Psychopharmaka herunterkommt. In: Psychosoziale Umschau. Heft 2, S. 24–25.

Wehde, Uta (1991) Das Weglaufhaus. Zufluchtsort für Psychiatrie-Betroffene. Erfahrungen, Konzeptionen, Probleme. Berlin: Peter Lehmann Antipsychiatrieverlag.

Cornelia Filter
Von der Männerstation ins ‹Frauen-Zimmer›

Anmerkung

[1] Anmerkung der Herausgeberin: Eine ausreichende finanzielle Absicherung fehlt zwar immer noch, aber trotz allem wurde inzwischen beschlossen, das Café Anfang 1999 zu eröffnen. Auch das alte Lied.

Literatur

Aebi, Elisabeth; Ciompi, Luc; Hansen, Hartwig (Hg.) (1993) Soteria im Gespräch. Über eine alternative Schizophreniebehandlung. Bonn: Psychiatrie-Verlag.

Bertoluzza, Eva; Gitzl, Martina; Ralser, Michaela (1994) Pathos, Psychose, Pathologie. Der weibliche Wahnsinn zwischen Ästhetisierung und Verleugnung. Wien: Wiener Frauenverlag.

Bilden, Helga (Hg.) (1992) Frauentherapie-Handbuch. München: Frauenoffensive.

Bock, Thomas; Buck, Dorothea et. al. (Hg.) (1995) Abschied von Babylon. Verständigung über Grenzen in der Psychiatrie. Bonn: Psychiatrie-Verlag.

Brügge, Claudia (1994) Wohin mit dem Wahnsinn? Ausgewählte Aspekte der Kontroverse um Anstaltspsychiatrie und mögliche Alternativen. Berlin: Peter Lehmann Antipsychiatrieverlag.

Chesler, Phyllis (1974) Frauen – das verrückte Geschlecht? Reinbek: Rowohlt.

Dörner, Klaus; Plog, Ursula (1996) Irren ist menschlich. Bonn: Psychiatrie-Verlag.

Emma (1997) Dossier: Wahnsinnsfrauen. Heft 3. Köln.

Frauentherapiezentrum Bremen (Hg.) (1995) 12 Jahre. Dokumentation eines Frauengesundheitsprojektes. Bremen.

Frauen-Zimmer e.V. (Hg.) (1994) Pädagogisch-therapeutisches Wohnen für Frauen. Dokumentation. Göttingen.

Hoffmann, Dagmar (Hg.) (1991) Frauen in der Psychiatrie. Bonn: Psychiatrie-Verlag.

Schneider, Doris; Tergeist, Gabriele (Hg.) (1993) Spinnt die Frau? Ein Lesebuch. Bonn: Psychiatrie-Verlag.

Ruth Großmaß
Wer sind wir eigentlich?

Anmerkungen

[1] Die hier aneinandergereihten Begriffe kennzeichnen jeweils bestimmte Auseinandersetzungsebenen und -phasen der feministischen Geschlechterdebatte. Da auch diese Diskussionen inzwischen weitgehend historisch sind, seien die genannten Kategorien kurz erläutert:

Die ‹Hausarbeitsdebatte› zu Beginn der 70er Jahre umfaßte mehr als die Forderung nach einer gerechteren Aufteilung der Versorgungstätigkeiten in Privathaushalten. Es ging um die gesellschaftliche Entwertung der Reproduktionsarbeit insgesamt (nur Erwerbsarbeit ist Arbeit!) und die Zuordnung dieses entwerteten Teils gesellschaftlich notwendiger Tätigkeiten an Frauen qua Geschlecht.

‹Frauenrolle› bezieht sich auf das soziologische Rollenkonzept und umfaßt alle Verhaltens- und Einstellungserwartungen, die an Frauen gerichtet werden, weil sie Frauen sind: Emotionalität, Affinität zu Versorgungstätigkeiten, Zugang zu Kindern.

‹Imaginierte Weiblichkeit› bezeichnet die kulturell produzierten Bilder von Weiblichkeit (Hure/Heilige, männerverschlingende Kindfrau, Blaustrumpf), die Frauen entgegengebracht/ unterstellt werden und an denen sie sich abarbeiten.

‹sex/gender› – diese Unterscheidung (im Deutschen meist mit Körpergeschlecht/soziokulturellem Geschlecht übersetzt) wurde eingeführt, um die Vorstellung durchbrechen zu können, die kulturelle Bedeutung von Weiblichkeit sei der Anatomie eingeschrieben.

‹Weibliches Begehren› – der Begriff entsteht aus der Übersetzung des frz. désir bzw. des engl. desire und bezeichnet die eigenständige (nicht als komplementär zur männlich konstruierten) Erotik/Lust von Frauen.

[2] Um Mißverständnisse zu vermeiden: Vielfalt, Multiplizität, Nichtidentisch-Sein sind nicht nur Themen innerhalb der feministischen Debatten. Diese Argumentationsrichtung taucht auch in anderen Diskussionskontexten auf. Hier zur Verdeutlichung ein Beispiel, das aus den politologischen Raisonnements der Studentenstreiks des letzten Wintersemesters stammt: «Wollten die 68er noch das Zentrum besetzen, glaubten sie noch an die eine richtige Theorie, so sind die Heutigen tatsächlich zum Lernen und zur Neugier verurteilt. Keiner ist nur noch einer. Jeder ist mehrere. Das schüchtert sie selbst ein, solange sie isoliert sind. Kommt aber das Zusammenspiel der

Nichtidentischen erst einmal in Gang, haben intelligentere Choreographien Chancen.» (Reinhard Kahl in der taz vom 5. 1. 98)

³ Baumann (1995) S. 57.

⁴ Baumann (1995) S. 54.

⁵ Vgl. Antonovsky (1997). – Auch hier ist ein Hinweis darauf erforderlich, daß die Untersuchungen Antonovskys nicht geschlechtsbezogen angelegt sind. Zwar gibt es Untersuchungsreihen, die nur Frauen betreffen (zur Verarbeitung des Klimakteriums), zwar gibt es z.T. geschlechtsspezifische Ergebnisse – so stellen manche Untersuchungen ein graduell niedrigeres Kohärenzgefühl bei Frauen fest –, Antonovskys Kategorien jedoch gelten für beide Geschlechter.

⁶ Baumann (1995) S. 55.

Literatur

Antonovsky, Aaron (1997) Salutogenese – Zur Entmystifizierung der Gesundheit. Tübingen: DGVT.

Atwood, Margaret (1990) Katzenauge. Frankfurt: S. Fischer.

Atwood, Margaret (1994) Die Räuberbraut. Frankfurt: S. Fischer.

Atwood, Margaret (1996) alias Grace. Berlin: Berlin Verlag.

Bauman, Zygmunt (1995) Identität bedeutet immer ‹noch nicht› – Interview. In: Psychologie heute. 22. Jg., Heft Nr. 8, S. 54–58.

beiträge zur feministischen theorie und praxis (1997) eigen sinn lich – Sexualität und Feminismus. 20. Jg., Heft 45. Köln.

Benjamin, Jessica (1990) Die Fesseln der Liebe. Psychoanalyse, Feminismus und das Problem der Macht. Frankfurt: Stroemfeld/Roter Stern.

Burgard, Roswitha (1978) Wie Frauen verrückt gemacht werden. Berlin: Frauenselbstverlag.

Butler, Judith (1991) Das Unbehagen der Geschlechter. Frankfurt: Suhrkamp.

Butler, Judith (1994) Phantasmatische Identifizierung und die Annahme des Geschlechts. In: Institut für Sozialforschung (Hg.) Geschlechterverhältnisse und Politik. Frankfurt: Suhrkamp.

Ernst, Andrea; Herbst, Vera (1997) ‹Selbst-Bewußt›. In: Kursbuch Frauen. Köln: Kiepenheuer & Witsch.

Gildemeister, Regine; Wetterer, Angelika (1992) Wie Geschlechter gemacht werden. Die soziale Konstruktion der Zweigeschlechtlichkeit und ihre Reifizierung in der Frauenforschung. In: Knapp, Gudrun-Axeli; Wetterer, Angelika (Hg.) Traditionen, Brüche. Freiburg: Kore.

Großmaß, Ruth (1996) Orientierung und Verwirrung. Zur Bedeutung von Bildern im feministischen Diskurs. In: Großmaß, Ruth; Schmerl, Christiane (Hg.) Leitbilder, Vexierbilder und Bildstörungen. Frankfurt: Campus.

Hagemann-White, Carol (1984) Sozialisation: Weiblich-männlich? Opladen: Leske & Budrich.

Schaeffer-Hegel, Barbara; Wartmann, Brigitte (Hg.) (1984) Mythos Frau. Projektionen und Inszenierungen im Patriarchat. Berlin: Publica Verlags-Gesellschaft.

Iris Hölling
Die Diagnosebrille

Anmerkungen

¹ Vgl. Hölling (1998).

² Für diese Idee danke ich Gaby Sohl.

³ Grobe (1995) Preface, p. vii. Übersetzung: Iris Hölling.

⁴ Eine ausführliche Darstellung der spezifischen Individualisierungsprozesse, mit denen in der Psychiatrie eine ‹psychisch kranke› Person produziert wird, und eine Analyse der Veränderungen des Selbstbezugs finden sich im vierten Kapitel meiner Magistraarbeit. Vgl. Hölling (1994).

[5] Vgl. zur Wirkung von Psychopharmaka auf Körper, Geist und Psyche Lehmann (1996).
[6] Wohlfart (1996) S. 121.
[7] Huber (1995) S. 156.
[8] Zur Diagnosekritik im Rahmen von Psychotherapie vgl. Kaffanke (1997) S. 212–236.
[9] Kempker (1997) S. 73.

Literatur

Grobe, Jeanine (ed.) (1995) Beyond Bedlam: Contemporary Women Psychiatric Survivors Speak Out. Chicago: Third Side Press.

Hölling, Iris (1994) Die Institution Psychiatrie in der Perspektive von Foucaults Machtkonzeptionen und die Frage nach der Relevanz von ‹Geschlecht›. Berlin (erhältlich über Peter Lehmann Antipsychiatrieverlag, Berlin).

Hölling, Iris (1998) Wie ich wurde, was ich nicht bin. Psychiatrische Diagnosen. In: Kempker, Kerstin (Hg.) Flucht in die Wirklichkeit. Das Berliner Weglaufhaus. Berlin: Peter Lehmann Antipsychiatrieverlag.

Huber, Michaela (1995) Multiple Persönlichkeiten: Überlebende extremer sexueller Gewalt. Ein Handbuch. Frankfurt: Fischer Taschenbuch Verlag.

Kaffanke, Eva (1997) Schwester-Diagnosen: Eine kritische Reflexion der psychiatrischen Kategorien ‹Borderline-Persönlichkeitsstörung› (BPS) und ‹Multiple-Persönlichkeitsstörung› (MPS). In: Wildwasser Bielefeld e.V. (Hg.) Der aufgestörte Blick: Multiple Persönlichkeiten, Frauenbewegung und Gewalt. Bielefeld: Kleine.

Kempker, Kerstin. (1997) Gewalt im Namen der ‹psychischen Gesundheit› – kein Ende in Sicht? In: Wildwasser Bielefeld e.V. (Hg.) Der aufgestörte Blick: Multiple Persönlichkeiten, Frauenbewegung und Gewalt. Bielefeld: Kleine.

Lehmann, Peter (1996) Schöne neue Psychiatrie. Bd. 1: Wie Chemie und Strom auf Geist und Psyche wirken. Bd. 2: Wie Psychopharmaka den Körper verändern. Berlin: Peter Lehmann Antipsychiatrieverlag.

Wohlfart, Ernestine (1996) Multiple Persönlichkeitsstörung im Kontext der Erfahrung von sexuellem Mißbrauch. In: Henschel, Gitti (Hg.) Skandal und Alltag: sexueller Mißbrauch und Gegenstrategien. Berlin: Orlanda Frauenverlag.

Irene Stratenwerth
Fixiert und verstummt

Anmerkung

[1] Alle Zitate ohne Quellenangaben entstammen einer Recherche der Autorin für die WOCHE im November 1997 (Artikel vom 29. 11. 1997).

Literatur

Aebi, Elisabeth; Ciompi, Luc; Hansen, Hartwig (Hg.) (1993) Soteria im Gespräch. Bonn: Psychiatrie-Verlag.

Bremer, Fritz (1993) Endstation Psychiatrie? In: Johns, Irene; Kirchhofer, Friedhelm; Kupffer, Heinrich (Hg.) Nicht länger Opfer sein. Neumünster: Paranus.

Brückenschlag 13 (1997): Hilflose Gewalt? Gewalttätige Hilfe? Neumünster: Paranus.

Eink, Michael (Hg.) (1997) Gewalttätige Psychiatrie. Bonn: Psychiatrie-Verlag.

Huber, Michaela (1995) Multiple Persönlichkeiten: Überlebende extremer sexueller Gewalt. Ein Handbuch. Frankfurt: Fischer Taschenbuch Verlag.

Sachse, Lilla (1998) Heilsame Erfahrungen. Eine Gruppe als Wegbegleiter durch psychotische Krisen. Neumünster: Paranus.

Stratenwerth, Irene (1997) Wahn & Sinn. Verrückte Lebenswege von Frauen. Hamburg: Klein.

Stratenwerth, Irene; Bock, Thomas (1998) Stimmenhören. Botschaften aus der inneren Welt. Hamburg: Kabel.

Monika Baldus
Ver-rückt den Blick – weg von der Grenze der eigenen weißen Haut

Anmerkungen

[1] Vgl. Rommelspacher (1995).

[2] Die weiße Hautfarbe dient hier und im folgenden in erster Linie als Bild für Dominanz, insofern geht es um weit mehr als Hautfarbe. Ein Gedichtabschnitt aus dem Nachlass von May Ayim drückt das treffend aus: «nicht die farbe der haut / die farbe der macht / entscheidet / für oder gegen das leben» (Ayim, 1997).

[3] Vgl. Hilsenbeck (1992).

[4] Hilsenbeck (1992) S. 124.

[5] Vgl. folgendes Zitat: «Das bedeutet, daß durch Migranten keine grundsätzlich neuen Probleme in das schon ausreichend verwirrende therapeutische Szenario ‹eingeschleppt› werden, sondern daß durch die *Auseinandersetzung mit der Rolle der Herkunftskultur* Denkstrukturen thematisiert werden, die auch in der therapeutischen Arbeit innerhalb der Angehörigen der Mehrheitsgesellschaft relevant sind.» In: Kiesel; Kriechhammer-Yagmur; von Lüpke (1995) S. 106.

[6] Diese sind in der Regel wenig frauenspezifisch. Vgl. u.a. Hrubesch (1993); Kiesel; Kriechhammer-Yagmur; von Lüpke (1995); Koch; Pfeifer (1995).

[7] Psychosoziale Fachfrauen, die wiederum in der Regel ebenso der Dominanzkultur angehören. Vgl. dazu auch Pineda; Dastmalchi (1993).

[8] Vgl. hier Trömel-Plötz (1984).

[9] Vgl. den Film ‹Der Pannwitzblick› von Udo Sierck, Didi Danquart, Medienwerkstatt Freiburg.

[10] Vgl. Prasad (1996).

[11] Vgl. Herman (1993).

[12] Herman (1993) S. 20.

[13] Kampmann (1994) S. 128.

[14] Vgl. Thürmer-Rohr (1994).

[15] Dies gilt bezogen auf den rassismusfreien Raum auch für Migranten. Vgl. dazu folgendes Zitat: «Unter den gegenwärtigen Bedingungen finden Hilfesuchende aus diskriminierten Minderheiten in der psychosozialen Praxis selten Schutzräume, in denen sie von den Entwürdigungen im Alltag sicher sind, bzw. Angebote, die sie unterstützen könnten, diese Erlebnisse zu verarbeiten und in Bezug auf ihr Alltagshandeln zu reflektieren. Ihre Diskriminierung wird in den psychosozialen Beziehungen fortgesetzt.» In: Attia (1995) Vorwort.

[16] Ayim (1997).

[17] Vortrag von Eleonore Wiedenroth am Internationalen Frauentag in Köln 1997. Hervorhebung M.B.

[18] Dazu notiert auch Silke Mertins: «Vieles, zu vieles kam zusammen, als sie sich am 9. August 1996 entschloß, ihrem Leben mit einem Sprung aus dem 13. Stock ein sicheres Ende zu bereiten: Die schwere Krankheit, Erinnerungen, eine unendliche Traurigkeit, eine unglückliche Liebe, eine deprimierende deutsche Gegenwart.» In: Ayim (1997) S. 172.

[19] Vgl. Hilsenbeck in diesem Band.

[20] Lugones (1998).

[21] Lugones (1998).

[22] Orozco, zitiert nach Englisch (1995) S. 111.

[23] Das Bild vom Netz lehnt sich an folgende Aussage im Programmheft zum Kongreß ‹Frauen in ver-rückten Lebenswelten› an: «Doch auch abseits von breiten Bewegungen sucht jede einzelne Grenzgängerin nach ihrem Weg. Dies geschieht oft isoliert und einsam, denn Frauen mit Psychiatrieerfahrung fallen nicht selten durch alle sozialen Netze.»

[24] Alle nachfolgenden nicht zusätzlich gekennzeichneten Zitate entstammen der Eröffnungsrede von Alice Schwarzer.

[25] Vgl. Thürmer-Rohr (1994).

[26] Schwarzer (1997) S. 24.

[27] Festzuhalten ist: Es sind die dunklen, islamischen Männer, die Dunkelmänner eben, welche die Macht ergreifen – von unseren weissen Männern geht, wenn überhaupt, offenbar nach Schwarzer eine geringere Bedrohung aus.

[28] Vgl. die Diskussion um Frauen in die Bundeswehr in der Emma.

[29] Vgl. Schwarzer (1997).

[30] Vgl. Loewy (1997). Die Ende 1998 geführte Diskussion um die antisemitischen Äußerungen Martin Walsers möchte ich hier erwähnen und in Zusammenhang setzen mit der Frage ‹Ist die Schuld verjährt?› – der neue Umgang mit der Nazivergangenheit (Spiegel Nr. 49, 30. 11. 98).

[31] Vgl. Rassismus und Sexismus in Emma, Juli/August 1993, Heinrich-Böll Stiftung e.V. und Mediawatch (Hg.) Köln.

Literatur

Attia, Iman (Hg.) (1995) Multikulturelle Gesellschaft – monokulturelle Psychologie. Antisemitismus und Rassismus in der psychosozialen Arbeit. Tübingen: DGVT.

Ayim, May (1997) Grenzenlos und unverschämt. Berlin: Orlanda Frauenverlag.

Englisch, Monika (1995) Interkulturelle Aspekte in der therapeutischen Beziehung. In: Ritgen, Benedikta; Stay, Beate (Hg.) Rassismus, Antisemitismus, Fremdsein. Dokumentation des 17. Feministischen Therapiekongresses 1994 in Bonn. Berlin.

Herman, Judith Lewis (1993) Die Narben der Gewalt. München: Kindler.

Hilsenbeck, Polina (1992) Grenzgängerinnen. In: Bilden, Helga (Hg.) Das Frauentherapie-Handbuch. München: Frauenoffensive.

Hrubesch, Christa (1993) Türkische MigrantInnen in der Psychiatrie. In: Schneider, Doris; Tergeist, Gabriele (Hg.) Spinnt die Frau? Bonn: Psychiatrie-Verlag.

Kampmann, Bärbel (1994) Schwarze Deutsche. Lebensrealität und Probleme einer wenig beachteten Minderheit. In: Mecheril, Paul; Theo, Thomas (Hg.) Andere Deutsche. Zur Lebenssituation von Menschen multiethnischer und multikultureller Herkunft. Berlin: Dietz-Verlag.

Kiesel, Doron; von Lüpke, Hans (1995) Gelungene Einpassung ins Unvermeidliche? Von inter- und innerkulturellen Zurichtungen und Chancen in der Psychotherapie. In: Kiesel, Doron; Kriechhammer-Yagmur, Sabine; von Lüpke, Hans (Hg.) Bittersüße Herkunft. Frankfurt: Interkulturelle Kommunikation iko.

Kiesel, Doron; Kriechhammer-Yagmur, Sabine; von Lüpke, Hans (Hg.) (1995) Bittersüße Herkunft. Frankfurt: Interkulturelle Kommunikation iko.

Koch, Eckhardt; Pfeiffer, Wolfgang (Hg.) (1995) Psychologie und Pathologie der Migration deutschtürkischer Perspektiven. Freiburg: Lambertus.

Koch, Eckhart (1995) Erfahrungen aus der psychiatrischen Arbeit mit türkischen Patienten. In: Kiesel, Doron; Kriechhammer-Yagmur, Sabine; von Lüpke, Hans (Hg.) Bittersüße Herkunft. Frankfurt: Interkulturelle Kommunikation iko.

Loewy, Hanno (1997) Auschwitz als Metapher. In: TAZ, Nr. 25, 26. 1. 97.

Lugones, Maria (1998) Playfulneß, World-Travelling and Loving Perception. In: Hamzhei, Castro Varela. Handbuch. Köln: agisra.

Orozco, Teresa (1991) In: Ritgen, Benedikta; Stay, Beate (Hg.) Rassismus, Antisemitismus, Fremdsein. Dokumentation des 17. Feministischen Therapiekongreßes. Bonn.

Pineda, Graciela Concha; Dastmalchi, Pari (1993) Am Anfang der Weissheit. Eine Erhebung zur Unterrepräsentanz der Schwarzen Frauen im Arbeitskreis Autonomer Frauenprojekte und Grundlagen für eine Antirassismusvereinbarung. Berlin: Frauenanstiftung.

Prasad, Nivedita (1996) Schwarze/migrierte Frauen und sexueller Mißbrauch. In: Hentschel, Gitte (Hg.) Skandal und Alltag: sexueller Mißbrauch und Gegenstrategien. Berlin: Orlanda Frauenverlag.

Rommelspacher, Birgit (1995) Dominanzkultur. Texte zur Fremdheit und Macht. Berlin: Orlanda Frauenverlag.

Schwarzer, Alice (1997) So sehe ich das. Köln: Kiepenheuer & Witsch.

Thürmer Rohr, Christina (1994) Verlorene Narrenfreiheit. Essays. Berlin: Orlanda Frauenverlag.

Trömel-Plötz, Senta (Hg.) (1984) Gewalt durch Sprache. Die Vergewaltigung von Frauen in Gesprächen. Frankfurt: Fischer Taschenbuch Verlag.

Autorinnen

Monika Baldus, geb. 1963, Dipl. Psychologin, Feministisches Psychodrama (IFP), der Dominanzkultur angehörig. Gibt u.a. Antirassismustrainings und Seminare zu Deutschsein und Umgang von Frauen mit Nationalsozialismus und allgemein Täterinnenschaft, in verschiedenen Frauenberatungsstellen Therapie und Beratung für Frauen und Mädchen.

Eva Bertoluzza, geb. 1964, Studium der Erziehungswissenschaften in Innsbruck, arbeitet derzeit in einem Verein zur Beratung und Betreuung von Menschen mit physischen und psychischen Behinderungen, 1993 Mitveranstalterin des Frauensymposiums ‹Pathos – Psychose – Pathologie. Der weibliche Wahnsinn zwischen Ästhetisierung und Verleugnung› in Innsbruck

Claudia Brügge, geb. 1967, Dipl. Psychologin, in Zusatzausbildung ‹Integrative Gestaltpsychotherapie› (FPI), Mitarbeiterin bei Wildwasser Bielefeld, Schwerpunkt: Beratung, Öffentlichkeitsarbeit. Gründerin des Bielefelder Arbeitskreises ‹Frauen und Psychiatrie›, Lehrbeauftragte der Fakultät für Psychologie an der Universität Bielefeld

Dorothea Buck, geb. 1917, Bildhauerin, zwischen 1936 und 1959 fünf schizophrene Schübe, 1936 als «unheilbar Geisteskranke» in Bethel zwangssterilisiert. 1987 Mitbegründerin des Bundes der Euthanasiegeschädigten. seit 1992 Gründungs- und Vorstandsmitglied des Bundesverbandes Psychiatrie-Erfahrener e.V.

Roswitha Burgard, geb. 1943, Dipl. Psychologin, seit über 20 Jahren mit Gewalt gegen Frauen beschäftigt. 1976 initiierte sie mit Kolleginnen das erste Frauenhaus in Berlin, wo sie vier Jahre tätig war, arbeitet als feministische Psychotherapeutin in Berlin im TUBFF.

Cornelia Filter, geb. 1954, Bielefeld, langjährige EMMA-Redakteurin, heute freie Journalistin (vor allem für EMMA) und Drehbuchautorin.

Martina Gitzl, geb. 1968, Sozialpädagogin, arbeitet derzeit als Beraterin in einem sozial-ökonomischen Betrieb mit langzeitarbeitslosen Frauen und Männern in Innsbruck, 1993 Mitveranstalterin des Frauensymposiums ‹Pathos – Psychose – Pathologie. Der weibliche Wahnsinn zwischen Ästhetisierung und Verleugnung› in Innsbruck.

Ruth Großmaß, geb. 1948, seit 1976 Mitarbeiterin der Zentralen Studentenberatung der Universität Bielefeld. Schwerpunkt: Beratungsarbeit mit Frauen. Seit 1978 parallel dazu auch in der Lehre engagiert, vorwiegend in einer Seminarreihe zu feministischen Fragen im Bereich der Pädagogik, Kulturanthropologie, Sozialisationstheorie (in Kooperation mit Christiane Schmerl).

Polina Hilsenbeck, geb. 1951, Dipl. Psychologin, Psychotherapeutin. Tätig im Frauentherapiezentrum in München. Schwerpunkte: Grenzgängerinnen, Lesben, Verbindung von Psychotherapie, Spiritualität und Politik. Bundesweit in der Fortbildung tätig, Dozentin an der Fachhochschule München.

Iris Hölling, geb. 1967, Studium der Philosophie, Anglistik und Romanistik in Freiburg, Paris und Berlin. Seit 1994 Mitglied im Verein zum Schutz vor psychiatrischer Gewalt e.V., seit 1996 Mitarbeiterin im Berliner Weglaufhaus ‹Villa Stöckle›, seit 1997 Mitglied im Vorstand des European Network of (ex)Users and Survivors of Psychiatry und im International Panel des World Network of (ex)Users and Survivors of Psychiatry.

Jutta Jentges, geb. 1961. Lebt in Nürnberg, 1981-1987 Studium der Freien Malerei an der Akademie der Bildenden Künste. Seitdem Ausstellungen im Raum Nürnberg und beim Weltkongreß für Soziale Psychiatrie in Hamburg 1994. Seit 1991 Mitarbeit – vor allem im kreativen Bereich – bei ‹Pandora›, einem Selbsthilfeverein Psychiatrie-Erfahrener. Veröffentlichungen von Bildern u.a. im Paranus-Verlag und im Psychiatrie-Verlag.

Ulrike Klöppel, geb. 1970. Zwei Jahre Mitarbeit im Weglaufhaus. Psychologiestudium, jedoch hauptsächlich beschäftigt mit Philosophie, feministischer Theorie, Antipsychiatrie. Redakteurin der autonomen Berliner Frauenzeitung BLAU.

Swantje Koch-Kanz, geb. 1939. Staatsexamen Deutsch, Englisch. Zehn Jahre Verlagstätigkeit für Mouton, Den Haag. Diverse Arbeiten zur deutschen Grammatik, zu ‹WahnsinnsFrauen› und zur Frauenbiographieforschung.

Luise F. Pusch, geb. 1944, Professorin für Sprachwissenschaft. Bücher und Aufsätze zur Grammatik diverser Sprachen, zur Grammatiktheorie und zur feministischen Linguistik. Mitherausgeberin von ‹WahnsinnsFrauen› (Suhrkamp 1992–1999). Zahlreiche Bücher und Aufsätze zur Frauenbiographieforschung.

Michaela Ralser, geb. 1962, Studium der Erziehungswissenschaften, drei Jahre Arbeit in der PatientInnenanwaltschaft, einer Beratung und Rechtsvertretung von Psychiatrie-Betroffenen, Psychotherapeutin in Gemeinschaftspraxis, derzeit Lehrende am Feministischen Theoriebereich des Instituts für Erziehungswissenschaften in Innsbruck. 1993 Mitveranstalterin des Frauensymposiums ‹Pathos – Psychose – Pathologie. Der weibliche Wahnsinn zwischen Ästhetisierung und Verleugnung› in Innsbruck.

Jasna Russo, geb. 1964 im ehemaligen Jugoslawien, lebt seit 1992 in Berlin. Im Vorstand vom Verein zum Schutz vor psychiatrischer Gewalt, Träger des Berliner Weglaufhauses. Zwischen 1994 und 1996 Vertreterin der osteuropäischen Länder im European Network of (ex)Users and Survivors of Psychiatry.

Dagmar Schultz, geb. 1941, Professorin an der Fachhochschule für Sozialarbeit und Sozialpädagogik in Berlin und Verlegerin beim Orlanda Frauenverlag Berlin. Von 1963–1972 studierte und arbeitete sie in den USA und lehrte von 1973–1986 am John F. Kennedy-Institut für Nordamerikastudien an der FU Berlin. Sie war Mitbegründerin des Feministischen Frauengesundheitszentrum Berlin, in dem sie bis 1980 arbeitete.

Alice Schwarzer, geb. 1942, ist seit 1977 die Gründerin und Herausgeberin von EMMA und Autorin zahlreicher Bücher und Essays seit 1971.

Irene Stratenwerth, geb. 1954, arbeitet als Journalistin für Printmedien, Hörfunk und Fernsehen.

Dank

Daß dieses Buchprojekt nicht nur eine flotte Idee blieb, sondern jetzt vorgelegt werden kann, ist der Unterstützung von vielen zu verdanken. Der allererste Dank gilt den Autorinnen, die ihre Texte zur Verfügung gestellt haben: Alice Schwarzer, Polina Hilsenbeck, Eva Bertoluzza, Martina Gitzl, Michaela Ralser, Ruth Großmaß, Luise F. Pusch, Swantje Koch-Kanz, Dorothea Buck, Roswitha Burgard, Jasna Russo, Dagmar Schultz, Ulrike Klöppel, Cornelia Filter, Iris Hölling, Irene Stratenwerth und Monika Baldus. Der Künstlerin Jutta Jentges danke ich für die Bildvorlage des Buchcovers.

Meine Kolleginnen aus dem ‹Wildwasser›-Team – Uta Behnke, Sonja Jung, Michaela Labasch, Sandra Münstermann, Michaela Klee und Tanja Ohr – sorgten dafür, daß dieses Buch neben der normalen ‹Wildwasser›-Arbeit möglich wurde, und standen mir in allen Phasen der redaktionellen Bearbeitung hilfreich zur Seite. Ich danke ihnen für ihre tatkräftige Unterstützung durch Lesen und Tippen, Diskussion und Ermutigung.

Ein großes Dankeschön auch an die anderen, die sich Zeit genommen haben, einen Teil der Manuskripte zu lesen und damit eine wertvolle Hilfe waren. Ihre kritischen Anmerkungen und praktischen Tips haben das Buchkonzept deutlich vorangebracht: Thekla Esch, Ruth Großmaß, Andrea Hüttner, Dorothée Rother, Sabine Schnitzer, Sandra Sensmeyer und Ulrich Simon.

Mein besonderer Dank gilt Liliane Studer, der Lektorin vom eFeF-Verlag, die dafür gesorgt hat, daß auch der Endspurt erträglich blieb; die Zusammenarbeit mit ihr hat mir viel Spaß gemacht.

Esther Fischer-Homberger
Hunger – Herz – Schmerz – Geschlecht
Brüche und Fugen im Bild von Leib und Seele

224 Seiten, broschiert, 39 Abbildungen
Fr. 34.– DM 36.– öS 263
ISBN 3-905561-14-X

Esther Fischer-Homberger, die sich vor fast fünfzehn Jahren entschloß, Geschichte ‹anzuwenden› und sich statt der Leitung des Medizinhistorischen Instituts an der Universität Bern der praktischen psychotherapeutischen Arbeit zu widmen, faßt in vier Aufsätzen Gedanken und Erfahrungen zusammen, die sich aus der Zusammenschau von historischer und psychotherapeutischer Praxis ergeben. Es entstehen plastische Bilder von Verfestigung, brüchiger Erstarrung, Formbarkeit, Verflüssigung und Zerfall von Menschenbildern. Es werden Blicke frei auf die Realität schaffende Wirkung von Denkweisen und die Denkweisen schaffende Kraft des Erlebens.

Dabei zeigt sich, wie die eigene westlich-neuzeitliche Kultur im Umgang mit Zwei-Einheiten charakteristische und in verschiedensten Gestalten wiederkehrende Schwierigkeiten hat. Der Aufsatz ‹Ess-Störungen in Sigmund Freuds Psychoanalyse› handelt von der Dualität von Herz und Magen oder Sexualität und Hunger, ‹Schattenwürfe des Geschlechtsunterschieds› von einigen zusammengehörigen Zweiheiten, die im Schatten der Geschlechtsdifferenz zu verschwinden neigen. Der Text ‹Zum traditionellen neuzeitlichen Umgang mit dem Schmerz› wendet sich der Schmerzhaftigkeit einer gleichzeitig integrierenden wie desintegrierenden Haltung gegenüber Wunde und Fremd-Körper zu, ‹Herz und Geschlecht› nähert sich der Geschichte des Herzens als Inbegriff der Zwei-Einheit an.

So werden ‹Brüche und Fugen im Bild von Leib und Seele› sichtbar, auf die die Psychotherapeutin ihren Finger legt, auf ebenso behutsame wie menschlich entschiedene Weise.

«Je ängstlicher wir den Schmerz bekämpfen, so wäre zu folgern, je weniger wir mit Schmerzen leben können, desto traumatischer und bedrohlicher wirken die, die uns dann doch noch erreichen, und desto wehleidiger werden wir – als ob wir nur noch an der Schmerzgrenze wahrnehmungsfähig wären.»

Zur Autorin
Esther Fischer-Homberger, geboren 1940, Schulen und Medizinstudium in Basel und Zürich. 1978-1984 Lehrstuhl für Medizingeschichte an der Universität Bern, seit 1984 psychotherapeutisch tätig, lebt in Bern.
Veröffentlichungen: Hypochondrie (1970), Die traumatische Neurose (1975), Geschichte der Medizin (1975), Krankheit Frau (1979), Medizin vor Gericht (1983), Götterspeisen – Teufelsküchen (1990, zusammen mit Marie-Luise Könneker).